모두를 위한
클라우드 이론과 실습

나연묵 · 최종무 · 박기웅 공저

도서출판 홍릉

나연묵

- 단국대학교 컴퓨터공학과 교수
- 서울대학교 컴퓨터공학과 공학박사
- 한국정보과학회 회장
- 전 한국차세대컴퓨팅학회 회장
- 전 한국정보과학회 데이터베이스소사이어티 회장
- 관심분야: 클라우드 기술 스택, 클라우드 기반의 빅데이터 처리, 데이터 센터,
  대용량 분산 처리, 데이터 마이닝, 데이터베이스

최종무

- 서울대학교 컴퓨터공학과 공학박사
- CMU(Carnegie Mellon Univ.), UCSC(Univ. of California, Santa Cruz) 방문 연구원
- 정보과학회, 정보처리학회 논문편집위원, 이사
- 관심분야: 가상화, 시스템 소프트웨어, 모바일 스토리지, 시스템 무결성 및 보안

박기웅

- 세종대학교 정보보호학과 교수
- KAIST 전기및전자공학과 공학박사
- Microsoft Research Graudate Research Fellow
- 한국정보보호학회, 차세대컴퓨팅학회 이사
- 관심분야: 시스템 보안, 클라우드 컴퓨팅 보안, 초고속 보안시스템, 클라우드 플랫폼(OpenStack), 클라우드 보안

모두를 위한

클라우드 이론과 실습

2022년 1월 17일 초판 1쇄
2022년 8월 31일 초판 2쇄

저 자: 나연묵 · 최종무 · 박기웅
발행인: 송 준
발행처: 도서출판 홍릉
주 소: 01093 서울시 강북구 인수봉로 50길 10
등 록: 1976년 10월 21일 제5-66호

전 화: 02-999-2274~5, 903-7037
팩 스: 02-905-6729
e-mail: hongpub@hongpub.co.kr
http://www.hongpub.co.kr
ISBN: 979-11-5600-864-4(93000)

정 가: 29,000원

저자 서문

클라우드 컴퓨팅이란 IT 자원을 직접 설치할 필요 없이 원격으로 빌려 쓰는 서비스 형태로 제공하는 새로운 컴퓨팅 패러다임을 의미한다. 사용자는 인터넷에 연결이 가능한 최소한의 사양의 디스플레이 장치만 있으면 Amazon 데이터 센터에 설치된 서버에서 실행되는 사용자를 위한 가상 서버에 접속하여 필요한 컴퓨팅을 수행할 수 있게 된다. 미국은 2009년 9월에 클라우드 우선 정책(cloud first policy)을 시행하며 공공부분의 클라우드의 도입을 적극 권장하고 있고 전세계적으로 클라우드 기술을 선도하고 있다. 한국도 2015년 3월에 제정되고 2015년 9월부터 시행된 '클라우드컴퓨팅 발전 및 이용자 보호에 관한 법률'의 도입에 따라 클라우드에 대한 관심과 도입이 본격화되고 있다.

클라우드에 대한 도입과 활용은 점차 증가하고 있지만 클라우드 컴퓨팅 개념과 기술을 체계적으로 습득할 수 있는 전문 서적은 상당히 부족한 상태이다. 이 책의 저자들은 클라우드 컴퓨팅 분야의 기술과 정책 개발, 교육 등에 많은 경험을 가지고 있다. 이 책은 클라우드란 무엇인지, 클라우드를 구성하는 주요 기술에는 어떠한 것이 있는지, 이러한 클라우드를 어떻게 사용하여 서비스를 받을 수 있는지를 보여주기 위한 목적으로 저술이 되었다. 그 어느해 보다 무더웠던 여름이었던 2016년 8월의 초판에 이어 이번 겨울에 개정판을 내게 되었다.

이 책은 크게 3부로 구성이 되어 있다. 1부는 클라우드 컴퓨팅 개념, 2부는 클라우드 컴퓨팅 기술, 3부는 클라우드 컴퓨팅 서비스와 사용법을 다룬다. 클라우드 컴퓨팅의 간략한 이해와 활용에 관심이 있는 독자들은 1부와 3부 위주로, 클라우드 컴퓨팅 기술의 이해와 전문적 연구에 관심을 가진 독자들은 1부와 2부 위주로, 클라우드 컴퓨팅 분야의 전문 직업을 원하는 독자들은 1부, 2부, 3부를 모두 살펴보기 바란다.

이 책의 완성을 위해 클라우드컴퓨팅연구조합(CCCR)의 김진택 국장, 신민희 팀장, 오동하 팀장, 송정연 과장 등 많은 사람들이 도움을 주었다.

2022년 1월

나연묵, 최종무, 박기웅

차례

제1부 클라우드 컴퓨팅 개념

제1부

클라우드 컴퓨팅 개념

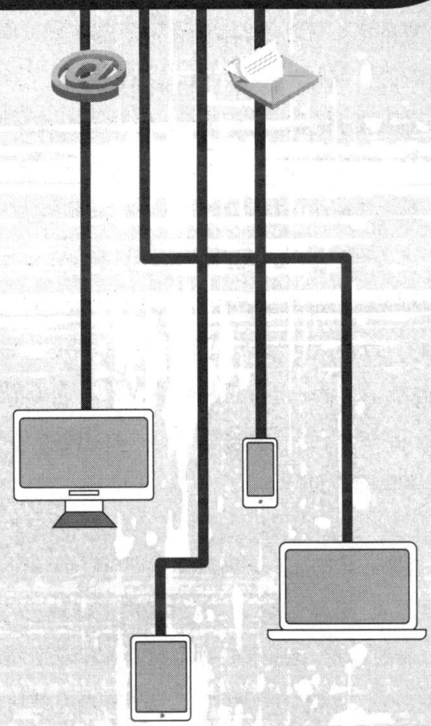

클라우드 컴퓨팅이란 IT 자원을 직접 설치할 필요 없이 원격으로 빌려쓰는 서비스 형태로 제공하는 새로운 컴퓨팅 패러다임을 의미한다. 1부는 클라우드 컴퓨팅의 주요 개념을 소개한다. 클라우드 컴퓨팅의 정의, 주요 개념, 장단점, 주요 구성 요소, 특성, 서비스 모델, 전개 모델, 참조 아키텍처를 소개한다.

1장은 클라우드 컴퓨팅의 주요 개념을 소개한다. 클라우드 컴퓨팅이 도입되기까지의 과정을 먼저 소개하고, 클라우드 컴퓨팅의 정의, 주요 개념과 용어, 필요성과 장단점을 소개한다. 특히 주요 개념 및 용어는 ISO/IEC 17788의 분류를 기준으로 클라우드 컴퓨팅 기초, 클라우드 컴퓨팅 역할과 활동, 호환성 및 이식성, 클라우드 서비스 계약, 클라우드 데이터, 보안과 개인정보, 가상화로 구분하여 관련 용어를 설명한다.

2장은 클라우드 컴퓨팅의 구성 요소, 클라우드 컴퓨팅의 특성, 서비스 모델, 전개 모델을 소개한다. 클라우드 컴퓨팅은 주문형 자가 서비스, 자원 풀링, 신속한 탄력성 등 5개의 본질적 특징을 가진다. 클라우드 컴퓨팅 환경은 기본적으로 클라우드 제공자, 클라우드 클라이언트, 클라우드 보안, 클라우드 네트워크, 클라우드 서비스 브로커로 구성된다. 클라우드 서비스 모델은 기본적으로 SaaS(Software as a Service), PaaS(Platform as a Service), IaaS(Infrastructure as a Service)로 구분이 되고, 추가적으로 CompaaS(Compute as a Service), DSaaS(Data Storage as a Service), NaaS(Network as a Service), CaaS(Communication as a Service)로 구분이 되나, 용도에 따라 BPaaS, DaaS, SecaaS 등의 다양한 서비스 모델도 존재하고 있으며, 이러한 추세를 XaaS(Everything as a Service)로 표현하기도 한다. 클라우드 전개 모델은 프라이빗, 커뮤니티, 퍼블릭, 하이브리드 클라우드로 구분할 수 있다. 최근에는 멀티-클라우드, 서버리스 클라우드, 에지 클라우드 개념도 등장하고 있다.

3장은 클라우드 컴퓨팅의 참조 아키텍처를 소개한다. 미국 표준 기관인 NIST에서 정의한 클라우드 컴퓨팅 참조 아키텍처, 국제 표준 기구인 ISO/IEC에서 표준화한 ISO/IEC 17789 표준에서 정의한 클라우드 컴퓨팅 참조 구조, 클라우드 컴퓨팅의 선구자의 하나인 IBM에서 정의한 클라우드 컴퓨팅의 참조 아키텍처를 소개한다. 이러한 참조 아키텍처를 통해 클라우드 컴퓨팅을 구성하는 클라우드 서비스 고객, 클라우드 서비스 제공자, 클라우드 감사, 클라우드 브로커, 클라우드 캐리어 등의 역할을 이해하고 특히 클라우드에서 중요한 사항의 하나인 클라우드 보안과 개인정보에 대해서도 살펴본다.

제1장

클라우드 컴퓨팅 개요

1.1 클라우드 컴퓨팅 역사

클라우드 컴퓨팅(cloud computing)은 세계 최대의 인터넷 서점인 Amazon에서 시작되었다. 여러개의 데이터센터에서 수십만 대의 서버를 이용하여 인터넷을 통한 서적 전자상거래를 통해 이 분야를 선도하던 Amazon에서는 경우에 따라 수천대 이상의 서버가 별다른 트래픽 없이 유휴 상태가 되는 상황들이 발생하였고, 이러한 유휴 자원을 효율적으로 사용하기 위해 이러한 IT 자원들을 이용해 가상 서버(virtual server)를 만들어 필요한 고객에게 임대해주고 사용한 시간 만큼만 이용료를 받고자 하는 새로운 컴퓨팅 개념이 대두되었고 Amazon은 실제로 이러한 서비스인 **AWS(Amazon Web Service)**를 상용화하였다.

Amazon의 이러한 컴퓨팅 서비스는 초기에는 인터넷 서적 전자상거래를 보완하는 정도의 부수입을 창출하였으나 현재는 클라우드 컴퓨팅 서비스를 통한 매출액이 2014년 기준으로 50억달러(5조원) 규모를 넘어서고 있고 Amazon의 영업이익 확대에 크게 기여하고 있다.

아마존은 23일(현지시간) 1분기 실적 집계 결과 클라우드 사업 부문인 아마존웹서비스(AWS) 매출은 15억6천만달러, 영업이익은 2억6천500만달러를 기록했다고 밝혔다. 매출만 놓고보면 전년대비 49% 성장이다. AWS 지난해 전체 매출은 51억5천만달러였다. [출처: ZDNet Korea, 2015.4.23.]

30일(현지시간) 아마존은 1분기 754억 5000만 달러의 매출을 달성했다고 발표했다. 또 AWS의 1분기 매출액이 1,020억 달러로, 전년 동기 77억 달러에서 대폭 늘어났다. [출처: 뉴스핌, 2020.5.1.]

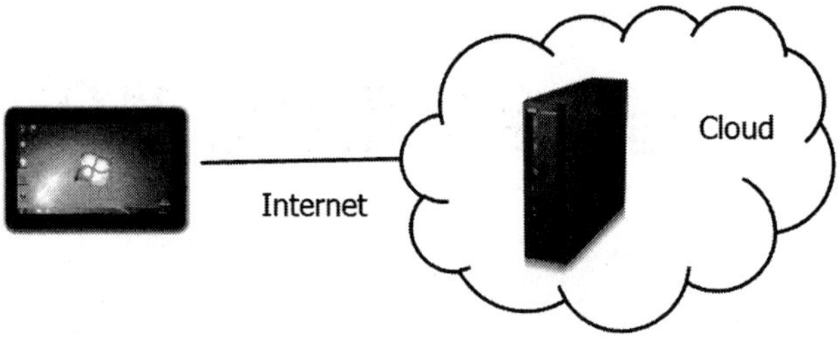

그림 1.1 | 클라우드 컴퓨팅 개념: 인터넷 안의 내 컴퓨터

클라우드 컴퓨팅 도래 이전에는 회사의 경우 운영체제가 장착된 서버를 구입하고, 개인의 경우 PC나 노트북을 구입하고, 회사나 개인에게 필요한 업무용 ERP 소프트웨어, 개인용 Office, 문서 편집을 위한 아래한글 등의 소프트웨어를 별도로 구입해 설치하고 사용하였다. 또한 소프트웨어의 업그레이드와 유지보수 지원을 위해 매년 초기 하드웨어 및 소프트웨어 구입 비용의 일정 비율(적으면 10% 내외, 많으면 20% 내외)에 해당하는 유지보수비를 별로로 계약해 지불하고 소프트웨어의 갱신이나 필요한 지원을 받았다.

클라우드 컴퓨팅 시대에는 이전과 같이 IT 자원을 구입할 필요가 없이 컴퓨팅 자원이 필요한 시점에 필요한 만큼만 임대해 사용할 수 있게 된다. 임대하는 서버의 성능, 용량, 대수도 필요한 만큼 선택할 수 있다. 사용자는 인터넷에 연결이 가능한 최소한의 사양의 디스플레이 장치만 있으면 Amazon 데이터 센터에 설치된 서버에서 실행되는 사용자를 위한 가상 서버에 접속하여 필요한 컴퓨팅을 수행할 수 있게 된다. 즉, 클라우드 컴퓨팅 방식에서는 사용자의 컴퓨터가 인터넷 내부에 존재하게 되며 사용자는 가정에서든 사무실에서든 인터넷을 통해 하나의 컴퓨터에 접속해 일관적인 컴퓨팅 작업을 수행할 수 있게 되며, 이러한 개념을 한때 '**인터넷안의 내 컴퓨터**'라는 슬로건으로 표현을 하였다(그림 1.1).

실제적인 클라우드 컴퓨팅에서는 사용자에게 제공될 컴퓨터는 데이터센터의 서버 랙에 꽂혀있고(즉, 클라우드 자체는 데이터센터에 의해 제공이 되고) 이러한 서버에서 제공되는 컴퓨팅 파워를 인터넷 회선을 통해 모바일 단말, PC 등의 다양한 화면을 통해 사용하게 된다(그림 1.2).

한국의 대표적 정보통신사업자로 Amazon에 이어 한국 고유의 클라우드 컴퓨팅 서비스인 ucloud를 개발한 KT에서는 클라우드 컴퓨팅 초기에 이러한 컴퓨팅 방식을 **유틸리티 컴퓨팅(utility computing)**이라고 표현하였다. 서양 문화에서는 가정에 필요한 필수 자원으로 필요한 만큼 사용하고 이용료를 지불하는 전기, 수도, 가스 등의 자원을 유틸리티(utility)라고 한다. 따라서, 유틸리티 컴퓨팅이란 개념은 가정이나 직장에 컴퓨터를 두지 않고 통신회선을 통해 데이터센터에서 제공하는 인터넷 컴퓨터에 접속해 컴퓨팅 기능을 제공받는 방식을 의미한다(그림

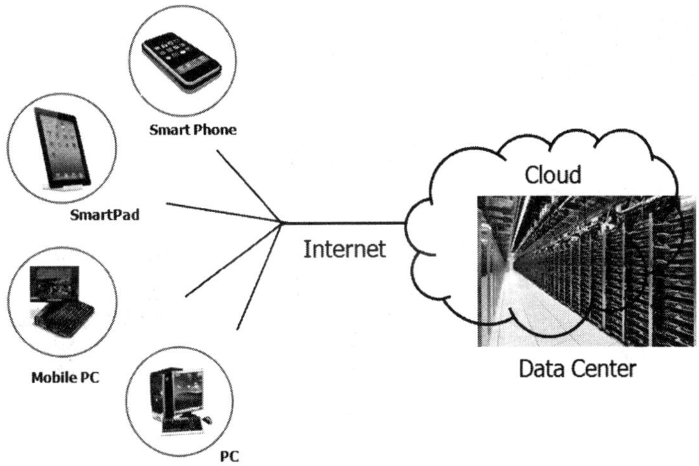

그림 1.2 ‖ 클라우드 컴퓨팅의 일반적인 사용 형태

1.3). 즉, 컴퓨터도 전기, 수도, 가스 등의 서비스와 마찬가지로 필요한 만큼 이용하고 월 단위로 이용료를 제공하는 방식으로 변화를 한다고 본 것이다.

인터넷 기반의 컴퓨팅 유틸리티는 Google, Yahoo!와 같은 검색엔진, Gmail, Hotmail 등의 이메일 서비스, KakaoTalk, Line과 같은 SMS 서비스, Facebook, YouTube, Instagram, MySpace와 같은 개방형 출판 플랫폼, Twitter, LinkedIn과 같은 소셜 미디어 등을 통해 이미 우리의 일상생활에 폭넓게 자리를 잡고 있다.

컴퓨팅 모델은 그림 1.4, 표 1.1과 같이 전통적인 메인프레임 기반의 컴퓨팅, 클라이언트/서버 컴퓨팅, 클라우드 컴퓨팅 방식으로 구분할 수 있다. 클라우드 컴퓨팅은 기본적으로 광역망을 기반으로 웹브라우저, 씬 클라이언트, 모바일 단말 등에서 원격의 클라우드로 접속하여 컴퓨팅, 개발도구, 응용 소프트웨어 등을 이용하는 방식으로 구동이 된다.

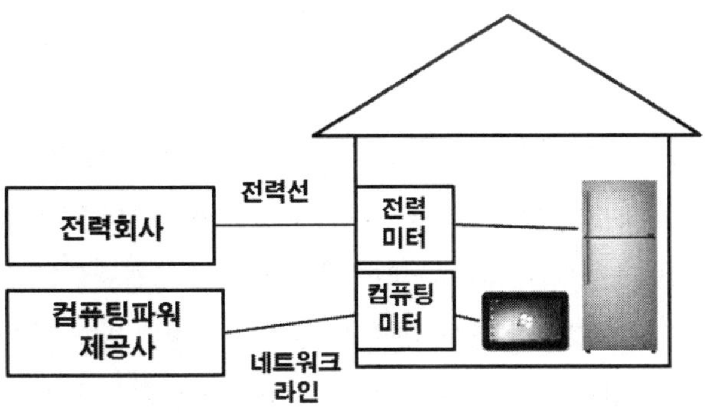

그림 1.3 ‖ 유틸리티 컴퓨팅 개념

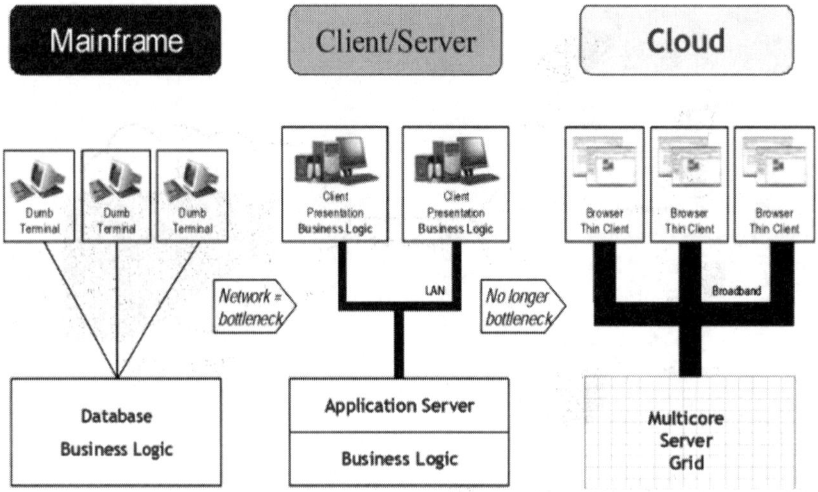

그림 1.4 ▌ 컴퓨팅 패러다임의 발전 [출처: ETRI 클라우드컴퓨팅연구부]

표 1.1 컴퓨팅 모델의 진화

컴퓨팅 모델	컴퓨팅 방식	클라이언트 형태	네트워크 연결
메인프레임 기반 컴퓨팅	메인프레임에서 비즈니스 로직, DB 등을 모두 처리	더미 터미널(dummy terminal)	전화선, WAN 기반. 병목 현상
클라이언트/서버 컴퓨팅	WAS 서버는 응용 로직을 처리하고, DB 서버는 DB 트랜잭션 처리	PC, 워크스테이션(workstation)에서 화면 표출, 일부 비즈니스 로직 처리 담당	LAN 기반, 병목 해결
클라우드 컴퓨팅	멀티코어 CPU를 장착한 서버 클러스터에서 제반 컴퓨팅을 처리	웹브라우저, 씬 클라이언트, 모바일 단말 등에서 3종 서비스 방식으로 컴퓨팅 이용	광역망(broadband) 기반

Google, Amazon 등 인터넷 업체의 성공 및 기술 공유, 모바일 단말의 증가에 따른 모바일 트래픽 급증, YouTube 동영상 등 UGC(user-generated contents)의 대량 발생에 따른 데이터량의 폭발적 증가, 네트워크/이동통신 대역폭의 급속한 향상, 공개 소프트웨어의 활성화, 저렴한 x86 서버의 등장 및 가격 대비 성능 향상, 가상화 및 분산 컴퓨팅 기술의 발전 등이 클라우드 컴퓨팅 발전의 촉매제 역할을 하고 있다. 클라우드 컴퓨팅 발전의 기폭제가 된 관련 기술로는 그리드 컴퓨팅, 클러스터링 기술, 가상화를 들 수 있다.

- **그리드 컴퓨팅(grid computing)**: 컴퓨팅 그리드(계산 그리드)는 컴퓨팅 자원을 하나 이상의 논리적 풀로 조직화해 플랫폼 형태로 제공하는 것이다. 이러한 풀은 '수퍼 가상 컴퓨터'라고 하는 고성능 분산 그리드를 제공할 수 있도록 단체적으로 협력이 된다. 그리드 컴퓨팅은 클러스터링에 비해 느슨하게 연결이 되고 분산이 된다. 즉, 그리드 컴퓨팅은 이질적이고 지리적으로 흩어진 컴퓨팅 자원으로 구성이 될 수 있다.
- **클러스터링(clustering)**: 독립적인 IT 자원들을 상호연결하여 그룹으로 묶어 하나의 단일 시스템처럼 작동하도록 하는 것이다. 중복(redundancy)과 고장대응(failover)을 기반으로 하므로 고장율이 감소하고 가용성과 신뢰성이 증가하게 된다. 하나의 장비가 고장이 났을 때 다른 장비로 대체할 수 있도록 동종의 하드웨어와 운영체제를 가진 장비들을 이용해 구성이 된다.
- **가상화(virtualization)**: 가상화는 IT 자원의 가상 인스턴스의 생성을 위해 사용된다. 하나의 물리적 IT 자원위에 그 자체에 대한 다수의 가상 이미지를 만들어 다수의 사용자가 기반이 되는 처리 기능을 공유할 수 있도록 한다.

1.2 정의

클라우드 컴퓨팅은 한마디로 **IT 자원의 렌탈샵**이라고 할 수 있다. 그림 1.5는 클라우드 분야를 개척하고 시장 점유율면에서도 세계 최대 수준의 기업인 Amazon의 클라우드 컴퓨팅 서비스인 AWS(Amazon Web Service, http://aws.amazon.com/)의 개념도이다.

Amazon의 AWS를 통해 임대가 가능한 IT 자원의 예는 다음과 같다.

- **컴퓨팅 자원**: 컴퓨트(Compute)라고 한다. EC2(Elastic Compute Cloud)가 대표적이다. 응용 요구에 따라 1개의 서버로부터 대형 서버 클러스터 까지 제공이 가능하다.
- **스토리지 자원**: 스토리지(Storage)라고 한다. S3(Simple Storage Service)와 EBS(Elastic Block Store)가 대표적이다. 임의의 크기의 데이터를 언제 어디서나 저장하고 검색할 수 있는 비용-효율적인 솔루션을 제공한다.
- **네트워크 자원**: 네트워크(Network)라고 한다. 클라우드 내부 및 외부의 네트워크 자원을 커스터마이즈하고 제어할 수 있도록 해준다. Virtual Private Cloud(VPC), Route 53 등이 있다.
- **데이터베이스**: DynamoDB, MySQL, Oracle 등의 DBMS를 임대할 수 있다.

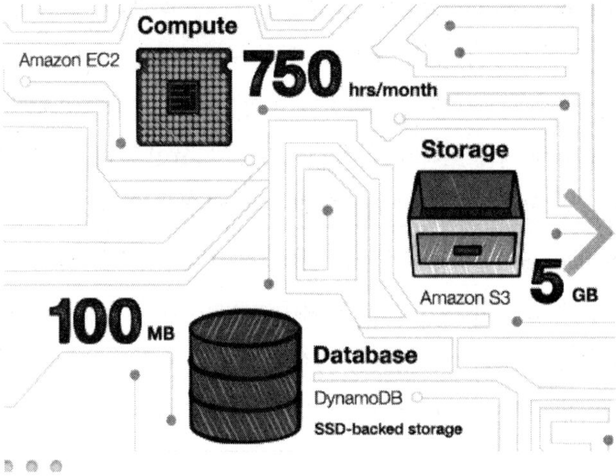

그림 1.5 ▌ AWS: IT 자원의 렌탈샵 [출처: http://aws.amazon.com]

클라우드 컴퓨팅이란 IT 자원을 직접 설치할 필요 없이 원격으로 빌려 쓰는 서비스 형태로 제공하는 새로운 컴퓨팅 패러다임을 의미한다. 2009년 9월에 미국 Obama 정부에서는 FCCI(Federal Cloud Computing Initiative)를 발표하고 클라우드 도입을 통한 인프라 구축 비용 절감, IT 자원 유연성 제공을 위해 클라우드 우선 정책(cloud first policy)을 시행하였다. 미국의 FCCI에서는 클라우드 표준안 수립을 정책의 한 꼭지로 설정하였고, 이에 따라 미국의 표준기관인 NIST(National Institute of Standards and Technology)에서는 보안(security), 상호연동성(interoperability), 호환성(portability) 요구사항을 중심으로 클라우드 컴퓨팅 표준안 개발을 추진하였다. 이러한 작업에 따라 NIST에서는 클라우드 컴퓨팅을 다음과 같이 정의하고 있다.

NIST의 Cloud Computing 정의

클라우드 컴퓨팅은 구성가능한 컴퓨팅 자원(예, 네트워크, 서버, 스토리지, 응용, 서비스)의 공유 풀에 대해 언제 어디서나, 편리하게, 필요에 따른 네트워크 접근을 가능하도록 하기 위한 모델이다. 이러한 공유 자원들은 최소의 관리 노력과 서비스 제공자와의 상호작용을 통해 신속하게 준비되고 제공이 된다. 이 클라우드 모델은 가용성을 증진시키고 5개의 본질적 특성, 3개 서비스 모델, 4개 전개 모델로 구성이 된다.

[Cloud Computing is a model for enabling ubiquitous, convenient, on-demand network access to a shared pool of configurable computing resources(e.g., networks, servers, storage, applications, and services) that can be rapidly provisioned and released with minimal management effort or service provider interaction. This cloud model promotes availability and is composed of five essential characteristics, three service models, and four deployment models.] [출처: NIST]

1.3 주요 개념 및 용어

클라우드 컴퓨팅과 관련된 주요 용어는 다음과 같다.

1.3.1 클라우드 컴퓨팅 기초 관련 용어

클라우드(cloud)

원격으로 IT 자원을 준비해 확장가능하고 측정가능한 방식으로 제공할 수 있도록 준비된 IT 환경을 의미한다. 이 용어는 비집중 IT 자원의 집합에 대한 원격 접근을 제공하는 네트워크의 네트워크를 의미하는 인터넷에 대한 은유적 표현에서 비롯되었다. 클라우드 컴퓨팅이 본격화되기 전에는 클라우드(구름) 기호가 웹-기반 구조의 주요 명세나 문서에서 인터넷을 표현하기 위해 사용이 되었다. 그러나 클라우드라는 용어와 인터넷을 의미하는 클라우드 기호에는 차이가 있다. 인터넷은 웹-기반 IT 자원에 대한 개방적인 접근을 제공하는 반면, 클라우드는 보통 프라이빗하게 소유가 되고 사용량을 측정하는 형태로 IT 자원에 대한 접근을 제공한다.

클라우드 서비스(cloud service)

클라우드가 원격으로 접근 가능한 환경임에도 불구하고 클라우드 안에 존재하는 모든 IT 자원들을 원격으로 접근할 수 있는 것은 아니다. 예를 들어, 클라우드 안의 어떤 데이터베이스나 물리적 서버는 동일 클라우드 안에 존재하는 다른 IT 자원에 의해서만 접근이 될수도 있다. 공개된 API를 갖는 소프트웨어 프로그램을 통해 원격 클라이언트에 의한 접근을 허용하게 된다. 클라우드 서비스는 클라우드를 통해 원격 접근이 가능한 임의의 IT 자원이다. 클라우드 컴퓨팅에서 '서비스'의 의미는 서비스-지향 아키텍처에서의 서비스의 의미 보다 더 광범위하다. 클라우드 서비스는 메시징 프로토콜 인터페이스를 통해 호출되는 기술적 인터페이스를 가진 단순한 웹-기반 소프트웨어 프로그램으로 존재할 수도 있고 관리 도구, 더 큰 환경, 기타 IT 자원을 위한 원격 접근 지점으로 존재할 수도 있다. 클라우드 컴퓨팅의 기본 동기는 IT 자원을 다른 IT 자원을 캡슐화시키는 서비스로 제공하고 클라이언트에게는 이를 원격으로 이용하도록 하는 기능을 제공하는 것이다. 클라우드 서비스의 일반 형태에 대한 다양한 모델이 등장하고 있고 이를 "as a service"라는 접미어를 붙여 표현하고 있다.

피어 클라우드 서비스(peer cloud service)

한 클라우드 서비스 제공자가 하나 이상의 다른 클라우드 서비스 제공자에게 한 클라우드 서비스를 제공하기 위한 방안으로 이용되는 클라우드 서비스이다.

IT 자원(IT resource)

IT 자원은 가상 서버(virtual server), 가상 머신(virtual machine), 컨테이너(container), 고객 소프트웨어 프로그램과 같은 소프트웨어 형태일수도 있고, 물리적 서버(physical server), 스토리지 장비, 네트워크 장비와 같은 물리적 형태일수도 있다.

테넌트(tenant)

물리적인 그리고 가상적인 자원의 집합에 대한 접근을 공유하는 한명 이상의 클라우드 서비스 사용자를 의미한다.

멀티-테넌시(multi-tenancy)

하나의 클라우드 서비스에 의해 제공되는 자원들을 다수의 클라우드 서비스 고객들이 공유하는 것을 의미한다. 각 테넌트(tenant)의 자원의 사용은 다른 테넌트로부터 분리되고 접근 불가능하도록 유지되어 각 CSC의 데이터와 응용의 사용은 다른 CSC들이 볼 수 없게 된다. 물론 단일 고객이 필요에 따라 하나의 클라우드 서비스에 대해 다수의 테넌시를 유지할 수도 있다.

수평 확장(horizontal scaling)

IT 자원의 수요 증가/감소를 처리할 수 있는 능력으로 **스케일 아웃(scale out)**과 **스케일 인(scale in)** 방식에 해당한다. 그림 1.6과 같이 동일한 유형의 IT 자원의 할당과 반납을 통한 확장/축소를 수평 확장이라고 한다. 자원의 수평적 할당을 스케일 아웃이라고 하고 자원의 수평적 반납을 스케일 인이라고 한다. 수평 확장은 클라우드 환경에서 수행되는 확장 방식의 일반적인 형태이다.

수직 확장(vertical scaling)

IT 자원의 수요 증가/감소를 처리할 수 있는 능력으로 스케일 업(scale up)과 스케일 다운(scale down) 방식에 해당한다. 기존의 IT 자원을 다른 고사양 또는 저사양 용량을 갖는 자원으로 대체

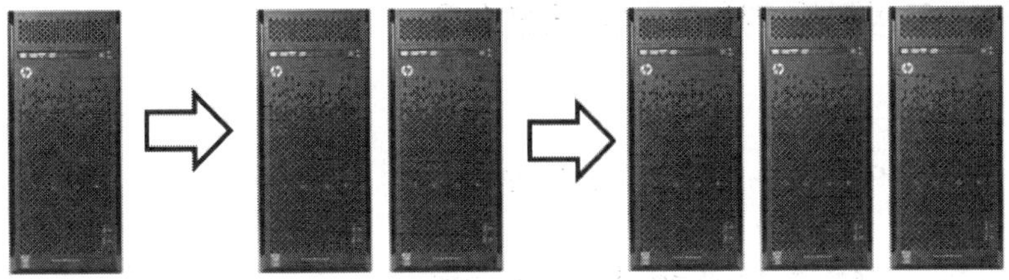

그림 1.6 ▎수평 확장 개념: 스케일 아웃

한 경우를 말한다. 기존 IT 자원을 고사양 용량의 다른 자원으로 대체한 경우를 스케일 업이라고 하고, 기존의 IT 자원을 저사양 용량의 다른 자원으로 대체한 경우를 스케일 다운이라고 한다. 예를 들어, 2개 CPU 장착 서버를 4개 CPU 장착 서버로 교체하는 것은 스케일 업에 해당한다. 수직 확장은 자원 교체시 다운 타임이 발생하여 클라우드 환경에서는 많이 사용되지 않는다. 표 1.2는 수평 확장과 수직 확장의 장단점을 비교하고 있다.

표 1.2 수평 확장과 수직 확장의 비교

수평 확장	수직 확장
저비용(일반 PC급 서버 이용)	고비용(전용 서버 이용)
IT 자원은 즉시 사용 가능	IT 자원은 보통 즉시 사용 가능
자동 복제 및 자동화된 확장	추가적인 설정 필요
추가적 IT 자원 필요	추가적 IT 자원은 필요 없음
하드웨어 용량에 의한 제한 없음	최대 하드웨어 용량에 의해 제한

영내(on premise)

원격 접근 환경인 클라우드는 IT 자원의 전개에 대해 옵션을 제공한다. 전통적인 IT 기업의 조직 경계안에 설치된 IT 자원은 IT 기업의 영내(on premise)에 설치된 것으로 간주한다. 즉, '영내'라는 표현은 '클라우드 기반이 아닌 통제된 IT 환경의 영역'에 있다는 것을 의미한다. 이 용어는 '클라우드 기반'에 대한 대안적 IT 자원을 표현하기 위해 사용한다. 즉, 영내의 IT 자원은 클라우드 기반이 아니고 그 역도 성립한다. 또한 다음 사항에 유의해야 한다. 영내 IT 자원은 클라우드 기반의 IT 자원을 접근하고 상호작용할 수 있다. 영내 IT 자원을 클라우드로 이동할 수 있고 그러한 IT 자원은 클라우드 기반 IT 자원으로 변경이 된다. 또한 영내와 클라우드 기반 환경에 IT 자원을 중복으로 전개하는 것도 가능하다.

1.3.2 클라우드 컴퓨팅 역할과 활동 관련 용어

파티(party)

자연인 또는 법적인 인간 또는 이들의 그룹을 말한다.

클라우드 서비스 고객(CSC: cloud service customer)

클라우드 기반의 IT 자원을 이용하는 파티를 클라우드 서비스 고객이라고 한다.

클라우드 서비스 제공자(CSP: cloud service provider)

클라우드 기반의 IT 자원을 제공하는 파티를 클라우드 서비스 제공자라고 한다.

클라우드 서비스 사용자(cloud service user)

클라우드 서비스를 사용하는 클라우드 서비스 고객과 관련된 자연인 또는 그 사람을 대신하는 개체를 의미한다.

클라우드 서비스 소비자(cloud service consumer)

클라우드 서비스를 접근하는 소프트웨어 프로그램에 의해 부여되는 임시적 런타임 역할이다. 클라우드 서비스 소비자는 공개된 서비스 계약을 가진 클라우드 서비스에 원격으로 접근할 수 있는 소프트웨어 프로그램이나 서비스, 또는 클라우드 서비스에 원격으로 접근할수 있는 소프트웨어를 실행하는 워크스테이션, 랩탑, 모바일 장치 등을 포함한다(2.1절의 분류에서는 클라우드 클라이언트 또는 클라우드 단말과 유사한 개념이다).

클라우드 서비스 고객은 스마트폰, 태블릿 PC, 제로 클라이언트, 노트북, PC 모니터 등의 다양한 화면을 통해 클라우드에 접속하여 클라우드 서비스를 이용하게 된다. 클라우드 서비스 고객이 사용하는 화면 접속 방식이 스마트폰, 태블릿 PC, 제로 클라이언트, 노트북, PC 모니터 등의 다양한 디스플레이를 사용하는 상황을 **N-스크린** 방식이라고 한다. 클라우드 서비스 제공자는 클라우드 서비스 고객이 N-스크린을 사용하는 상황을 염두에 두어 클라우드 서비스를 다양한 화면 디스플레이상에 다양한 해상도(resolution)와 다양한 상세도(level of detail)로 문맥인지적(context-aware)으로 맞추어 제공할 수 있어야 한다.

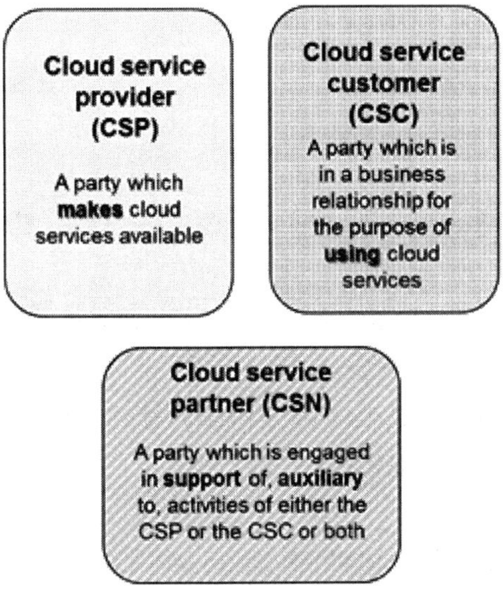

그림 1.7 ▌ 클라우드 컴퓨팅의 공통 역할 [출처: ISO/IEC TR 23187]

클라우드 서비스 파트너(CSN: cloud service partner)

클라우드 서비스 제공자 또는 클라우드 서비스 고객의 활동을 지원 또는 보조하는 역할을 수행하는 파티이다. CSN이 클라우드 서비스를 제공하지 않고 클라우드 컴퓨팅 도입과 구현 과정에서 CSC와 사용자를 지원하는 활동도 존재한다. CSN은 CSP와 CSC와의 파트너십 유형과 관계에 따라 다양한 클라우드 컴퓨팅 활동을 수행한다. CSP, CSC, CSN 용어는 클라우드 및 클라우드 제공(provisioning) 계약과 관련하여 조직에 부여되는 역할을 표현한다(그림 1.7).

클라우드 감사(cloud auditor)

클라우드 서비스의 프로비전과 사용에 대한 감사를 수행할 책임을 가진 클라우드 서비스 파트너이다.

클라우드 서비스 브로커(cloud service broker)

클라우드 서비스 고객과 클라우드 서비스 제공자 간의 관계를 협상하는 클라우드 서비스 파트너이다.

피어 클라우드 서비스 제공자(peer cloud service provider) 또는 보조 클라우드 서비스 제공자(secondary cloud service provider)

하나 이상의 다른 클라우드 서비스 제공자에 의해 그들의 클라우드 서비스의 일부로 사용될 하나 이상의 클라우드 서비스를 제공하는 클라우드 서비스 제공자이다.

장치(device)

하나 이상의 클라우드 서비스와 직접적 또는 간접적으로 통신하는 물리적 개체를 말한다.

장치 플랫폼(device platform)

장치에 대한 핵심 기능을 제공하기 위한 운영 체제와 기타 기능의 집합을 말한다.

장치 플랫폼 제공자(device platform provider) 또는 장치 플랫폼 클라우드 서비스 제공자(device platform cloud service provider)

필요 디지털 아이덴티티의 관리를 포함하는 장치 플랫폼 지원에 필요한 클라우드 서비스를 제공하는 클라우드 서비스 제공자를 말한다.

장치 플랫폼 클라우드 서비스(device platform cloud service)

장치 플랫폼을 지원하기 위해 장치 플랫폼 제공자에 의해 제공되는 클라우드 서비스이다.

1.3.3 클라우드 호환성 및 이식성 관련 용어

호환성(interoperability)

2개 이상의 시스템 또는 응용이 정보를 교환하고 교환된 정보를 상호 사용할 수 있는 능력을 말한다(그림 1.8).

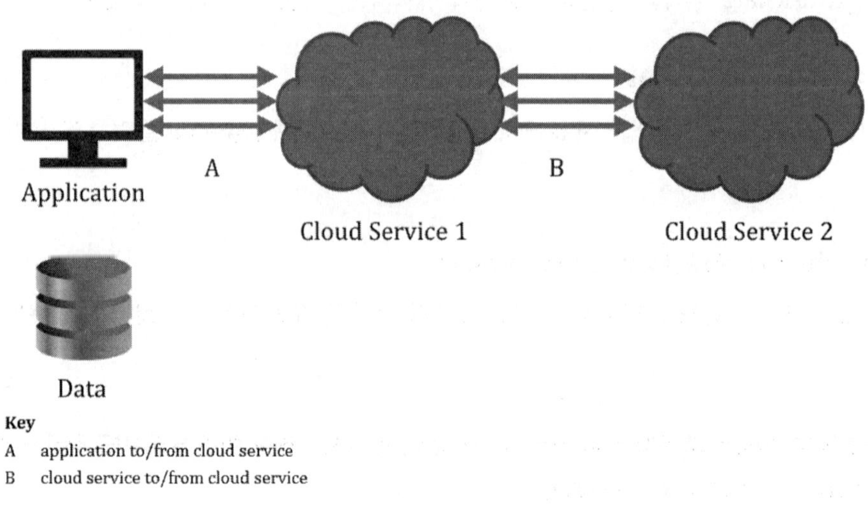

그림 1.8 ▎ 클라우드 호환성 개념 [출처: ISO/IEC 19944]

클라우드 호환성(cloud interoperability)

CSC의 시스템이 클라우드 서비스와 상호작용하는 능력 또는 한 클라우드 서비스가 예측된 결과를 얻기 위해 미리 기술된 방법에 따른 정보 교환을 통해 다른 클라우드 서비스와 상호작용하는 능력을 말한다.

트랜스포트 호환성(transport interoperability)

정보 교환이 참여 시스템 간에 설정된 통신 인프라구조를 이용하는 호환성을 말한다. CSC 컴포넌트와 CSP 컴포넌트 간에 또는 상이한 클라우드 서비스를 제공하는 CSP 컴포넌트간의 전송 메카니즘. HTTP/S, SOAP, AMQP(Advanced Message Queuing Protocol), MQTT(Message Queuing Telemetry Transport) 등을 예로 포함한다.

구문적 호환성(syntactic interoperability)

참여 시스템에 의해 교환 정보의 포맷이 이해될 수 있는 호환성을 말한다. 해독 구문의 예로 JSON, XML, ASN.1로 기술된 구문 등을 포함한다.

의미적 데이터 호환성(semantic data interoperability)

주제 영역의 문맥안에서 데이터 모델의 의미가 참여 시스템에 의해 이해될 수 있는 호환성을 말한다. 의미적 데이터 호환성은 교환 시점에 교환되는 정보의 데이터 모델을 기반으로 한다. 인프라구조 레벨의 경우, 가상 머신(VM), 컨테이너, 스토리지, 네트워킹 개념, 그들의 관리와 관련이 된다. 플랫폼 레벨의 경우, 응용, 실행과 전개 환경, 그들의 관리와 관련이 된다. 응용 레벨의 경우, 도메인 개념은 인적 자본 관리(HCM), 고객 관계 관리(CRM), 기업 자원 기획(ERP)과 같은 응용 자체에 의해 기술이 된다.

행위적 호환성(behavioral interoperability)

교환의 실제 결과가 예측된 결과를 달성하는 호환성을 말한다.

정책 호환성(policy interoperability)

참여 시스템에 적용 가능한 법적, 조직적, 정책적 프레임워크를 준수하는 호환성을 말한다.

데이터 이식성(data portability)

데이터를 재입력할 필요 없이 한 시스템의 데이터를 다른 시스템으로 쉽게 전달할 수 있는 능력을 말한다(그림 1.9). 데이터 이식성은 클라우드 데이터 이식성, 데이터 구문적 이식성, 데이터 의미적 이식성, 데이터 정책적 이식성으로 구분할 수 있다.

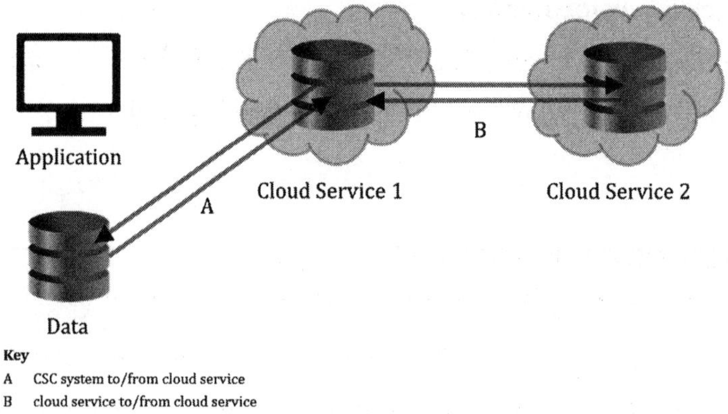

그림 1.9 ▎ 클라우드 데이터 이식성 개념 [출처: ISO/IEC 19944]

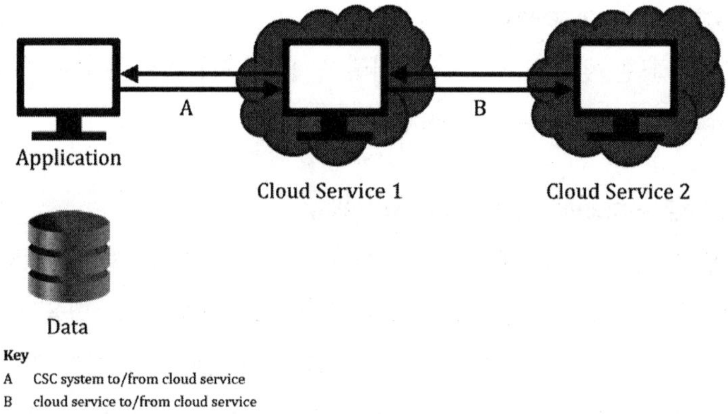

그림 1.10 ▎ 클라우드 응용 이식성 개념 [출처: ISO/IEC 19944]

응용 이식성(application portability)

한 소스 시스템의 한 응용을 목표 시스템으로 이주시킬 수 있는 능력을 말한다(그림 1.10). 클라우드 응용 이식성은 응용 구문적 이식성, 응용 명령어 이식성, 응용 메타데이터 이식성, 응용 행위적 이식성, 응용 정책적 이식성으로 구분할 수 있다.

1.3.4 클라우드 서비스 계약 관련 용어

서비스 레벨 계약(SLA: service-level agreement)

서비스와 서비스 목표를 식별하기 위한 서비스 제공자와 고객 간의 문서화된 계약이다. 이 계약은 클라우드 기반 서비스나 기타 제공 사항의 QoS(Quality of Service) 특징, 행위, 제약사항 등에 대해 서비스 제공자와 서비스 사용자 사이의 서비스 계약 문서 형태로 작성이 된다.

클라우드 서비스 계약(cloud service agreement)

해당 서비스(들)을 관리하기 위한 클라우드 서비스 제공자와 클라우드 서비스 고객 간의 문서화된 계약이다.

클라우드 서비스 제품(cloud service product)

클라우드 서비스가 제공되는 비즈니스 조건의 집합과 결합된 클라우드 서비스이다.

제품 카탈로그(product catalogue)

클라우드 서비스 제공자가 클라우드 서비스 고객에게 제공하는 클라우드 서비스 제품의 리스트이다.

서비스 카탈로그(service catalogue)

특정 클라우드 서비스 제공자가 제공하는 모든 클라우드 서비스의 리스트이다.

클라우드 SLA(cloud SLA)

해당 클라우드 서비스(들)에 대한 클라우드 서비스 수준 목표와 클라우드 서비스 정성 목표를 포함하는 클라우드 서비스 계약의 일부이다.

클라우드 서비스 정성 목표(SQO: cloud service qualitative objective)

주어진 클라우드 서비스의 특정한 품질 특성에 대한 클라우드 서비스 제공자의 약속으로 명칭 또는 순서 값으로 주어진다.

클라우드 서비스 수준 목표(SLO: cloud service level objective)

주어진 클라우드 서비스의 특정한 정량적 특성에 대한 클라우드 서비스 제공자의 약속으로 구간 또는 비율 값으로 주어진다.

실패 통지 정책(failure notification policy)

클라우드 서비스 고객과 클라우드 서비스 파트너가 클라우드 서비스 제공자에게 서비스 부족 또는 서비스 부족의 발생을 통지하는 프로세스를 명세한 정책이다.

1.3.5 클라우드 데이터 관련 용어

클라우드 서비스 고객 데이터(cloud service customer data)

클라우드 서비스로 입력이 되었거나 클라우드 서비스의 인터페이스를 통해 클라우드 서비스 고객에 의해 제공이 되었으나, 법적인 또는 다른 이유로 인해 클라우드 서비스 고객의 통제하에 있는 데이터 객체 클래스이다.

클라우드 서비스 유도 데이터(cloud service derived data)

클라우드 서비스 고객에 의해 클라우드 서비스와의 상호작용의 결과로 유도되어 클라우드 서비스 제공자의 통제하에 있는 데이터 객체 클래스이다.

클라우드 서비스 제공자 데이터(cloud service provider data)

클라우드 서비스 제공자의 통제하에 있는, 클라우드 서비스의 작동과 관련된 데이터 객체 클래스이다.

계정 데이터(account data)

각 CSC에 대한 특정 데이터 클래스로 클라우드 서비스의 관리를 위해 필요한 데이터이다.

최종 사용자 식별가능 정보(EUII: end user identifiable information)

사용자에 의한 서비스의 사용으로부터 획득되거나 생성된, 사용자와 연관된 유도 데이터이다.

개별 데이터(individual data)

법적인 또는 다른 이유로 인해 특정 자연인의 통제하에 있는 데이터 객체 클래스이다.

조직 데이터(organizational data)

법적인 또는 다른 이유로 인해 특정 조직의 통제하에 있는 데이터 객체 클래스이다.

조직의 보호 데이터(organizational protected data)

데이터 프로세스의 거버넌스에 의해 설정된 정책을 기반으로 보호가 요구되는 조직 데이터이다.

퍼블릭 도메인 데이터(public domain data)

어느 누구도 저작권이나 기타 지적 재산권을 보유하지 않은 데이터 객체 클래스이다.

비-개인 데이터(non-personal data)

PII를 포함하지 않은 데이터 객체 클래스이다.

1.3.6 보안과 개인정보 관련 용어

기밀성(confidentiality)

정보가 권한이 없는 개인, 개체, 프로세스에 제공되거나 누설되지 않는 성질이다.

무결성(integrity)

정확성 또는 완전성의 성질이다.

정보 보안(information security)

정보의 기밀성, 무결성, 가용성의 보존을 의미한다.

개인 식별가능 정보(PII: personally identifiable information)

해당 정보와 관련된 개체 또는 직간접적으로 연결된 개체를 식별하기 위해 사용할 수 있는 정보를 의미한다.

안전한 멀티-테넌시(secure multi-tenancy)

데이터 누출을 명시적으로 보호하기 위해 보안 통제를 수행하고 적절한 거버넌스를 위해 이러한 통제에 대한 검증을 제공하는 멀티-테넌시의 유형이다.

1.3.7 가상화 관련 용어

가상 머신(VM: virtual machine)과 가상화(virtualization)

클라우드 컴퓨팅 환경에서는 하나의 물리적 서버 상에 **하이퍼바이저(hypervisor)**라고 하는 소프트웨어가 여러 개의 가상 머신(VM: virtual machine)를 생성하여 사용자에게 제공을 하게 된다. 하나의 물리적 서버 상에 하나 이상의 가상 머신을 생성하여 복수개의 논리적 서버를 운영하는 기술을 가상화(virtualization)라고 한다. 이러한 VM상에는 사용자가 원하는 운영체제(Windows, Linux 등)가 설치되어 제공이 될 수 있고, 이러한 목적으로 서버의 CPU, 메모리, 디스크 등 물리적 자원을 적절히 할당하여 사용자가 원하는 형태의 가상 머신을 만들어 사용자에게 제공할 준비를 수행하는 과정을 **프로비저닝(provisioning)**이라고 한다.

하이퍼바이저(hypervisor) 또는 가상 머신 모니터(virtual machine monitor)

물리적 자원을 가상화하고 가상 머신의 실행을 허용하는 소프트웨어이다.

Type I 하이퍼바이저(bare metal, native hypervisor)

기반 시스템 하드웨어 상에서 실행이 되고, 하이퍼바이저는 각 실행 VM에 CPU 자원, 메모리, 디스크 스토리지, 네트워크 기능과 대역폭을 할당한다(그림 1.11).

Type II 하이퍼바이저(embedded, hosted hypervisor)

호스트 OS상에서 실행이 되며, 호스트 OS는 시스템 HW를 관리하고 하이퍼바이저는 그 기능을 이용해 VM을 실행하고 관리한다(그림 1.12).

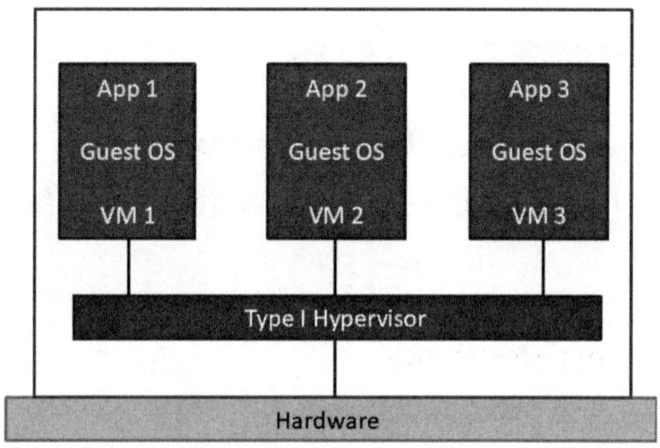

그림 1.11 ‖ 타입 I 하이퍼바이저 가상화 [출처: ISO/IEC 23167]

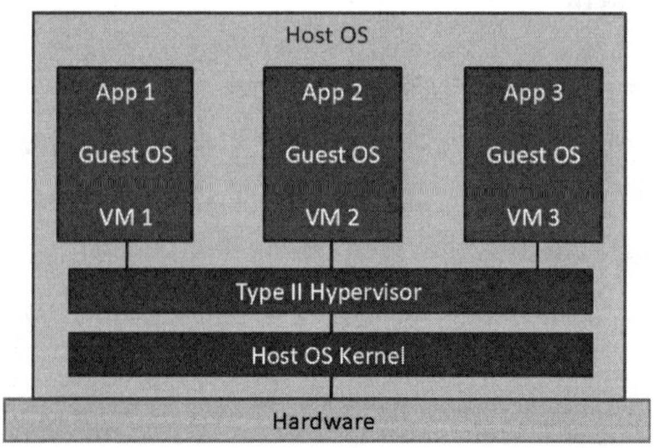

그림 1.12 ‖ 타입 II 하이퍼바이저 가상화 [출처: ISO/IEC 23167]

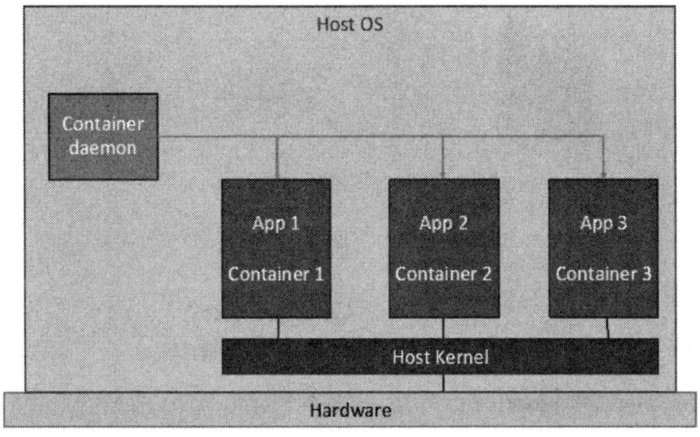

그림 1.13 ‖ 호스트 시스템 상의 컨테이너 가상화 [출처: ISO/IEC 23167]

컨테이너(container)

컨테이너는 시스템 상에서 실행되는 운영체제의 가상화를 통해 소프트웨어 실행 환경을 제공한다. 각 컨테이너는 그 자신의 응용 소프트웨어를 포함하고 동일 시스템 상에서 실행되는 다른 컨테이너들과는 분리된 메모리, CPU, 스토리지, 네트워킹 등의 자원을 이용해 하나 이상의 운영 체제 프로세스 안에서 그 소프트웨어를 실행한다. 컨테이너 디몬(daemon)은 create, start, kill, delete의 컨테이너 연산을 지원한다. 가상 머신 방법보다 오버헤드가 적어 가벼운 가상화라고도 하며 점차 활용이 증가하고 있다(그림 1.13).

컨테이너 이미지(container image)

주어진 컨테이너 안에서 실행될 수 있는 소프트웨어의 패키지이다.

1.4 클라우드의 필요성 및 장단점

1.4.1 클라우드 컴퓨팅의 필요성

메인프레임 기반 컴퓨팅에서 클라이언트/서버 기반 컴퓨팅으로 이동한 것에 이은 패러다임 시프트(paradigm shift)이자 새로운 산업혁명으로 단말의 경량화 추세(스마트폰, 태블릿 PC, 클라우드 디스플레이, 제로 클라이언트 등)에 따라 본격적으로 확산이 되고 있다.

클라우드 컴퓨팅은 대세이며 전 산업에 대한 파급 효과도 클 것으로 예상이 되고 서비스 모델도 다양할 것으로 예상이 된다. 스마트 자동차, 스마트 팩토리, 클라우드 로보틱스, 웨어러블

그림 1.14 ‖ 클라우드 컴퓨팅의 주요 응용 분야

기기, IoT 기기, 빅데이터 처리 등은 모두 클라우드를 통한 연동이 필요한 기술들이며, 알파고와 같은 인공지능도 클라우드를 기반으로 컴퓨팅 파워가 제공이 되고 있다(그림 1.14). 클라우드 컴퓨팅은 IT 산업이 사회의 패러다임을 바꾸고 기존 산업의 경쟁력을 강화할 수 있는 기회가 될 것으로 보인다.

그림 1.15에 보인 것처럼 SAP는 2014년에 Vuzix의 M100 Smart Glass를 이용한 2개 신규 응용을 기업용 마켓에 출시하였다. 증강현실(AR: Augmented Reality) 기반의 SAP® AR Warehouse Picker와 SAP® AR Service Technician 응용은 스마트 글래스를 착용한 작업자의 안경에 클라우드로부터 가져온 지도, 회로도, 수리 매뉴얼 등을 보여주어 창고 관리자와 수리공의 업무 수행을 지능적으로 도와주고 있다.

그림 1.15 ‖ 웨어러블 기기와 증강현실, 클라우드, 빅데이터의 통합 제품 사례 [출처: SAP 2014]

클라우드 컴퓨팅은 웹 인프라(웹 서버 대체), IT 인프라(IaaS), 응용 개발 및 테스트(PaaS), 비즈니스 응용(SaaS) 위주로 확산이 되어 왔으나, 최근 들어 컴퓨팅의 전분야로 확대가 되어 고성능 컴퓨팅(HPC: high performance computing), 의사 결정 및 분석, OLTP(OnLine Transaction Processing) 등 메인프레임급 이상의 컴퓨팅 파워를 필요로 하였던 핵심 컴퓨팅 분야까지도 클라우드 기반으로 변화가 이루어지고 있다.

1.4.2 클라우드 컴퓨팅의 장점

클라우드 컴퓨팅의 주요 장점은 다음과 같다.

투자 및 비용 감소

IT 자원의 설치 공간 및 물리적 확보에 필요한 고정 비용이 IT 자원의 임대료 지불 방식으로 변경이 되므로 CAPEX(Capital Expenditure)를 OPEX(Operational Expenditure)로 전환하여 초기투자 부담을 대폭 경감할 수 있다. IT 자원의 통합과 공유를 통해 IT 자원의 활용도를 증가시키고 TCO(Total Cost of Ownership)를 절감할 수 있다.

전력 비용 감소

서버의 통합과 가상화 기법 등의 적용을 통해 에너지 비용을 크게 절감할 수 있다. 예를 들어, CPU 이용률이 15%대인 4대의 서버를 1대의 서버로 통합해 가상화하는 경우, 이론적으로 70% 정도의 전력을 절감할 수 있고 실제로도 대략 30%-50% 정도의 전력 절감이 가능하다. 전력 절감은 이산화탄소(CO_2) 저감으로 바로 연결이 되어 지구 온난화 문제 해결에도 기여할 수 있다.

확장성 증가

IT 자원의 풀의 제공을 통해 클라우드는 동적으로 IT 자원을 즉시에 할당할 수 있다. 이러한 기능을 통해 처리 트래픽의 변동과 피크 수요에 자동적으로 또는 수동으로 유연하게 대응할 수 있다. 마찬가지로, 클라우드 기반 IT 자원은 처리수요 감소시 자동 또는 수동으로 반납될 수 있다.

가용성 및 신뢰성 증가

IT 자원의 가용성(availability)과 신뢰성(reliability)은 사업 이익과 직접 관련이 된다. 사용량이 높은 시간에 즉시 수정이 불가능한 런타임 고장이 발생할 경우는 좀더 영향이 심각하다. 그러므로 클라우드 기반의 서비스와 IT 자원 계약시 클라우드 제공자가 제안하는 SLA를 주의깊게 살펴볼 필요가 있다. 다수의 클라우드 환경은 높은 가용성과 신뢰성을 제공할 수 있는 능력이 있지만, SLA에 표현된 정도가 의무적으로 보장된다는 것에 유의해야 한다.

이동성(mobility) 증가

사용자의 컴퓨터, 소프트웨어, 데이터 등이 클라우드에 존재할 경우 언제 어디서나 접속해서 사용할 수 있으므로 클라우드 사용자의 이동성은 좋아진다.

보안 강화

프라이빗 클라우드의 경우 전사적인 IT 자원과 데이터의 통제를 통해 보안을 강화할 수 있다(물론 퍼블릭 클라우드에서는 보안 문제가 단점이 될 수도 있고 클라우드 제공자의 기술 수준에 따라 장점이 될 수도 있다).

미국 정부의 클라우드 우선 전략(cloud first policy)에서 언급하고 있는 클라우드 컴퓨팅의 장점은 다음과 같다.

- 경제성: 비용이 절감된다.
- 유연성: 사용자 부하의 변동이 예상되는 IT 부서의 경우 추가적인 하드웨어와 소프트웨어를 확보하기 위해 고민할 필요가 없다. 클라우드 컴퓨팅을 이용하면 네트워크 부하가 보여주는 바에 따라 용량을 증가 또는 감소시킬 수 있고 사용한 만큼 지불하면 된다.
- 신속한 구현
- 일관적인 서비스
- 효율의 증가
- 에너지 효율성: IT 자원을 풀 방식으로 공유하므로 각 사용자 커뮤니티는 그 자신의 전용 IT 인프라구조를 소유할 필요가 없다. 여러 그룹이 컴퓨팅 자원을 공유하므로 컴퓨팅 활용율이 높아지고, 서버수가 줄어들고, 에너지 소비량이 줄어든다.

클라우드 도입의 가장 눈에 띄는 이점은 서버 통합에 따른 IT 운영 비용 절감과 전력 절감으로 볼 수 있다. 클라우드 도입에 따른 대표적인 절감 효과 사례는 다음과 같다.

- CJ그룹은 랙 서버 50대를 블레이드 서버 16대로 통합하여 상면 공간을 100u에서 16u로 절감하고, 전력 소모를 12kW에서 6KW로 50% 절감하고 운영비를 20% 절감하였다.
- 행정자치부의 "범정부 정보자원 통합사업"은 전자정부 업무의 클라우드 환경 50% 전환, 공개 소프트웨어 40% 도입, IT 운영 예산 30% 절감(년 3,000억 절감)을 추진하였다.
- 미국 국방부의 국방정보시스템에이전시(Defense Information Systems Agency)는 Forge.mil을 통해 국방부의 새로운 소프트웨어 시스템의 신속한 개발, 시험, 전개에 필요한 도구와 서비스를 제공하고 있다. Forge.mil은 클라우드 제공자 CollabNet과 협력하여 소프트웨어 개발 플랫폼을 최소의 비용으로 제공하여 1개 프로젝트당 20만달러-50만달러 정도

의 예산을 절감하고 있다.

- 미국 공군은 지식 관리, 케이스 추적, 계약 센터 추적, 고객 서베이 임무 수요를 지원하기 위한 솔루션을 RightNow에 의뢰해 SaaS 방식으로 구현하여 년간 400만달러 이상을 절감하고 있고 15,000개의 문서에 대한 답변을 2분내로 발견할 수 있게 되었다.
- 2010년 4월에 미국의 Recovery.gov는 클라우드 인프라 사용을 통해 100만달러 이상의 컴퓨터 장비 및 소프트웨어 구입 예산을 절감하여 다른 용도로 전환하였다.
- 미국 LA시는 시의 34,000명 공무원을 위한 e-메일 시스템과 생산성 도구를 클라우드로 전환하여 550만달러 이상의 비용을 절감하였다.

1.4.3 클라우드 컴퓨팅의 위험 및 도전과제

클라우드의 도입에 따른 위험이나 도전과제는 다음과 같다.

보안 취약성 증가

비즈니스 데이터의 클라우드로의 이관은 데이터 보안에 대한 책임이 클라우드 서비스 제공자와 공유됨을 의미한다. IT 자원의 원격 이용은 클라우드 서비스 고객에 의한 신뢰 경계가 외부 클라우드를 포함하도록 확장될 것을 요구한다. 클라우드 서비스 고객과 클라우드 서비스 제공자가 동일 또는 호환적 보안 프레임워크를 사용하지 않는 한(퍼블릭 클라우드에서는 가능하기 어려운) 추가적인 취약성의 도입 없이 이러한 신뢰 경계를 확장하는 보안 아키텍처를 수립하기는 힘이 든다. 신뢰 경계의 중복으로 인한 또다른 문제는 클라우드 서비스 제공자의 클라우드 서비스 고객 데이터에 대한 접근 권한과 관련이 된다. 데이터의 안전 정도는 클라우드 서비스 고객과 클라우드 서비스 제공자 모두에 의해 적용이 되는 보안 통제와 정책에 의해 제한이 된다. 더구나 클라우드 기반의 IT 자원들이 공통적으로 공유가 되므로 상이한 클라우드 서비스 고객들과 겹치는 신뢰 경계도 존재할 수 있다.

운영 거버넌스 제어 감소

클라우드 서비스 고객은 대개 영내 IT 자원에 대한 경우보다 더 낮은 거버넌스 제어 수준을 설정한다. 이는 클라우드 서비스 제공자가 클라우드를 운영하는 방법, 클라우드와 클라우드 서비스 고객 사이의 통신에 요구되는 외부 연결과 관련한 위험 요소를 야기할 수 있다. 비신뢰적인 클라우드 서비스 제공자는 클라우드 서비스에서 공개된 SLA에서 보증한 내용을 유지하지 못할 수 있다. 이는 클라우드 서비스에 의존하는 클라우드 서비스 고객 솔루션의 품질을 위험에 처하게 할 수 있다. 또한 클라우드 서비스 고객과 클라우드 서비스 제공자 간의 더 길어진 지리적 거리는 지연시간의 변동과 잠재적 대역 제한을 유도하는 추가적 네트워크 홉을 요구할 수 있다. SLA와 결합된 법적인 계약, 기술 검사, 모니터링이 거버넌스 위험과 이슈를 경감할 수 있을 것이다. 클라우드 서비스 고객은 실제로 제공되는 서비스 레벨과 서비스 제공자의 기타 보증 사항들을 추적할 필요가 있다.

클라우드 서비스 제공자들간의 이식성의 제한

클라우드 컴퓨팅 관련 산업 표준안의 부족으로 인해 퍼블릭 클라우드들은 보통 배타적이다. 이러한 배타적 환경에 종속적인 커스텀-구축 솔루션을 가진 클라우드 서비스 고객들의 경우 한 클라우드 서비스 제공자에서 다른 클라우드 서비스 제공자로 이주하는 것은 도전과제가 될 수 있다. 이식성(portability)은 클라우드 소비자 IT 자원과 데이터를 클라우드 간에 이동하는 영향을 결정하기 위한 척도이다.

다중 영역 준수 및 법적 이슈

제3자 클라우드 서비스 제공자들은 데이터 센터를 저렴하고 편리한 지리적 위치에 구축하려 할 것이다. 클라우드 서비스 고객들은 퍼블릭 클라우드 이용시 대개 그들의 IT 자원과 데이터의 물리적 위치에 관심을 두지 않을 것이다. 일부 조직의 경우 이러한 상황은 데이터 개인정보 문제와 저장 정책을 명세하는 산업과 정부의 규제와 관련하여 심각한 법적 우려를 낳을 수 있다. 예를 들어, 일부 영국법은 영국 시민에 대한 개인 데이터를 영국 영토안에 유지할 것을 요구하고 있다. 다른 잠정적 법적 이슈는 데이터 접근가능성과 폭로와 관련이 있다. 국가에 따라 일부 유형의 데이터를 특정 정부 기관이나 데이터의 주체에게 폭로(제공)하는 것을 요구하는 법을 가지고 있다. 예를 들어, 미국에 위치하고 있는 유럽의 클라우드 서비스 고객의 데이터는 미국의 법에 의해 정부 기관에 의해 접근될 가능성이 다수의 유럽 국가들에 대비해 쉬워질 수 있다. 대부분의 규제적 프레임워크들은 외부 클라우드 서비스 제공자에 의해 보관이 되고 있더라도 클라우드 소비스 고객 조직이 궁극적으로 그들 자신의 데이터에 대한 보안, 무결성, 저장에 대해 책임이 있다고 인식하고 있다.

제2장

클라우드 컴퓨팅의 기초 개념과 모델

2.1 클라우드 컴퓨팅 구성 요소

클라우드 컴퓨팅 환경은 그림 2.1과 같이 클라우드 서비스 제공자, 클라우드 클라이언트, 클라우드 보안, 클라우드 네트워크, 클라우드 서비스 브로커로 구성된다[3].

클라우드 서비스 제공자(cloud service provider)

클라우드 기반의 IT 자원을 제공하는 기관. 클라우드 컴퓨팅 인프라 위에 클라우드 플랫폼을 구축해 놓고 IaaS, PaaS, SaaS 등의 다양한 서비스를 제공한다.

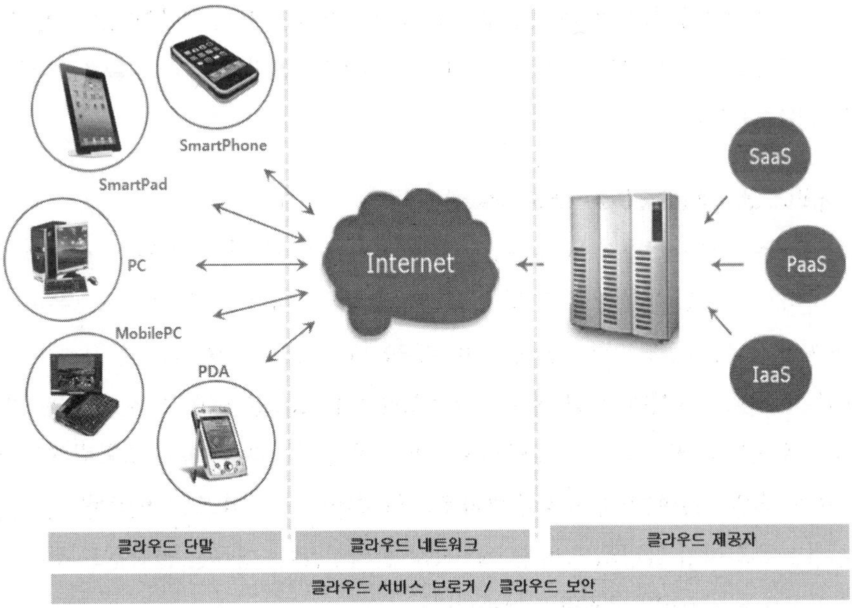

그림 2.1 ‖ 클라우드 컴퓨팅 환경

클라우드 클라이언트(cloud client) 또는 클라우드 단말

클라우드 서비스를 이용하는 수단으로 스마트폰, 태블릿 PC, PC와 노트북, 씬 클라이언트, 제로 클라이언트 등을 예로 들 수 있다.

클라우드 네트워크(cloud network)

클라우드 제공자와 클라우드 단말을 연결하는 각종 유무선 망으로 볼 수 있다.

클라우드 보안(cloud security)

클라우드 단말, 클라우드 네트워크, 클라우드 제공자에 걸쳐 클라우드를 안전하게 이용할 수 있는 기능을 제공한다.

클라우드 서비스 브로커(cloud service broker)

이종의 클라우드를 연결 또는 중계해서 통합적으로 사용할 수 있도록 한다.

클라우드 컴퓨팅 환경은 위의 구성요소 외에도 다음과 같은 요소들을 추가적으로 포함할 수 있다.

클라우드 서비스 고객(cloud service customer)

클라우드 서비스 제공자가 제공하는 IT 자원을 사용하기 위해 클라우드 서비스 제공자와 공식적 계약을 맺은 기관이나 사람. 특히, 클라우드 서비스 고객은 클라우드 서비스에 접근하기 위해 클라우드 서비스 사용자(앞서 언급한 클라우드 클라이언트 또는 클라이언트 단말과 유사한 개념)를 사용한다. 앞서 언급한 클라우드 클라이언트(또는 클라우드 단말)를 사용하는 기관이나 사람으로 볼수도 있다.

클라우드 서비스 소유자(cloud service owner)

법적으로 클라우드 서비스를 소유하는 사람이나 기관을 의미한다. 클라우드 서비스 소유자는 클라우드 서비스 고객일 수도 있고 클라우드 서비스가 존재하는 클라우드를 소유하는 클라우드 서비스 제공자로 볼 수도 있다. 제3자 클라우드에 의해 호스트되는 클라우드 서비스를 소유하는 클라우드 서비스 고객은 그 클라우드 서비스의 사용자(또는 소비자)일 필요는 없다. 다수의 클라우드 서비스 고객 조직은 그 클라우드 서비스를 일반 사용자에게 퍼블릭하게 제공하기 위한 목적으로 다른 기관에 의해 소유된 클라우드의 클라우드 서비스로 개발하고 전개한다. 클라우드 서비스 소유자가 클라우드 자원 소유자로 불리지 않는 이유는 클라우드 서비스 소유자 역할이 클라우드 서비스에만 적용되기 때문이다.

클라우드 자원 관리자(cloud resource administrator)

클라우드 기반 IT 자원(클라우드 서비스 포함)을 관리하는 책임을 가진 사람이나 조직. 클라우드 자원 관리자는 클라우드 서비스 고객 또는 클라우드 서비스가 존재하는 클라우드의 클라우드 서비스 제공자일수도 있다. 대안적으로, 클라우드 자원 관리자는 클라우드 기반 IT 자원을 관리하기 위해 계약을 맺은 제3자 기관일 수도 있다. 예를 들어, 클라우드 서비스 소유자는 클라우드 서비스를 관리하기 위해 클라우드 자원 관리자와 계약을 맺을 수도 있다.

클라우드 감사(cloud auditor)

클라우드 환경에 대해 독립적인 평가를 수행하는 제3자(보통 인증을 받은) 기관. 보안 제어, 개인정보 영향, 성능 등의 평가를 포함. 클라우드 감사 역할의 주요 목적은 클라우드 서비스 고객과 클라우드 서비스 제공자 간의 신뢰 관계를 강화하는 것을 돕기 위해 클라우드 환경을 공정하게 평가하는 데 있다.

클라우드 캐리어(cloud carrier)

클라우드 서비스 고객과 클라우드 서비스 제공자 간의 유선 연결을 제공하는 기관. 클라우드 네트워크를 제공하는 기관으로 네트워크나 통신 제공자에 해당한다.

조직 경계(organizational boundary)와 신뢰 경계(trust boundary)

조직 경계는 조직에 의해 소유되고 관리되는 IT 자원을 둘러싸는 물리적 반경을 표현한다. 조직 경계는 실제 조직의 경계를 표현하는 것이 아니라 IT 자산과 IT 자원의 조직적 집합에 대해서만 적용이 된다. 어떤 기관이 클라우드 기반 IT 자원을 접근하는 클라우드 소비자 역할을 수행하게 될 경우 그 조직의 물리적 경계가 클라우드 환경의 해당 부분을 포함할 수 있도록 신뢰 경계를 확장해야 한다. 신뢰 경계는 그 조직의 IT 자원이 신뢰될 수 있도록 물리적 경계를 넘어서 확장된 논리적 반경을 표현한다(그림 2.2). 클라우드 환경을 분석할 경우에는 클라우드 서비스 고객

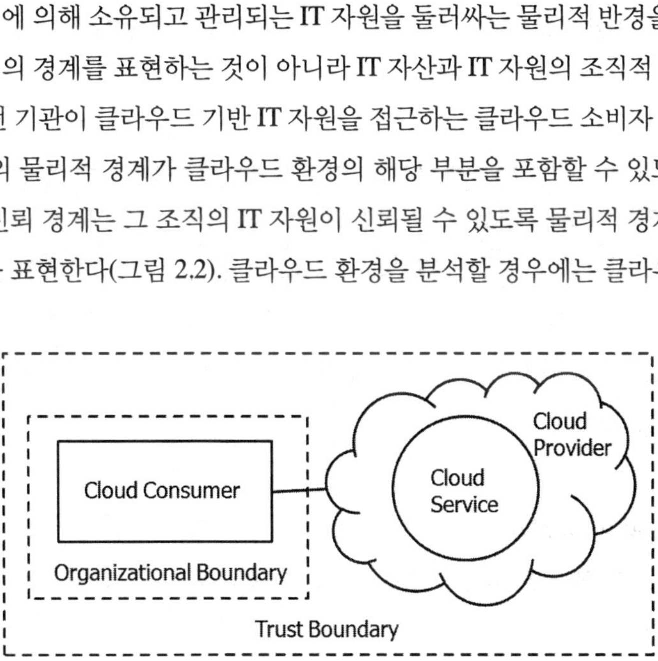

그림 2.2 ▌ 클라우드 서비스 고객 기관의 신뢰 경계

으로 참여하는 기관에 의해 제기되는 신뢰 이슈와 관련된 신뢰 경계가 가장 자주 연관이 된다.

2.2 클라우드 컴퓨팅의 특성

클라우드 컴퓨팅은 5개의 본질적 특징을 가진다.

주문형 자가-서비스(on-demand self-service)

서버 시간, 네트워크 저장장치 등의 컴퓨팅 기능을 사람의 중재 없이 필요한 만큼 자동적으로 확보해 사용할 수 있다.

폭넓은 네트워크 접근(broad network access)

이러한 기능은 네트워크를 통해 가용하게 되며 이질적인 경량 또는 중량 클라이언트 플랫폼(모바일 폰, 노트북, PDA, 태블릿 등)을 통한 이용을 허용하는 표준적인 메카니즘을 통해서 접근할 수 있다.

자원 풀링(resource pooling)

제공자의 컴퓨팅 자원은 다중-임대(multi-tenant) 방식으로 다중 사용자에게 제공되기 위해 풀 형태로 유지되며, 다양한 물리적 또는 가상적 자원이 사용자 요구에 따라 동적으로 할당 또는 재할당된다.

> 클라우드 서비스의 집합, 이와 관련된 클라우드 자원에 대해 공유 접근을 하는 클라우드 서비스 사용자의 그룹을 **테넌트(tenant, 임대자)**라고 한다. **멀티-테넌트(multi-tenant, 다중-임대)** 방식이란 하나의 프로그램 인스턴스가 여러 상이한 소비자(임대자)에 의해 각각이 분리되어 사용될 수 있도록 해주는 소프트웨어 프로그램의 특성을 의미한다.

신속한 탄력성(rapid elasticity)

이러한 기능은 신속하게 탄력적으로 제공되며 일부 경우에는 신속한 확장과 축소를 위해 자동적으로 제공이 된다.

측정된 서비스(measured service)

서비스 형태에 적절한 미터링(metering) 기능을 이용해 자원의 사용을 자동적으로 통제하고 최적화할 수 있다.

2.3 서비스 모델과 능력 타입

클라우드 능력 타입(cloud capabilities type)이란 사용된 자원을 기반으로 클라우드 서비스에 의해 클라우드 서비스 고객에게 제공되는 기능을 분류한 것이다. 클라우드 능력 타입은 다음과 같은 세 가지가 있다.

응용 능력 타입(application capabilities type)

클라우드 서비스 고객이 클라우드 서비스 제공자의 응용(application)을 사용할 수 있는 클라우드 능력 타입이다.

인프라구조 능력 타입(infrastructure capabilities type)

클라우드 서비스 고객이 프로세싱, 스토리지, 네트워킹 자원을 준비(provision)하고 사용할 수 있는 클라우드 능력 타입이다.

플랫폼 능력 타입(platform capabilities type)

클라우드 서비스 고객이 클라우드 서비스 제공자에 의해 제공되는 하나 이상의 프로그래밍 언어 또는 하나 이상의 실행 환경을 이용해서 고객-생성 응용(customer-created application) 또는 고객-취득 응용(customer-acquired application)을 전개, 관리, 실행할 수 있는 클라우드 능력 타입이다.

국제표준에 따른 클라우드 능력 타입은 이 세 가지밖에 없다. 이 클라우드 능력 타입을 클라우드 서비스의 다른 범주들과 혼동하면 안된다. 클라우드 서비스 범주(cloud service category)는 공통의 성질의 집합을 소유하는 클라우드 서비스의 그룹을 말한다. 하나의 클라우드 서비스 범주는 하나 이상의 클라우드 능력 타입을 포함할 수 있다.

국제표준의 클라우드 서비스 범주를 NIST의 클라우드 컴퓨팅 참조 아키텍처에서는 클라우드 서비스 모델(cloud service model)이라고 한다. NIST의 대표적 서비스 모델은 SaaS, PaaS, IaaS로 구분하나, ISO/IEC 17788 국제표준에서는 CompaaS, DSaaS, SaaS, PaaS, IaaS 등으로 다양하게 구분한다.

SaaS(Software as a Service)

소프트웨어, 즉 응용 소프트웨어(application software)를 클라우드 서비스로 제공한다. 고객이 클라우드 인프라 상에서 실행되는 제공자의 응용(application)을 사용한다. 응용 프로그램은 웹 브라우저와 같은 씬 클라이언트(thin client)를 통해서 접근이 가능하다.

PaaS(Platform as a Service)

응용 프로그램 개발 도구, 컴파일러 등을 클라우드 서비스로 제공한다. 고객이 클라우드 인프라 상에서 클라우드 제공자가 지원하는 프로그래밍 언어와 도구를 이용하여 고객이 생성하거나 획득한 응용을 개발하고 처리한다.

IaaS(Infrastructure as a Service)

고객에게 컴퓨트, 저장장치, 네트워크 등의 컴퓨팅 자원을 클라우드 서비스로 제공한다. 고객은 클라우드에서 제공된 가상 서버(컴퓨트 자원) 상에 운영 체제와 응용 소프트웨어 등을 설치하고 사용할 수 있다. 고객은 운영 체제, 저장장치, 설치된 응용에 대한 제어권을 가지며 일부 네트워크 컴포넌트(호스트 방화벽 등)에 대해서도 제한적인 통제권을 가질 수 있다.

CompaaS(Compute as a Service)

클라우드 서비스 고객에게 소프트웨어를 전개하고 실행하는데 필요한 프로세싱 자원의 프로비전과 사용을 위한 능력이 제공되는 클라우드 서비스 범주이다.

DSaaS(Data Storage as a Service)

클라우드 서비스 고객에게 데이터 스토리지 및 관련 기능의 프로비전과 사용을 위한 능력이 제공되는 클라우드 서비스 범주이다.

NaaS(Network as a Service)

클라우드 서비스 고객에게 트랜스포트 연결성과 관련 네트워크 기능을 위한 능력이 제공되는 클라우드 서비스 범주이다.

CaaS(Communication as a Service)

클라우드 서비스 고객에게 실시간 상호작용과 협력을 위한 능력이 제공되는 클라우드 서비스 범주이다.

NIST의 원래 분류 외에 BPaaS, DaaS, SecaaS 등의 분류도 클라우드 서비스 종류의 발전에 따라 계속 추가되고 있다.

BPaaS(Business Process as a Service)

IBM에서 제시한 클라우드 컴퓨팅 참조 모델에 의하면 전통적인 SaaS/PaaS/IaaS외에 비즈니스 프로세스를 서비스로 제공하는 개념이 추가되어 있다.

DaaS(Desktop as a Service)

고객의 데스크탑이 클라우드 인프라 상에서 가상 머신(VM: Virtual Machine) 형태로 실행이 되며, 사용자는 다양한 경량 클라이언트나 제로 클라이언트를 이용해 데스크탑에 접근할 수 있다. VDI(Virtual Desktop Infrastructure)와 유사한 개념이다.

SecaaS(Security as a Service)

클라우드 컴퓨팅 안에서 보안 보장을 제공하기 위한 방법과 관련이 있다.

이외에도 다음과 같이 다양한 서비스 모델의 변형들이 대두되고 있다.

- Database as a Service
- Integration as a Service
- Testing as a Service

SaaS, PaaS, IaaS의 대표적 사례는 표 2.1과 같다.

표 2.1 클라우드 서비스 유형별 대표적 사례

서비스 유형	대표적 서비스 사례	관련 제품
SaaS	Microsoft Office 365, Google docs, Salesforce.com, 더존 ERP	Microsoft Office 365 Google docs
PaaS	Microsoft Azure, Google App Engine, Force.com, PaaS-TA	Microsoft Azure Google App Engine
IaaS	Amazon EC2, S3, DynamoDB	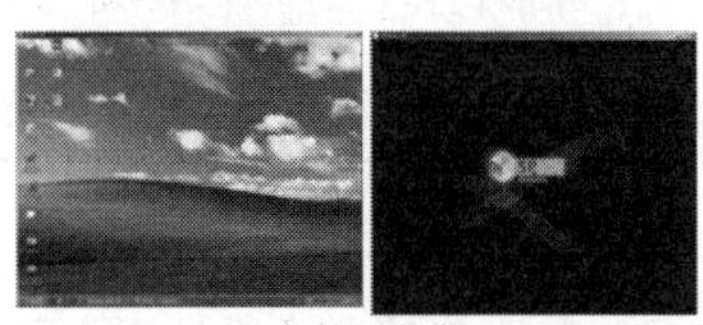 [Compute 서비스의 경우 Windows 또는 Linux 가상 머신이 서비스되는 장면]

SaaS, PaaS, IaaS의 클라우드 서비스 계약 예는 표 2.2와 같다.

표 2.2 서비스 유형별 클라우드 서비스 계약 예

서비스 유형	클라우드 서비스 계약 예
SaaS	• SLA: 응답 시간 = 0.5ms • 가격: 100 요청 당 $0.05
PaaS	• 제품: 응용 서버 + DBMS 플랫폼 • SLA: 가용성 = 99.5%, 자동 스케일링 • 가격: 시간당 $0.45(500,000 요청)
IaaS	• 제품: 가상 서버, 32GB RAM, 4GB 지역 스토리지 • SLA: 가용성 = 99.5%, 장애대처(failover) 없음 • 가격: 시간당 $0.95, 클라우드 외부로 전송된 GB 당 $0.05

서비스 유형별 과금을 위한 미터링 요소의 예는 다음과 같다.

- 응용 능력 타입: API 모니터, 응용 소프트웨어
- 플랫폼 능력 타입: 메시지-기반 미들웨어, 캐시 미들웨어, 응용 미들웨어, 데이터베이스
- 인프라구조 능력 타입: 가상 머신, 이미지, 메모리 디스크, 스냅샷, 프라이빗 가상 네트워크, 퍼블릭 네트워크, 가상 방화벽, 가상 부하 균형기(표 2.3)

표 2.3 인프라구조 능력 타입 클라우드 서비스 미터링 요소(예시) [출처: ISO/IEC 23613]

서비스 분류	미터링 요소	기술	기본 단위	미터링 요소 분류
가상 머신	CPU 코어	각 가상 머신 인스턴스에 할당된 CPU 코어의 수	코어	개수
	메모리 용량	각 가상 머신 인스턴스에 대한 메모리 크기	바이트	크기
	시스템 디스크	각 가상 머신 인스턴스에 대한 시스템 디스크	바이트	크기
	운영 시간	각 가상 머신 인스턴스의 전체 일반 실행 시간	초	시간
이미지	이미지 크기	각 이미지 크기	바이트	크기
	사용 시간	각 이미지의 전체 사용 시간	초	시간

IaaS, PaaS, SaaS의 기술적인 차이를 구분하면 그림 2.3과 같이 표현할 수 있다(이 그림에서는 응용을 애플리케이션으로 표현하고 있다). IaaS는 Windows나 Linux와 같은 OS가 탑재된 **가**

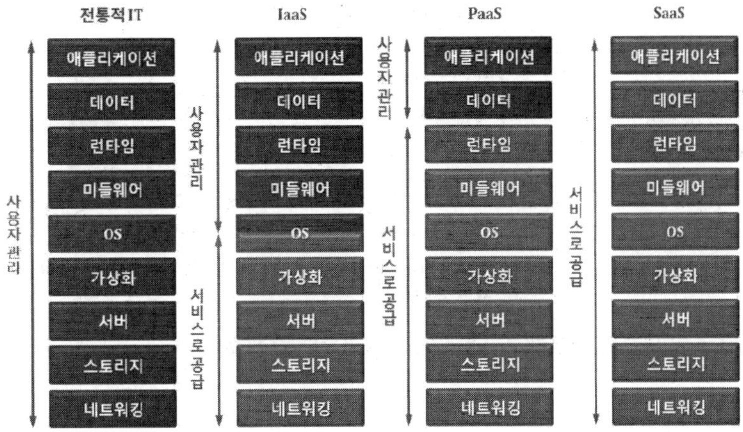

그림 2.3 ‖ 클라우드 서비스별 관리/제공 형태 [출처: MS 2010]

상 머신(VM: virtual machine)이 클라우드 서비스로부터 제공이 되고, 일반 서버와 PC를 사용할 때처럼 이 VM상에 고객이 원하는 미들웨어, 응용 소프트웨어 등을 설치해 사용하는 방식으로 볼수 있다. PaaS는 가상 머신, 운영체제, 미들웨어, 응용개발도구가 클라우드 상에서 실행이 되고 사용자는 클라이언트 상에서 이 응용개발도구를 이용해 응용 소프트웨어를 개발하는 방식으로 볼 수 있다. SaaS는 응용 프로그램, 미들웨어, 운영체제, 가상 머신 등이 모두 클라우드 상에서 실행이 되고 사용자는 클라이언트 상에서 응용을 바로 호출해(스마트폰 상에서 앱을 눌러서 앱을 실행하는 것처럼, 보통은 웹 브라우저 또는 전용 윈도우 상에서 Office 365 등의 SaaS 소프트웨어 아이콘을 눌러서) 실행시키게 된다.

이와 유사하게 IaaS, PaaS, SaaS의 차이를 클라우드 소비자와 클라우드 제공자의 활동별로 비교하면 표 2.4와 같다.

표 2.4 클라우드 서비스 모델별 클라우드 서비스 고객과 클라우드 서비스 제공자의 활동 비교

서비스 유형	클라우드 서비스 고객 활동	클라우드 서비스 제공자 활동
SaaS	• 클라우드 서비스를 사용하고 구성함.	• 클라우드 서비스를 구현, 관리, 유지함. • 클라우드 서비스 고객의 사용량을 모니터링함.
PaaS	• 클라우드 서비스와 클라우드-기반 솔루션을 개발, 테스트, 전개, 관리함.	• 플랫폼을 사전-구성하고 기반 인프라구조, 미들웨어, 기타 필요한 IT 자원을 필요한 만큼 준비(프로비저닝)함. • 클라우드 서비스 고객의 사용량을 모니터링함.
IaaS	• 실제(bare) 인프라구조를 설정하고 구성함. 필요한 소프트웨어를 설치, 관리, 모니터링함.	• 요구되는 물리적 처리(컴퓨트), 스토리지, 네트워킹을 준비(프로비저닝)하고 관리함. • 클라우드 서비스 고객의 사용량을 모니터링함.

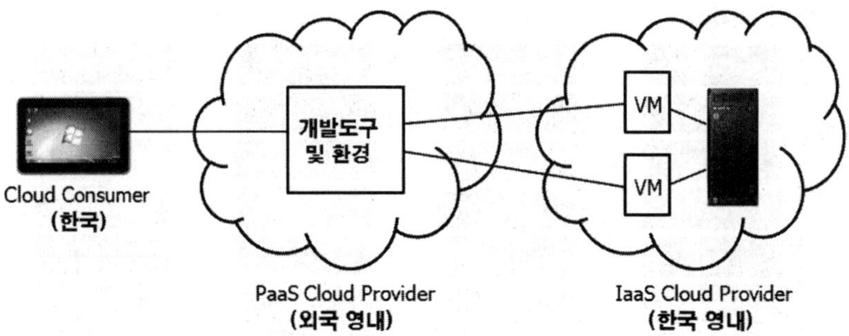

그림 2.4 데이터 주권 문제를 고려한 PaaS + IaaS 클라우드 구성 예

이러한 세가지 서비스 모델을 혼합한 서비스 모델도 가능하다.

PaaS + IaaS

PaaS 환경을 IaaS에서 제공하는 물리적 서버 또는 가상 서버 기반의 IT 자원을 기반으로 구성할 수도 있다. 심지어는 PaaS 환경을 제공하는 클라우드 제공자가 기반이 되는 IaaS 환경을 다른 클라우드 제공자로부터 임대하는 형태로 구성할수도 있다. 이러한 상황은 경제적인 이유로 그럴 수도 있고, 첫번째 클라우드 제공자의 용량이 초과하여 다른 클라우드 제공자를 활용할 수도 있다. 또는 클라우드 소비자가 첫번째 클라우드 제공자의 클라우드가 존재하는 영역이 아닌 다른 장소에 데이터를 저장할 것을 법적으로 요구하는 경우(데이터 주권 문제 관련) 이러한 형태로 구성할 수도 있다(그림 2.4).

SaaS + PaaS + IaaS

세가지 클라우드 서비스 모델을 혼합한 형태도 구성이 가능하다. 예를 들어, 그림 2.4와 같은 개발도구와 환경을 이용하여 클라우드 소비자가 자기 자신의 SaaS 클라우드 서비스를 개발하고 전개하여 상용 제품으로 제공하는 형태가 이러한 경우에 해당한다.

클라우드 서비스 모델(클라우드 서비스 범주)과 클라우드 능력 다입간의 관계는 표 2.5와 같다.

2.4 전개 모델

2.4.1 NIST의 전개 모델

NIST의 전개 모델(deployment model)은 프라이빗, 커뮤니티, 퍼블릭, 하이브리드 클라우드로

표 2.5 클라우드 서비스 범주와 클라우드 능력 타입 [출처: ISO/IEC 17788]

클라우드 서비스 범주	클라우드 능력 타입		
	인프라구조	플랫폼	응용
Compute as a Service	X		
Communications as a Service		X	X
Data Storage as a Service	X	X	X
Infrastructure as a Service	X		
Network as a Service	X	X	X
Platform as a Service		X	
Software as a Service			X

구분할 수 있다. 그림 2.5는 클라우드 컴퓨팅 서비스 모델과 전개 모델을 함께 표현하고 있다.

프라이빗 클라우드(private cloud)

클라우드 인프라가 특정 기관만을 위해서 운영이 되는 형태이다. 기관 자체 또는 제3자 기관에 의해 관리될 수 있고 영내 또는 외부에 존재할 수 있다.

커뮤니티 클라우드(community cloud)

클라우드 인프라가 다수의 기관에 의해 공유가 되고 공통의 관심사(예를 들어, 임무, 보안 요구 사항, 정책, 준수 사항 등)를 가진 특정 커뮤니티를 지원한다.

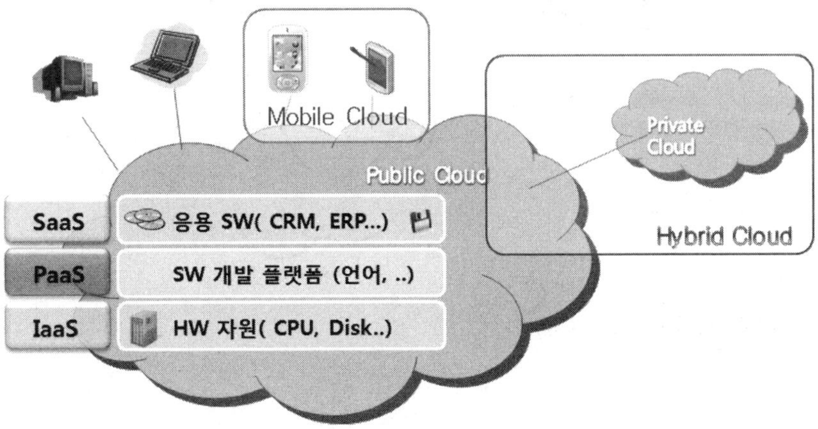

그림 2.5 ❙ 클라우드 컴퓨팅 서비스 모델과 전개 모델

퍼블릭 클라우드(public cloud)

클라우드 인프라가 일반 대중이나 대형 산업 그룹에게 제공이 되며 클라우드 서비스를 판매하는 기관에 의해서 소유가 된다. 퍼블릭 클라우드 상의 IT 자원들은 미리 결정된 클라우드 서비스 모델에 따라 준비(프로비저닝)가 되며 클라우드 소비자에게 유료로 제공되거나 광고비를 수입원으로 제공이 된다. 퍼블릭 클라우드와 그에 속한 IT 자원의 생성과 유지보수는 클라우드 제공자의 책임이 된다.

하이브리드 클라우드(hybrid cloud)

클라우드 인프라가 2개 이상의 클라우드(프라이빗, 커뮤니티, 퍼블릭)로 구성이 된다. 하나의 클라우드 소비자가 2개 이상의 클라우드를 사용하는 형태로 볼 수도 있다. 예를 들어, 하나의 클라우드 소비자가 민감한 데이터는 프라이빗 클라우드를 이용해 관리하고 덜 민감한 데이터는 퍼블릭 클라우드를 이용하는 형태이다. 클라우드컴퓨팅법과 관련하여 공공 부분에서 민간 클라우드를 활용하고자 할 경우 하이브리드 클라우드 형태가 적합할 수 있다. 그림 2.6은 클라우드 소비자가 하이브리드 클라우드를 이용하는 경우를 보이고 있다.

프라이빗 클라우드와 퍼블릭 클라우드의 차이는 표 2.5와 같다.

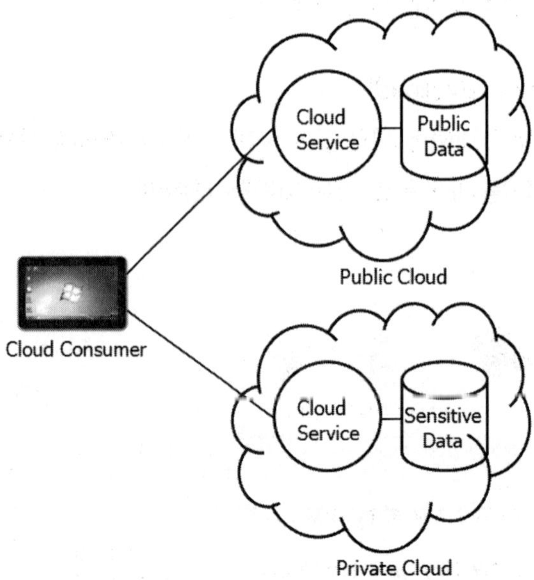

그림 2.6 ▎하이브리드 클라우드의 이용 예

표 2.6 프라이빗 클라우드와 퍼블릭 클라우드의 비교 [출처: Carolyn Purcell, 2010 & David Floyer, 2010]

구분	프라이빗 클라우드	퍼블릭 클라우드
개념	• 오직 한 조직만을 위하여 운영	• 다수의 대중을 위하여 인터넷 기반으로 운영
장점	• 특정 임무 중심의 애플리케이션 구성 • 보안 및 신뢰성 제고 • 네트워크 대역폭 제약 없음 • 인터넷 접속 가능 제약 없음 • 서비스 수준 관리 가능	• 활용도 증가 • 최소의 투자로 최대의 성과 • 이용한 만큼 지불(Pay-as-you-Go) • 서비스 적기 제공 • 높은 수준의 탄력성 • SaaS 활용 용이
단점	• 장비, 하드웨어 비용 • 가상화 기술 비용 • 데이터센터 구축 비용 • 높은 인력 비용 • 낮은 탄력성	• 고객사의 통제 권한 부족 • 매월 이용료 납부하는 번거로움 • 지원 비용(support cost) 증가 • 전문 서비스 제공 곤란
주요 기업	• IBM, HP, VMware, EMC • 삼성전자, AJ Network	• Amazon Web Service(AWS), MS Azure, IBM Cloud, Google Cloud, Alibaba Cloud • KT uCloud, SKT, LG U+, Naver NBP, NHN Toast Cloud
추천 고객	• 매출 10억 달러 이상 기업	• 매출 10억 달러 이하 기업

2.4.2 추가적인 전개 모델

NIST의 4개 전개 모델 외에도 다음과 같은 전개 모델들이 추가적으로 출현하고 있다.

모바일 클라우드(mobile cloud)

스마트폰과 같은 모바일 단말기 상에서 클라우드 서비스를 이용하는 방식을 지칭하기도 하고, 모바일 디바이스의 제한적 컴퓨팅 파워를 원격의 클라우드상에서 가상기계(VM) 형태로 보조적으로 지원하는 것을 의미하기도 한다.

가상 프라이빗 클라우드(virtual private cloud)

전용 클라우드(dedicated cloud) 또는 호스팅 방식 클라우드(hosted cloud)라고도 부른다. 퍼블릭 클라우드 제공자에 의해 호스팅되고 관리되는 독자적 클라우드 환경이 클라우드 소비자에게 제공되는 경우이다.

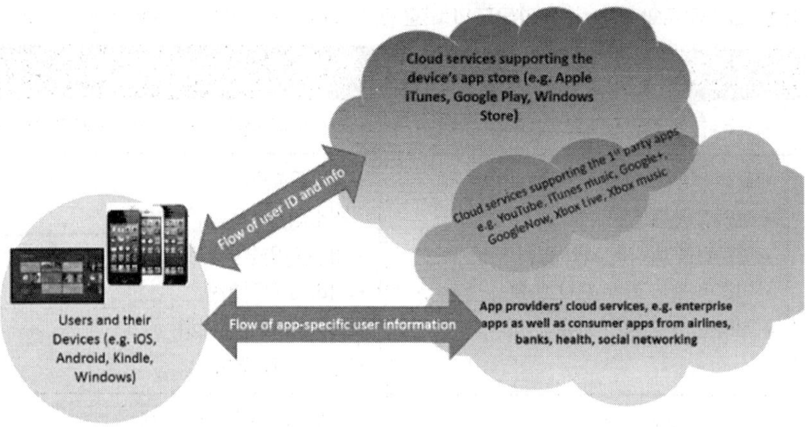

그림 2.7 ‖ 개인용 클라우드 개념

멀티-클라우드(multi-cloud)

인터-클라우드(inter-cloud) 또는 연합 클라우드(federated cloud)라고도 한다. 2개 이상의 클라우드를 상호연결하는 기술, 또는 여러 클라우드 서비스를 제3자가 연결해주는 CSB(cloud service brokerage) 기술 등과 관련이 있다. Amazon AWS, MS Azure, KT ucloud 등 기존의 클라우드 서비스를 대리점 형태로 연결해주는 CSB 방식의 클라우드 서비스를 의미한다.

개인용 클라우드(personal cloud)

스마트폰, 태블릿 PC 등 현대적인 모바일 장치들은 장치 자체의 앱 스토어가 제공하는 클라우드 서비스(Apple iTunes, Google Play, Windows Store), 장치에 장착된 앱에서 제공하는 클라우드 서비스(YouTube, iTunes music 등), 비행기 예약, 은행 거래, 소셜 네트워킹 등을 위한 기업 앱과 소비자 앱의 앱 제공자가 제공하는 클라우드 서비스를 통해 '현대적 장치를 위한 앱스토어 서비스 에코시스템', 즉 개인용 클라우드를 사용하는 일이 보편화되고 있다(그림 2.7).

주요 클라우드 전개 모델별 대표적 사례는 표 2.6과 같다.

미국 정부의 FCCI의 일환으로 NIST에서 제안한 정부 관점의 클라우드 소싱 모델은 그림 2.8과 같다. 그림 2.8의 클라우드 소싱 모델에 따르면 정부의 클라우드 컴퓨팅을 위한 소스, 즉 정부 클라우드 서비스 모델은 다음과 같이 구분할 수 있다.

- **상용 호스팅 프라이빗 클라우드(private commercially hosted cloud)**: 데이터 보안과 개인정보 요구사항 만족을 위해 미국 영토안에 설치되어 있고 퍼블릭 클라우드로부터 물리적으로 그리고 논리적으로 분리되어 있고 정부 전용으로 상용 소스에서 퍼블릭하게 제공되는 클라우드 컴퓨팅 서비스이다.

표 2.7 전개 모델별 클라우드 사례

전개 모델	대표적 사례
프라이빗 클라우드	삼성전자 클라우드, 정부통합전산센터 G-클라우드
커뮤니티 클라우드	산업단지 클라우드
퍼블릭 클라우드	Amazon AWS, MS Azure, Google Cloud, KT ucloud, Naver NBP, NHN Toast Cloud
하이브리드 클라우드	정부에서 추진하는 공공 클라우드서비스 수요의 민간 퍼블릭 클라우드 활용 방안에 해당. 정부의 민감한 데이터는 정부 자체의 프라이빗 클라우드(G-클라우드)를 구축 활용하고, 덜 민감한 데이터는 퍼블릭 클라우드를 활용하도록 구축
모바일 클라우드	Apple iCloud
가상 프라이빗 클라우드	ETRI의 프라이빗 클라우드로 볼 수 있는 R&D 클라우드가 KT의 퍼블릭 클라우드 영내(on premise)의 일부에서 운영
인터/멀티/연방 클라우드	미국의 Rightscale, 영우디지털의 YcloudPia

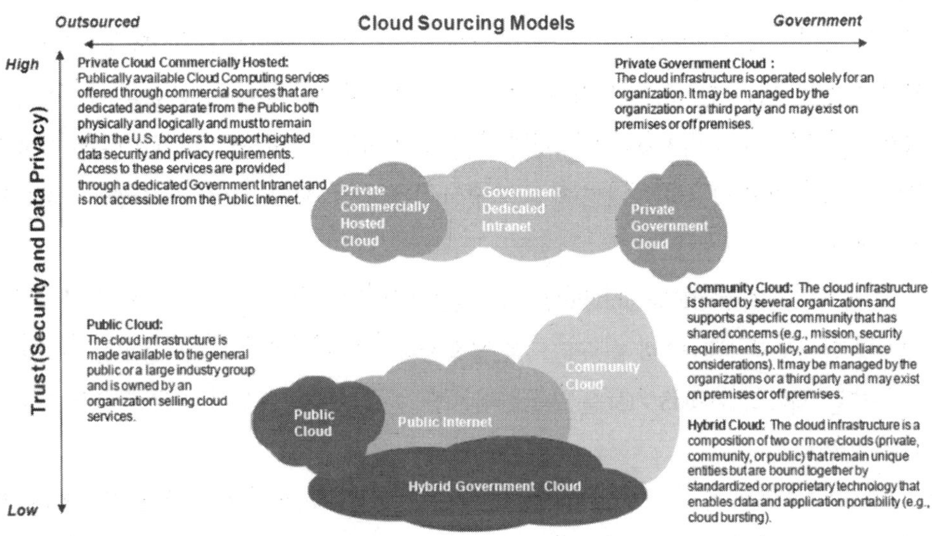

그림 2.8 | 미국 정부의 클라우드 소싱 모델

- **정부 프라이빗 클라우드(private government cloud)**: 클라우드 인프라가 하나의 기관만을 위해서 운영이 된다. 이 클라우드는 조직 또는 제3자에 의해 관리될수 있고 영내(on premise) 또는 영외(off premise)에 존재할 수 있다.
- **퍼블릭 클라우드(public cloud)**: 클라우드 인프라구조가 일반 대중 또는 대규모 산업 그룹

에게 제공이 되고 있고 클라우드 서비스를 판매하는 기관에 의해 소유가 된 형태이다.

- **커뮤니티 클라우드(community cloud)**: 클라우드 인프라구조가 여러 기관에 의해 공유가 되고 공통의 관심사(예를 들어, 임무, 보안 요구사항, 정책, 준수 사항 등)를 가진 특정 커뮤니티를 지원한다. 이 클라우드는 조직 또는 제3자에 의해 관리될 수 있고 영내(on premise) 또는 영외(off premise)에 존재할 수 있다.
- **하이브리드 정부 클라우드(hybrid government cloud)**: 클라우드 인프라구조가 각자 독립적이지만 표준화된 또는 독자적인 기술에 의해 묶여서 데이터와 응용의 이식성(예, 클라우드 버스팅)을 제공하는 2개 이상의 클라우드(프라이빗, 커뮤니티, 퍼블릭)로 구성이 된다.

2.4.3 서버리스 클라우드

서버리스 클라우드(serverless cloud) 또는 서버리스 컴퓨팅(serverless computing)은 CSC가 서버를 인식할 필요도 없이 클라우드 서비스를 받을 수 있도록 한다. 클라우드에 응용 또는 함수(function)의 실행을 바로 의뢰한다고 해서 "Function as a Service"라고도 한다.

서버리스 컴퓨팅은 클라우드 서비스 고객(CSC)의 응용을 실행하거나 CSC 데이터를 조작하는 클라우드 서비스 범주로 CSP가 CSC를 대신해 모든 자원의 할당을 동적으로 관리한다. CSC는 일부 응용 코드 또는 데이터를 서버리스 클라우드 서비스에 제공하고 CSP는 그밖에 필요한 모든 것을 제공한다. 서버리스 컴퓨팅의 기반 개념인 서버리스 런타임은 고객이 기계, VM, 컨테이너 등을 사전에 할당하거나 관리할 필요가 없이 응용에 요구되는 적절한 실행시간 자원을 할당해주는 것이다.

서버리스 런타임(serverless runtime)은 가장 흔한 형태의 서버리스 컴퓨팅으로 하나 이상의 프로그래밍 언어로 작성된 고객 응용 코드를 실행한다. 응용 코드에 의해 요구되는 런타임 소프트웨어 스택을 제공하는 PaaS 기능을 포함한다. CSC는 런타임 소프트웨어 스택을 전개하고 유지할 필요가 없다.

대표적인 서버리스 런타임 서비스(serverless runtime service)로 Google App Engine, Google Cloud Functions, AWS Lamba, IBM Cloud Functions, Apache OpenWhisk, Azure Functions, Oracle Fn 등이 있다. 각 서버리스 런타임 서비스는 JavaScript(node.js), Swift, Python, Java, PHP, Ruby, C#, Go 등 하나 이상의 프로그래밍 언어로 작성된 응용을 지원한다.

2.4.4 에지 클라우드

IoT의 발전에 따른 데이터량 급증과 클라우드 서비스 고객의 지연 최소화의 필요성 대두에 따

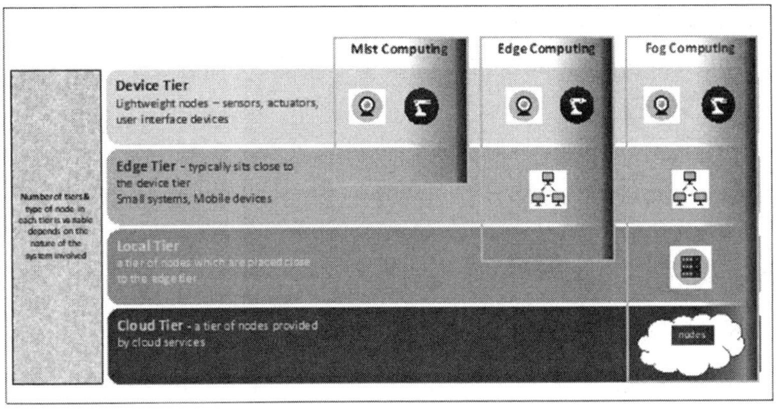

그림 2.9 ‖ 에지 컴퓨팅의 노드들의 구성 [출처: ISO/IEC 23188]

라 에지 클라우드(edge cloud) 또는 에지 컴퓨팅(edge computing) 개념이 등장하고 있다. 그림 2.9는 에지 컴퓨팅과 관련된 노드들의 구성을 보이고 있다. 에지 컴퓨팅과 관련된 주요 용어는 다음과 같다.

에지 컴퓨팅(edge computing)

프로세싱과 데이터 스토리지가 네트워크의 에지에 가까운 노드에서 발생하는 분산 컴퓨팅의 형태이며, 가까운 정도는 시스템 요구에 의해 결정된다.

네트워크의 에지(edge of the network)

적절한 디지털 개체와 물리적 개체 사이, 즉 디지털 시스템과 실세계 사이의 경계에 의해 표시된다. 보통 IoT 장치와 최종 사용자 장치에 의해 기술이 된다.

포그 컴퓨팅(fog computing)

프로세싱과 데이터 스토리지가 네트워크를 통한 노드들 위에서 발생하는 분산 컴퓨팅의 형태이다.

미스트(안개) 컴퓨팅(mist computing)

프로세싱과 데이터 스토리지가 가벼운 노드에서 발생하는 에지 컴퓨팅의 형태이다.

클라우드릿(cloudet)

네트워크의 에지에 가깝게 위치한 소규모 데이터 센터로 클라우드 컴퓨팅 패러다임을 이용한 컴퓨팅 자원을 제공한다.

분산 컴퓨팅(distributed computing)

프로세싱과 스토리지가 2개 이상의 노드의 집합에서 발생하는 컴퓨팅 모델이다.

노드(node)

프로세싱과 데이터 스토리지 기능을 가진 네트워크로 연결된 기계를 의미한다.

가벼운 노드(lightweight node)

제한된 프로세싱, 데이터 스토리지, 네트워킹 기능을 가진 노드이다.

센서(sensor)

하나 이상의 물리적 개체의 하나 이상의 특성을 측정해 네트워크를 통해 전송될 수 있는 디지털 데이터를 출력하는 IoT 장치이다.

액츄에이터(actuator)

디지털 입력에 반응하여 물리적 개체의 특성을 변경하는 IoT 장치이다.

물리적 개체(physical entity)

물리적 세계에서 물질 존재를 가진 개체이다.

제3장

클라우드 컴퓨팅 참조 아키텍처

3.1 NIST의 클라우드 컴퓨팅 참조 아키텍처

미국 상무성의 NIST(National Institute of Standards and Technology)에서는 2011년 9월과 2013년 7월에 클라우드 컴퓨팅 참조 모델(CCRA: Cloud Computing Reference Architecture) Version 1.0과 Version 2.0을 발표하였다. NIST의 CCRA 구조는 그림 3.1과 같다.

NIST CCRA에서는 그림 3.2와 같이 클라우드 컴퓨팅의 주요 행위자(actor)를 클라우드 소비자, 클라우드 제공자, 클라우드 감사, 클라우드 브로커, 클라우드 캐리어의 5개로 정의하고 있다. 2.1절에서 설명한 것처럼 클라우드 컴퓨팅의 주체별 주요 구성 요소는 다음과 같다.

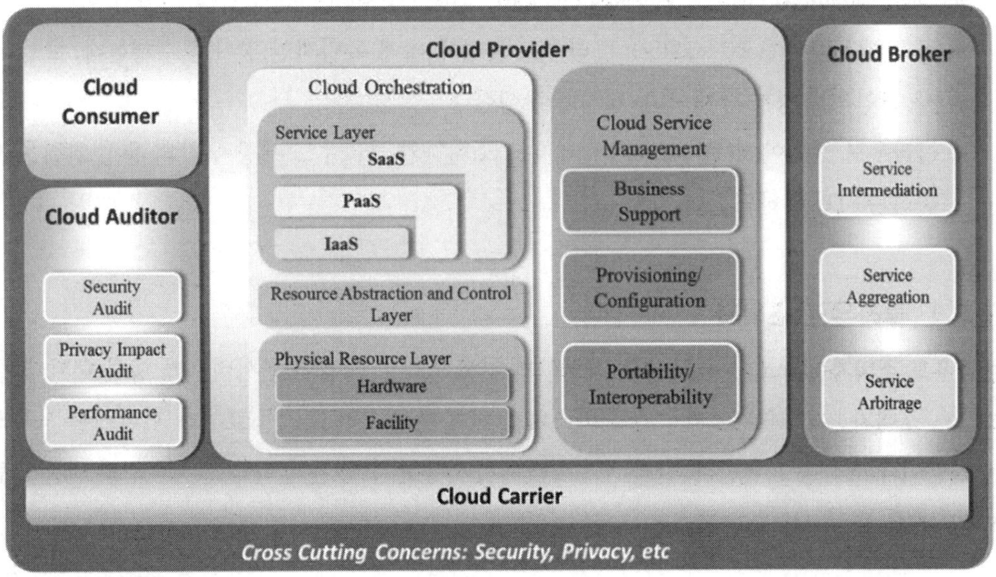

그림 3.1 | NIST CCRA

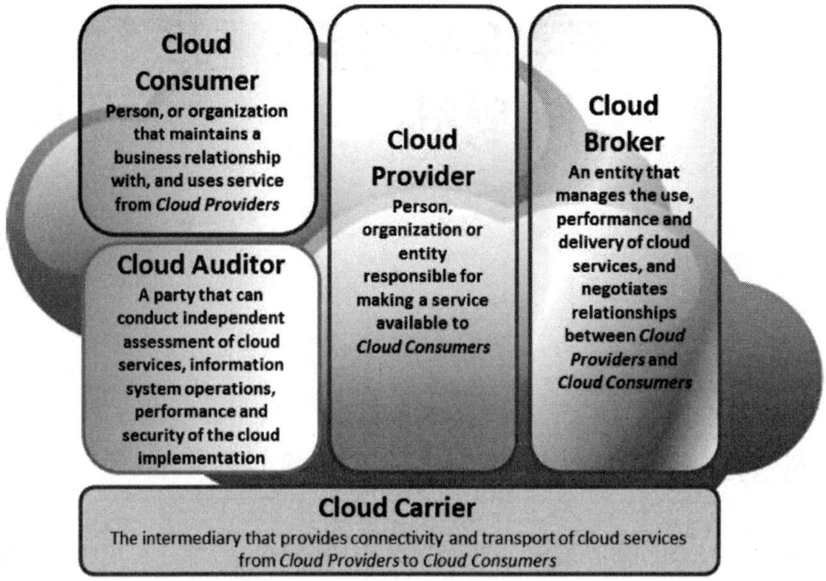

그림 3.2 ▌ NIST CCRA의 5개 행위자

- 클라우드 소비자(cloud consumer): 클라우드 서비스를 이용한다.
- 클라우드 제공자(cloud provider): 클라우드 서비스를 제공한다.
- 클라우드 브로커(cloud broker): 클라우드 서비스를 중계해서 제공한다. 서비스 중계(intermediation), 서비스 통합(aggregation), 서비스 중재(arbitrage) 등을 수행한다.
- 클라우드 감사(cloud auditor): 클라우드 환경에 대해 독립적인 평가를 수행한다. 보안 감사, 개인정보 영향 감사, 성능 감사를 수행한다.
- 클라우드 캐리어(cloud carrier): 클라우드 소비자와 클라우드 제공자 간의 유선 연결을 제공하는 기관에 해당한다.

3.1.1 클라우드 소비자

클라우드 소비자(cloud consumer)를 지원하기 위해 클라우드 컴퓨팅 서비스가 생성이 된다. 클라우드 소비자는 클라우드 제공자와 비즈니스 관계를 유지하고 그들로부터 서비스를 사용하는 사람이나 조직을 표현한다. 클라우드 소비자가 사용할 수 있는 클라우드 서비스의 예는 그림 3.3과 같다.

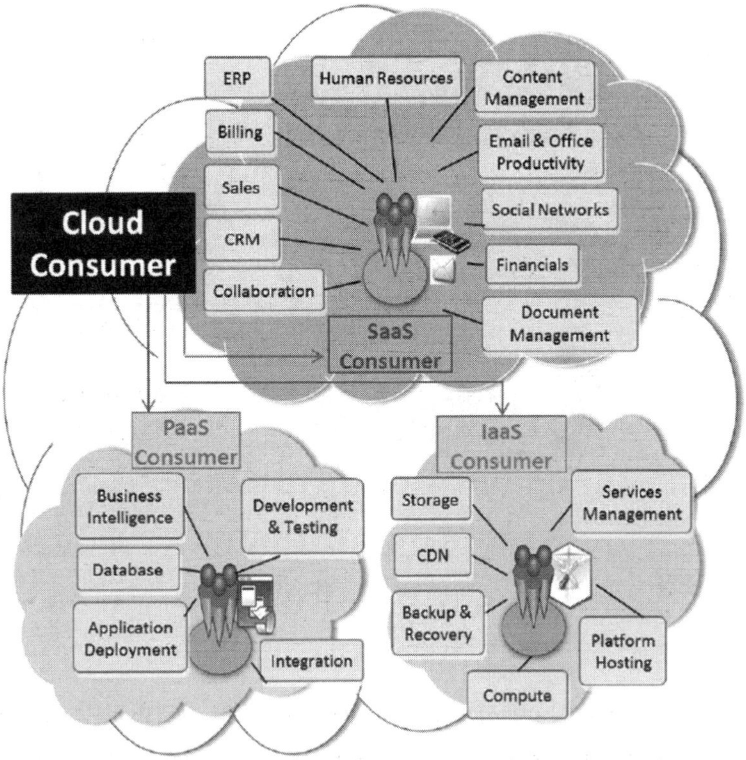

그림 3.3 ‖ 클라우드 컴퓨팅 행위자간의 상호작용

3.1.2 클라우드 제공자

클라우드 제공자(cloud provider)의 주요 기능은 다음과 같다.

- 서비스 조율(service orchestration): 물리적 자원 레이어, 즉 데이터 센터가 제공하는 하드웨어(서버, 스토리지, 네트워크 장비)와 시설(냉방, 전력 시설) 상단에 자원 추상화 및 제어(resource abstraction and control) 기능(가상화 등)을 구현하고 그 상단에 서비스 레이어(IaaS, PaaS, SaaS)를 구축한다.
- 클라우드 서비스 관리(cloud service management): 비즈니스 지원, 프로비저닝/구성, 이식성/호환성 기능 제공
- 보안(security) 기능
- 개인정보(privacy) 보호 기능

서비스 조율(service orchestration)은 전략적 비즈니스 요구사항에 기술된 사항을 따라 IT 자

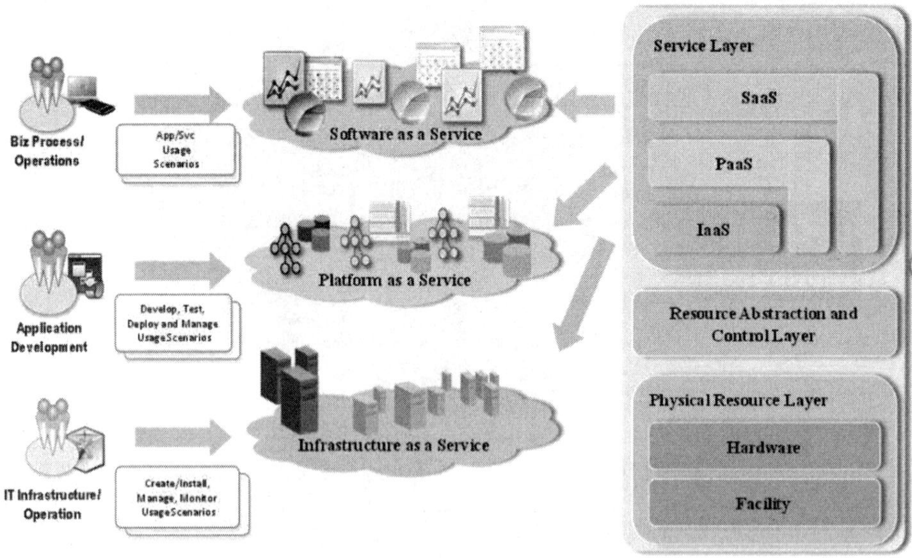

그림 3.4 ▌ 서비스 조율

원을 비용 효율적으로 관리하는 방식으로 클라우드 서비스의 최적화된 능력을 제공하기 위해 클라우드 인프라구조를 정렬, 조율, 관리하는 것을 의미한다. 세 가지 클라우드 서비스 모델을 구축하기 위한 클라우드 제공자의 일반적 요구사항과 프로세스는 그림 3.4와 같다.

그림 3.4는 일반화된 클라우드 시스템을 3개 레이어 프레임워크로 표현하고 있다. 상단 레이어(top layer)는 서비스 레이어로 클라우드 제공자가 세가지 서비스 모델을 정의하고 준비한다. 이곳이 각각의 클라우드 인터페이스를 통해 클라우드 소비자가 클라우드 서비스를 이용하는 곳이다.

중간 레이어(middle layer)는 자원 추상화와 제어 레이어이다. 이 레이어는 클라우드 제공자가 소프트웨어 추상화를 통해 물리적 컴퓨팅 자원에 대한 접근을 제공하고 관리하기 위해 사용하는 시스템 구성요소를 포함한다. 이 레이어는 효율적이고 안전하고 신뢰적인 사용을 위한 하이퍼바이저(hypervisor), 가상 머신, 가상 데이터 스토리지, 기타 자원 추상화 및 관리 컴포넌트와 같은 소프트웨어 요소들을 포함한다. 가상 머신 기술은 이 레이어에서 일반적으로 사용이 되지만 다른 추상화 기법도 사용이 될 수 있다. 이 레이어는 NIST의 클라우드 컴퓨팅 정의의 5가지 특성을 가진 클라우드 준비성(cloud readiness)을 제공한다.

프레임워크의 하단 레이어(lowest layer)는 물리적 자원 레이어로 모든 물리적 컴퓨팅 자원을 포함한다. 이 레이어는 컴퓨터(CPU와 메모리), 네트워크(라우터, 방화벽, 스위치, 네트워크 링크, 인터페이스), 스토리지 컴포넌트(하드 디스크), 기타 물리적 컴퓨팅 인프라구조 요소와 같은

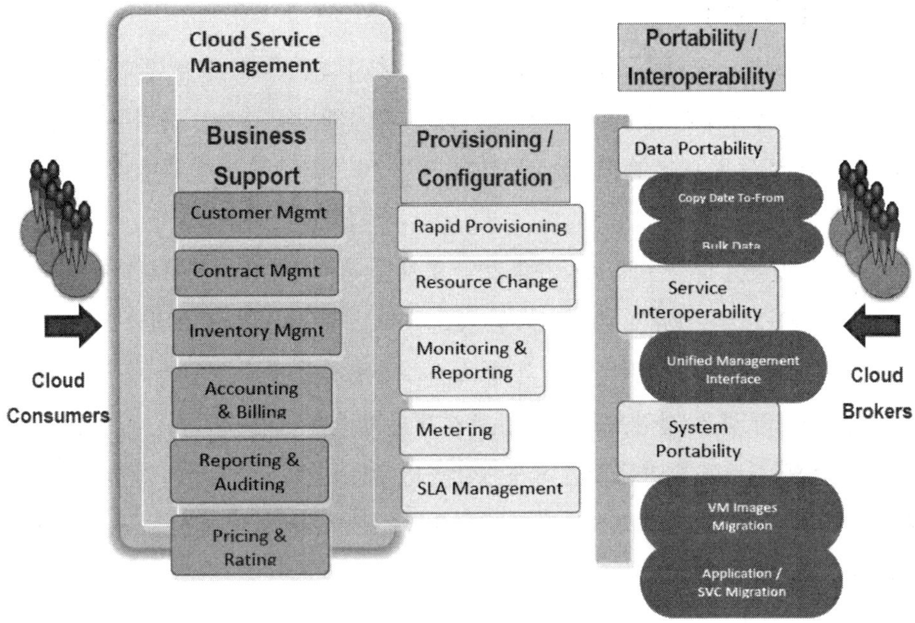

그림 3.5 | 클라우드 서비스 관리

하드웨어 자원들을 포함한다. 이 레이어는 또한 냉난방(HVAC), 파워, 통신, 물리적 플랜트의 기타 요소와 같은 시설 자원을 포함한다.

클라우드 서비스 관리(cloud service management)는 클라우드 소비자가 요구하거나 클라우드 소비자에게 제안이 되는 서비스들을 관리하고 운영하기 위해 필요한 모든 서비스 관련 기능을 포함한다. 그림 3.5에 보인 것처럼 서비스 관리는 비즈니스 지원, 프로비저닝과 구성 관점과 이식성과 호환성 요구사항 관점으로 기술할 수 있다.

그림 3.5에 보인 클라우드 서비스 관리 기능은 다음과 같다.

- 비즈니스 지원(business support): 고객 관리, 계약 관리, 재고 관리, 회계 & 요금청구, 보고 & 감사, 가격 결정 & 등급 결정
- 프로비저닝/구성(provisioning/configuration): 신속한 프로비저닝, 자원 변경, 모니터링 & 보고, 사용량 측정, SLA 관리
- 이식성/호환성(portability/interoperability): 데이터 이식성(데이터 복제, 대량 데이터 전송), 서비스 호환성(통합 인터페이스), 시스템 이식성(VM 이미지 이동, 앱/서비스 이동)

3.1.3 클라우드 감사

클라우드 감사(cloud auditor)는 클라우드 서비스, 정보 시스템 운영, 성능, 클라우드 컴퓨팅 구현의 보안에 대한 독립적인 평가를 수행하는 파티이다. 클라우드 감사는 클라우드 제공자에 의해 제공되는 서비스들을 보안 통제, 사생활 영향, 성능, SLA 요구사항에 대한 준수 측면에서 평가할 수 있다.

미국 연방 기관들은 클라우드 제공자의 보안 통제를 제3자 파티가 평가하도록 하는 계약을 의무적으로 수립하게 되어 있어 감사는 특히 중요하다. 보안 통제는 시스템의 기밀성, 무결성, 가용성과 그 정보를 보호하기 위해 조직의 정보 시스템에 도입이 되는 관리, 운영, 기술적 보호자이다. 보안 감사의 경우, 클라우드 감사는 통제가 올바르게 구현이 되었는지, 의도된대로 운영이 되고 있는지, 시스템에 대한 보안 요구사항 측면에서 원하는 출력물이 생산되고 있는지를 결정하기 위해 정보 시스템의 보안 통제 평가를 수행할 수 있다. 보안 감사는 규제와 보안 정책에 대한 준수 여부에 대한 검증을 포함해야 한다.

3.1.4 클라우드 브로커

NIST 참조 구조는 **클라우드 브로커(cloud broker)**를 클라우드 서비스의 사용, 성능, 전달을 관리하고 클라우드 제공자와 클라우드 소비자간의 관계를 협상하는 개체라고 정의한다. 클라우드 컴퓨팅 기술이 발전하면서 클라우드 서비스의 통합은 클라우드 소비자가 관리하기에는 너무 복잡해지고 있다. 이러한 경우 클라우드 소비자는 클라우드 제공자와 직접 연락하는 대신 클라우드 브로커로부터 클라우드 서비스를 요청할 수 있다. 클라우드 브로커는 다중 클라우드 서비스 관리에 대한 단일 진입 지점을 제공한다. 클라우드 서비스 제공자와 클라우드 브로커를 구분하는 핵심적 특징은 상이한 다수의 제공자에 대한 일관적인 단일 인터페이스의 제공 능력이다. 클라우드 브로커는 세가지 범주의 서비스를 제공한다.

- **중계(intermediation)**: 클라우드 브로커는 일부 특정 기능을 개선하거나 가치가 부가된 서비스를 소비자에게 제공하는 형태로 주어진 서비스를 강화한다. 개선 사항은 클라우드 서비스에 대한 관리된 접근, 식별성 관리, 성능 보고, 보안 강화 등이다.
- **통합(aggregation)**: 클라우드 브로커는 다중 서비스들을 하나 이상의 신규 서비스로 결합하고 통합한다. 브로커는 데이터와 서비스 통합을 제공하고 클라우드 소비자와 다중 클라우드 제공자 사이의 안전한 데이터 이동을 보장한다.
- **중재(arbitrage)**: 서비스 중재는 서비스 통합과 유사하지만 그 차이점은 결합/통합되는 서비스들이 고정되지 않는다는 것이다. 서비스 중재는 브로커가 다중 서비스 제공자들로부

터 서비스들을 선택할 수 있는 유연성을 가지고 있음을 의미한다.

클라우드 브로커는 비즈니스와 관계 지원 서비스(비즈니스 중계)를 제공하거나, 다중 제공자들간의 호환성 이슈 처리를 핵심 초점으로 하는 기술 지원 서비스(중계, 중재, 기술적 중계)를 제공할 수 있다.

3.1.5 클라우드 캐리어

클라우드 캐리어(cloud carrier)는 클라우드 소비자와 클라우드 제공자 사이에서 클라우드 서비스의 연결성과 전송을 제공하는 중개자 역할을 한다. 클라우드 캐리어는 네트워크, 정보통신, 기타 접근 장치를 통해 소비자에게 접근 기능을 제공한다. 예를 들어, 클라우드 소비자는 컴퓨터, 랩탑, 모바일 폰, 모바일 인터넷 장치(MID: Mobile Internet Devices) 등과 같은 네트워크 접근 장치를 통해 클라우드 서비스를 획득할 수 있다. 클라우드 서비스의 분배는 보통 네트워크와 정보통신 캐리어 또는 **전송 에이전트(transport agent)**에 의해 제공이 된다. 전송 에이전트는 고용량 하드 드라이브와 같은 스토리지 매체의 물리적 전송을 제공하는 비즈니스 조직을 의미한다. 클라우드 제공자는 클라우드 소비자에게 제공되는 SLA 레벨과 동일한 서비스를 제공하기 위해 클라우드 캐리어와 SLA 계약을 설정할 수 있고, 클라우드 소비자와 클라우드 제공자 사이에 전용의 암호화된 연결을 제공하도록 클라우드 캐리어에게 요구할 수 있다.

3.1.6 클라우드 보안과 개인정보

정부가 클라우드를 도입하면서 국민의 개인정보 보호와 국가 기밀의 보호를 위해 정부 정보의 보안과 적절한 관리가 절실해지고 있다. 2012년 7월에 미국 국방부는 "국방부는 사이버보안, 업무의 연속성, 정보 보증(IA: Information Assurance), 탄력성(resilience) 분야에서 보다 신중한 채택상의 고려사항을 가지는 특별한 클라우드 컴퓨팅 도전과제를 가지고 있다"라는 요지의 클라우드 컴퓨팅 전략을 발표했다. 또한, 2012년 11월에 NIST는 "미국 정부 클라우드 컴퓨팅 도입을 위한 보안 요구사항 도전과제(Challenging Security Requirements for U.S. Government Cloud Computing Adoption)"라는 백서에서 클라우드 컴퓨팅 도입에 있어서 연방 기관에 의해 인식된 고순위 보안 도전과제들의 개요를 제시하고 있다.

보안은 물리적 보안에서 응용 보안에 이르기까지 양끝단에 걸치며 클라우드 제공자와 연방 클라우드 소비자에 의해 그 책임이 공유되며 참조 구조의 모든 레이어에 해당이 되는 교차 기능이다. 예를 들어, 물리적 자원 레이어의 방어는 건물, 시설, 자원, 저장 정보에 대한 불법적 접근을 거부하는 물리 보안을 필요로 한다. 클라우드 제공자는 클라우드 서비스를 호스팅하는 시설이 안전할수 있도록 해야 하고 직원들은 적절한 배경 조사를 해야 한다. 데이터나 응용이 클라우드로 이동할 경우 클라우드 소비자는 클라우드 제공 사항이 보안 요구사항을 만족하는지 여부와 준수 규칙을 지키고 있는지를 확인해야 한다. 미국의 여러 정부 기관들은 컴퓨터 보안 지침을 제공하고 있고 클라우드 시스템이 최신의 지침을 지원하도록 하고 있다. 보안, 준수, 정책 요구사항은 클라우드 서비스가 제공되는 국가의 법을 따라야 하며 이는 국가에 따라 차이가 난다. 관련 규제나 보안 정책 준수 여부 확인을 위해 독립적인 감사를 수행해야 한다.

클라우드 제공자는 클라우드 시스템에서 **개인 정보(PI: Personal Information)**와 **개인 식별 정보(PII: Personally Identifiable Information)**의 수집, 처리, 통신, 사용, 처분을 방어해야 한다. PII는 이름, 사회 보장 번호, 생체 레코드와 같이 그 자체로 또는 생일, 출생지, 모친의 결혼전 이름 등과 같이 특정 개인과 결부될 수 있는 개인적 또는 식별 정보와 결합이 되었을 때 개인의 정체를 구분하거나 식별하기 위해 사용되는 정보이다. 미국의 CIO Council에서는 수집 PII에 대한 프라이버시와 보호를 연방 정부의 핵심 비즈니스 명령으로 인식하고 있다. 클라우드 컴퓨팅이 자원, 소프트웨어, 정보의 공유를 위한 유연한 솔루션을 제공하고 있기는 하지만 클라우드를 사용하는 소비자들에게 사생활 보호와 관련된 추가적인 도전과제를 제시하고 있다.

미국 CIO Council에서는 "디지털 사생활 통제의 표준화된 구현을 위한 추천(Recommendations for Standardized Implementation of Digital Privacy Controls)"에서 PII 인벤토리, **사생활 영향 평가(PIA: Privacy Impact Assessment)**, 사생활 통지(Privacy Notice)의 세가지 기초적 사생활 통제를 논의하고 있다. 이 추천에서는 연방 기관들이 특정 디지털 기술에 의해 수집 또는 노출되는 모든 PII를 식별 및 고려하고, (필요시) PIA의 수행 및 갱신에 의해 사생활 위험을 분석하고, 각 개인에게 그들의 PII가 수집, 사용, 유지, 노출되는 시점과 방법을 통지하도록 하고 있다.

3.2 ISO/IEC 17789의 클라우드 컴퓨팅 참조 아키텍처

국제표준화기구인 ISO/IEC JTC1 SC38의 ISO/IEC 17789에서는 Cloud Computing Reference Architecture(클라우드 컴퓨팅 참조 아키텍처)를 정의하고 있다. 이 표준안에서는 클라우드 컴퓨팅 참조 아키텍처를 명세하고 있고 클라우드 컴퓨팅의 일반 개념과 특성, 클라우드 컴퓨팅 컴포넌트와 역할, 그 능력과 상호 관계를 포함하고 있다.

ISO/IEC 17789는 클라우드 컴퓨팅을 사용자 관점, 기능적 관점, 구현, 관점, 전개 관점의 네 가지 관점에서 설명하고 있다.

- **사용자 관점(user view)**: 에코시스템(시스템 문맥), 파티(사용자 또는 조직), 역할, 부분-역할과 활동
- **기능 관점(functional view)**: 클라우드 활동의 지원에 필요한 기능의 분배
- **구현 관점(implementation view)**: 서비스 파트와 인프라구조 파트 내에서 클라우드 서비스의 구현에 필요한 기능의 분배
- **전개 관점(deployment view)**: 클라우드 서비스의 기능들이 기존의 인프라구조 요소들 안에서 또는 이러한 인프라구조안에 도입될 새로운 요소들에 의해서 기술적으로 구현되는 방법

3.2.1 클라우드 사용자 관점

그림 3.6은 클라우드 사용자 관점에서 역할의 분류를 보이고 있다. ISO/IEC 17789의 클라우드 사용자는 클라우드 서비스 고객(CSC: cloud service customer), 클라우드 서비스 제공자(CSP: cloud service provider), 클라우드 서비스 파트너(CSN: cloud service partner)로 분류가 된다.

클라우드 서비스 고객(cloud service customer)의 세부 분류는 다음과 같다.

- **클라우드 서비스 사용자(cloud service user)**: 주어진 과업을 달성하기 위해 하나 이상의 클라우드 서비스를 사용한다.

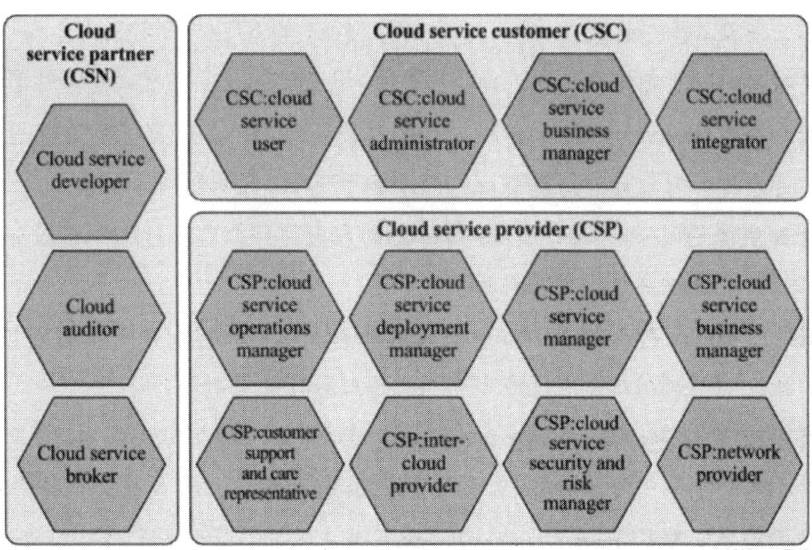

그림 3.6 ‖ 클라우드 사용자 관점에서 역할과 부분 역할 분류

- **고객 비즈니스 관리자(customer business manager)**: 클라우드 서비스를 비용 효율적으로 구매하고 사용해 고객의 비즈니스 목표를 달성하도록 해준다. 이를 위해 서비스의 사용 및 시도, 사용현황 및 데이터 가용성 모니터링, 전달된 서비스 레벨이 SLA을 만족하는 지의 검증, 요금 및 사용 현황 보고, 문제 보고서 처리, 임대 관리 등을 수행한다.
- **고객 클라우드 서비스 통합자(customer cloud service integrator)**: 고객의 응용 기능과 데이터를 포함하는 기존 비-클라우드 기반 ICT 시스템을 클라우드 서비스와 통합하는 책임을 가진다.

클라우드 서비스 제공자(cloud service provider)는 클라우드 서비스 고객과의 비즈니스 관계를 처리하는 책임을 가진다. 클라우드 서비스를 제공하고, 서비스를 모니터링 및 관리하고, 서비스를 전개하고 준비하고, 감사 데이터를 제공하고, 비즈니스 계획을 관리하고, 보안 및 위험을 관리하고, 요금 수집 척도를 정의하고, 고객 관계를 관리하고, 클라우드 서비스를 관리한다. 클라우드 서비스 제공자의 세부 분류는 다음과 같다.

- **비즈니스 관리자(business manager)**: 클라우드 서비스를 클라우드 서비스 고객에게 제공하는데 있어서 비즈니스 측면에서 전체적인 책임을 진다. 비즈니스 계획을 관리하고, 클라우드 서비스를 판매하고, 새로운 클라우드 서비스 고객을 확보하고, 고객 관계를 관리하고, 재정 처리를 관리한다.
- **전개 관리자(deployment manager)**: 전개 관리자는 서비스를 제품으로 전개하는 책임을 가진다. 서비스에 대한 운영 환경 정의, 서비스의 전개를 위한 초기 단계 등을 포함한다. 서비스가 SLA를 만족할 수 있는 지의 여부, 제공자의 ICT 인프라가 보안 요구사항을 포함하여 서비스에 대한 수요를 만족할만한 능력을 갖추고 있는지를 확인해야 한다.
- **서비스 관리자(service manager)**: 서비스를 제공하고, 서비스를 모니터링 및 관리하고, 다중 자원간의 부하의 균형을 맞추고, 서비스를 전개하고 준비한다.
- **보안 & 위험 관리자(security & risk manager)**: 보안과 리스크를 관리하고, 준수 사항을 구현하고, 서비스 연속성을 설계하고 구현한다.
- **클라우드 서비스 관리자(cloud service administrator)**: 시스템을 준비하고, 자산과 재고를 관리하고, 감사 데이터를 제공하고, 서비스를 모니터링 및 관리한다.
- **고객 관리 및 지원(customer care & support)**: 클라우드 서비스 고객과 클라우드 서비스 제공자 사이의 창구 역할을 한다. 고객 요청을 모니터링하고 초기 문제 분석을 수행한다.
- **인터-클라우드 제공자(inter-cloud provider)**: 하나 이상의 클라우드 서비스 제공자가 클라우드 서비스 고객에게 서비스를 제공할 수 있도록 한다. 대등한 클라우드 서비스를 관리

하고, 피어링(peering, 대등한 클라우드 연결), 연합, 중계, 통합, 중재를 수행하고, 호환성을 테스팅하고, 신용도를 조율하고, SLA를 관리하고 유지한다.

- **클라우드 네트워크 제공자(cloud network provider)**: 클라우드 서비스 고객, 클라우드 서비스 파트너, 클라우드 서비스 제공자에 대한 네트워크 연결과 네트워크 서비스를 제공한다.

클라우드 서비스 파트너(cloud service partner)의 세부 분류는 다음과 같다.

- **클라우드 서비스 개발자(cloud service developer)**: 클라우드 서비스의 설계, 개발, 테스팅, 유지보수, 구현에 대한 책임을 진다.
- **클라우드 감사(cloud auditor)**: 클라우드 서비스의 준비와 사용에 대한 감사를 수행하는 책임을 가진다.
- **클라우드 브로커(cloud broker)**: 클라우드 서비스 고객들이 특정한 목적으로 클라우드 서비스 제공자들을 평가하고 선택할 수 있도록 하기 위한 비즈니스와 관계 서비스를 제공하는 개체이다.

3.2.2 클라우드 기능 관점

그림 3.7은 클라우드 컴퓨팅 참조 모델(CCRA)의 기능적 구성요소를 보이고 있다.

기능적 관점의 주요 레이어의 역할은 다음과 같다.

- **사용자 레이어(user layer)**: 사용자 레이어는 다양한 역할들과 기반이 되는 클라우드 아키텍처 기능 레이어 사이의 상호작용을 지원한다. 이러한 역할들은 클라우드 서비스 사용자, 고객 클라우드 서비스 관리자와 같은 클라우드 서비스 고객 역할, 클라우드 서비스 개발자, 클라우드 감사와 같은 파트너 역할을 포함한다. 사용자 레이어는 클라우드 서비스 고객을 표현한다. 사용자 레이어는 클라우드 서비스 제공자 시설과의 안전한 통신 메카니즘을 설정하고, 클라우드 서비스 제공자에게 서비스 요청을 전송하고, 클라우드 서비스의 출력을 수신하고, 고객 관련 관리 활동을 수행하고 클라우드 서비스를 모니터링한다.
- **접근 레이어(access layer)**: 접근 레이어는 서비스 레이어에서 사용할수 있는 능력에 대한 수동 또는 자동 접근을 위한 공통 인터페이스를 제공한다. 접근 레이어는 사용자 인증 정보를 이용한 요청 인가, 특정 기능을 사용하기 위한 사용자의 권한 확인 등을 수행한다. 접근 레이어는 또한 필요시 암호화 처리, 요청 무결성 검사에 대한 책임을 진다.
- **서비스 레이어(service layer)**: 서비스 레이어는 클라우드 서비스 제공자에 의해 제공이 되는 서비스의 구현을 포함한다. 서비스 레이어는 서비스를 구현하는 소프트웨어 컴포넌트

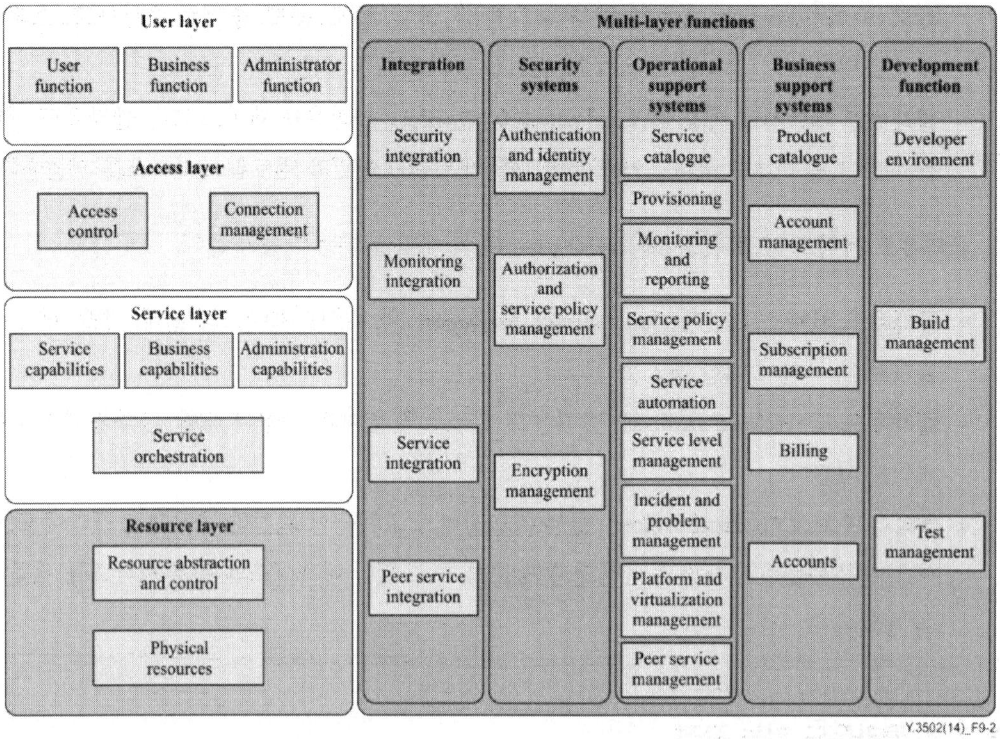

그림 3.7 | CCRA의 기능적 구성요소

(기반이 되는 하이퍼바이저, 호스트 운영체제, 디바이스 드라이버는 아님)를 포함하고 제어하며, 접근 레이어를 통해 사용자에 대한 클라우드 서비스를 제공하기 위한 준비를 한다.

- **자원과 네트워크 레이어(resources and network layer)**: 자원과 네트워크 레이어는 물리적 자원이 거주하는 장소이다. 이 레이어는 서버, 네트워킹 스위치와 라우터, 스토리지 장치와 같이 데이터 센터에서 전형적으로 사용이 되는 장비들을 포함하고 호스트 운영체제, 하이퍼바이저, 디바이스 드라이버, 일반적 시스템 관리 소프트웨어와 같이 서버 및 기타 장비상에서 구동이 되는 소프트웨어들을 포함한다.
- **크로스 레이어 기능(cross layer functions)**: 크로스 레이어 기능은 지원 능력을 제공하기 위해 위의 4개의 레이어 상의 컴포넌트들과 상호작용을 하는 다음과 같은 일련의 기능적 컴포넌트들을 포함한다.
  - 운영 지원 시스템 기능: 실행시간 관리, 모니터링, 프로비저닝, 유지보수
  - 비즈니스 지원 시스템 기능: 제품 카탈로그, 과금 및 회계 관리
  - 보안 시스템 기능: 인증, 권한부여, 감사, 검증, 암호화

– 통합 기능: 요구 기능 달성을 위한 상이한 컴포넌트들의 연결
– 개발 지원 기능: 서비스와 서비스 컴포넌트의 생성, 테스팅, 라이프사이클 관리 관련

크로스 레이어 기능에서 **통합(integration)**에 대한 세부 내용은 다음과 같다.

- **보안 통합(security integration)**: 보안 통합 컴포넌트는 인증, 권한부여, 암호화, 무결성 검증을 포함하는 보안 기능과 이와 관련된 정책 메카니즘에 대한 통합을 제공한다.
- **모니터링 통합(monitoring integration)**: 모니터링 통합 컴포넌트는 접근 레이어, 서비스 레이어, 자원 및 네트워크 레이어의 컴포넌트로부터 운영 지원 시스템의 모니터링 및 보고 기능으로의 연결을 제공한다.
- **서비스 통합(service integration)**: 서비스 통합 컴포넌트는 제공자의 환경에서 실행되는 서비스들에 대한 연결을 제공한다. 서비스 통합 컴포넌트는 서비스의 위치와 구현 세부사항이 그러한 서비스에 의존하는 컴포넌트로부터 숨겨지도록 주어진 서비스를 가상화하는 본질적인 측면이다.
- **대등 서비스 통합(peer service integration)**: 대등 서비스 통합은 적절한 보안 및 사용에 대한 과금 기능을 가지고 통제된 형태로 대등 제공자들(peer providers)의 서비스를 연결하기 위해 사용된다.

크로스 레이어 기능에서 **보안(security)**에 대한 세부 내용은 다음과 같다.

- **인증 및 식별성 관리(authentication and identity management)**: 인증 및 식별성 관리 컴포넌트는 사용자 식별과 사용자 인증에 대한 신임정보와 관련된 기능을 제공한다.
- **권한부여 및 서비스 정책 관리(authorization and service policy management)**: 권한부여 및 서비스 정책 관리 컴포넌트는 사용자의 특정 기능 또는 데이터 접근에 대한 권한부여의 제어 및 응용 기능을 제공한다. 서비스 정책 관리는 서비스와 관련된 보안 정책의 정의 및 응용을 제공한다.
- **암호화 관리(encryption management)**: 암호화 관리 컴포넌트는 데이터의 암호화와 관련된 기능을 제공한다. 암호화 키 관리와 암호화 방법 선택 등을 제공한다.

크로스 레이어 기능에서 **운영 지원 시스템(operational support systems)**에 대한 세부 내용은 다음과 같다.

- **프로비저닝(provisioning)**: 프로비저닝 컴포넌트는 서비스 구현 프로비저닝과 요소들이 정확한 순서로 준비되도록 보장하는 접근 종단과 워크플로 프로비저닝 측면에서 서비스

프로비저닝 기능을 제공한다.

- **모니터링과 보고(monitoring and reporting)**: 클라우드 제공자 시스템 전체에 걸쳐 다른 컴포넌트의 활동을 모니터링한다. 클라우드 서비스 제공자 시스템의 행위에 대한 보고를 제공한다. 또한 로그 레코드의 형태로 모니터링 및 이벤트 데이터를 저장하고 검색하는 기능을 제공한다.
- **서비스 정책 관리(service policy management)**: 클라우드 서비스에 대해 적용되는 정책을 정의, 저장, 검색하는 능력을 제공한다. 정책은 비즈니스 정책, 기술 정책, 보안 정책을 포함한다.
- **서비스 자동화(service automation)**: 서비스 템플리트와 서비스 조율의 관리와 실행을 포함하는 서비스 전달을 위한 기능을 제공한다.
- **서비스 레벨 관리(SLA: service level management)**: 클라우드 서비스가 서비스에 대해 적용되는 SLA 요구사항을 만족할 목적으로 특정 클라우드 서비스의 서비스 레벨을 관리하는 기능을 제공한다. 서비스 레벨 관리 컴포넌트는 클라우드 서비스와 관련된 용량과 성능을 관리하며 서비스 정책(예를 들어, 단일 장애 지점 회피를 위한 대체 규칙)의 적용이 관련될 수도 있다.
- **사고와 문제 관리(incident and problem management)**: 사고 및 문제 보고와 이러한 보고의 해결에 이르기까지 관리하는 기능을 제공한다. 사고와 문제는 클라우드 서비스 제공자의 시스템에 의해 또는 클라우드 서비스 고객에 의해 검출되고 보고될 수 있다.
- **플랫폼과 가상화 관리(platform and virtualization management)**: 클라우드 서비스 제공자의 기반 자원(컴퓨트, 스토리지, 네트워킹)을 관리하고 이러한 자원의 사용을 가상화(예를 들어, 하이퍼바이저를 이용해)하는 기능을 제공한다. 이러한 자원들은 다음과 같은 특성을 가지는 자원 풀 형태로 조직화된다.
  - 표준화된 하드웨어 컴포넌트와 구성
  - 새로운 하드웨어 용량의 추가를 통한 용이한 확장성
  - 부하 변동시 자원의 자동화된 이동
  - 인접 부하와 데이터의 방어와 분리
  - 자원간의 부하와 데이터의 이동을 통한 다운타임의 감소와 제거
  - 목표(성능, 가용성, 라이센스, 에너지 사용 등) 기반의 자원 소비 관리

크로스 레이어 기능에서 **비즈니스 지원 시스템(business support systems)**에 대한 세부 내용은 다음과 같다.

- **제품 카탈로그(product catalogue)**: 제품 카탈로그 컴포넌트는 클라우드 서비스 고객들이 구입 가능한 가용 서비스 제안 리스트를 탐색할 수 있는 기능과 클라우드 서비스 제공자의 직원들이 카탈로그의 내용을 관리하는 기능을 제공한다.
- **계정 관리(account management)**: 계정 관리 컴포넌트는 클라우드 서비스 고객 관계를 관리하는 기능을 제공하며 다음 사항을 포함한다.
  - 계약 관리
  - 클라우드 서비스 신청
  - 자격
  - 할인 등 고객에 특화된 조건을 포함하는 서비스 가격
  - 클라우드 서비스 고객 데이터
- **신청 관리(subscription management)**: 클라우드 서비스 고객으로부터의 특정 클라우드 서비스에 대한 신청을 처리한다. 고객으로부터의 신규 또는 변경 신청을 기록하고 신청된 서비스가 고객에게 전달되도록 보장한다.
- **과금(billing)**: 다음 기능을 수행한다.
  - 클라우드 서비스 고객에 의한 클라우드 서비스의 사용을 측정하고 등급을 설정한다. 측정(metering)은 각 클라우드 서비스 고객에 의한 클라우드 서비스의 소비를 측정하는 것이고, 등급 설정(rating)은 측정 데이터에 대해 가격 스케쥴을 적용하는 것이다. 측정 데이터의 형태는 클라우드 서비스의 본질에 의해 좌우되며 가격 스케쥴은 고객에 특화된 조건(할인 등)을 포함할 수 있고 측정 데이터에 대해 알고리즘적 응용을 필요로 한다.
  - 측정과 등급 기능에 의해 생성된 클라우드 서비스의 사용에 대한 요금을 기반으로 청구서를 생성하고 청구서를 클라우드 서비스 고객에게 전송한다. 청구서 데이터는 계정 컴포넌트와 계정 관리 컴포넌트와 함께 관리된다.
- **계정(account)**: 계정 컴포넌트는 수입 계정과 지출 계정을 포함하는 원장과 일반 회계 기능과 관련된 기능을 수행한다. 계정 컴포넌트는 클라우드 서비스 제공자 조직 자체에 대한 회계에 사용이 되고 개별 고객 계정의 유지와는 관련이 없다.

크로스 레이어 기능에서 **개발 기능(development function)**에 대한 세부 내용은 다음과 같다.

- **개발자 환경(developer environment)**: 개발자 환경 컴포넌트는 서비스 구현 소프트웨어의 개발을 지원하기 위한 기능을 제공한다. 서비스에 대한 소프트웨어 컴포넌트의 개발이 다른 서비스의 집합으로부터 서비스의 구성을 지원하는 도구와 함께 제공이 된다.

- **빌드 관리(build management)**: 빌드 관리 컴포넌트는 클라우드 서비스 환경으로 전개하기 위해 클라우드 서비스 제공자에게 전달이 될 수 있는 전개-준비 소프트웨어 패키지 구축을 지원한다. 소프트웨어 패키지는 서비스 구현 소프트웨어와 형상 메타데이터와 스크립트로 구성이 된다.
- **테스트 관리(test management)**: 테스트 관리 컴포넌트는 서비스 구현의 빌드에 대한 테스트 케이스의 실행을 지원한다. 테스트 관리 컴포넌트는 실행된 테스트의 보고서를 생성하고 서비스 구현의 빌드와 함께 클라우드 서비스 제공자에게 전달이 된다.

사용자 역할과 활동을 반영한 사용자 관점과 아키텍처 컴포넌트를 포함하는 기능 관점을 모두 반영한 공통 관점은 그림 3.8과 같다. 그림 3.9는 사용자 역할과 활동을 반영한 사용자 관점과 아키텍처 컴포넌트를 포함하는 기능 관점을 모두 반영한 또다른 대안적 공통 관점을 보이고 있다. 그림 3.9에서 클라우드 서비스 제공자는 클라우드 서비스 고객의 클라우드 서비스 사용자가 실제로 사용할 서비스를 제공하는 '서비스 제공(Provide Service)' 활동을 수행하는 클라우드 서비스 관리자라고 하는 세부 역할을 지니고 있다. 그러나 서비스가 이용되기 전에 클라우드 서비스는 개발이 될 필요가 있고 운영이 될수 있도록 전개가 되어야 한다.

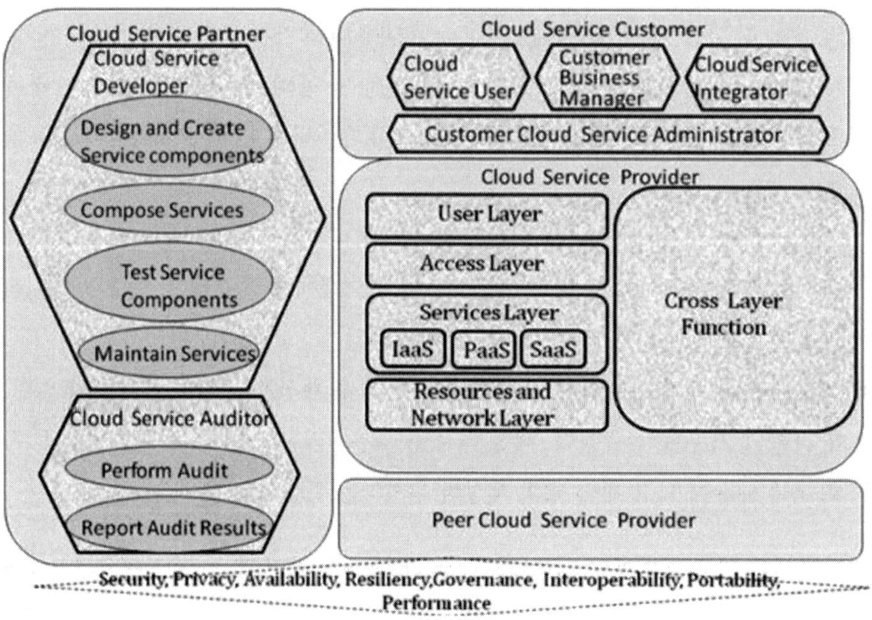

그림 3.8 ▌ 사용자 역할과 활동, 기능과 컴포넌트의 관계를 반영한 공통 관점

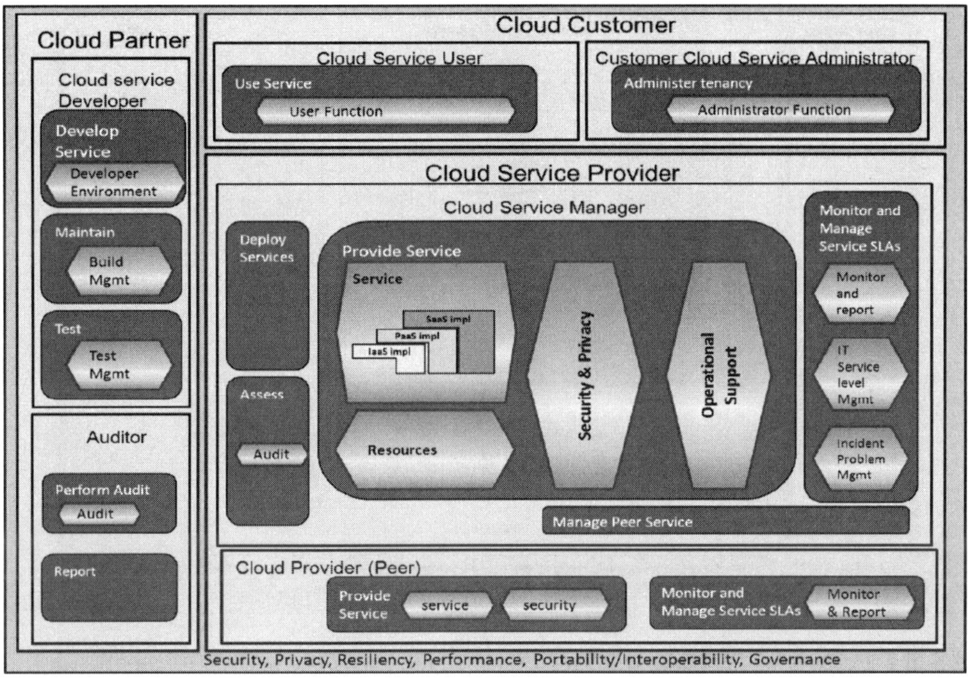

그림 3.9 ‖ 사용자 역할과 활동, 컴포넌트의 관계를 반영한 대안적 공통 관점

3.3 IBM의 클라우드 컴퓨팅 참조 아키텍처

IBM에서 제시한 클라우드 컴퓨팅 참조 아키텍처 2.0은 그림 3.10과 같다. 전체 구조는 클라우드 서비스 소비자, 클라우드 서비스 제공자, 클라우드 서비스 생성자(개발자)로 구성이 된다. 세 가지 유형의 사용자를 지원하기 위한 공통적인 이슈로는 보안(security), 탄력성(resiliency), 성능(performance), 소비가능성(consumability)이 있고, 아키텍처 전반에 걸쳐 거버넌스(governance) 이슈가 적용이 된다.

클라우드 서비스 제공자는 인프라구조가 바닥에 깔리고, 그 상단에 공통 클라우드 관리 플랫폼(CCMP)과 클라우드 서비스가 배치가 된다. IBM CCRA의 인프라구조는 서버(프로세서, 메모리, 노드), 스토리지(드라이브, 주변장치, 영속적 장치), 네트워크(내부, 외부, 사이트간), 시설(위치, 파워)로 구성이 된다. IBM CCRA의 클라우드 서비스는 IaaS, PaaS, SaaS, BPaaS의 순으로 배치가 된다.

IBM CCRA의 공통 클라우드 관리 플랫폼(CCMP)의 세부 구조는 그림 3.11과 같다. 공통 클라우드 관리 플랫폼(CCMP)은 운영지원 서비스(OSS)와 비즈니스지원 서비스(BSS)로 구성이

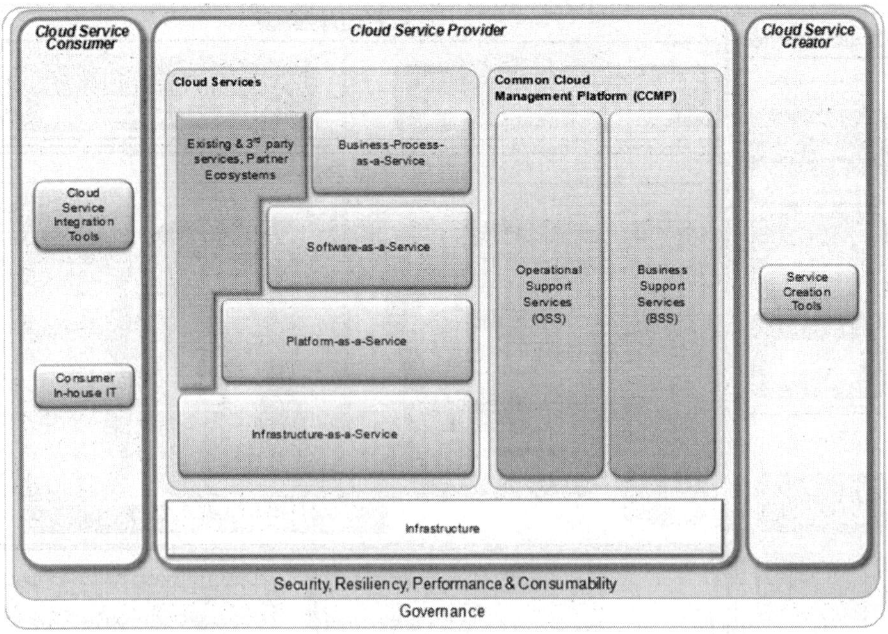

그림 3.10 ‖ IBM의 클라우드 컴퓨팅 참조 아키텍처

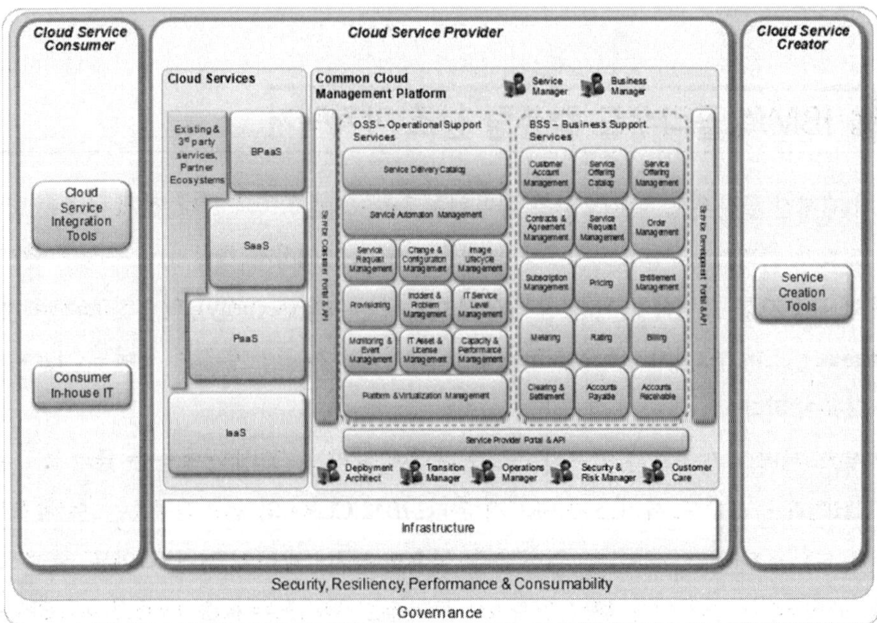

그림 3.11 ‖ IBM CCRA의 클라우드 관리 플랫폼의 세부 구조

된다. 운영지원 서비스(OSS)는 서비스 전달 카탈로그, 서비스 자동화 관리, 서비스 요청 관리, 변경 구성 관리, 이미지 라이프사이클 관리, 프로비저닝(provisioning), 사고와 문제 관리, IT 서비스 레벨 관리(SLA 관리), 모니터링과 이벤트 관리, IT 자산과 라이센스 관리, 용량과 성능 관리, 플랫폼과 가상화 관리로 구성이 된다. 비즈니스지원 서비스(BSS)는 고객 계정 관리, 서비스 제공 카탈로그, 서비스 제공 관리, 계약과 동의 관리, 서비스 요청 관리, 주문 관리, 신청 관리, 가격(pricing), 권리 관리, 측정(metering), 등급설정(rating), 과금(billing), 청산과 해결, 지급 계정, 수신 계정으로 구성이 된다.

IBM CCRA의 공통적 이슈인 보안(security), 탄력성(resiliency), 성능(performance), 소비가능성(consumability)의 세부 구조는 그림 3.12와 같다. 보안(security)은 "소프트웨어, 시스템, 서비스 보증", "접근 및 식별 라이프사이클 관리", 데이터와 정보 방어, 거버넌스, 보안 권리, 데이터 정책 실현으로 구성이 된다. 탄력성(resiliency)은 데이터 회복성, 회복성 준수 평가, 회복성을 위한 구성, 회복성 정책 관리, 회복성 모니터링/분석, 가용성 및 연속성 관리로 구성이 된다. 소비가능성(consumability)은 비즈니스 수행의 용이성, 적응 용이성, 긍정적 최초 사용 경험, 단순화된 작동, 신속한 통합으로 구성이 된다.

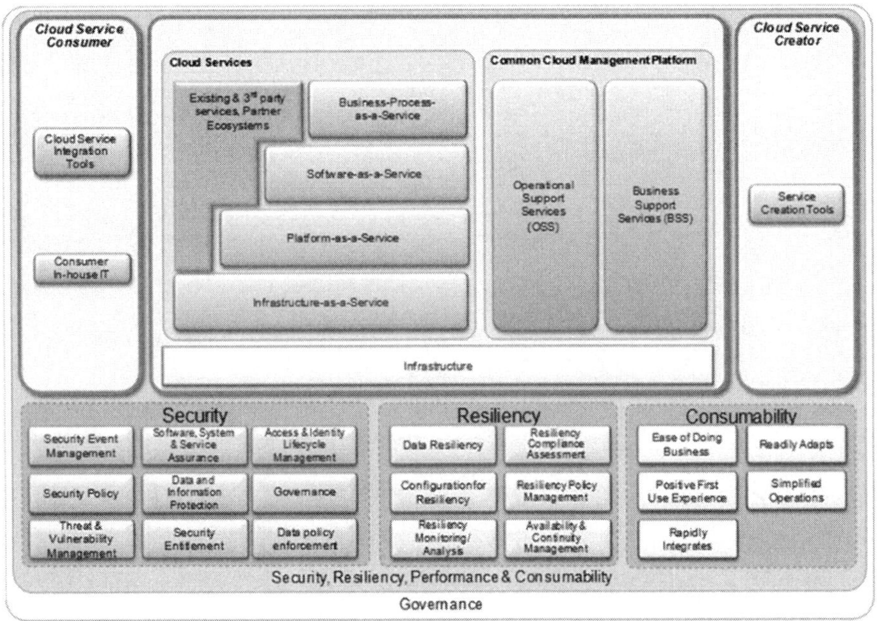

그림 3.12 ‖ 보안, 탄력성, 성능, 소비가능성의 세부 구조

제2부

클라우드 컴퓨팅 기술

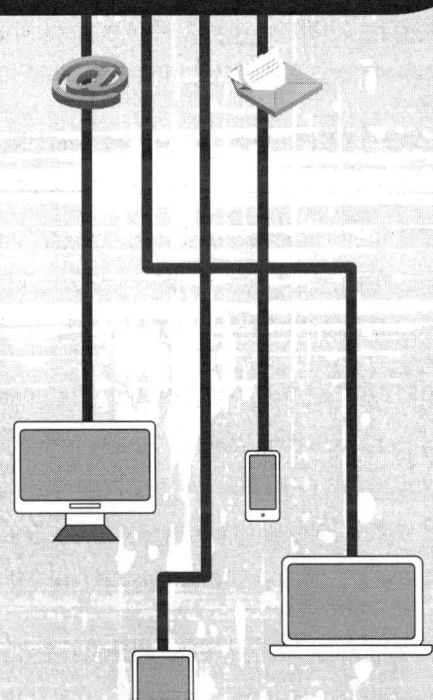

2부는 3개의 장으로 구성되어 있으며, 클라우드 컴퓨팅을 가능하게 하는 주요 기술들을 논의한다. 1부에서는 NIST(National Institute of Standard and Technology)에서 나온 클라우드 컴퓨팅 정의와 3가지 서비스 모델, 그리고 4가지 전개 모델을 소개하였다. 아울러, 클라우드 컴퓨팅의 5가지 핵심 특징(five essential characteristics)을 정리하였다. 이는 각각 1) 주문형 자가-서비스(on-demand self service), 2) 폭넓은 네트워크 접근(broad network access), 3) 자원 풀링(resource pooling), 4) 신속한 탄력성(rapid elasticity), 5) 서비스 형태에 적절한 미터링(measured Service)이다.

주문형 자가-서비스란 고객이 요구하는 자원을 사람의 중재 없이 필요한 만큼 자동으로 확보하는 기술이며, 폭넓은 네트워크 접근은 다양한 네트워크와 장치를 활용하여 클라우드 컴퓨팅을 언제 어디서나 접근할 수 있음을 의미한다. 자원 풀링은 다중 임대(multitenancy) 방식으로 자원을 다중 사용자에게 할당 또는 재할당 한다는 의미이며, 신속한 탄력성은 자원의 확장과 축소가 빠르고 신속하게 이루어져야 한다는 의미이다. 마지막으로 서비스 형태에 적절한 미터링은 자원의 사용이 통제되고 전체 시스템을 최적으로 사용할 수 있어야 함을 의미한다.

2부의 첫 번째 장인 4장에서는 이러한 특징을 가능하게 하는 클라우드 컴퓨팅의 기반 기술을 논의한다. 구체적으로 자원 풀링과 신속한 탄력성을 제공하는 핵심 기술인 가상화(virtualization)와 데이터 센터 기술을 논의한다. 특히 CPU, 메모리, 입출력 등의 자원을 가상화하는 구체적인 방법과 함께 최근 주목받고 있는 컨테이너(container) 기술도 살펴본다. 또한, 클라우드 컴퓨팅의 서비스 지향(as-a-service) 특징에 기반 기술인 SOAP과 REST의 구조 및 장단점을 논의한다.

5장에서는 클라우드 컴퓨팅의 주요 이슈 중의 하나인 보안(security)을 다룬다. 우선 CIAA로 축약하여 불리는 기밀성(Confidentiality), 일관성(Integrity), 가용성(Availability), 진정성(Authenticity) 요구 조건을 알아보며, 클라우드 환경에서 이들에 대한 위협(threat)을 분석한다. 또한 인증, 서비스/네트워크, 가용성, 가상화, 중첩된 경계 등 클라우드 각 요소 기술에 대한 보안 취약성을 논의하고, 이러한 위협 및 취약성에 대한 대응으로 암호화, 해싱, 디지털 서명 등의 기법을 살펴본다.

6장은 클라우드 컴퓨팅 관리 기술을 다룬다. 우선 클라우드 서비스 모델에서 요구되는 관리 기술들을 논의한다. 관리 기술들은 모니터링, 자원 관리, 과금이라는 3가지 관점으로 살펴본다. 모니터링은 자원 사용량과 서비스 품질 모니터링으로 구분하여 설명된다. 또한 부하 균등, 장애 극복, 가상 인프라스트럭처 관리(VIM: Virtual Infrastructure Management), 식별자 및 접근 관리(IAM: Identity and Access Management) 등의 관리 기술을 논의한다. 마지막으로 클라우드에서 과금 기술이 어떻게 처리되는지 논의하고, 사용자가 요구하는 서비스수준협약(SLA: Service Level Agreement)을 관리하는 기법을 알아본다.

제4장

클라우드 컴퓨팅 기반 기술

4.1 가상화 기술

클라우드 컴퓨팅은 컴퓨팅 자원을 서비스 형태로 제공하며, 필요에 따라 자원의 빠른 증감 및 사용에 따른 비용 지불 기능을 제공한다. 이를 효과적으로 지원하는 위해 클라우드 컴퓨팅이 사용하는 핵심 기술이 가상화(virtualization)이다. 본 절에서는 가상화란 무엇인지 정의하고, 가상화를 실현하는 기법과 적용 응용에 따른 분류를 소개한다. 또한 가상화의 핵심 기술들을 CPU, 메모리, 입출력 측면에서 논의하고, 클라우드 컴퓨팅에서 부하 균등을 위한 기본 기능인 가상머신 이주에 대하여 살펴본다. 마지막으로 컨테이너기반 가상화의 특징을 논의한다.

4.1.1 가상화 정의 및 클라우드에서 중요한 이유

가상화는 물리적인 자원과 사용자가 사용하는 논리적인 자원을 분리하는 것이다. 인텔 64-bit Xeon 멀티코어 처리기에 MS 윈도우 운영체제와 리눅스 운영체제를 동시에 동작시키며 사용자 중심의 다양한 독립된 컴퓨팅 환경을 제공하는 것, 또는 IBM 스토리지 서버가 다양한 위치에 존재하는 디스크들을 단일한 인터페이스로 관리하며 고성능과 신뢰성을 제공하는 것 등이 가상화의 대표적인 예이다.

그림 4.1은 가상화 기술의 기본 개념을 보여준다. 그림 4.1(a)은 가상화를 도입하지 않은 전통적인 컴퓨터 시스템의 층 구조를 보여주며, 그림 4.1(b)은 가상화를 도입한 시스템의 층 구조를 보여준다. 가상화는 물리적인 자원과 논리적인 자원을 구분하며, 이를 위해 VMM(Virtual Machine Monitor) 또는 하이퍼바이저(hypervisor)라고 불리는 가상화 층(virtualization S/W layer)을 도입한다. 이 층은 실제 물리적 자원의 복잡함을 숨기고 단일하며 일관된 가상 자원들을 제공한다. 이 층은 하나의 물리 자원을 여러 개의 가상 자원으로 나누어 제공할 수도 있으며, 반대로 다양한 물리 자원들을 하나의 가상 자원으로 통합하여 제공할 수도 있다. 추상화된 가상

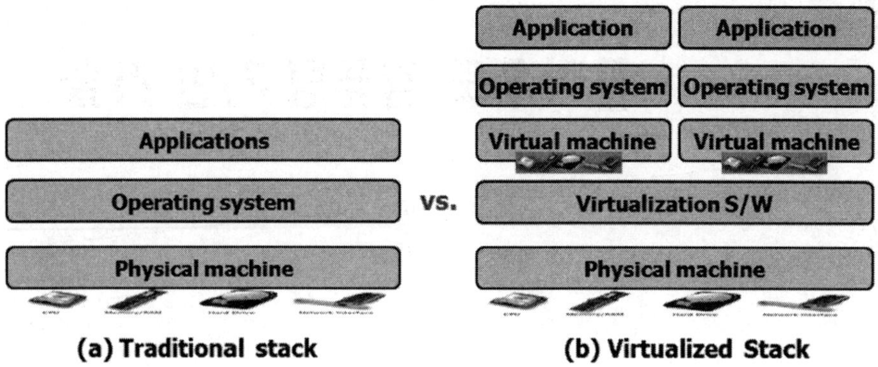

그림 4.1 ‖ 가상화 개념

자원들은 가상 머신(virtual machine, 이후 VM이라고 기술)을 구성하며, 이 위에 운영체제와 응용들이 동작하게 된다. 가상화의 핵심 키워드는 **추상화(abstraction), 다중화(multiple instance), 고립(isolation)**, 그리고 **통합(consolidation)**이다.

사실 가상화는 새로운 개념이 아니다. 60년대부터 IBM을 중심으로 컴퓨터 하드웨어를 독립된 여러 가상 머신(virtual machine)으로 구분하고 각 가상 머신에 서로 다른 OS를 수행시키는 연구가 진행 되었다. 90년대 초에는 선(SUN)사 등을 중심으로 언어 수준에서 제공한 가상 머신 상에 상호 연동(interoperability) 가능한 응용을 수행하는 기법이 제안되었으며, 2000년대에는 Xen, VMware, 마이크로소프트 등을 중심으로 시스템을 논리적으로 분할하고 추상화된 자원을 제공하는 VMM(Virtual Machine Monitor)에 대한 연구가 활발히 진행되었다.

현재, 다양한 가상화 SW가 존재하며, 이것은 공개 가상화 SW와 상용 가상화 SW로 구분할 수 있다. 공개 가상화 SW로는 Xen, VMware Player, 오라클 VirtualBox, 그리고 리눅스 KVM 등이 있다. 한편, 상용 가상화 SW로는 시트릭스의 XenServer, VMware의 vShpere, 오라클의 VM Server, 마이크로소프트의 Hyper-V, Parallels의 Desktop, 그리고 Virtuozzo 등이 존재한다.

가상화 장점

가상화 기술은 다음과 같은 장점을 제공한다. 첫째, 가상화는 서버의 이용률(utilization)을 높이고 관리 부하를 줄일 수 있다. 최근 각 회사 컴퓨터 시스템을 활용 측면에서 분석하면 전체 자원의 10~20%만 사용하며, 많은 시스템들에 대한 관리 비용이 급격히 증가하고 있다. 가상화는 다양한 응용들과 시스템 소프트웨어들을 하나의 시스템에서 통합(consolidation) 운영할 수 있기 때문에 이용률이 증가하며, 가상화 층에서 통합 관리가 가능하므로 관리 비용을 줄일 수 있다.

둘째, 가상화는 각 사용자의 수행 환경을 다른 환경들로부터 고립(isolation)시킬 수 있다. 각 사용자는 물리 자원을 직접 접근하는 것이 아니라 가상화 층에서 제공한 가상 자원만을 접근하며, 따라서 사용자의 비정상적인 행위와 결함을 그 사용자의 가상 머신으로 제한할 수 있어 신뢰성이 증가한다. 또한 다른 사용자의 정보는 단일한 가상화 층을 통해서만 접근 가능하며 이를 통해 신뢰성 있는 환경(trusted environment)을 제공할 수 있어 보안 수준을 높일 수 있다.

셋째, 가상화는 여러 물리 자원들을 단일한 가상 자원으로 집계(aggregation)할 수 있다. 물리적으로 떨어져 있는 저장 공간들을 논리적으로 연결하고 동일한 인터페이스를 통해 접근하게 함으로써 큰 저장 용량과 병렬 접근을 지원할 수 있으며, 서로 독립된 PC들을 연결하여 고성능 클러스터 시스템이나 그리드(grid) 시스템을 만들 수 있다. 실제로 가상화 기술을 선도하고 있는 기업 중에 하나인 VMware 사는 MPP(Massively Parallel Processing) 시스템을 위해 가상화 층의 연구를 시작하였다고 한다.

넷째, 가상화는 시스템의 이동성(mobility)을 증가시킨다. 응용과 OS는 가상화 층이 제공한 가상 자원을 이용하며, 따라서 동일한 가상 자원을 이용한다면 실제 물리적인 자원의 종류에 무관하게 응용과 OS가 이주(migration)될 수 있다. 이러한 특징은 결함 감내, 가용성, 부하 균등, 확장성, 신속한 중단/재개(suspend/resume) 등에 효과적으로 사용될 수 있으며, 특히 다양한 하드웨어들의 효과적인 상호 연동성(interoperability)을 크게 향상시킬 수 있다.

다섯째, 가상화는 새로운 시스템이나 아직 개발되지 않는 하드웨어를 모의실험(emulation)하는 기능을 제공한다. 가상화 기술의 핵심은 물리 자원을 가상 자원으로 추상화시키는 것이며, 이 기술은 실재 존재하지 않은 물리 자원에 대한 가상 자원의 생성도 가능하게 한다. 따라서 가상화는 하드웨어의 설계 및 제작과 동시에 모의실험을 통한 성능 평가 및 가상 자원에 결함을 주입하고 이를 처리하는 방법에 대한 실질적인 실험을 가능하게 한다.

결국 가상화는 통합(consolidation), 고립(isolation), 집계(aggregation), 이동(mobility), 모의실험(emulation) 등의 장점을 제공하며, 이 때문에 현재 많은 회사에서 가상화에 대한 연구를 진행하고 있다. 예를 들어 IBM은 모든 것의 가상화, 개방, 협력적 혁신(virtualize everything, openness, collaborative innovation)을 전략으로 서버, 스토리지, 응용 수준에서 가상화 기술을 연구하고 있다. Microsoft, VMware, 시트릭스 등은 효과적인 가상 자원 추상화 방법을 연구하고 있으며, 인텔과 AMD는 가상화를 위한 하드웨어 확장 기술을 제안하고 있다. 캠브리지 대학의 Xen, 프린스턴 대학 등의 PlanetLab, 위싱턴 대학의 Denali, 칼스루에 대학의 L4ka, 미시건 대학의 가상화 보안 등 대학과 연구소에서도 가상화에 대한 새로운 시도가 진행 중이다.

클라우드 컴퓨팅에서 가상화의 필요성

클라우드 컴퓨팅은 자원이 필요한 순간에 즉시 제공되고, 사용자의 요청에 따라 자원을 유연하게 증감시킬 수 있어야 한다. 가상화 기술은 가상 머신의 동적인 생성과 종료를 지원한다. 또한

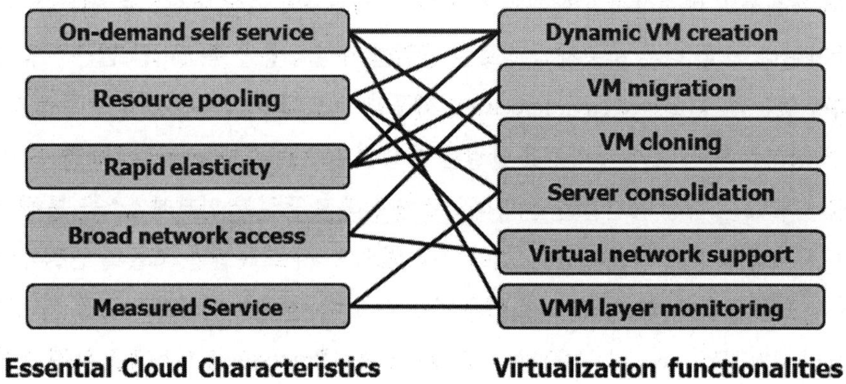

그림 4.2 ▎ 클라우드 특성과 가상화 기능

가상 머신의 복제가 쉬우며 여러 물리 머신들 간에 가상 머신을 이주하고 통합할 수 있다. 결국 클라우드 컴퓨팅의 요구 사항을 가상화 기술이 잘 만족시킬 수 있다. 그림 4.2는 클라우드 컴퓨팅의 특성과 가상화 기능 간에 관계를 보여준다.

가상화가 특히 클라우드 컴퓨팅에 적합한 이유를 다음과 같이 정리할 수 있다.

- 가상 머신 동적 관리(virtual machine dynamic management): 가상 머신은 동적인 생성/소멸이 쉽다. 또한 가상 머신 상에서 동작하는 VM 이미지는 쉽게 복사, 이동, 중복, 백업이 가능하다. 이는 클라우드가 요구하는 즉각적인 배치(instantaneous deployment), 신속하고 유연한 확장/축소(rapid and elastic scale out and in), 백업/다중 인스턴스를 기반으로 한 비즈니스 연속성 지원 등이 가능하다.
- 하드웨어 독립성(hardware independence): 가상 머신은 하드웨어에 독립적이다. 이 덕분에 가상 머신은 다양한 물리적인 서버에 이동하여 동작이 가능하다. 만일 물리 서버의 자원이 부족하거나 보안 취약점이 발견되면 다른 서버로 이동하여 지속적인 서비스가 가능하다. 따라서 클라우드가 요구하는 부하 균등(load balancing), 확장성(scalability), 장애 극복(failover) 및 회복력(resiliency) 등을 효과적으로 지원할 수 있다.
- 서버 통합(server consolidation): 가상화 환경에서는 다중의 가상 머신들을 동시에 구동하여 협업이 가능하다. 따라서 하드웨어 이용률을 높일 수 있다. 또한 동질/이질 물리 서버들을 통합하고 최적화할 수 있다. 따라서 클라우드가 요구하는 자원 풀링, 요구 기반 자원 할당 등을 지원할 수 있다.
- 경제성(economics): 가상화는 저비용, 하드웨어 이용률 증가, 다운 타임 감소, 관리의 효율성 등 경제적인 측면에서도 장점이 있다. 이는 사용한 만큼 지불(pay as you go) 이라는 클

라우드 모델의 기반이 된다.

4.1.2 가상화분류

가상화 소프트웨어 구현 층에 따른 분류

컴퓨터 시스템을 분석하는 쉬운 방법 중에 하나는 층 구조(layered architecture) 접근 방법이다. 시스템은 크게 하드웨어 층과 소프트웨어 층으로 구분할 수 있으며, 소프트웨어 층은 다시 시스템 소프트웨어와 응용 소프트웨어 층으로 구분된다. 시스템 소프트웨어는 다시 운영체제, 미들웨어, 프로그램 언어와 런타임 라이브러리 등의 층으로 세분될 수 있다.

가상화 기술은 컴퓨터 시스템의 층 구조에 새로운 가상화 층(virtualization layer)을 도입한다. 이때 가상화 층을 어디에 도입하느냐에 따라 가상화 방법을 구분할 수 있다. 하드웨어 위에 물리 자원을 가상화하는 새로운 층을 추가할 수도 있으며, OS 수준에서 가상화 층을 제공할 수도 있다. 한편 미들웨어 수준에서 가상화 층을 제공할 수도 있으며 응용 수준에서 가상화를 제공할 수도 있다.

그림 4.3은 가상화 구현 층에 따른 가상화 방법을 구분한 예이다. 그림 4.3의 (a)는 하드웨어 기반 가상화 방법을 보여준다. 이 방법은 물리 자원과 그 물리 자원을 사용하는 운영체제 사이에 VMM(Virtual Machine Monitor) 또는 하이퍼바이저(hypervisor)라 불리는 소프트웨어 추상화 계층을 추가한다. VMM은 물리 자원을 가상 자원으로 추상화시키고 이러한 가상 자원 위에 리눅스, BSD, Windows 10 등의 운영체제가 수행된다. 결국 가상 자원과 운영체제, 그리고 응용들이 하나의 추상화된 가상 머신(virtual machine)을 구성하게 된다. XenSource의 Xen, VMware의 ESX Server, HP의 Integrity Server, University of Washington의 Denali 등이 이 방법의 대표적인 예이다.

그림 4.3의 (b)는 운영체제 기반 가상화 방법을 보여준다. 이 방법은 하드웨어와 가상 기계

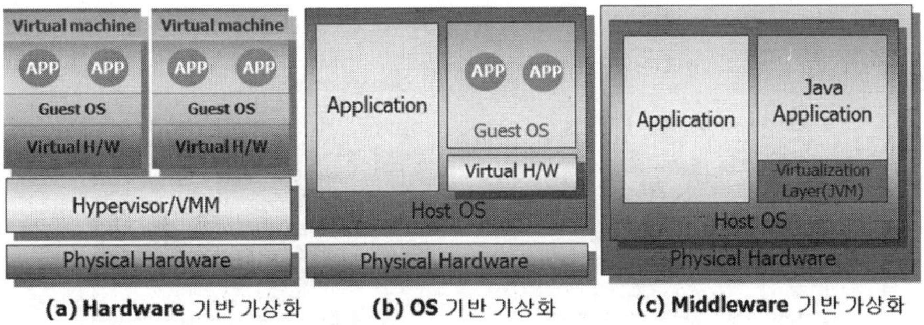

그림 4.3 | 가상화 소프트웨어 구현 계층에 따른 가상화 분류

사이에 VMM 같은 별도의 가상화 층이 없으며, 그 대신 OS 내부에서 가상 자원들을 생성하고 이 자원 상에서 Guest OS가 동작한다. 결국 이 방법은 OS가 물리 자원에 대한 추상화를 제공할 수 있다는 측면을 확장하여 가상 자원 형태로 제공할 수 있도록 한 것이다. 이 방법은 실제 OS 업체에서 채택하기 편한 접근 방법으로, MS의 Virtual PC와 WSL (Windows Subsystem for Linux), VMware의 VMware Workstation, 리눅스의 KVM, PlanetLab의 컨테이너 기반 가상화, 사용자 수준 리눅스 등이 운영체제 기반 가상화의 대표적인 예이다.

그림 4.3의 (c)는 미들웨어 기반 가상화의 방법을 보여준다. 이 방법은 프로그래밍 언어 또는 런타임 라이브러리 수준에서 가상 머신을 제공하고, 이 가상 머신 상에 하드웨어 독립적인 프로그램이 수행된다. 오라클의 JAVA VM, MS의 CLR(Common Language Runtime) 등이 이 방법의 대표적인 예이다. 이 방법은 시스템의 이용률을 향상시키려는 목표 보다는 이식성과 상호 호환성을 향상하려는 목표가 더욱 크다.

일반적으로 가상화 기술에서는 그림 4.3의 (a)와 (b)를 가상화 소프트웨어 계층이아고 한다. 한편, 하드웨어 기반 가상화를 유형 1(Type 1), OS 기반 가상화를 유형 2(Type 2)라고도 한다. 그림 4.4는 이러한 내용을 도시한 것이다. 유형 1에서는 하드웨어 상에 바로 가상화 소프트웨어 계층이 존재하며, 여러 가상 머신을 만든다. 이러한 가상 머신 상에 마이크로소프트 윈도우나 리눅스 같은 운영체제가 동작한다. 반면, 유형 2에서는 하드웨어 상에 기존 운영체제가 존재한다. 이 운영체제가 가상화 소프트웨어 역할도 담당하며, 결국 가상 머신을 생성한다. 그러고 나서 이 가상 머신 위에 다른 운영체제가 설치되어 동작한다. 하드웨어 상에서 동작하는 운영체제와 가상 머신 상에서 동작하는 운영체제를 구분하기 위해, 전자를 HostOS, 후자를 GuestOS라고 부른다.

하드웨어 기반 가상화는 메모리 사용량이 적고 가상화에 따른 부하가 적다. 하지만 지원하는 장치가 OS 기반 가상화에 비해 적고 호환성 이슈가 있다는 제한이 있다. 반면 OS 기반 가상화는 HostOS가 이미 지원하는 장치를 모두 활용할 수 있다는 장점이 있다. 하지만 가상화 층의 도입에 따른 성능 저하가 발생할 수 있다는 단점이 있다. 하지만 이 단점은 하드웨어 수준의 가

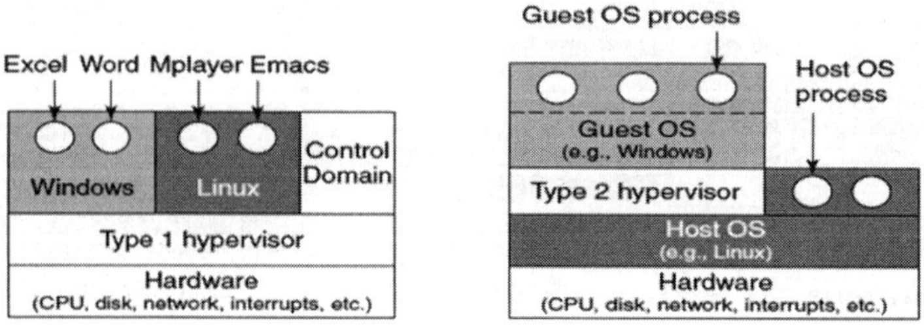

그림 4.4 ▌ 유형 1과 2 하이퍼바이저 [출처: A. Tannenbaum et al., "Modern Operating System" 4판, 2015]

상화 지원과 직접 수행(direct execution) 기술의 발달로 점점 줄어들고 있다. 이러한 기술에 대한 자세한 설명은 다음 절에서 논의된다.

가상화 소프트웨어 구현 방법에 따른 구분

가상화 소프트웨어에서 물리 자원을 가상 자원으로 추상화할 때 다음의 두 가지 상반되는 요구 조건이 발생한다. 첫째, 가상화 소프트웨어가 생성하는 가상 자원은 실제 물리 자원과 동일한 인터페이스를 제공해야 하며, 결국 GuestOS는 물리 자원을 접근할 때와 동일한 방식으로 가상 자원을 접근할 수 있어야 한다. 둘째, 가상화 소프트웨어는 GuestOS의 동작을 제어할 수 있어야 하며, 필요할 경우 GuestOS의 자원 접근을 통제할 수 있어야 한다. 동일한 방식으로 접근하려는 요구와 가상화 소프트웨어 통제의 필요성은 상충관계(tradeoff)에 있으며, 설계 시 어디에 비중을 두느냐에 따라 가상화 소프트웨어의 특성이 달라진다.

가상화 소프트웨어의 설계 방법은 크게 전가상화(full virtualization)와 반가상화(para virtualization)로 구분할 수 있다. 그림 4.5는 두 방법의 차이점을 보여준다. 전가상화는 가상화 소프트웨어가 범용적인 가상 자원들을 제공하기 때문에 GuestOS는 전혀 수정 없이 있는 그대로 수행 가능하다. 반면 반가상화는 효과적인 GuestOS 제어와 성능 향상을 위해 가상화 소프트웨어와 GuestOS 간에 의존 관계를 가지며 이 때문에 GuestOS의 일부 수정이 필요하다. 전가상화의 대표적인 예는 VMware의 ESX Server와 HP의 Integrity Server 등이 있으며 반가상화의 대표적인 예는 Xen과 Virtual Iron, 워싱턴 대학의 Denali 등이 있다.

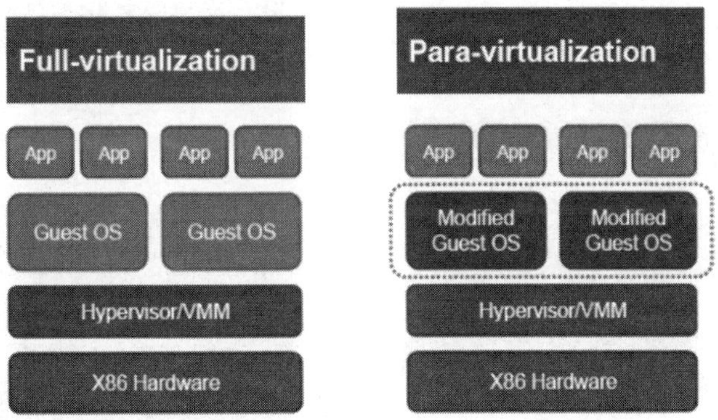

그림 4.5 ‖ 전가상화와 반가상화의 차이

표 4.1 가상화 구현 방식과 유형에 따른 가상화 소프트웨어 분류

가상화 방식	유형 1 가상화 소프트웨어	유형 2 가상화 소프트웨어
반가상화	Xen	
전가상화(without HW support)	ESX Server	VMware Workstation
전가상화(with HW support)	vShpere, Xen, Hyper-V	KVM, Parallels, VMware Fusion
프로세스 가상화		Wine

표 4.1은 유형 및 가상화 구현 방식에 따른 가상화 소프트웨어의 분류를 보여준다. 전가상화는 하드웨어적인 지원이 있는 경우와 없는 경우로 세분되며, 가상화를 위한 하드웨어 지원은 다음 절에서 자세히 설명된다. 한편, 사용자 수준에서 가상화 지원 기법도 제안되고 있으며 대표적인 예가 A. Julliard가 이끌고 있는 Wine이다.

가상화 목표에 따른 분류

가상화는 목표로 하는 시스템에 따라 구분할 수 있다. 그림 4.5는 목표 시스템에 따른 가상화 기술 분류 예 이다. 그림 4.5의 (a)는 서버 가상화이다. 이것은 하나의 시스템 상에 존재하는 하드웨어들을 여러 개의 가상 자원들로 추상화시키고, 각 가상 자원에 서로 다른 OS들을 동시에 수행시키는 방법을 연구한다. 서버 가상화는 하나의 시스템에 대한 다중 사용자 접근을 가능하게 하

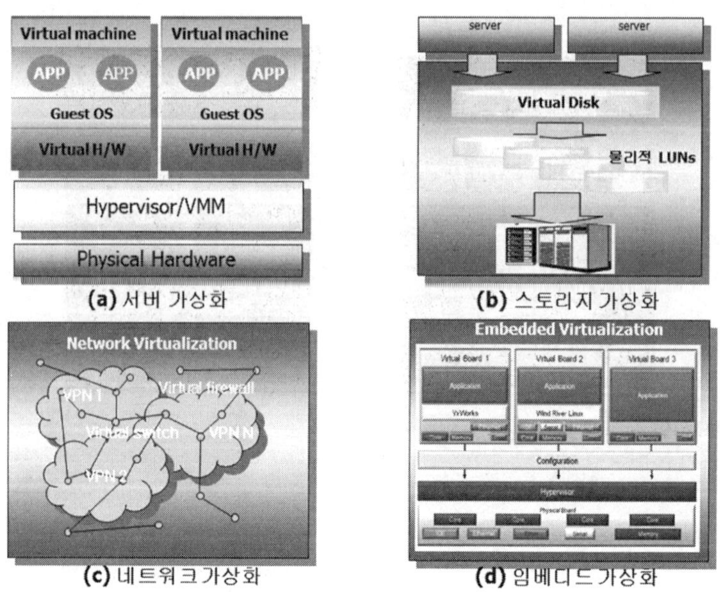

그림 4.5 | 목표에 따른 가상화 분류

며, 결국 시스템의 이용률을 향상시킬 수 있다. 한편 그림 4.5의 (b)는 스토리지 공간에 대한 가상화이다. 이 가상화는 여러 개의 물리 스토리지 공간을 단일한 가상 스토리지 공간으로 집계하며, 이를 통해 빠른 I/O 성능과 신뢰성을 제공하는 방법을 연구한다.

그림 4.5의 (c)는 네트워크에 대한 가상화이다. 가상화 층을 이용해 네트워크를 독립된 가상 사설 네트워크(VPN: Virtual Private Network)로 파티션하며, 각 파티션 간에 접근 제어와 통제 방법을 연구한다. 마지막으로 그림 4.5의 (d)는 내장형 시스템에서 가상화이다. 내장형 시스템에서 가상화는 전통적인 서버 가상화에서 추구하였던 통합(consolidation)과 고립(isolation) 뿐만 아니라 다양한 내장형 장치를 가상화시켜 표준화된 인터페이스로 접근하며 이를 통해 이동성과 상호 호환성을 향상시키려 한다.

그림 4.6은 서버 가상화의 대표적인 예인 Xen Hypervisor의 구조를 보여준다. Xen은 하드웨어 상에서 직접 수행되는 가상화 소프트웨어로 경량으로 구현되어 있다. 이것은 물리 자원들을 가상 자원으로 추상화시키고, 가상 자원들을 연결하여 서로 독립적인 가상 머신을 제공한다. 각 가상 머신에는 GuestOS가 설치된다(이 그림의 예에서는 XenoLinux, XenoBSD, XenoXP라는 반가상화 기법이 적용된 GuestOS가 설치되어 있다). GuestOS는 해당 가상 머신을 위한 메모리, 저장 공간, CPU 등을 관리하는 모듈로 구성된다. 이것은 기존의 운영체제와 동일한 기능을 수행하며, 그 위에 사용자 프로그램들이 동작한다.

Xen에서는 가상 머신 중에서 관리와 장치 제어라는 특별한 기능을 담당하는 가상 머신을 도메인 0(Domain 0)이라고 부른다. 그 외의 가상 머신들은 도메인 U라고 부른다. 도메인 0에서는 가상 머신 생성, 종료, 자원 할당 등의 기능을 제공하는 컨트롤 플레인 소프트웨어(control plane software)가 수행된다. 이를 통해 클라우드가 필요로 하는 가상 서버의 요구 기반 생성 및 신속한 확장 등을 제공할 수 있다. 또한, 장치를 직접 제어하는 드라이버 역시 도메인 0에서 수행된다.

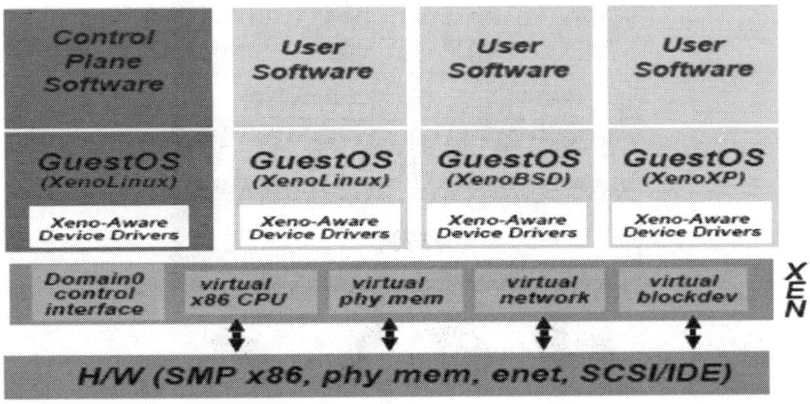

그림 4.6 | Xen Architecture [출처: http://www.cl.cam.ac.uk/Research/SRG/netos/xen/architecture.html]

도메인 U에서 장치를 접근하고 싶으면 가상 드라이버를 통해 도메인 0으로 요청을 보내고, 도메인 0에서 실제 장치 접근을 수행한다. 이를 위해 Xen은 I/O ring이라는 기법을 제공하며, 이것은 다음 절에서 자세히 논의된다.

4.1.3 가상화 핵심 기술: CPU, 메모리, 입출력 가상화

가상화의 핵심은 물리 자원을 가상 자원으로 추상화하는 기술이다. 그림 4.7은 가상화 기술을 제공하는 대표적인 가상화 층인 VMM(또는 Hypervisor)에서 물리 자원을 가상 자원으로 추상화하는 예를 보여 준다.

실제 시스템에는 CPU, 메모리, 저장 장치, 네트워크 등 다양한 물리 자원이 존재하며, VMM은 물리 자원을 가상 머신에서 사용할 수 있는 여러 가상 자원들로 변환한다. Linux, BSD, Windows 10 같은 GuestOS는 이러한 가상 자원을 기반으로 동작한다. VMM은 물리 자원을 여러 GuestOS가 공평하게 사용할 수 있도록 효율적으로 공유시켜야 하며, 또한 여러 GuestOS들을 효과적으로 보호할 수 있어야 한다.

이제부터 VMM에서의 가상화 기술을 구체적으로 살펴보자. 가상화 기술은 CPU 가상화 기술, 메모리 가상화 기술, I/O 가상화 기술 등으로 세분할 수 있다.

CPU 가상화

CPU 가상화는 물리 CPU들을 논리적인 CPU들로 추상화하고, 이것들을 공평성과 효율성에 맞게 각 가상 머신들에게 할당하는 것을 의미한다. 그림 4.8은 CPU 가상화 주요 기법들을 보여 준다.

CPU 가상화에서 중요한 기술 중의 하나는 직접 수행(direct execution)의 지원이다. 직접 수

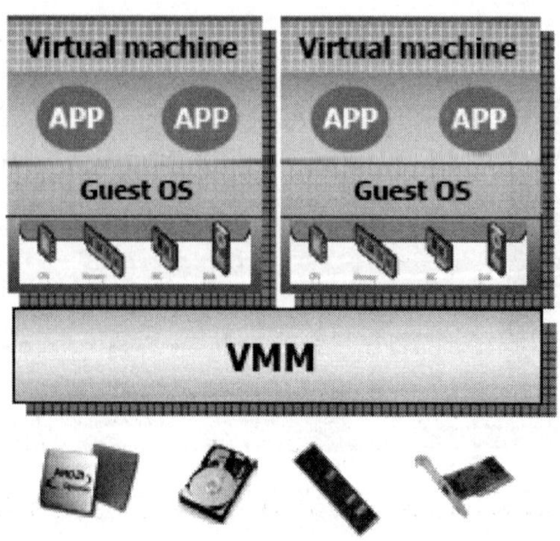

그림 4.7 ‖ 물리 자원과 가상 자원

행이란 "가상 머신을 실제 머신 상에서 직접 수행할 수 있으며 동시에 CPU에 대한 제어는 전적으로 VMM이 담당함"을 의미한다. 이를 위해서는 VMM의 수행 특권과 가상 머신 상에서 수행되는 GuestOS 및 응용의 수행 특권이 구분되어야 한다. 그리고 GuestOS 및 응용이 일반 명령을 수행할 때에는 VMM에게 투명하게 직접 수행되지만, 특권 명령을 수행할 때에는 VMM에게 trap 또는 hypercall 같은 기법을 통해 알려야 한다.

직접 수행이 필요한 이유를 예로 설명해 보자. 한 GuestOS가 인터럽트를 불허(disable)한다고 가정해보자. 실제로 많은 상용 OS는 상호 배제를 위해 인터럽트 불허를 빈번하게 사용한다. 가상화를 사용하지 않은 시스템에서는 인터럽트 불허 요청이 실제 CPU에 적용된다(예를 들어 IA-32의 eflags 또는 ARM의 CPSR 레지스터의 해당 비트가 켜짐). 반면 가상화를 사용할 경우 한 GuestOS의 인터럽트 불허 요청이 실제 CPU에 적용되어서는 안 된다. 요청한 GuestOS만 인터럽트를 불허했을 뿐이지 다른 GuestOS는 인터럽트를 수신할 수 있어야하기 때문이다. 따라서 인터럽트 불허 요청은 VMM으로 전달되어야 하며, VMM은 GuestOS가 사용하는 가상의 CPU에서 인터럽트가 불허되었다고 표시해 두고 이후 인터럽트가 발생했을 때 해당 GuestOS에게만 전달하지 않고 다른 GuestOS들에게는 전달할 수 있어야 한다.

그런데, 실제 직접 수행을 구현하기가 쉽지는 않다. 대부분의 CPU가 VMM의 존재를 고려하지 않고 설계가 되었으며, 결국 VMM으로의 trap을 발생시키지 않기 때문이다. 예를 들어 가장 많이 사용하는 IA-32의 경우, eflags를 접근하려 하면(예를 들어, POPE 명령의 경우) trap을 발생시키는 것이 아니라 그대로 CPU에 적용되거나(커널 수준 수행의 경우) 무시된다(사용자 수준 수행의 경우). 또한 어떤 명령어들은 응용 수준에서 특권 상태의 정보 읽기를 허용한다. 결국

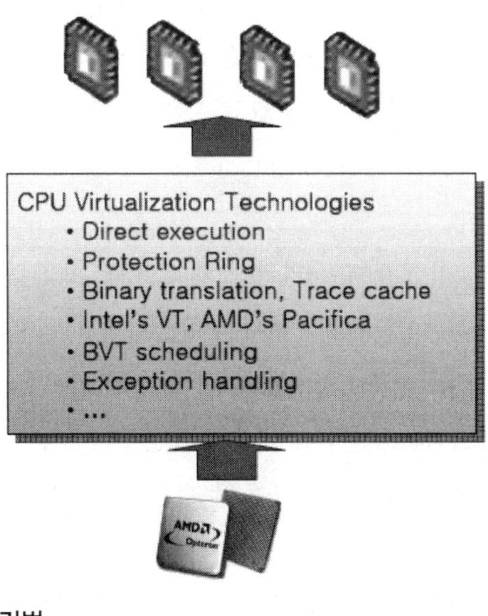

그림 4.8 ‖ CPU 가상화 주요 기법

GuestOS의 특권 명령 수행이 VMM에게 전달되어야 하는데, 현재 CPU는 그 정보를 모두 알려 주지 않는 것이다.

이를 해결하기 위해 Xen은 GuestOS의 소스를 일부 수정한다. 즉, trap을 발생시키지 않는 특권 명령 사용 부분을 trap을 발생시키도록 인위적으로 수정하는 것이다. 이 때문에 Xen은 GuestOS의 수정이 필요한 반가상화 기술을 사용하는 VMM으로 분류된다. 반면 전가상화 기술을 사용하는 VMware ESX 서버의 경우 실행시간 바이너리 번역기(runtime binary translator)를 이용해 수행 중에 특권 명령어를 trap이 발생하는 명령으로 변경한다. 따라서 GuestOS는 소스 수정 없이 있는 그대로 수행 가능하다. 하지만 VMware ESX는 수행 중 변환이 필요하기 때문에 성능이 저하된다. 이를 해결하기 위해 VMware에서는 변환 내용을 캐싱하는 트레이스 캐시(trace cache), 불필요한 트랩 자동 제거 등의 기법을 개발하였다.

한편, Intel과 AMD는 이러한 문제를 해결하기 위해 CPU에서 VMM이 동작하는 새로운 특권과 가상화 기술을 지원하는 CPU 제품을 출시하고 있다. Intel의 VT-i, VT-x와 AMD의 Pacifica, AMD-V 등이 가상화 기술을 채택한 대표적인 CPU이다. 예를 들어 VT-x는 VMM을 위한 새로운 특권(VMX root)을 지원하며, 이 특권 모드로의 전이를 위한 VM entry, VM exit를 지원한다. 이러한 CPU의 사용은 VMM에서의 직접 수행 지원을 훨씬 간단하게 한다. 이러한 CPU의 지원을 하드웨어 수준 가상화 지원이라고 한다.

그림 4.9는 Intel의 VT-x에서 특권층을 보여준다. 그림 4.9의 (a)는 기존의 IA-32 아키텍처에서 지원하는 수행 특권층이다. IA-32는 4 계층의 특권을 지원하며 일반적으로 0 계층에서 운영체제가 동작하며 3 계층에서 응용이 동작한다. 이 구조에서 VMM을 도입하고 직접 수행을 지원하려면 0 계층에서 VMM이 동작하고, 운영체제는 1 계층이나 3 계층에서 동작해야 한다(그림 4.9의 (b)와 (c)). 반면 가상화 기술을 제공하는 IA-32에서는 기존 IA-32가 동작하는 특권과 VMM이 동작하는 특권 계층을 구분하였다(그림 4.9의 (d)). 인텔에서는 응용들과 GuestOS 특권에서 동작하는 연산을 VMX non-root operation이라 하며, VMM 특권에서 동작하는 연산을 VMX root operation이라 한다.

CPU 가상화에서 중요한 기술 중에 하나는 물리 CPU를 여러 가상 CPU들에게 효율적이며 공평하게 할당해 주는 것이다. 이를 위해 VMM은 공평성 원칙을 기반으로 한 다양한 스케줄링 기법을 지원한다. 예를 들어 Xen은 BVT(Borrowed Virtual Time) 스케줄링을 지원한다. 이 기법은 기본적으로 공정 공유(fair share) 원칙에 따라 CPU를 각 가상 머신에 할당하며 동시에 가상 시간 워프(virtual time warp)를 도입하여 오랫동안 대기한 가상 머신이 이벤트를 받으면 빠르게 CPU를 할당한다.

그림 4.10은 Xen의 가상 CPU 스케줄링 예를 보여준다. 이 예에서는 4개의 가상 CPU가 존재

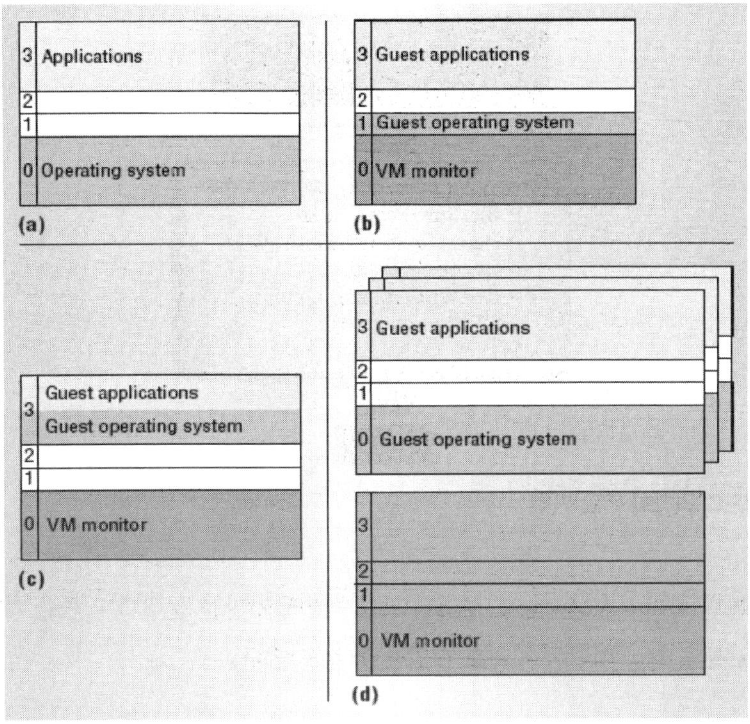

그림 4.9 ‖ 인텔의 하드웨어 수준 가상화 지원 기술(Intel VT-x)

하며, 각각 서로 다른 4개의 가상 머신을 수행한다고 가정하고 있다. 가상 머신 중에서 마지막 머신은 비활성화 상태이다(예를 들어 sleep 상태에 들어감). 그리고 남은 3개의 가상 머신은 각각 1000, 400, 600이라는 크레딧(credit)을 가지고 있다. 이때 Xen의 스케줄러는 각 가상 머신의 크레딧에 비례하여 물리 CPU를 할당한다.

예를 들어, 0~2000 사이의 난수를 발생하고 그 숫자가 가리키는 가상 CPU로 물리 CPU를 스케줄링하는 것이다. 이러한 기법을 로터리 스케줄링(lottery scheduling) 알고리즘이라고 한다. 난수 생성이 충분히 랜덤하다면 크레딧에 비례하도록 각 가상 머신에게 물리 CPU를 할당할 수 있다. 그리고 크레딧은 가상 머신을 생성할 때 고객과 맺은 서비스수준협약(SLA, Service Level Agreement)에 의해 결정된다. 결국 SLA에 따라 CPU를 할당하면서 빠른 스케줄링을 지원하는

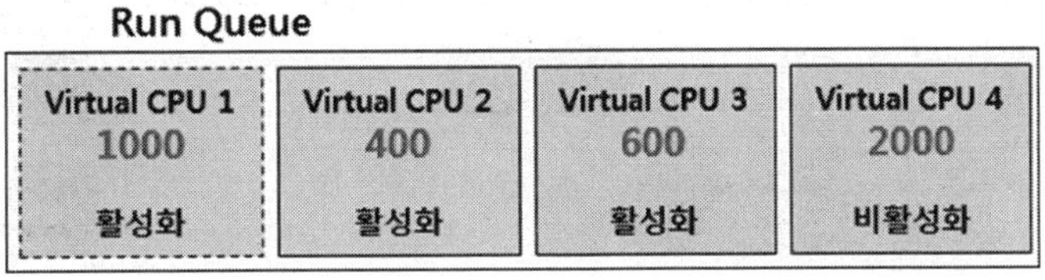

그림 4.10 ‖ 가상 CPU 스케줄링 사례

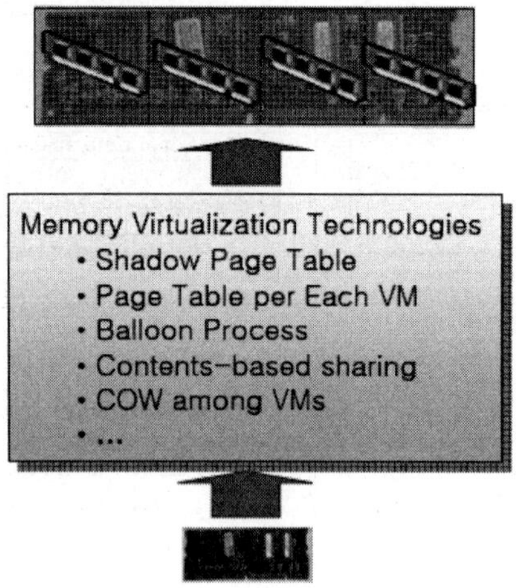

그림 4.11 ‖ 메모리 가상화 주요 기법

것이다. Xen 뿐만 아니라 VMware도 로터리 스케줄링에 기반을 둔 알고리즘을 사용한다. 또한 크레딧 교환을 통해 가상 머신들이 서로 협업을 할 수도 있다.

메모리 가상화

그림 4.11은 메모리 가상화의 주요 기법들을 보여 준다. 메모리 가상화의 목표는 물리 메모리를 GuestOS가 이용하기 쉬운 형태의 가상 메모리로 추상화시켜 지원함과 동시에 각 가상 머신이 쓰레싱(trashing) 없이 효과적으로 동작할 수 있도록 각 가상 머신의 요구에 맞게 메모리를 동적 할당하는 것이다.

VMM의 메모리 가상화에서 우선적으로 해결해야 할 것은 주소 변환 단계의 증가이다. 가상화가 도입되지 않는 기존 시스템에서는 메모리가 가상 메모리(virtual memory)와 물리 메모리(physical memory)로 구분된다. 그리고 하나의 페이지 테이블을 이용해 가상 주소에서 물리 주소로 주소 변환을 한다. 반면, 가상화가 도입되면 가상 메모리, 물리 메모리 뿐만 아니라 머신 메

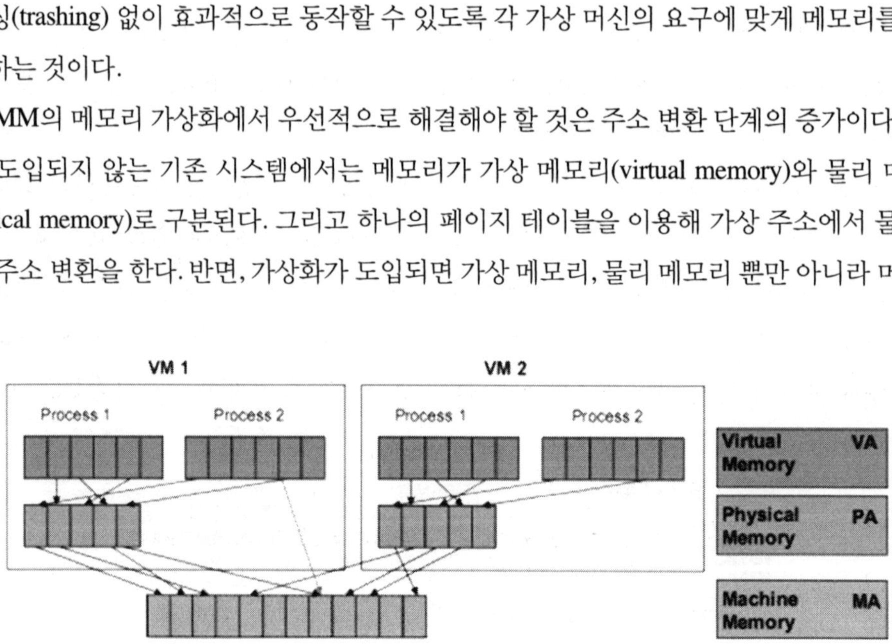

그림 4.12 ‖ 가상화 환경에서 메모리 구조 [출처: www.anandtech.com/show/2480/10]

모리라는 그림 4.12에 그려진 것과 같은 새로운 층이 생긴다. 머신 메모리를 VMM이 여러 가상 머신에게 나누어 주며, 이것이 각 가상 머신에서 물리 메모리가 된다. 그러면 GuestOS가 물리 메모리상에서 여러 가상 메모리를 만들어 프로세스에게 제공한다.

가상화 환경에서 주소 변환은 가상 주소, 물리 주소, 머신 주소라는 3 단계로 이루어진다. 우선 프로세스가 가상 주소를 요청하면 GuestOS가 자신이 관리하는 페이지 테이블(guest page table)을 이용해 물리 주소로 변환한다. 그럼 VMM이 자신이 관리하는 페이지 테이블(VMM page table)을 이용해 머신 주소로 변환한다. 이 방법은 각 가상 머신의 메모리 공간을 보호하며 기존 OS와 호환성이 유지된다. 하지만 두 번의 주소 변환이 필요하며, 이는 성능 저하라는 문제를 야기한다.

이러한 문제를 해결하는 방법 중에 하나는 그림자 페이지 테이블(shadow page table)을 사용하는 것이다. 그림 4.13은 그림자 페이지 테이블의 동작 방식을 보여준다. 그림자 페이지 테이블은 VMM에서 관리되며 가상 머신의 페이지 테이블의 내용을 동일하게 담고 있다. 즉, 특정 GuestOS에서 페이지 테이블 내용이 바뀌면, 이것이 VMM에게 알려지고 VMM은 그림자 페이지 테이블에 이 수정을 반영한다. 이를 통해 VMM은 모든 물리 메모리에 대한 제어를 할 수 있으며, 어떤 물리 메모리가 어떤 가상 머신에게 할당되었는지 파악할 수 있다. 한편, MMU(Memory Management Unit)는 주소 변환을 위해 그림자 페이지 테이블을 사용한다. 따라서 한 번의 주소 변환으로 프로세스의 가상 주소를 머신 주소로 변환할 수 있다. VMware ESX는 이 방법을 사용한다.

반면 Xen은 GuestOS가 각각 자신의 메모리 공간에 대한 페이지 테이블을 갖는다. 그림 4.14는 Xen의 기법을 보여준다. Xen에서 MMU는 GuestOS의 테이블을 이용해 주소 변환을 한

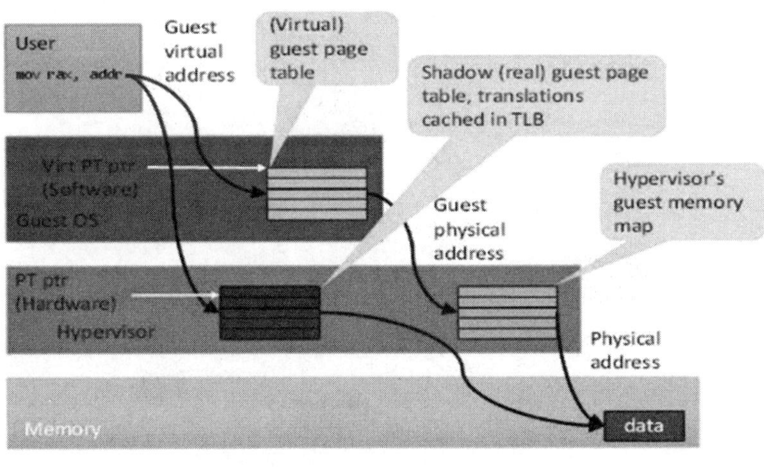

그림 4.13 ▌ 그림자 페이지 테이블 [출처: courses.cs.washington.edu/courses/csep551/14au/]

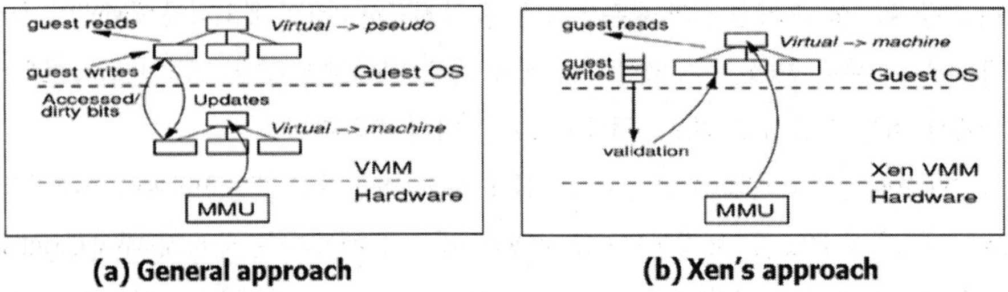

그림 4.14 ▌ Xen 페이지 테이블 관리 기법

다. 그리고 페이지 테이블이 수정될 경우 GuestOS는 수정 사실을 VMM에게 알린다. VMM은 GuestOS의 권한을 검증하고 사용 가능한 페이지일 경우 페이지 테이블 수정을 허용한다. 한편, Xen은 GuestOS와 VMM 간에 빈번한 모드 전환을 줄이기 위해 배치 형식의 페이지 테이블 갱신(batch page table update)을 지원한다.

메모리 가상화에서 주요한 기술 중에 하나는 동적 회수와 할당이다. 메모리를 각 가상 머신에 할당해 주는 가장 쉬운 방법은 공평하게 같은 크기만큼 나누어 할당하는 것이다. 하지만 각 가상 머신의 워크로드는 서로 특징이 다르며 따라서 사용하는 페이지 개수 즉 워킹 셋(working set)도 다르다. 또한 시간에 따라 워킹 셋의 크기가 동적으로 변하며, 따라서 VMM은 이에 맞도록 각 가상 머신에게 필요한 메모리를 더 할당해 주거나 사용하지 않는 공간을 회수할 수 있어야 한다.

이를 위해 VMware ESX와 Xen은 벌룬 프로세스(Balloon process)를 사용한다. 이 프로세스는 GuestOS 상에서 동작하며 팽창(inflating) 또는 수축(deflating) 작업을 수행한다. 그림 4.15는

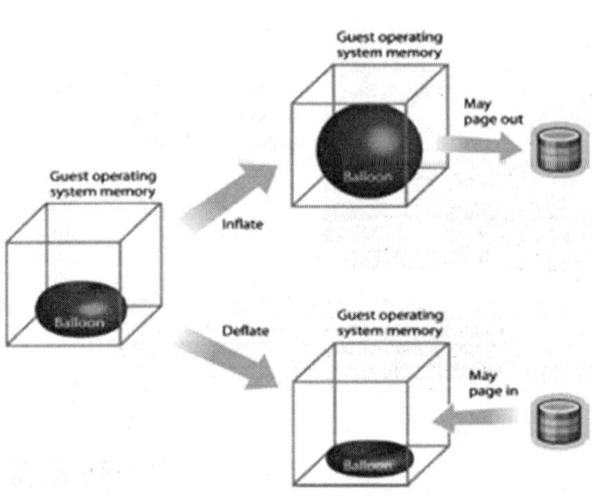

그림 4.15 ▌ 벌룬 프로세스의 팽창, 수축 작업 [출처: https://pubs.vmware.com/vsphere-4-esx-vcenter/index.jsp]

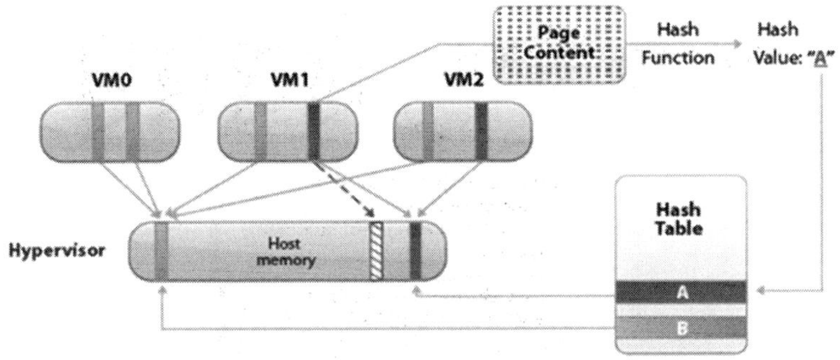

그림 4.16 ‖ 내용 기반 페이지 공유 [출처: http://docplayer.net/283961 - Understanding-memory-resource-management-in-VMware-vShpere-5-0.html]

벌룬 프로세스의 동작을 예시한 것이다. 구체적으로 VMM이 가상 머신으로부터 메모리를 회수할 때에는 벌룬에게 팽창을 요구한다. 그러면 벌룬은 가상 머신으로부터 메모리를 할당 받고 이 공간을 VMM에게 반납한다. 이때 가상 머신이 가장 사용하지 않을 페이지들을 벌룬에게 할당해 주었을 것이기 때문에, 페이지 회수에 따른 가상 머신의 성능 저하는 크지 않다. 만일 가상 머신에게 페이지를 더 할당해 주고 싶으면 벌룬에게 수축을 요청하고 결국 기존에 할당 받은 페이지를 가상 머신에게 반납하게 된다.

한편 VMware ESX 서버는 내용 기반 페이지 공유(contents-based page sharing) 기법을 지원하는데, 이것은 여러 가상 머신들이 동일한 페이지를 사용할 경우 서로 다른 복사본을 갖는 것이 아닌 하나를 공유하는 기법이다. 그림 4.16은 이 기법의 예를 보여준다. 사실 가상화 환경에서는 여러 GuestOS가 동작하며, 이 경우 동종의 GuestOS를 사용하는 것이 일반적이다. 따라서 동일한 내용이 많으며 이들을 공유하면 머신 메모리를 크게 절약할 수 있다. 동일한 페이지를 찾기 위해서는 SHA-1이나 MD-5 등과 같은 해시 기법이 활용된다.

한편, 쓰기 가능한 페이지에 대해서 COW(Copy-On-Write) 기법을 사용하여 공유의 가능성을 극대화한다. 여기서 COW란 쓰기가 발생하기 전 까지는 계속 공유를 하고 있다가 쓰기가 발생하면 그때 새로운 페이지를 할당 받아 복사하고 쓰기를 처리하는 것을 말한다. 필요한 작업을 최대한 지연하는 게으른 평가 방법(lazy evaluation approach)의 대표적인 방법 중 하나이다.

입출력 가상화

I/O 가상화는 각 가상 머신 간에 간섭을 없애며 동시에 각 가상 머신이 예약한 입출력 품질을 보장할 수 있어야 한다. I/O 가상화의 어려운 점은 입출력 장치가 아주 종류가 많고 다양해서 단일한 인터페이스로 추상화시키기 어렵다는 것이다. 예를 들어 IA-32 기반 컴퓨팅 환경은 다양한 업체의 입출력 장치를 다양한 프로그래밍 인터페이스를 통해 접근할 수 있도록 허용한다. 또한

그림 4.17 ▎입출력 가상화 주요 기법

최근의 그래픽 장치나 네트워크 장치는 고성능을 요구하기 때문에 가상화의 부하가 크면 문제가 될 수 있다.

그림 4.17은 디스크나 네트워크 등 입출력 가상화에 사용되는 주요 기법들을 보여 준다. I/O 가상화를 위한 VMware Workstation의 접근 방법은 운영체제 기반 I/O 가상화이다. 이 방법은 HostOS의 드라이버를 이용해 I/O 가상화를 제공한다. 즉, 사용자가 GuestOS에게 I/O를 요청하면, 이것을 HostOS의 디바이스 드라이버에게 전달하고 실제 서비스는 HostOS가 담당한다. 이 방법은 Linux나 Windows가 사용하는 드라이버를 모두 그대로 사용할 수 있어 I/O 가상화 구현의 부담은 적어진다. 반면 요청을 GuestOS에서 다시 HostOS로 전달해야 하므로 성능 저하의 가능성이 있다.

VMware ESX Server의 I/O 가상화는 성능 향상을 위해 GuestOS가 직접 물리 장치를 접근할 수 있게 허용하였다. 이것은 수행 특권과 장치 접근 제어 권한을 유연하게 제어함으로써 가능하다. 요즘 출시되는 SCSI 디스크, PCIe 스토리지, Fiber 네트워크 카드 같은 고성능 장치는 채널 개념의 인터페이스를 지원하고 있어 I/O 가상화 부하를 크게 줄일 수 있다. 가상화를 지원하는 장비에 대한 연구 또한 최근 활발하게 진행되고 있다. 이때 가상화를 지원하는 장비란 다중 가상 머신의 존재를 알고 이를 위한 다중 가상 인터페이스를 제공하는 장비를 의미한다.

Xen의 I/O 가상화는 각 가상 머신이 가상의 네트워크와 디스크 자원을 사용하며, 특별한 기능을 제공하는 별도의 가상 머신이 I/O를 전담하는 구조로 되어있다. 구체적으로 Xen은 가상 머신이 수행되는 환경을 도메인(domain)이라 부르며, 시스템이 초기화될 때 만들어지는 초기 도메인(initial domain 또는 domain 0라 불림)과 그 이후에 생성되는 도메인(domain U라 불림)들의 기능이 다르다. Domain 0은 초기화 과정에서 물리 네트워크 장치와 디스크를 VIF(Virtual

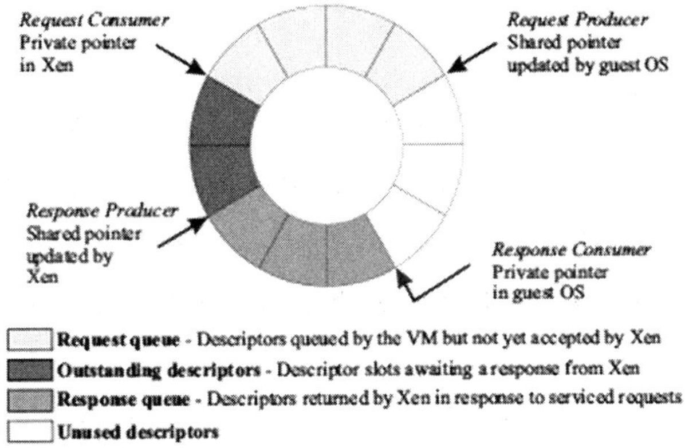

그림 4.18 ‖ Xen의 I/O 링 구조 [출처: Xen and The Art of Virtualization 논문]

network Interface)들과 VBD(Virtual Block Disk)들로 추상화하고, 각 domain U에게 할당한다. Domain U에서 VIF나 VBD에 대한 접근 요청은 Xen을 통해 domain 0로 전달되며, 실제 I/O는 domain 0에서 처리된다.

각 Domain과 Xen에 데이터 통신은 공유 메모리를 이용하는데, 이 공유 메모리는 I/O 링(ring)으로 관리된다. 그림 4.18은 I/O 링 구조를 보여준다. I/O 링은 원형 큐 구조이며 각 도메인이 생성하고 Xen과의 통신을 위해 사용한다. I/O 링은 비동기적 데이터 전송을 사용하며, 제로 카피(zero copy) 구조이기 때문에 데이터 전송 속도가 빠르다. 또한 많은 장치에 적용 가능한 범용 인터페이스가 될 수 있도록 설계하였다. 그리고 I/O 링은 요청의 처리 순서를 제어할 수 있으며, 이

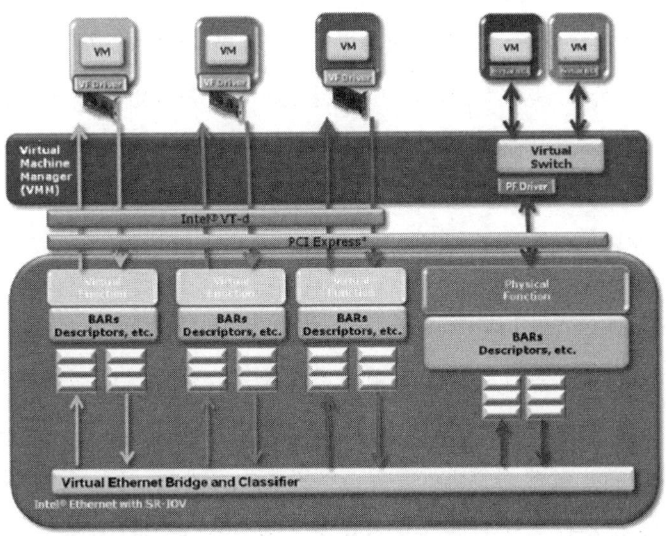

그림 4.19 ‖ SR-IOV 구조 [출처: Intel, PCI-SIG SR-IOV Primer]

를 이용하면 자원 제어와 QoS 보장 등이 가능하다. 한편, Xen은 하드웨어 인터럽트를 이벤트로 변화시켜 도메인에게 전달한다.

최근에는 가상화를 하드웨어 수준에서 지원하는 I/O 장치들도 등장하고 있다. 마치 CPU에서 가상화를 지원하는 인텔 VT-x나 AMD의 AMD-V처럼 장치에서 여러 개의 가상 머신 존재를 인지하고, 각 가상 머신에서 독립된 장치를 사용하는 것과 같은 고립을 제공한다. 그림 4.19는 하드웨어 수준 입출력 가상화의 대표적인 예인 SR-IOV(Single Root IO Virtualization)를 보여준다.

SR-IOV는 실제 장치는 하나이지만 논리적으로 여러 개의 네트워크 카드 또는 스토리지로 추상화하여 각 가상 머신이 독립적으로 사용할 수 있게 만들어 준다. 이를 위해서는 장치가 주소 변환이 가능한 기법을 내장해야 한다. 이를 통해 각 가상 머신에서 서로 다른 가상 IO 주소를 제공해주고, 이 주소에 대한 요청이 오면 주소 변환을 통해 실제 장치의 물리 주소를 찾고 간섭이 없도록 상호 배제나 큐잉을 도입하여 입출력 요청을 처리해 준다.

SR-IOV는 가상 함수(virtual function)와 물리 함수(physical function)를 지원한다. 물리 함수는 장치가 제공하는 모든 기능을 포함하며 이를 통해 VMM은 장치 초기화, 구성 설정 등을 수행할 수 있다. 반면, 가상 함수는 일부 기능만 허용된 경량 기능을 제공하며, 일반적으로 한 가상 머신에게 허용된 기능만을 제공하게 된다. 결국 물리 함수를 통해서는 VMM이 여러 가상 머신들 간에 공유를 제공할 수 있다. 반면 가상 함수를 통해서는 특정 가상 머신이 장치를 독점적으로 사용하는 것 같은 추상화를 제공할 수 있다.

SR-IOV의 가장 큰 장점은 VMM 바이패스(bypass)이다. 즉 GuestOS가 가상 함수를 이용해 직접 장치에 접근함으로써 VMM의 스위칭 기능을 사용하지 않게 되고, 결국 여러 층을 통과할 때 야기되는 성능 저하를 줄일 수 있다. GuestOS가 장치를 처음 접근할 때만 VMM이 간섭하고 (권한이 있는지 확인하고 권한이 있으면 매핑 설정), 그 이후의 입출력 요청은 VMM의 간섭이 없이 진행된다. 한편, SR-IOV는 확장성(scalability)도 제공한다. 즉, 물리 함수를 통해 여전히 여러 가상 머신들이 장치를 공유할 수 있도록 허용함으로써 가상 함수 개수 이상의 가상 머신이 존재할 경우에도 모든 가상 머신들에게 장치 접근을 지원할 수 있다.

요약

지금까지 CPU, 메모리, 입출력 자원들에 대한 가상화 기술들을 각각 살펴보았다. 각 자원의 추상화 기술은 자원 고립(isolation)과 효율(efficiency) 간에 균형을 맞추며 추상 자원들을 구성하고, 이 추상 자원 상에서 여러 운영체제가 동작하게 되는 것이다. 예를 들어 대표적인 가상화 소프트웨어인 Xen이 각 자원 별로 활용하는 기술을 요약하면 다음과 같다.

- CPU 가상화(CPU virtualization)
  - Privilege level for Hypervisor
  - BVT scheduling
  - GuestOS source modification for Hypercall
- 메모리 가상화(Memory virtualization)
  - Page table per Each virtual machine
  - PT update validation in Hypervisor
  - Balloon process
- 입출력 가상화(I/O virtualization)
  - Virtual devices(VIF, VBD)
  - I/O rings for zero copy and generic interface
  - Event handling for Interrupt
  - Support SR-IOV

4.1.4 가상화 고려 사항

본 절에서는 가상화와 관련된 여러 가지 고려 사항을 논의한다. 우선 가상 머신 이주(VM migration)에 대해 살펴본다. 그리고 최근 주목받고 있는 컨테이너 기반 가상화를 알아본다.

가상 머신 이주(VM migration)

가상화의 장점 중에 하나는 가상 머신을 저비용으로 이주할 수 있다는 것이다. 가상 머신은 가상화된 자원 상에서 동작하며, 따라서 동일한 가상 자원을 지원하는 호스트라면 실제 물리적으로는 다른 자원을 탑재한 호스트라도 그쪽으로 이주하여 동작할 수 있다. 가상 머신 이주는 고장 복구, 성능 향상, 소프트웨어 갱신 등 다양한 목적으로 활용된다. 대표적인 기법으로는 Xen의 라이브 이주(live migration)와 VMware의 VMotion이 있다.

그림 4.20은 VMware의 VMotion을 동작 방식을 개념적으로 보여준다. 한 가상 머신이 자신이 동작하던 호스트에서 다른 호스트로 이주할 때, 자신이 수행하던 상태, 즉 문맥(context)을 함께 이주하여야 한다. 이때 문맥은 CPU 문맥, 메모리 문맥, 입출력 문맥 등으로 구성된다. CPU 문맥은 현재 코어들의 레지스터 내용, 메모리 문맥은 현재 메모리에 존재하는 내용, 그리고 입출력 문맥은 장치의 상태와 장치 버퍼에 존재하는 데이터들로 구성된다. 결국 가상 머신 이주란 기존 호스트에서 이러한 문맥을 저장하고, 이주할 호스트에서 저장된 문맥을 가져와 복원하는 것이다.

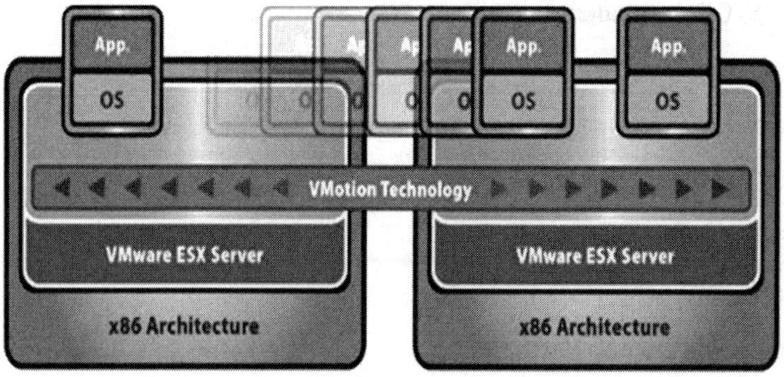

그림 4.20 ▌ VMware의 VMotion 개념 [출처: jon.oberheide.org/blog/2008/02/10/exploiting-live-virtual-machine-migration]

가상 머신 이주에서의 고려 사항은 다운타임(down time)과 이주비용(migration cost)이다. 이주할 때 잠시 동안 서비스가 중단될 수 있으며, 이 기간을 다운타임이라고 한다. 효과적인 이주 기법은 이러한 다운타임을 최소화시켜야 한다. 한편, 가상 머신 이주는 CPU, 메모리, 입출력 문맥의 이주로 구성된다, 이 중에서 메모리 문맥은 수~수십 GB 크기를 가지며 이주비용에서 가장 큰 부분을 차지한다. 참고로 스토리지에 저장된 데이터는 그 크기가 너무 크기 때문에 일반적으로 이주의 대상으로 고려하지 않는다. 그 대신 다음 절에서 논의할 SAN(Storage Area Network) 등의 기술을 이용하여 이주 전 호스트와 이주 후 호스트가 공유할 수 있도록 한다.

가상 머신 이주 기법은 크게 중단 복사(stop-and-copy)와 라이브 이주(live migration)로 구분할 수 있다. 중단 복사는 이주의 대상이 되는 가상 머신을 중단 시킨 후 이주한다. 이 때문에 다운타임이 길어질 수 있다는 단점이 있다. 반면, 라이브 이주는 가상 머신이 계속 서비스를 지원하면서 이주된다. 라이브 이주는 다시 선 복사(pre-copy)와 후 복사(post-copy) 기법으로 세분된다. 선 복사는 동작하면서 동시에 모든 메모리 문맥을 이주할 호스트로 복사한다. 반면 후 복사는 이주할 호스트에서 가상 머신을 우선 수행 시키고, 수행 도중에 필요한 메모리 문맥은 필요시 이주(on-demand migration) 방식으로 이주하는 것이다.

그림 4.21은 선 복사 기법의 동작 과정을 보여준다. 이 그림에서 가상 머신은 호스트 A에서 호스트 B로 이주하려고 한다. 우선 가상 머신은 호스트 A에서 계속 동작하면서 서비스를 제공한다(그래서 라이브 이주이다). 동시에 호스트 B에서 필요한 자원을 예약하고 모든 메모리 문맥을 호스트 B로 복사한다. 이때 한 가지 문제가 발생한다. 가상 머신은 호스트 A에서 계속 동작하고 있으며 따라서 호스트 B로 복사된 페이지 중에 일부는 호스트 A에서 변경되었을 수 있다. 이러한 페이지들을 그림에서 더티 페이지(dirty page)라고 한다.

선 복사 기법은 그 이후 몇 번의 라운드를 반복하면서 더티 페이지들을 호스트 A에서 B로

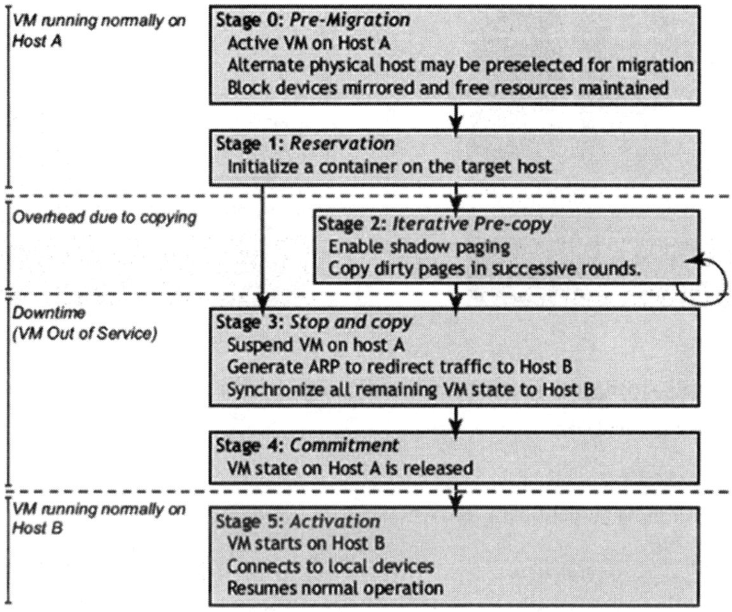

그림 4.21 ❙ 선 복사(Pre-copy) 동작 방법 [출처: https://www.csie.ntu.edu.tw]

복사한다. 미리 정해진 라운드가 지나면 또는 더티 페이지의 개수가 특정 값 이하로 떨어지면, 그때는 가상 머신의 수행을 중지하고, 남아있는 모든 더티 페이지를 호스트 B로 이주한다. 이 기간이 다운타임이 된다. 모든 더티 페이지의 이주가 끝나면 가상 머신은 호스트 B에서 복원(resume)이 된다. 그 시점부터 이 가상 머신은 호스트 B에서 서비스를 제공하게 된다. 가상 머신이 이주될 새로운 호스트에서 수행되기 전에 모든 메모리 문맥이 복사되기 때문에 이 기법을 선 복사라고 한다.

한편, 후 복사 기법은 호스트 A에서 호스트 B로 가상 머신의 메모리 문맥 중 일부를 복사한 후, 즉시 가상 머신을 호스트 B에서 수행시킨다. 비록 메모리 문맥이 모두 호스트 B에 있지는 않더라고 페이지 매핑이 구성되어 있기 때문에 가상 머신이 호스트 B에서 수행될 수 있다. 이때, 호스트 B에 존재하지 않은 메모리 문맥을 접근하려고 하면 네트워크 폴트가 발생한다. 네트워크 폴트란 일종의 페이지 폴트로 필요한 데이터를 저장장치에서 읽어오는 것이 아니라 네트워크를 통해 호스트 A에서 가져온다. 후 복사 기법은 이러한 네트워크 폴트의 부하가 크다. 따라서 많은 이주 정책은 선 복사 기법을 선호한다.

컨테이너 기반 가상화

최근에는 경량 컨테이너 기반 가상화가 주목 받고 있다. 컨테이너 기반 가상화는 전통적인 하이

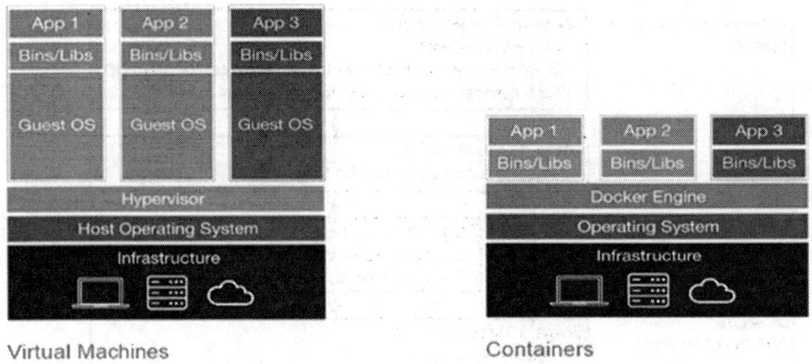

그림 4.22 ▌ 컨테이너와 가상머신의 차이 [출처: http://stackoverflow.com/ questions/16047306/how-is-docker-different-from-a-normal-virtual-machine]

퍼바이저/VMM 기반 가상화와 다르다. 하이퍼바이저는 CPU, 메모리, 스토리지 등 모든 컴퓨팅 자원들을 가상 자원으로 추상화하고, 가상 자원으로 구성된 가상 머신을 제공한다. 반면, 컨테이너는 운영체제 수준에서 제공되며, 특정 응용을 위한 독립된 공간을 제공한다고 볼 수 있다.

그림 4.22는 하이퍼바이저 기반 가상화와 컨테이너 기반 가상화의 차이를 보여준다. 가상 머신은 전체 시스템 추상화를 제공하며 좀 더 강력한 고립을 제공하다는 특징이 있다. 반면, 컨테이너는 격리된 가상공간을 만들기는 하지만, 실제 수행은 호스트 운영체제에서 진행된다. 따라서 성능이 더 좋고 경량이다. 또한 컨테이너는 GuestOS를 설치하지 않으며 필요한 라이브러리와 응용만 설치하면 되기 때문에 가볍고, 패키징과 이주가 쉬워 특히 클라우드 환경에 적합하다.

컨테이너의 대표적인 예는 그림 4.23의 도커(docker)이다. 도커는 2013년에 Docker사에서 출시한 컨테이너 가상화 기술이며 현재 급부상하고 있는 클라우드 오픈소스 중의 하나이다. 도커를 이용하면 복잡한 응용을 컨테이너로 통합하여 실행할 수 있다. 또한 개발, 테스트, 서비스 환

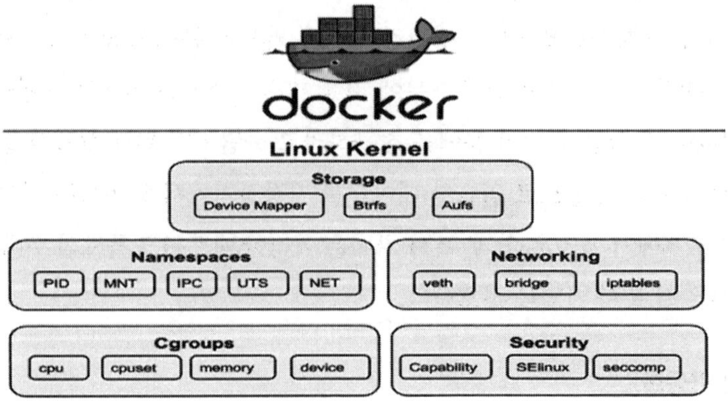

그림 4.23 ▌ 도커 구조 [출처: http://blog.etsukata.com/]

경을 하나로 구축할 수 있다. 도커에서 실제 독립된 공간은 리눅스 커널의 cgroups와 namespace 기법을 이용하여 구현된다.

가상화는 성능 부하가 있기 때문에 워크로드 특성을 잘 고려하여 선택해야 한다. 특히 데이터가 크고, 자원 공유나 중복이 거의 없는 워크로드는 가상화의 장점을 충분히 못 살릴 수도 있다. 이런 경우 도커와 같은 컨테이너 기반 가상화가 대안이 될 수 있다. 물론 가상화 분야에서도 가상화 하드웨어 지원, CPU 스케줄링, 메모리 공유 등 성능 부하를 줄이기 위한 다양한 기술이 연구되고 있다.

SUMMARY

본 절에서는 클라우드의 핵심 기술 중에 하나인 가상화 기술을 알아보았다. 우선, 가상화 기술을 제공하는 소프트웨어 층인 하이퍼바이저(또는 VMM이라고도 불림)의 기능과 이를 구현하는 층과 방법에 따른 가상화 기술의 분류를 살펴보았다. 그리고 CPU, 메모리, I/O를 실제 가상화하는 스케줄링, 벌룬 프로세스, I/O 링 등의 다양한 기법들을 논의하였고, 가상화를 지원하는 하드웨어 기술도 살펴보았다. 마지막으로 가상 머신의 이주와 경량 가상화 기술인 컨테이너의 특징에 대해 살펴보았다.

4.2 클라우드 서비스 및 네트워크

클라우드 컴퓨팅은 유틸리티 컴퓨팅(utility computing)이라고도 불린다. 유틸리티 컴퓨팅이란 계량식 서비스로서 연산, 저장, 서비스와 같은 컴퓨터 자원이 서비스로 추상화되어 있다. 즉, 클라우드 컴퓨팅의 기반 기술 중에 하나는 서비스 기술이다. 본 절에서는 웹 기술, 그리고 이것이 더 확장된 SOAP(Simple Object Access Protocol)과 REST(REpresentational State Transfer) 기술을 살펴본다. 또한 이러한 서비스를 다양한 고객들에게 제공하는 인터넷 기술과 클라우드에서 요구하는 가상 네트워크 외벽(perimeter)에 대해 논의한다.

4.2.1 웹 기술

클라우드 서비스는 기본적으로 웹 기술을 통해 접근된다. 이는 웹 브라우저(Web browser)의 범용성 그리고 웹 기반 서비스 전개(Web-based service deployment)의 경제성 때문이다. 웹 기술은

그림 4.24 ▍ **웹 응용 구조** [출처: http://mlsoft.fr/visual-wms-en-asp]

IT 자원을 연결하고, 인터넷을 통해 접근할 수 있도록 하는 기법들로 구성되며, 다음 3가지 요소를 기본 구성으로 한다.

- URL(Uniform Resource Locator): 웹 기반 자원의 위치를 지정하는 표준 구문
- HTTP(HyperText Transfer Protocol): 웹을 통해 데이터와 서비스를 전송하는 표준 프로토콜
- Markup Language(HTML, XML): 웹상에서 데이터와 서비스를 표현하는 표준 마크업 언어. 마크업 언어는 태그 등을 이용하여 문서나 데이터의 구조를 명기하는 언어이다. 대표적으로 웹 페이지의 표현 방식을 나타내는 HTML(HyperText Markup Language)과 확장 가능한 XML(eXtensible Markup Language)이 있다.

웹 기술은 기본적으로 웹 고객(Web client, 주로 브라우저를 사용)과 웹 서버로 구성된다. 웹 서버는 고객으로부터 HTTP 요청을 받아들이고, HTML 문서와 같은 웹 페이지를 반환하는 컴퓨터 프로그램 및 이 프로그램을 실행하는 컴퓨팅 자원으로 구성된다. 한편, 성능과 신뢰성 향상을 위해 프락시(proxy), 웹 캐시, 게이트웨이, 부하균등 서버 등이 포함된다.

웹 응용은 웹 기술을 사용하는 분산 응용으로 정의된다. 그림 4.24는 웹 응용의 구조를 보여준다. 일반적으로 웹 응용은 웹 고객, 웹 서버, 그리고 데이터베이스라는 3 층으로 구현된다. 웹 고객은 표현을 담당하는 계층(presentation layer)이며, 웹 서버는 표현과 응용 로직을 담당하고, 마지막으로 데이터베이스는 웹 데이터를 관리한다.

4.2.2 서비스 기술

클라우드는 SaaS, PaaS, IaaS를 3가지 기본 서비스 모델로 사용한다. 하지만 최근에는 DCaaS(DataCenter as a Service), SecaaS(Security as a Service), AaaS(Architecture as a Service),

BaaS(Business as a Service) 등 다양한 것들이 서비스로 제공된다. 즉, 모든 것이 서비스가 되는 XaaS(Everything as a Service)를 지원하는 것이다.

모든 것을 서비스로 지원하기 위해 서비스 기술은 표준적이고(standard) 공통적인(non-proprietary) 기법들을 채용한다. 이러한 기법으로는 SOAP과 REST가 대표적이다. SOAP(Simple Object Access Protocol)은 HTTP, HTTPS, SMTP 등을 통해 XML 기반의 메시지를 컴퓨터 네트워크 상에서 교환하는 프로토콜이다. W3C에서 표준을 관리하고 있으며 SOA(Service Oriented Architecture)의 근간이 되고 있다. SOAP는 다음 4가지 요소를 갖는다.

- WSDL: 웹 서비스 명세 언어(Web service description language)로 인터페이스와 서비스 로직 등을 정의
- XML schema definition language: 웹 서비스에서 사용하는 메시지 형식 정의. 메시지는 헤더(header)와 바디(body) 부분으로 구성
- SOAP: 웹 메시지 교환. 원격 프로시저 호출(Remote Procedure Call, RPC)을 기반으로 함. 그림 4.25는 SOAP 메시지에서 RPC 구현 예를 보여줌
- UDDI: Universal Description, Discovery, and Integration. 서비스를 공통적으로 명세하고 발견하는 기법

SOAP는 표준 기술로 호환성이 강점이다. 즉, SOAP 표준을 지켜 서비스를 구현하면, 세부 기술에 대한 디테일은 모르더라도 누구나 서비스를 활용할 수 있다. 반면, SOAP의 단점은 복잡성이다. 이러한 단점을 개선하며 새롭게 제안된 것이 REST(REpresentational State Transfer)이다.

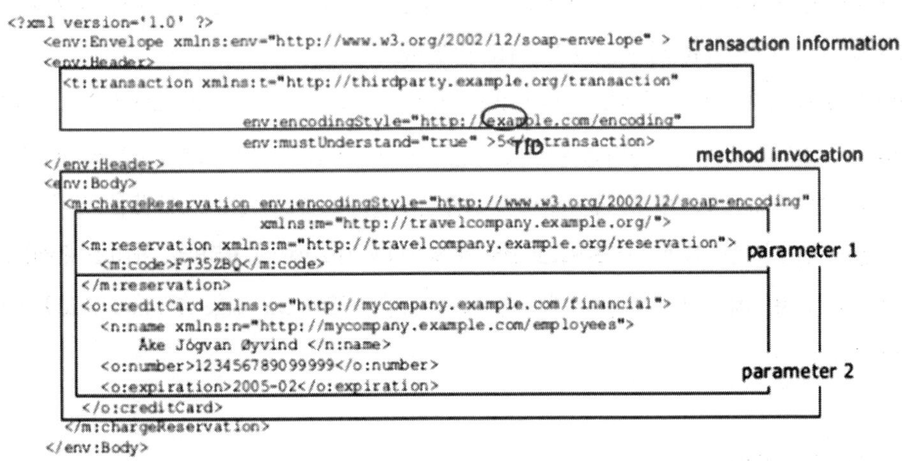

그림 4.25 ‖ SOAP 메시지에서 RPC 구현 사례 [출처: http://www.slideshare.net/Rajkattamuri/webservices-soap-wsdl-and-uddi]

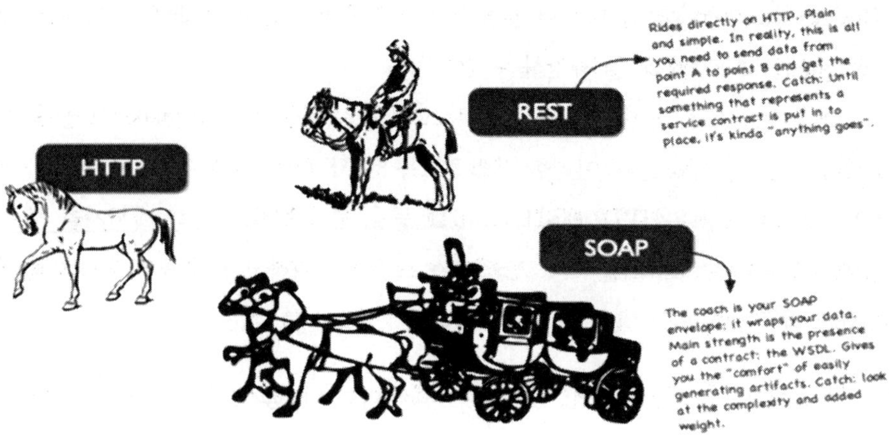

그림 4.26 ‖ HTTP, SOAP, REST 기술 비교 [출처: http://stackoverflow.com/questions/15805112/using-soap-and-rest]

REST는 복잡하지 않고 단지 HTTP의 기본 개념에 충실히 따르는 웹 서비스를 지향한다. REST는 클라이언트-서버 구조, 무상태(stateless)를 기반으로 하며 SOAP에 비해 가볍다.

그림 4.26은 HTTP, SOAP, 그리고 REST를 비유적으로 비교한 것이다. SOAP은 서비스 제공자가 WSDL로 서비스를 명세하고 인터페이스를 UDDI 레지스트리(registry)에 등록해야 한다. 서비스 고객은 역시 WSDL로 원하는 서비스를 UDDI에서 찾고, SOAP 메시지를 제공자에게 보내 서비스와 연결(bind)된다. 전체적인 흐름은 강력하고 유연하지만 실제 구현은 상대적으로 복잡하다. 또한 많은 자원이 필요하다. 반면, REST는 HTTP 기본 메소드인 GET/PUT 만으로 서비스를 연결할 수 있다. 또한, 자원의 식별, 메시지를 통한 자원 조작, 매쉬업 등을 지원하여 사실상 대부분의 웹 서비스를 REST로 만들 수 있다. 경량이며 단순하다는 장점 때문에 SOAP로 구현되었던 웹 서비스들이 REST로 전환되기도 하였다.

서비스 기술에서 자주 사용되는 용어가 서비스 에이전트(service agent)와 서비스 미들웨어(service middleware)이다. 서비스 에이전트는 이벤트 기반 응용으로, 클라우드 환경에서 모니터링, 유연한 확장, 과금 등의 목적으로 사용된다. 서비스 미들웨어는 복잡한 서비스를 통합할 때 활용되며, 대표적이 예가 ESB(Enterprise Service Bus)이다. ESB는 서비스 중개(service brokerage), 라우팅, 메시지 큐잉 등이 제공된다. 이들은 MOM(Message Oriented Middleware)라고도 불린다.

4.2.3 인터넷 기술

클라우드는 다양한 고객을 대상으로 하며, 언제 어디서나 접근 가능(ubiquitous access)해야 한다. 따라서 다양한 네트워크 기술이 필수적이며, 그 중에서도 필수적인 것은 고객이 가장 많이 사용하는 인터넷 지원이다. 사실상 클라우드 컴퓨팅의 가장 기본적인 접근 수단은 인터넷이다. 인터넷은 ISP(Internet Service Provider)들이 서로 연결되어 다중국가(multi -national) 네트워크를 구성한다. 인터넷은 완전 분산 관리(fully distributed management)와 동적 프로비저닝(dynamic provisioning)이 특징이다.

인터넷에서 데이터 전송은 크게 두 방법으로 구분된다. 첫 번째는 연결 없는 패킷 스위칭(connectionless packet switching, datagram network이라고도 불림)으로 각 패킷이 필요한 목적지 정보를 내장하고 있다. 목적지 정보로 흔히 사용되는 것이 IP 또는 MAC 어드레스이다. 두 번째는 연결 지향 통신(connection-oriented communication, router-based inter-connectivity라고도 불림)으로 경로를 미리 설정하고 이 흐름으로 패킷을 전송한다. 인터넷에서는 다양한 경로(multiple path)가 존재하기 때문에 일부 링크의 고장에도 통신이 가능하다. 하지만 다양한 경로의 존재는 응답 시간의 지연과 변동(fluctuation)을 야기한다.

클라우드 관련된 인터넷 이슈에는 다음과 같은 것들이 있다.

- 연결성 이슈(connectivity issue): IT 자원들이 영내(on premise)에 있는지 또는 외부 클라우드에 있는지에 따라 연결 방식이 달라짐. 마찬가지로 사용자가 내부에 있는지 또는 외부에 있는지에 따라 연결 방식이 달라짐
- 지연 및 대역폭 이슈(latency and bandwidth issue): 대역폭은 동적 캐싱, 압축, 선반입 등과 같은 웹 가속 기술에 의해 속도가 향상될 수 있음. 지연은 링크 조건, 전송 큐, 라우터 복잡도 등에 의해 가변적임. 양끝간(end-to-end) QoS 설정 필요. 비즈니스 특성에 따라 대역폭 또는 지연 선택이 중요
- 클라우드 공급자 선택 이슈: 클라우드 고객과 공급자간에 양끝간 서비스 레벨(end-to-end service level)을 만족하기 위해서는 중간 ISP 등과 같은 클라우드 캐리어(cloud carrier)들의 협업이 중요함. 이 내용은 6장의 SLA(Service Level Agreement)에서 다시 논의함.
- 서비스-구동 네트워크(service-driven network): 클라우드 컴퓨팅의 내부 네트워크는 서비스 특성에 맞도록 특성화된 네트워크가 존재. 예를 들면 SAN이나 메시 토폴로지 등임. Cisco의 분석에 따르면 데이터 센터의 전체 네트워크 트래픽 중에서 2/3가 클라우드 관련 트래픽임

4.2.4 가상 네트워크 외벽(perimeter) 기술

클라우드가 인터넷을 통해 접근되면서 다양한 고객들이 사용할 수 있게 되었다. 한편, 이것은

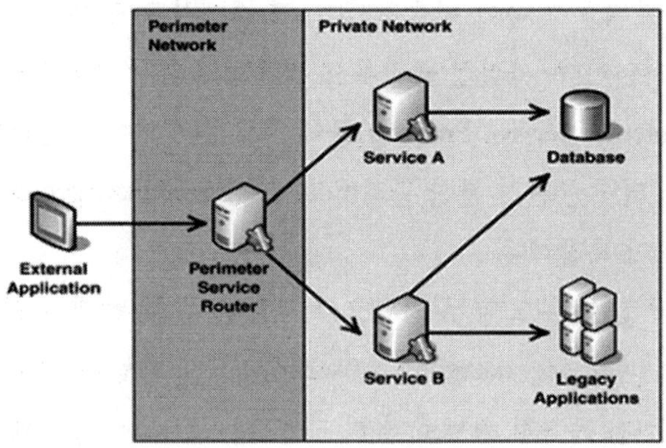

그림 4.27 | 가상 네트워크 외벽 개념 [출처: https://msdn.microsoft.com/en-us/library/ff647554.aspx]

악의적인 사용자들의 좋은 목표가 되기도 한다. 따라서 클라우드 제공자는 자신을 보호할 수 있는 네트워크 외벽을 구축할 수 있어야 한다.

가상 사설망(Virtual Private Network, 이후 VPN)은 인터넷과 같은 공용망(public network) 상에서 보호되는 네트워크를 구성하는 기술이다. 사설망은 기밀성, 인증, 일관성 등을 요구한다. 이를 위해 Secure Shell, IPSec(Internet Protocol Security), TLS(Transport Layer Security) 등과 같은 프로토콜이 활용된다.

가상 네트워크 외벽(Virtual Network Perimeter)은 공용망과 개인이 사용하는 네트워크 간에 경계를 의미한다. 외벽은 DMZ이라고도 불리며, 그림 4.27은 외벽의 개념을 보여준다. 외벽은 클라우드 내부의 IT 자원들과 외부 사용자를 분리한다. 외벽은 방화벽, IDS(Intrusion Detection System) 또는 IPS(Intrusion Protection System)를 활용하여 구현된다. 또한 외부 공격자의 주의를 분산하고 행위를 분석할 목적으로 하니팟(honeypot)을 구축하기도 한다. 외벽의 효과를 높이기 위해서는 네트워크 트래픽 분석과 보호 데이터 교환(safeguard data exchange)이 필요하다.

SUMMARY

본 절에서는 클라우드의 핵심 기술들인 웹, 서비스, 인터넷 기술에 대해 살펴보았다. 웹 기술은 웹 고객, 웹 서버로 구성되며 URL, HTTP, 마크업 언어로 구성된다. 서비스 기술은 SOAP와 REST로 구분되며, SOAP은 강력하고 유연하지만 실제 구현은 상대적으로 복잡한 반면 REST는 경량이며 단순하다. 클라우드는 많은 고객의 확보를 위해 기본적으로 인터넷 접근을 지원하며, 보안을 강화하기 위해 가상 네트워크 외벽 기술을 도입한다.

4.3 데이터센터

사용자가 필요로 하는 자원을 가상화하고 서비스 형태로 제공하는 클라우드 컴퓨팅은 대규모의 컴퓨팅 자원과 데이터 공간을 필요로 한다. 이를 위해 클라우드 컴퓨팅은 데이터센터를 기반 기술로 활용한다. 본 절에서는 데이터센터 주요 기술, 클라우드 데이터 센터 등에 대해 논의한다.

4.3.1 데이터 센터 정의 및 시설

Amazon, Google, Facebook과 같은 글로벌 인터넷 기업의 컴퓨팅 서비스 이면에는 10억 명 이상의 전 세계 사용자의 컴퓨팅 서비스 요구를 실시간으로 처리해주는 데이터센터가 자리 잡고 있다. 스마트폰에서 Google 검색창을 통해 입력된 사용자의 검색 질의어는 인터넷을 거쳐 Google의 세계 30개 이상의 위치에 설치된 데이터센터에 설치되어 있는 Google 컴퓨터를 거쳐 관련 웹사이트 정보를 검색하여 다시 사용자의 검색창에 검색 결과를 보여주게 된다. 하나의 데이터 센터에는 보통 수천 대에서 수만 대까지의 서버, 스토리지, 네트워크 장비 등이 수용되어 집중적으로 관리되고 있다. 그림 4.28은 Google 데이터 센터의 한 예를 보이고 있다.

데이터 센터 정의

데이터 센터는 그림 3.1에 나타난 NIST의 클라우드 컴퓨팅 참조 아키텍처 관점에서는 하드웨어(서버, 스토리지, 네트워크 장비)와 시설(냉방, 전력 시설)을 제공하는 물리적 자원 계층(physical resource layer)에 해당한다. 즉, 데이터센터는 컴퓨팅에 필요한 서버, 스토리지, 네트워크 장비를 모아놓고 이들을 작동하기 위한 전력과 냉방을 제공하는 전용 건물을 의미한다. ISO/IEC 30134-1에서는 데이터센터를 다음과 같이 정의하고 있다.

그림 4.28 | Google 데이터 센터 [출처: Google]

데이터 센터(data center)는 데이터 스토리지, 처리(서버), 전송(네트워크) 서비스를 함께 제공하는 정보 기술과 네트워크 통신 장비의 중앙화된 수용, 상호연결과 운영에 특화된 구조 또는 구조의 그룹이다. 데이터 센터는 요구되는 서비스 가용성(availability)을 제공하는데 필요한 수준의 탄력성(resilience)과 보안(security) 및 전력 분배와 환경 제어(냉방)를 함께 제공하기 위한 모든 시설과 인프라구조를 가진다.

- 진입에 대한 주1: 구조는 기본 기능을 지원하기 위해 특수한 기능들을 가지는 복수 건물들 및 공간들로 구성될 수 있다.
- 진입에 대한 주2: 정보 및 통신 기술 장비와 지원 환경 제어를 포함하는 데이터 센터로 간주되는 구조 또는 공간의 경계들은 더 큰 구조 또는 건물 안에 정의될 수 있다.

Data center is a structure, or group of structures, dedicated to the centralized accommodation, interconnection and operation of information technology and network telecommunications equipment providing data storage, processing and transport services together with all the facilities and infrastructures for power distribution and environmental control together with the necessary levels of resilience and security required to provide the desired service availability.

- Note 1 to entry: A structure can consist of multiple buildings and/or spaces with specific functions to support the primary function.
- Note 2 to entry: the boundaries of the structure or space considered the data centre which includes the information and communication technology equipment and supporting environmental controls can be defined within a larger structure or building.

데이터 센터 시설

ISO/IEC 30134-1에 포함된 데이터 센터와 관련된 용어는 다음과 같다.

- **건물 진입 시설(building entrance facility)**: 정보통신 케이블의 건물 진입과 외부에서 내부 케이블로의 전이를 제공하는데 필요한 기계 및 전기 서비스를 제공하는 시설이다.
- **전산실 공간(computer room space)**: 데이터 센터의 기본 기능을 제공하는 데이터 처리(서버), 데이터 스토리지, 정보통신 장비를 수용하는 데이터 센터의 공간.

- **제어실 공간(control room space)**: 데이터 센터의 운영을 제어하기 위해 사용이 되고 기능의 제어 및 모니터링을 위한 중앙 지점으로서의 역할을 하는 데이터 센터의 공간.
- **전기 분배 공간(electrical distribution space)**: 데이터 센터 내부 또는 영내(on premise) 또는 영내 안의 개별 건물 안의 다른 장소에 있는 공간으로서 변압기 공간과 전기 공간 사이의 전력 분배를 위한 시설을 설치하는 공간.
- **전기 공간(electrical space)**: 전력을 데이터 센터 공간(스위치보드, 배터리, UPS 등)으로 전달하고 제어하기 위한 시설을 수용하는데 사용되는 데이터 센터의 공간.
- **발전기 공간(generator space)**: 전력 공급 발전 시설과 관련 연료 저장소 또는 에너지 변환 장비를 함께 수용하기 위한 공간.
- **유보 공간(holding space)**: 서비스 용도로 사용하기 이전의 장비 또는 서비스에서 제외된 장비의 수용을 위해 사용되는 데이터 센터의 공간.
- **정보 기술 장비(information technology equipment)**: 데이터 스토리지, 처리, 전송 서비스를 제공하는 장비. 코어 망 또는 액세스 망에 대한 직접 연결 제공 전용으로 사용되는 정보통신 네트워크 장비를 포함함.
- **기계 공간(mechanical space)**: 데이터 센터 공간을 위한 환경 제어를 공급하는 기계 장비와 인프라구조를 수용하기 위해 사용하는 공간(물 관리, 공기 처리 및 소방 방재 시스템 포함).
- **창고 공간(storage space)**: 일반 물품 및 데이터 센터 물품을 저장하는 안전한 공간.
- **정보통신 공간(telecommunications space)**: 건물 진입 시설과 관련된 경계 지점과 정보 기술 장비를 수용하는 공간으로 서비스 제공자에게 데이터 센터에 대한 제한적 접근을 허용할 수 있는 부분.
- **테스팅 공간(testing space)**: 서비스 용도로 사용하기 전에 장비를 시험하고 구성하기 위해 사용이 되는 데이터 센터 공간.
- **변압기 공간(transformer space)**: 1차 전기 회로를 영내 또는 영내의 개별 건물 안의 장비로 연결하는데 적절한 정도의 레벨로 변환하기 위해 필요한 장비를 수용하는 공간.

전형적 데이터 센터의 주요 컴포넌트는 그림 4.29와 같다.

- **PDU(Power Distribution Unit)**: 전력 분배 장치. 전형적인 용량은 단위당 225kVA까지이다. 통합적 STS(Static Transfer Switch)를 이용하여 이중 PDU를 통한 중복 운영이 가능하다.
- **UPS(Uninterruptible Power Supply)**: 외부 전력의 정전에 대비한 비상 전력 공급 장치. 정

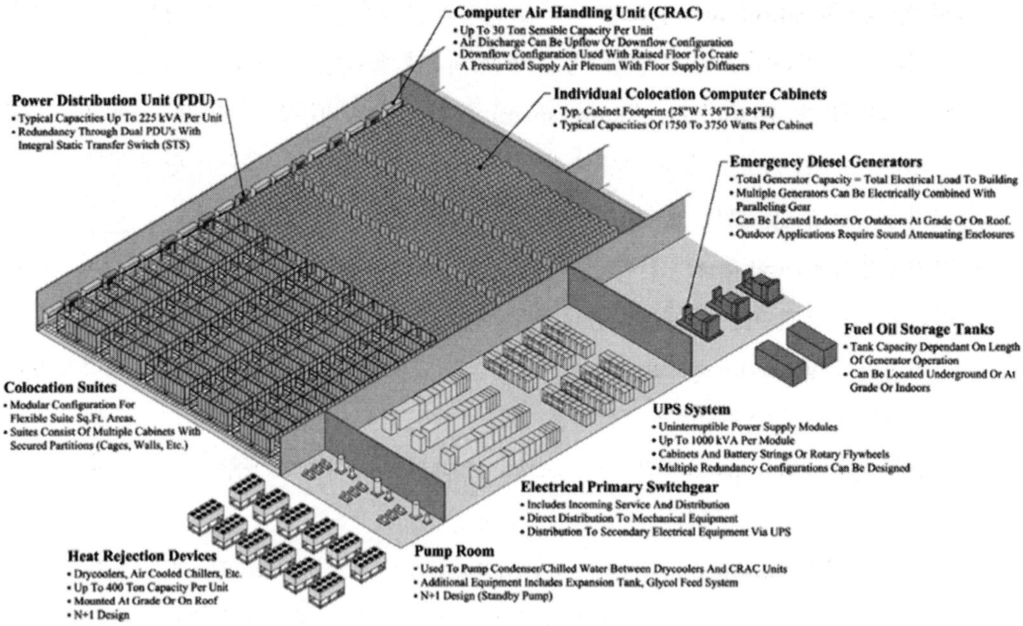

그림 4.29 ‖ 전형적 데이터센터의 주요 구성요소 [출처: DLB Associates]

전 발생시 30-40분 정도의 시간 동안 서버 등 주요 장비에 전원을 공급한다.

- **디젤 발전기**: 정전시 UPS의 전원 공급이 끝나기 전에 전기를 자체 발전으로 생산해 데이터 센터에 공급하기 위해 사용이 된다. 전체 발전 용량은 건물의 부하 크기와 일치해야 한다. 내부 또는 외부 건물, 또는 옥상에 설치됨. 외부 설치 시 소음 감소를 위한 밀폐가 필요하다.
- **CRAC(Computer Room Air Conditioner)**: 공랭식 냉각 방식의 경우 전산실에 설치되는 에어콘.
- **CRAH(Computer Room Air Handling Unit)**: 냉동기(chiller)를 사용하는 냉수식 냉각 방식의 경우 전산실에 설치되는 냉기 공급 장치.

그림 4.30은 데이터 센터의 전형적 전력 공급 방법을 보이고 있다. 외부에서 공급된 고압 전력은 변압기를 거쳐 480V 3상 AC로 강압이 되며, 이 전력은 AC/DC 변환기를 거쳐 UPS에 공급이 되고, UPS에 보관된 전력은 다시 DC/AC 변환기를 거쳐 PDU를 거쳐 각 전산실의 랙으로 공급이 된다. 서버나 스토리지 장비로는 120V AC가 공급이 되고 장비 내부의 PSU(Power Supply Unit)에서 12V DC로 변환이 되어 메인보드로 공급이 된다.

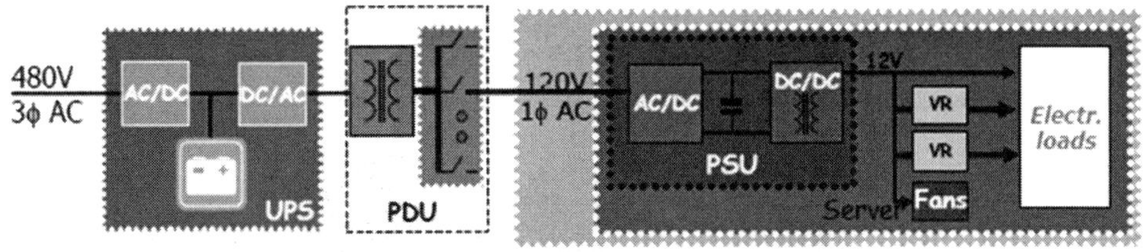

그림 4.30 ‖ 데이터 센터의 전형적 전력 공급 방법

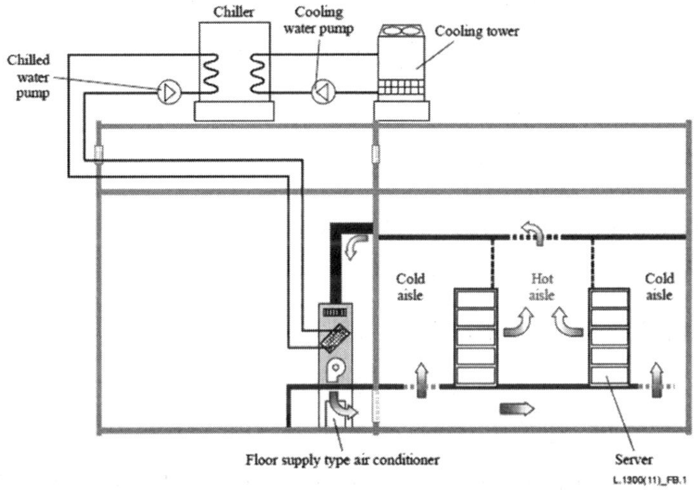

그림 4.31 ‖ **데이터 센터의 전형적인 냉방 시스템** [출처: ITU-T L.1300]

데이터 센터의 전형적인 냉방 시스템 구조는 그림 4.31과 같다. 보통 옥상에 설치된 냉각탑(cooling tower)과 옥상 또는 지하에 설치된 냉동기(chiller)를 통해 전산실로 냉수가 공급이 된다. 이 냉수를 이용해 전산실의 CRAC/CRAH에서 냉기(cold air)를 생성해 전산실 바닥을 통해 전산실 내부로 공급하게 되고, 서버를 통과해 덥혀진 온기(hot air)는 천정의 배관을 통해 다시 CRAC/CRAH로 전달이 되어 냉각이 된다.

(3) 데이터 센터 구성 요소

시설 관점에서 본 데이터센터의 주요 구성요소로는 전산운영을 위한 ICT(Information and Communication Technology) 장비와 ICT장비의 가동을 지원하는 기반 설비(facility), 이를 운영, 유지, 보수하는 운영요원으로 분류할 수 있다. 그림 4.32는 데이터 센터의 구조를 표현하고 있다. 하나의 데이터 센터는 하나의 시설(Facility)로 간주가 되고, 하나의 시설은 1개의 코어와 1개 이상의 모듈로 구성이 된다.

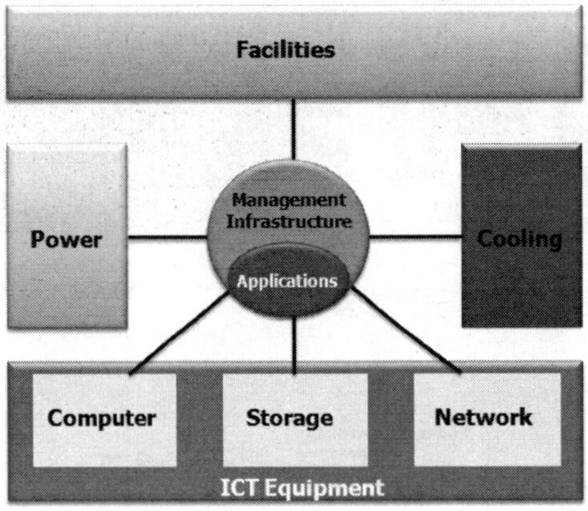

그림 4.32 ‖ 데이터 센터의 구조 [출처: TGG]

- **시설(facility)**: 보통 데이터 센터 전체를 의미한다.
  - 코어는 보통 IT 장비를 포함하지 않는다.
  - 모듈은 IT와 인프라스트럭처 장비를 포함한다.
  - 다수의 모듈이 가능하며, 모듈은 상이할 수 있다.
  - 컨테이너, 방, 건물 등이 모듈이 될 수 있다.
- **코어(core)**: 시설(facility)의 코어는 모든 모듈에 의해서 공유되는 공통 인프라스트럭처와 IT 요소를 포함한다.
  - 코어는 중앙 냉방(centralized cooling), 전력 조절(power conditioning), 기타 인프라스트럭처 컴포넌트를 포함한다.
  - 코어 컴포넌트는 트랜스포머(transformer), 칠러(chiller), UPS 등을 포함한다.
  - 코어는 전체 시설의 일부분이다. 코어 컴포넌트는 모듈 내에 위치하지 않는다.

데이터센터를 구성하는 주요 장비는 인프라스트럭처를 구성하는 시설 장비와 IT 장비로 구분될 수 있다(표 4.2).

4.3.2 데이터 센터의 성능 및 효율 지표

데이터 센터의 성능 및 효율 지표로는 티어 레벨(tier level)과 전력 사용 효율(PUE: Power Usage Effectiveness)이 사용되고 있다. 표 4.3은 데이터 센터의 가용성과 신뢰성을 표현하기 위해 사용되는 티어 레벨의 기준을 보이고 있다.

표 4.2 데이터 센터의 주요 장비

구분	타입	서브타입
인프라스트럭처(시설)	전력 장비(Power)	• 전환 스위치(transfer switch) • UPS • DC 배터리/정류기 • 발전기(generator) • 변압기(transformer) • 전력 분배 장치(PDU) • 랙 분배 장치(RDU) • 차단기 패널(breaker panel) • 분배 권선(distribution wiring) • 조명 • 기타
	냉난방 공조 장비(HVAC)	• 냉각탑 • 응축기 물 펌프 • 칠러(chiller) • 냉수 물 펌프(chilled water pump) • 전산실 에어컨(CRAC) • 전산실 공기 처리기(CRAH) • 건조 냉방기(dry cooler) • 공급 팬(supply fan) • 리턴 팬(return fan) • 공기 활용 절약기(air-side economizer) • 물 활용 절약기(water-side economizer) • 가습기(humidifier)/제습기(de-humidifier) • 랙열, 랙내부, 샤시내부 쿨링 솔루션(in-row, in-rack, & in-chassis cooling solution) • 보조 공기 이동기(supplemental air mover) • 기타
	물리적 보안 장비(Physical Security)	• 화재 진압 • 누수 탐지 • 물리 보안 서버/장치 • 기타
	건물 관리 시스템(Building Management System)	• 관리 서버/장치 • 탐침/센서 • 기타
IT 장비	컴퓨팅 장비(Compute Devices)	• 서버 • 기타
	네트워크 장비(Network Devices)	• 스위치 • 라우터 • 기타
	IT 지원 시스템(IT Support Systems)	• 프린터 • PC / 워크스테이션 • 원격 관리 장치(KVM/콘솔/기타) • 기타
	기타 장비 (Miscellaneous Devices)	• 보안/스토리지 암호화, 어플라이언스 등
	저장 장치(Storage)	• 스토리지 장치, 백업 장치 • 미디어/가상 미디어 라이브러리 • 기타
	정보통신 장비(Telecommunications)	• 모든 통신사 장비들

표 4.3 Tier 레벨

티어 레벨	요구사항
Tier 1	모든 수요를 만족한다(N 방식). 가용도 수준은 99.671%이며 1년간 허용 장애시간은 28.817시간이다.
Tier 2	잉여 중복과 더불어 모든 수요를 만족한다(N + 1 방식). 사이트 인프라구조의 일부분이 중복이 된다. 가용도 수준은 99.741%이며 1년간 허용 장애시간은 22.688시간이다.
Tier 3	2개의 별개 소스에서 모든 수요를 만족한다(2N 방식). 모든 IT장비에 대한 전력 공급이 이중화가 된다. 가용도 수준은 99.982%이며 1년간 허용 장애시간은 1.5768시간이다.
Tier 4	2개의 별개 소스에서 잉여 중복과 더불어 모든 수요를 만족한다(2N+1 방식). 칠러, 난방, HVAC 등 모든 쿨링 장비가 이중화가 된다. 가용도 수준은 99.995%이며 1년간 허용 장애시간은 0.438시간이다.

데이터 센터의 에너지 효율을 PUE로 표현한다. PUE값은 데이터 센터의 전체 소비 전력을 IT장비에 의해 소비된 전력으로 나눈 값이다. PUE는 다음과 같이 정의된다.

$$PUE = E_{DC} / E_{IT}$$

여기서,

E_{DC} =(연간) 전체 데이터 센터 에너지 소비량으로 kWh로 표현
E_{IT} =(연간) IT 장비 에너지 소비량으로 kWh로 표현

ISO/IEC 30134-2에 의하면 PUE값은 IT장비 전력을 측정하는 위치에 따라 표 4.4와 같이 구분이 된다.

표 4.4 PUE의 종류

PUE 레벨	측정 방법
PUE_1	IT장비 에너지 소비량을 UPS 출력단에서 측정. IT 부하는 UPS 프론트 패널에서 판독하거나, UPS 출력 상의 측정기를 통해, 또는 다중 UPS 모듈의 경우 공통 UPS 출력 버스의 단일 측정기를 통해 측정이 된다.
PUE_2	IT장비 에너지 소비량을 PDU 출력단에서 측정. IT 부하는 PDU 프론트 패널에서 판독하거나, PDU 출력 상의 측정기를 통해 측정이 된다.
PUE_3	IT장비 에너지 소비량을 IT장비 입력단에서 측정한다.

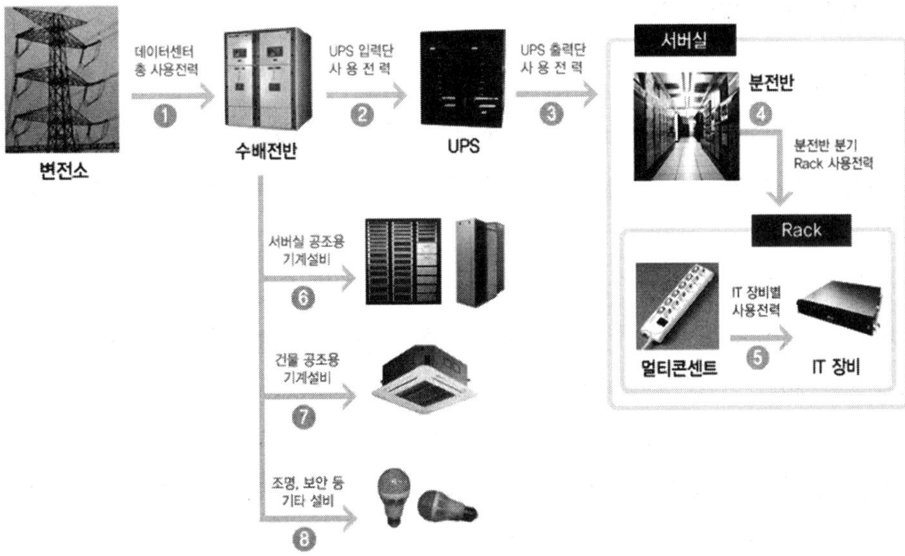

그림 4.33 | PUE 관련 측정 위치들 [출처: 그린데이터센터인증위원회, 2013]

ISO/IEC 30134-2의 PUE값 산정을 위한 측정 위치는 그림 4.33의 ③, ④, ⑤번 위치에 해당한다.

PUE의 정의에 따라 PUE은 항상 1보다 큰 값을 가진다. PUE값에 따른 해석은 다음과 같다.

- 3.0 매우 비효율적
- 2.5 비효율적
- 2.0 평균
- 1.5 효율적
- 1.2 매우 효율적

우리나라 데이터 센터의 일반적 PUE값은 2.0대로 알려져 있다. 그린데이터센터인증위원회에서 부여하는 그린 데이터 인증 Version 1.0은 PUE 1.75 수준을 인증 합격 기준으로 잡고 있다. 최근에 신설중인 데이터 센터들은 PUE 1.4~1.5 정도를 목표로 설계가 되고 있다. Google의 데이터 센터는 PUE 1.12 정도로 보고가 되고 있고, Facebook의 데이터 센터는 PUE 1.02까지 보고가 되고 있다.

4.3.3 클라우드 데이터 센터

클라우드 데이터 센터의 특징

클라우드 데이터 센터(CDC: cloud data center)란 클라우드 컴퓨팅 서비스를 제공하기 위한 목적으로 특화된 데이터 센터로 Google, Amazon의 데이터 센터가 대표적이라고 할 수 있다. 국내의 경우 KT의 천안 클라우드 데이터 센터, Naver의 춘천 데이터 센터가 클라우드 데이터 센터에 해당한다고 볼 수 있다.

일반적인 데이터 센터는 다수의 서버를 한곳에 집중하여 운영하고 각 서버는 독립적으로 운영되는 방식이라고 한다면, 클라우드 데이터 센터는 다수의 동종 서버를 클라우드 OS를 이용하여 하나의 컴퓨팅 시스템으로 묶어 다양한 사용자에게 클라우드 서비스를 제공하는 방식이라고 할 수 있다. 다수의 동종 서버를 하나의 대규모 시스템으로 묶기 위한 클라우드 OS로는 Googleware, OpenStack, CloudStack, vSphere 등을 들 수 있다.

국내 최초라고 할 수 있는 KT 천안 클라우드 데이터 센터(그림 4.34)의 주요 특징은 다음과 같다.

- 자체 제작한 고온 고집적 서버를 사용하고 있다. 보통의 서버가 25-27℃까지 작동이 되는 반면 고온 서버는 30-31℃를 넘어서도 작동할 수 있게 설계되어 있다.
- 고집적 서버랙을 수용하고 있다. 랙당 전력 소비량이 11kW이다. 그림 4.34는 KT 천안 CDC의 서버랙을 보이고 있다.
- 효율적인 냉방을 위해 컨테인먼트(containment)를 도입하였다. 층 높이가 높아 이중 마루와 이중 천장을 운용하고 있다.

그림 4.34 | KT 천안 CDC의 서버랙 [출처: 전자신문 2010.11]

클라우드 데이터 센터 기술

클라우드 컴퓨팅은 수만 여대의 컴퓨팅 자원과 고객의 대규모 데이터를 저장할 수 있는 안전한 저장소를 보유한 설비를 기반으로 한다. 이러한 설비는 특별한 쿨링(cooling) 기법을 보유하고 있으며, 또한 자원/데이터에 대한 뛰어난 보호 기법을 갖는다.

그림 4.35는 시스코에서 예시한 클라우드 데이터 센터 구조를 보여준다. 데이터 센터는 응용, 가상 머신, 네트워크, 스토리지, 컴퓨팅 자원, 접근 제어, 통합, 경계 등 다양한 요소와 기술로 구성된다. 클라우드 데이터 센터를 위한 주요 기술은 다음과 같이 정리할 수 있다.

- 컴퓨팅 노드: 데이터 센터는 수천/수만 물리/가상 컴퓨팅 노드로 구성된다. 컴퓨팅 노드는 매니코어(manycore)로 구성되어 있으며, 필요에 따라 GPUs, 하드웨어 가속기(HW accelerator)를 함께 탑재한다. 이러한 구성 요소는 블레이드 서버 형태로 만들어지며, 랙 마운터블(rack mountable) 서버 어레이 구조를 갖는다.
- 저장 공간: 디스크 어레이, 입출력 캐시(I/O cache), SSD 어레이 계층 구조 등으로 구성된다. 데이터 센터에서 스토리지는 전통적인 DAS(Direct-Attached Storage) 형태 뿐만 아니라 NAS(Network Attached Storage)나 SAN(Storage Area Network) 같은 네트워크 인터페이스도 제공한다. 동작 중 교체 가능(hot-swappable), 빠른 데이터 중복, 자동화된 백업 테이프 라이브러리(robotized backup tape library) 등의 기능들도 지원된다.
- 네트워크 장비: 내부 네트워크를 위한 LAN fabric, 외부 연결을 위한 라우터, 방화벽, VPN(Virtual Private Network) 게이트웨이 등으로 구성된다.
- 설비: 데이터 센터는 대규모의 컴퓨팅, 스토리지, 네트워크 장비들로 구성되어 있으며 이

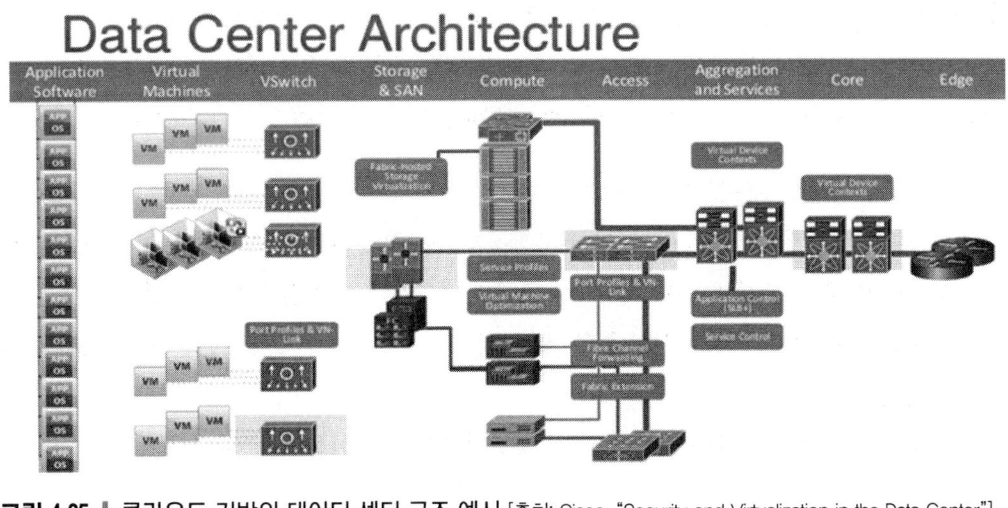

그림 4.35 ‖ 클라우드 기반의 데이터 센터 구조 예시 [출처: Cisco, "Security and Virtualization in the Data Center"]

들을 위한 안정적인 전원 공급 장치(uninterruptible power supply), 환기(ventilation), 쿨링(cooling), 화재 예방(fire protection) 등의 설비가 필요하다.

- 가상화: 데이터 센터는 물리 자원 뿐만 아니라 가상 머신, 가상 스토리지, 가상 네트워크 등 가상화된 IT 자원들로 구성된다. 이를 위해 VMM, 가상 머신 관리, 모니터링 도구가 지원된다.
- 자동화: 원격 콘솔이나 원격 관리 서비스가 제공된다. 또한 구성, 패칭(patching), 모니터링 등이 자동화되어 있다. 결함 시 스스로 복구하는 기능(self recovery)도 제공되며, 최근에는 자율 제어(autonomic control) 방식이 도입되고 있다.
- 보안: 데이터 센터에는 다양한 정보가 저장되며 따라서 접근 제어, 무결성, 기밀성 등에 대한 보장이 필요하다. 또한, 제한된 인원만 접근하게 하는 등과 같은 물리적 보안도 중요하다.
- 고가용성: 한편, 데이터 센터의 서비스 중지는 비즈니스에 큰 타격을 준다. 따라서 다양한 수준의 중복 적용 등으로 가용성을 높여야 한다.
- 표준 및 모듈화: 데이터 센터는 확장성을 위해 범용 하드웨어(commodity hardware)와 모듈러 구조를 사용한다. 이것은 컴퓨팅 자원을 교체에도 효과적이다.

한편, 데이터 센터는 지리적 환경적 요인도 고려하여 설계하여야 한다. 예를 들면 위치, 온도, 지진 발생 가능성 등을 고려해야 한다. 또한, 정치적, 경제적 요인도 반영하여야 한다. 데이터 센터의 품질을 평가할 때 다운타임, 자원의 유연한 관리 여부, 쿨링 등의 설비 수준 등에 따라 분류한다. 최근에 회사들은 지리적으로 떨어진 여러 데이터 센터를 활용하여 서비스를 제공하는 것이 일반적이다. 예를 들어 Google Spanner DB는 데이터를 서로 다른 지역적으로 분리된 5개의 데이터 센터에 분산 저장한다. Netflix나 Facebook도 이러한 구조로 알려져 있다.

K. Kant는 데이터 센터를 4개의 층으로 설명하였다. [출처: K. Kant, "Data center evolution: A tutorial on state of the art, issues, and challenges", Computer Networks, 53(17), 2009.]

- Layer 1: 서버들을 통합하여 클러스터를 구성한 물리적인 인프라스트럭처
- Layer 2: 가상 인프라스트럭처. 가상 머신들을 제공하며, 이들을 통합하여 가상 데이터 센터들도 제공함. 고객에게 하나의 가상 데이터 센터가 통째로 임대될 수도 있음
- Layer 3: 가상 인프라스트럭처 협력 계층. 지역적으로 분리된 분산 가상 데이터 센터들을 통합 관리
- Layer 4: 클라우드 컴퓨팅 비즈니스 서비스 제공자. 응용이 SaaS 스타일로 수행됨

SUMMARY

데이터 센터는 컴퓨팅 자원, 저장 공간, 네트워크, 그리고 설비로 구성된다. 클라우드 데이터 센터의 주요 기술로는 가상화, 자동화, 보안, 고가용성, 표준 및 모듈화 등이 있다. 특히 최근에는 데이터 센터의 저전력이 중요시되고 있으며 이에 따라 전력 사용 효율(PUE: Power Usage Effectiveness)이 데이터 센터의 중요 지표로 인식되고 있다.

4.4 클라우드 스토리지

본 절에서는 대규모의 데이터를 효과적으로 저장하고 일관성을 유지하기 위한 클라우드 스토리지 기술에 대해 살펴본다.

최근 데이터 아웃소싱(data outsourcing)이 많은 회사에서 활용되고 있다. 이것은 신뢰성 있는 제3자에게 책임의 일부를 위임하는 아웃소싱 비즈니스 모델의 하나이다. 구체적으로 데이터 아웃소싱은 외부에 있는 전문적인 제3자에게 데이터의 관리는 맡긴다. 제3자는 다양한 보안 기술, 일관성 유지 기술을 활용하여 데이터를 보호한다. 아웃소싱은 자본 비용(capital expenditure)과 운영 비용(operational expenditure)을 줄일 수 있다는 장점이 있다. 이러한 동향은 클라우드 스토리지의 중요성을 더욱 증가시키고 있다.

그림 4.36은 클라우드 스토리지 참조 모델을 보여준다. 클라우드 스토리지는 다양한 수준의 인터페이스를 제공한다. 가장 저수준의 인터페이스는 iSCSI나 FC(Fiber channel) 같은 블록 수준 인터페이스이다. 클라우드에서 많이 사용하는 SAN(Storage Area Network)도 블록 인터페이스를 제공한다(그림 4.37 참조). 두 번째는 파일 수준 인터페이스가 있다. POSIX 표준 또는 NFS(Network File System), CIFS(Common Internet File System) 등이 대표적인 예이다. NAS(Network Attached Storage)도 이 인터페이스를 사용한다.

세 번째는 데이터 셋(dataset) 수준 인터페이스이다. 테이블 기반, 레코드 기반, 또는 데이터베이스 수준 데이터를 인터페이스로 사용한다. 최근에는 빅데이터 등장에 따라 비정형 데이터 셋도 많이 사용하고 있다. 마지막은 객체 수준 인터페이스이다. CDMI(Cloud Data Management Interface) 또는 Ceph 분산 파일 시스템이 이 수준의 인터페이스를 사용한다. 객체는 다양한 형식으로 발현될 수 있으며 따라서 유연하고 투명하다.

최근 Dropbox나 Google Drive같은 데이터 스토리지 서비스가 발전하면서 업체 간에 경쟁

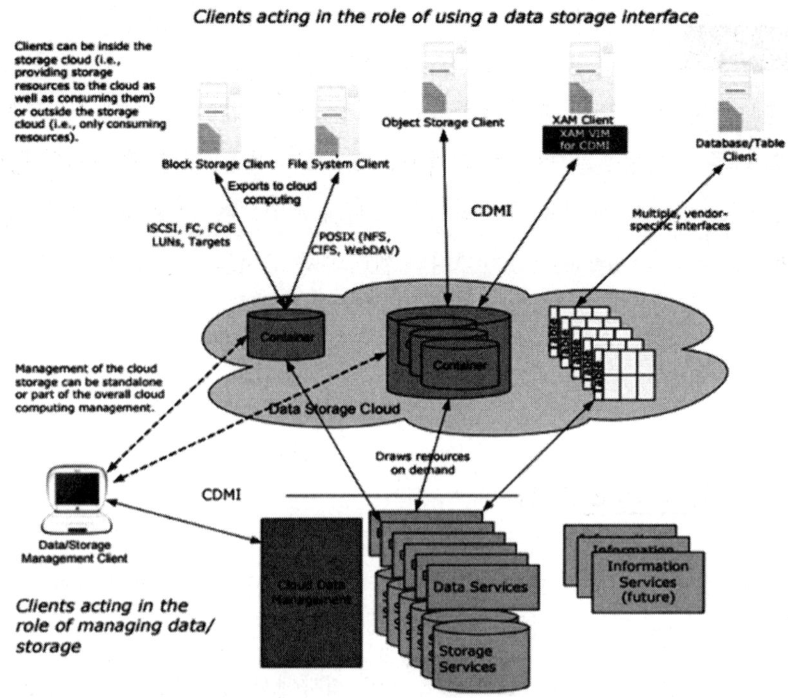

그림 4.36 ▎ 클라우드 스토리지 참조 모델 [출처: SNIA, "Cloud Data Management Interface"]

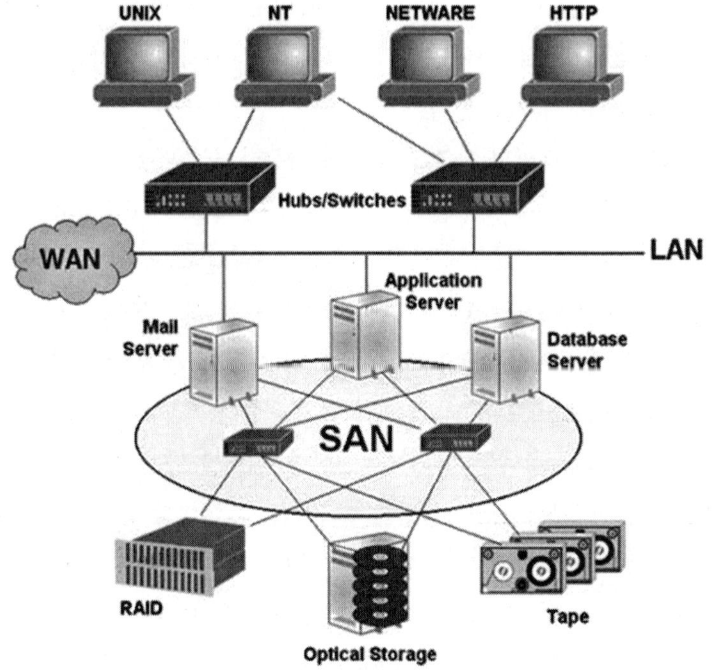

그림 4.37 ▎ SAN(Storage Area Network) 구조 [출처: www.allsan.com/sanoverview.php3]

이 격화되고 있다. 경쟁이 심해짐에 따라 더욱 대담한 솔루션(bold solution) 등장하고 있으며, 대표적인 것이 무료로 대용량의 저장 공간을 제공하는 것이다. 이에 따라 데이터의 용량은 급속히 증가하고 있으며, 데이터의 품질 유지가 더욱 복잡해지고 있다. 특히 저장 서비스는 여러 사람들의 동시 편집 허용을 요구하고 있으며, 일관성 유지와 접근 제어가 더욱 동적으로 변화하고 있다.

이에 따라 클라우드 스토리지 관리 기술의 중요성은 점점 커지고 있으며, 대표적인 기술은 다음과 같다.

- 데이터 일관성(data integrity) 유지 기술: 데이터 일관성을 유지하는 방법 중에 하나는 ACID(Atomicity, Consistency, Isolation and Durability)를 준수하는 것이다. 하지만 데이터베이스와는 달리 클라우드 환경은 상대적으로 매우 복잡하다. 감사(audit) 관리 시스템에서 데이터의 상태를 체크하는 것이 좋은 방법 중에 하나이다.
- 데이터 중복(replication): 가용성을 높이는 좋은 방법 중에 하나로 많은 업체에서 채용하고 있다. 예를 들어 구글이나 아마존 같은 빅 플레이어는 여러 나라에 걸쳐서 중복을 수행한다. 하지만 다중 위치(multi-location) 중복은 컴플라이언스(compliance) 또는 법률적인 이슈를 야기할 수도 있다.
- 데이터 위생처리(data sanitization): 데이터 또는 스토리지를 잘못 폐기하면 데이터 누출(data disclosure) 또는 데이터 손실(data loss)의 위험이 발생한다. 데이터 위생처리란 데이터를 완벽하게 삭제하는 과정을 의미한다. 예를 들어 구글은 고장 난 하드 디스크들을 자신의 폐기 정책(destruction policy) 원칙하에 처리한다. 특히 클라우드에서는 저장 공간이 여러 사용자들에게 동적으로 재분배되며, 이러한 풀링(pooling)과 탄력성(elasticity) 상황에서 스토리지의 재활용은 위생처리의 중요성을 더욱 증가시키고 있다.
- 데이터 백업: 클라우드 스토리지에서 3-2-1 규칙을 백업에 사용한다. 이는 데이터에 대해 최소 3개의 복사본이 존재해야 한다는 것이며, 이 중에 2개는 다른 포맷으로 되어 있어야 하고, 1개는 클라우드 외부에서 관리되어야 한다는 것이다.

특히 데이터 안전성 보장 기술의 중요성은 더욱 커지고 있다. 클라우드 환경에서 데이터는 클라우드 공급자, 즉 제3자에게 맡겨져 있다. 결국 사용자와 그 사용자의 데이터 간에는 큰 간극(a plethora of barriers)이 존재하며, 데이터 위치와 사용자의 위치 간에 분리가 커지고 있다. 따라서 클라우드 고객은 데이터 처리 전후 데이터의 상태를 확인할 수 있는 방법이 필요하다. 즉, 클라우드 제공자는 스토리지에 사용자의 데이터를 신뢰성있게 저장하고 있음을 고객에게 증명할 수 있어야 한다. 이를 위해서는 일관성 확인 기술(integrity-checking techniques), 인증 기법

(Authentication mechanisms), 보안 프로토콜(secure protocols) 등이 스토리지 관리에 적용되어야 한다. 이 이슈는 5장에서 다시 논의된다.

SUMMARY

데이터 아웃소싱의 증가로 클라우드 스토리지에 대한 필요성은 더욱 커지고 있다. 클라우드 스토리지는 블록 수준 인터페이스, 파일 수준 인터페이스, 데이터 셋 수준 인터페이스, 객체 수준 인터페이스 등 다양한 인터페이스를 제공한다. 클라우드 스토리지의 핵심 기술은 데이터 일관성, 데이터 중복, 데이터 위생처리, 데이터 백업, 그리고 데이터 보안 등이다.

제5장

클라우드 보안 기술

클라우드 컴퓨팅에서는 대규모의 가상 머신들과 대용량 데이터들이 복잡하게 상호 작용하며 동작한다. 그리고 이러한 자원들은 영내(on-premise)가 아닌 영외(off-premise)에 존재한다. 한편, 많은 사용자들이 인터넷과 모바일 등 다양한 통신 수단을 사용하여 접근한다. 이들은 공격자의 좋은 목표가 된다. 최근에는 내장형 시스템, 센서, 가전제품 등 IoT(Internet of Things)도 클라우드와 연동되며, 이들은 자원 제약 때문에 보안 기능이 충분히 탑재되어 있지 않다. 즉, 클라우드는 보안 측면에서는 점점 복잡하고 다양한 위협이 존재한다.

지능형 사이버 공격 방어 전문 업체인 파이어아이가 발표한 2012년 위협 동향 보고서에 따르면 멀웨어(malware)의 공격은 평균 3분마다 한번 씩 발생한다고 한다. 멀웨어는 감염 60초 이내에 다른 악의적인 코드를 다운로드하려고 시도하며(dropper라고 함), 따라서 빠른 탐지가 필요하다. 클라우드 환경에서는 여러 가상 자원들이 존재하며 이들이 봇넷(Botnet)화 될 위험성은 일반 환경에 비해 크다. 바이러스 탐지를 위해 시그너처(signature)를 많이 사용하는데, 최근 난독화 기술의 발달과 변종이 많아져 50% 정도만 탐지 가능하다는 통계도 있다.

이 장에서는 클라우드 컴퓨팅 환경에서 요구되는 보안 기술을 논의한다. 우선 CIAA라 불리는 보안의 4가지 기본 요구 사항을 논의한다. 그리고 서비스 공격, 가상화 공격과 같은 클라우드 환경에서 보안 위협(threat)들을 알아보고, 이러한 위협이 보안 요구 사항에 어떤 영향을 주는지 분석한다. 또한 이러한 위협에 대한 대응 기법(counting measure)을 살펴본다.

5.1 보안 개념

5.1.1 보안 개념 및 용어

보안 요구사항

컴퓨터 보안(security)은 CIAA라고 불리는 4가지 요구사항을 갖는다. 그림 5.1은 CIAA를 보여주며 이들의 내용은 다음과 같다.

- **기밀성(Confidentiality)**: 권한이 있는 사람 또는 조직만 해당 자원을 접근 가능하게 하는 것. 클라우드에서는 저장된 또는 전송 중인 데이터에 대한 보호와 관련된다.
- **무결성(Integrity)**: 정보가 변경되지 않음을 보장하는 것. 클라우드에서는 고객의 데이터가 변조되지 않았는지 여부와 관련된다.
- **가용성(Availability)**: 자원 사용이 가능한지 보장하는 것. 특히 자원을 영내가 아닌 클라우드 공급자에게 두는 클라우드에서 중요하다.
- **진정성(Authenticity)**: 제공된 데이터가 믿을 만한 사람 또는 조직에서 왔는지 보장하는 것. 클라우드에서는 고객이 받은 데이터가 적절한 클라우드 제공자로부터 왔는지 판별하는 것과 관련된다. 부인 방지 (Non-repudiation)와 연관이 있다.

그림 5.2는 기밀성(confidentiality)의 필요성을 보여준다. 이 예에서는 Bob과 Alice가 인터넷 또는 다양한 통신망을 통해 데이터를 전송하고 있다. 이때 제3자(그림에서 Darth)는 이 데이터를 패킷 스니핑(sniffing) 등의 방법으로 중간에서 가로챌 수가 있다. 이때 가로챈 데이터의 내용을 제3자가 볼 수 없도록 보장하는 것이 기밀성이다. 기밀성을 위해서는 대칭키 또는 공개키 방식의 암호화 기법이 사용된다.

그림 5.1 | CIAA 보안 요구사항

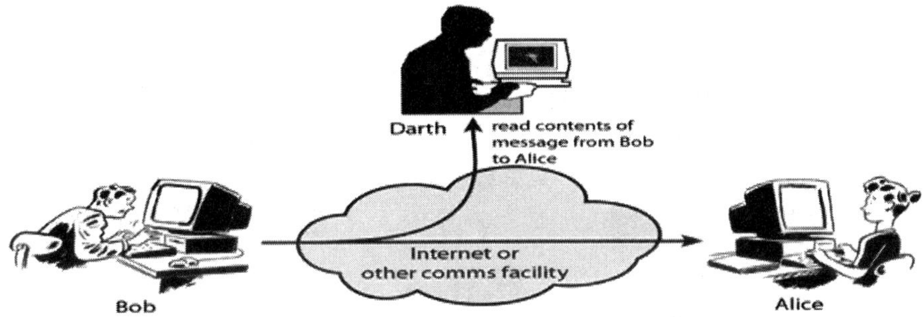

그림 5.2 ▌ 기밀성의 필요성 [출처: http://www.cse.wustl.edu/~jain/cse571-14/ftp/l_01ov.pdf]

그림 5.3 ▌ 무결성과 진정성 개념 [출처: http://www.cse.wustl.edu/~jain/cse571-14/ftp/l_12mac.pdf]

그림 5.3은 무결성(integrity)과 진정성(authenticity)을 개념적으로 보여준다. 내가 메시지를 받았을 때 중간에 악의적으로 변경되지 않았는지 확인할 필요가 있으며, 이것이 무결성이다. 일반적으로 무결성을 위해서는 해싱(hashing) 기법을 많이 사용한다. 한편, 진정성은 내가 메시지를 Bob으로부터 받았는데, 진짜로 Bob이 보냈는지 확인하는 것이다. 이를 위해 많이 사용되는 기법이 디지털 서명(digital signature)이다. 한편, 가용성(availability)은 내가 메시지를 받고 싶을 때 항상 받을 수 있다는 것이며, 자원 중복을 활용하여 지원한다. 가용성은 분산 DoS(Distributed Denial of Service) 등의 공격과 연관이 있어 중요한 보안 이슈로 다루어지고 있다.

보안 관련 용어

그림 5.4는 이후 논의에서 필요한 보안 관련 주요 용어를 보여준다. 각 용어를 정의하면 다음과 같다.

- **위협(Threat)**: 개인 정보 침해나 시스템 불능화 등과 같은 잠재적인 보안 위협. 위협은 공격으로 현실화 된다.
- **공격(Attacks)**: 실제 시스템 또는 소프트웨어에 대한 보안 공격. 클라우드와 관련된 무수히 많은 공격이 존재한다. 대표적인 예로 악의적인 내부자 공격(Malicious insider attacks),

그림 5.4 ‖ **보안 관련 주요 용어** [출처: C. Laorden et al. "A Threat Model Approach to Threats and Vulnerabilities in Online Social Network"]

코로케이션 공격(co-location attack), 메타데이터 스푸핑 공격(Metadata spoofing attack), 중간자 공격(Man-in-the-Middle attack), 범람 공격(Flooding attack) 등이 있다.

- **취약성(Vulnerability)**: 공격에 활용되는 시스템 또는 소프트웨어의 결함. 대표적인 예로 구성 실수, 보안 정책 오류, 사용자 실수, 하드웨어/펌웨어 결함, 소프트웨어 버그 등이 있다.
- **위험(Risk)**: 공격에 의해 손실 입을 확률. 이것은 취약성 표면의 크기와 위협 수준(threat level) 그리고 시스템/SW의 보안 수준(security level)에 의해 영향을 받는다.
- **보안 대응 기법(Counter measures)**: 위험을 줄이고 위협을 예방할 수 있는 보안 기법들(security mechanisms). 보안 정책(security policy)이 기법들의 구현 방향을 결정한다.
- **자산(Asset)**: 위협 요인들이 침입하려는 데이터 또는 컴퓨팅 자원. 보안 정책의 보호 대상이 된다.

그림 5.5는 공격을 가하는 주체, 즉 위협 에이전트(Treat agents, 또는 위협원)를 보여준다. 클라우드 환경에서 위협 에이전트는 다음과 같이 분류 가능하다.

- **악의적인 내부자(Malicious insider)**: 클라우드 내부에 있는 공격자. 악의적인 클라우드 내부 관리자가 대표적인 예이다. 악의적은 내부자는 다른 공격자에 비해 높은 권한을 갖기 쉽다는 특징이 있다.
- **악의적인 임차인(Malicious tenants)**: 클라우드는 multi-tenancy를 특징으로 하며, 결국 고객 즉 임차인들은 컴퓨팅 자원을 공유한다. 이때 한 임차인이 다른 임차인의 자원을 불법적으로 접근/사용하려 한다면 악의적인 임차인으로 정의할 수 있다.
- **외부 공격자(Anonymous attacker)**: 클라우드 고객이 아닌 외부에 있으면서, 클라우드 시

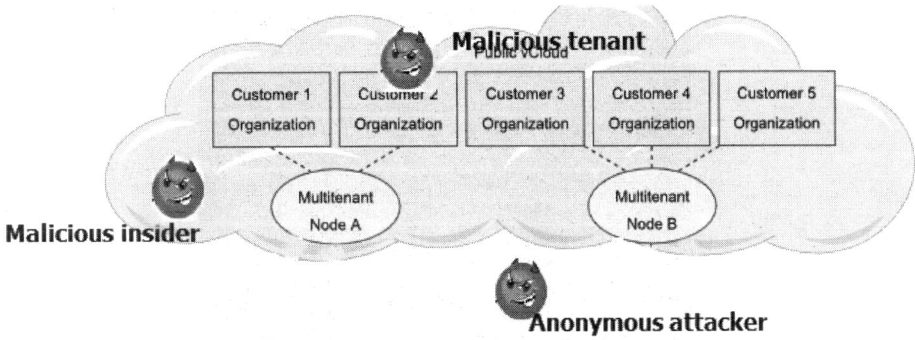

그림 5.5 ▌ 위협 에이전트

스템에 위협을 가하려는 공격자. 잠재적으로 위험한 커뮤니티도 포함된다.

5.1.2 클라우드 보안 요구사항

그림 5.6은 클라우드 전개와 서비스 모델에서 요구하는 보안 요구사항을 보여준다. 참고로 이 그림은 논문에 나온 그림을 저자가 이 책의 내용에 맞도록 일부 수정하였다. 원래 논문에서는 그림 5.1의 4가지 요구사항 외에도 인증성(authentication)과 권한 부여(authorization)이라는 두 가지 요구사항이 더 고려되고 있다. 이때 인증성이란 자원/데이터를 접근하려는 개체에 대한 확인이며, 권한 부여란 무엇을 할 수 있는지에 대한 제어를 의미한다.

그림에는 퍼블릭, 프라이빗, 하이브리드라는 3가지 클라우드 전개 모델이 상단에 표시되어 있다. 각 전개 모델은 다시 IaaS, PaaS, SaaS라는 3가지 클라우드 서비스 모델로 세분되며, 각 모델의 CIAA 요구 정도가 사각형 내부에 표시되어 있다. 체크 표시는 필수적인 요구사항이며, 마이너스 표시는 선택적인 요구조건을 의미한다. 사실, NIST에 따르면 커뮤니티 클라우드도 존재하는데, 커뮤니티 클라우드는 프라이빗 클라우드와 동일한 CIAA 요구사항을 갖는 것으로 분석되었다.

	Public Cloud			Private Cloud			Hybrid Cloud		
Confidentiality	-	-	✓	-	✓	✓	-	-	✓
Integrity	✓	-	✓	-	✓	✓	✓	✓	✓
Authenticity	-	-	✓	-	-	✓	-	-	-
Availability	✓	✓	-	✓	✓	✓	-	-	-
	IaaS	PaaS	SaaS	IaaS	PaaS	SaaS	IaaS	PaaS	SaaS

그림 5.6 ▌ 클라우드 서비스 및 전개 모델과 CIAA [출처: D. Fernandes et al., "Security Issues in Could Environments – A Survey", IJIS, 2013. 저자가 일부 수정]

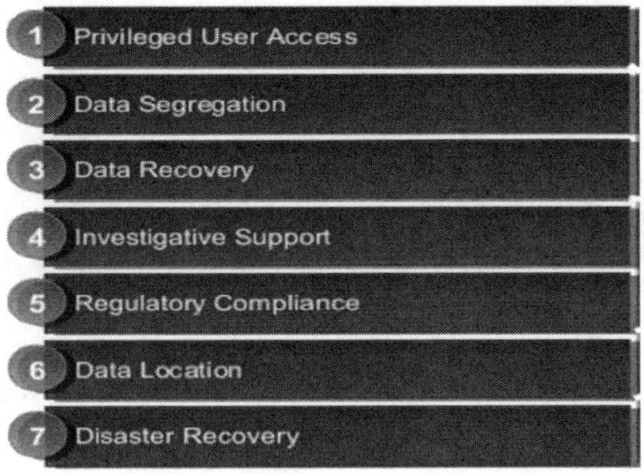

그림 5.7 | 가트너의 클라우드 컴퓨팅 7가지 보안 위협 [출처: A. Patel, "Discover Security in the Could", IBM, 2010]

그림 5.6에서 우리는 다음과 같은 것을 관찰할 수 있다. 첫째, 무결성은 대부분의 클라우드 서비스에서 필수적으로 요구한다. 이는 무결성이 다른 요구사항을 지원하기 위한 전제 조건이며, 결국 무결성이 보장되지 않으면 기밀성 등을 보장하기 어려움을 의미한다. 둘째, 전반적으로 SaaS는 좀 더 많은 보안 요구사항을 필요로 한다. 예를 들어 퍼블릭 클라우드에서 SaaS는 기밀성, 무결성, 진정성을 필수 조건으로 요구하나, IaaS의 경우 무결성과 가용성을 필수 조건으로 요구한다. 셋째, 프라이빗 클라우드는 다른 클라우드 전개 모델에 비해 좀 더 많은 요구사항을 필수적으로 요구한다.

한편, 가트너의 클라우드 컴퓨팅 보안 위협 보고서(Security Risks of Cloud Computing report)에 따르면 클라우드 고객 관점에서 다음 7가지의 보안 위협이 존재한다고 분석하였다. 이것은 특권 사용자 접근(privileged user access), 데이터 격리(data segregation), 데이터 복구(data recovery), 조사 지원(investigative support), 규제 컴플라이언스(regulatory compliance), 데이터 위치(data location), 그리고 재난 복구(disaster recovery, 또는 long-term viability) 이다.

유럽 네트워크 정보 보호원(European Network and Information Security Agency, ENISA)에서도 거버넌스의 상실(loss of governance), 락인(lock-in), 고립 실패(isolation failure), 컴플라이언스 위험(compliance risks), 데이터 보호(data protection), 관리 인터페이스 손상(management interface compromise), 불완전한 데이터 삭제(incomplete data deletion) 그리고 악의적인 내부자(malicious insider)를 클라우드의 주요 위협을 정의하였다. 이때 락인(lock-in)이란 클라우드의 폐쇄성 등이 원인되어 대체 또는 기술 전환을 하지 못하는 상태를 의미한다.

클라우드에서 보안 보증을 제공하는 모범 사례를 제공하는 비영리적 조직인 CSA(Cloud Security Alliance)에서는 악명 높은 9가지 위협을 발표하였다 그림 5.8은 이 9가지 위협을 정리

Threat #	Name	Domain(s) #	IaaS	PaaS	SaaS
1	Data Breaches	5, 10, 12, 13	✓	✓	✓
2	Data Loss	5, 10, 12, 13	✓	✓	✓
3	Account of Service Traffic Hijacking	2, 5, 7, 9, 11, 12	✓	✓	✓
4	Insecure Interfaces and APIs	5, 6, 9, 10, 11, 12	✓	✓	✓
5	DoS	8, 9, 10, 13, 14	✓	✓	✓
6	Malicious Insiders	2, 5, 11, 12	✓	✓	✓
7	Abuse of Cloud Services	2, 9	✓	✓	✖
8	Insufficient Due Diligence	2, 3, 8, 9	✓	✓	✓
9	Shared Technology Vulnerabilities	1, 5, 11, 12, 13	✓	✓	✓

그림 5.8 CSA의 클라우드 컴퓨팅의 9대 위협 [출처: CSA, "The Notorious Nine Cloud Computing Top Threats in 2013D", 2013]

한 것이다. 여기에는 데이터 유출(data breaches), 데이터 손실(data loss), 계정 서비스 트래픽 하이잭킹(account of service traffic hijacking), 안전하지 않은 인터페이스와 APIs(insecure interface and APIs), 서비스 거부(Denial of Service), 악의적인 내부자(Malicious insiders), 클라우드 서비스 남용(Abuse of cloud services), 불충분한 실사(Insufficient due diligence), 그리고 공유 기술 취약성(shared technology vulnerability)이 있다. 각 위협을 설명하면 다음과 같다.

- **데이터 유출**: 기업의 정보가 불법적으로 외부로 빠져나가는 것이며, 특히 영외에 데이터를 유지하고 네트워크를 통해 접근하는 클라우드에서 큰 이슈가 된다. 이를 해결하는 방법으로는 암호화, 키 관리, 인증, 접근 제어 등이 있다.
- **데이터 손실**: 실수 또는 고의에 의한 데이터의 덮어쓰기/삭제에 의해 발생하며, 이를 예방하기 위해서는 접근 제어와 데이터 중복을 적절하게 도입하여야 한다.
- **계정 서비스 트래픽 하이잭킹**: 클라우드 고객의 계정 서비스 관련 트래픽을 탈취하는 것이다. 계정이 탈취되면 사실상 해당 고객의 모든 정보를 접근할 수 있다. 해결책으로는 인증 및 사용자의 활동 모니터링이 있다.
- **안전하지 않은 인터페이스와 APIs(Application Programming Interfaces)**: 클라우드 서비스는 다양한 인터페이스를 제공하며, 안전하지 않은 인터페이스는 보안 사고의 원인이 된다. 인터페이스 모니터링과 방화벽이 좋은 해결책이다.
- **서비스 거부**: 서비스 거부는 자원을 소모함으로써 가용성을 저하시킨다. QoS(Quality of Service)를 도입하여 특정 요청이 자원을 독점하는 것을 예방하는 것이 해결책 중에 하나이다.
- **악의적인 내부자**: 이 위협은 ENISA에서도 중요한 위협으로 설정한 것으로, 클라우드 내부의 관리자 또는 자원을 공유하는 클라우드 고객이 다른 고객의 자원/정보를 접근하려는 것이다. 사용자 권한에 대한 지속적인 관리와 감사, 그리고 권한을 분산시키는 것이 좋

은 해결방법이다.

- **클라우드 서비스 남용**: 클라우드는 일반 사용자 뿐만 아니라 악의적인 사용자들도 자신의 목적을 위해 활용할 수 있다. 예를 들어 클라우드를 활용해 암호를 해독하는 것 또는 가상화 머신을 봇넷으로 이용하는 것 등이 악용의 예이다. 이를 예방하기 위해서는 클라우드 이용자에 대한 지속적인 모니터링과 적절한 운영 정책을 적용해야 한다.
- **불충분한 실사**: 클라우드 컴퓨팅이 대한 충분한 고려 없이 자신의 업무 시스템을 클라우드로 이주하는 것은 시스템에 치명적인 취약점을 야기할 수 있다. 기존 시스템을 클라우드에 맞도록 강화하고 클라우드 서비스의 특성을 충분히 이해하여야 이러한 문제를 겪지 않을 수 있다.
- **공유 기술 취약성**: 클라우드는 컴퓨팅, 메모리, 디스크, 네트워크 등을 공유하며, 클라우드 소프트웨어 스택 역시 공유한다. 이러한 공유는 성능, 비용 측면에서 장점을 제공하지만, 보안 측면에서는 위협 요인이 된다. 따라서 고립 기술이 함께 적용되어야 한다.

그림 5.8에는 각 위협에 대응되는 도메인 번호가 함께 표시되어 있다. CSA는 클라우드 보안과 관련된 14개의 도메인(domain)을 정의하였다. 각 도메인은 다음과 같다.

1) 클라우드 컴퓨팅 아키텍처 프레임워크(cloud computing architectural framework)
2) 거버넌스 및 엔터프라이즈 위험 관리(governance and enterprise risk management)
3) 법률 및 전자적 발견(legal and electronic discovery)
4) 컴플라이언스와 감사(compliance and audit)
5) 정보 생명주기 관리(information lifecycle management)
6) 이식성과 호환성(portability and interoperability)
7) 전통적인 보안과 비즈니스 연속성 및 재난 복구(traditional security, business continuity and disaster recovery)
8) 데이터 센터 운영(data center operations)
9) 사건 응답(incident response)
10) 응용 보안(application security)
11) 암호화 및 키 관리(encryption and key management)
12) 식별 및 접근 제어(identity and access management)
13) 가상화(virtualization)
14) SecaaS(Security as a Service)

예를 들면 9번째 위협인 공유 기술 취약성은 도메인 1, 5, 11, 12, 13, 즉 클라우드 컴퓨팅 아키텍처 프레임워크, 정보 생명주기 관리, 암호화 및 키 관리, 식별 및 접근 제어 그리고 가상화 도메인과 관련되어 있다. 위협과 도메인의 연결은 위협에 대한 대응방안을 마련할 때 중요한 정보를 제공한다. 예를 들어 공유 기술 취약성 위협은 클라우드 컴퓨팅 아키텍처 프레임워크와 접근 제어, 그리고 가상화 기술 등을 통합하면 적절한 보안 기법을 도출할 수 있게 되는 것이다.

5.2 클라우드 보안 위협

이전 절에서 우리는 가트너, ENISA, CSA 등에서 분석한 클라우드 보안 위협들을 살펴보았다. 본 절에서는 클라우드 보안 위협들을 구체적으로 논의한다. 우선 클라우드에서 발생하는 다양한 위협들을 8개의 범주로 구분한다. 그리고 각 범주에 속한 위협들의 구체적인 사례와 특징에 대하여 논의한다.

그림 5.9는 클라우드에서 발생할 수 있는 위협들을 8개의 범주로 구분한 것이다. 각 범주의 특징과 대표적인 공격 예는 다음과 같다.

- 네트워크 관련 위협: 클라우드 고객은 네트워크를 통해 컴퓨팅 및 데이터에 접근하며 따라서 네트워크는 공격자의 좋은 목표가 된다. 대표적인 공격 방법으로는 네트워크 트래픽

Threat category	Examples
Network	Traffic eavesdropping Malicious intermediary
Service	WSDL scanning attack Wrapping attack
Virtualization	VM escape Compromised VM image
Insufficient Authentication and Authorization	Weak authentication Impersonation attack
Availability	Distributed DoS Oversize payload attack
Overlapped Trust Boundary	Malicious tenant attack Exploit promiscuous mode
Flawed Implementation	Programming bug Misconfiguration
Compliance	SLA, Auditability Security policy disparity

그림 5.9 ‖ 클라우드 위협 범주

도청(traffic eavesdropping), 악의적인 중간자(malicious intermediary) 등이 있다.

- 서비스 관련 위협: 클라우드는 소프트웨어, 플랫폼, 인프라 등이 서비스로 제공되며, 따라서 서비스 취약성이 위협으로 발현될 수 있다. 대표적인 예로는 서비스 정의를 악의적으로 왜곡하는 메타데이터 스푸핑(metadata spoofing) 공격, 포장(wrapping) 공격, WSDL 스캐닝(WSDL scanning) 공격, MITB(Man-in-the-Browser) 공격 등이 있다.
- 가상화 관련 위협: 클라우드는 컴퓨팅, 데이터 등을 가상화하여 제공하며, 이러한 가상화 기술의 취약점을 공격하는 위협도 많이 존재한다. 예를 들어 VM 탈출(VM escape) 공격, VM 호핑(VM hopping) 공격, VM 이미지 변조 공격, 하이퍼바이저 기반 루트킷(Hypervisor-based rootkits) 등이 있다.
- 인증 및 접근 권한 관련 위협: 클라우드에는 많은 사용자들이 존재하며, 자원에 대한 접근 권한이 서로 다르다. 이러한 보호를 위반하는 약한 인증(weak authentication) 공격, 위장(impersonation) 공격, 접근 권한 변조 공격 등이 이 위협 범주에 포함된다. 또한 식별자 관리(Identity Management)와 익명화(anonymization) 등의 이슈도 이 범주에서 논의된다.
- 가용성 관련 위협: 네트워크 요청을 갑자기 많이 보내 서비스 처리를 지연시키는 서비스 거부(Denial of Service, DoS) 또는 분산 서비스거부(Distributed DoS) 공격이 이 범주의 예이다. 클라우드에서는 가상 머신의 급격한 생성(VM excessive creation) 공격, 대형 화물(oversized payload) 공격 등을 통해 다른 가상 머신의 서비스를 중단시킬 수 있다.
- 중첩된 신뢰 경계 관련 위협: 클라우드의 특성 중에 하나는 Multi-tenancy 지원이며 이는 자원 이용률, 비용, 그리고 요구 기반 프로비저닝(on-demand provisioning) 등에 장점이 있다. 하지만 이는 보안 경계를 중첩시키는 위험이 있으며, 이를 악용한 공격이 가능하다. 악의적인 임차인(malicious tenant) 공격, 네트워크 promiscuous 모드를 이용한 다른 VM의 데이터 수집 등이 대표적인 예이다.
- 잘못된 구현 관련 위협: 클라우드는 다양한 하드웨어와 소프트웨어가 통합된 복잡한 시스템이며 또한 자원이 동적으로 증감하는 가변적인 컴퓨팅 환경이다. 따라서 설계 결함(design defect), 잘못된 설정(mis-configuration), 구현 문제(flawed implementation)등의 가능성이 높으며, 취약점으로 활용될 수 있다.
- 컴플라이언스 관련 위협: 클라우드는 클라우드 고객, 제공자, 제3자(third party) 등 다양한 주체들이 존재하며, 서로 다양한 계약, SLA(Service Level Agreement), 정책 등을 통해 운영된다. 따라서 위기관리(Risk management), 감사(auditability), 내부통제 등의 컴플라이언스(compliance)가 보안에 중요한 역할을 담당한다. 특히 클라우드의 보안 정책 차이(security policy disparity), 즉 영내에 있을 때에 비해 IT 자원에 대한 통제력이 다른 클라우

드 환경에서 컴플라이언스는 법적, 정치적, 지리적 이슈들도 포함되어 더욱 복잡해지고 있다.

이제부터 각 위협 범주의 특징과 공격 사례를 자세히 살펴보자.

5.2.1 네트워크 관련 위협

클라우드는 인터넷을 이용하여 서비스를 제공하며, 따라서 인터넷에서 존재하는 다양한 보안 위협이 그대로 클라우드에도 적용된다. 이 절에서는 프로토콜, 가상화 네트워크, 모바일 네트워크 등 다양한 클라우드 네트워크 관련 위협을 논의한다. 이 과정에서 IP 스푸핑, 포트 스캐닝, 트래픽 도청(traffic eavesdropping) 등의 공격 방법도 살펴본다.

프로토콜과 표준

인터넷에서는 TCP/IP가 실질적인(de-facto) 표준으로 사용된다. 그런데, TCP/IP에는 널리 알려진 취약점이 존재한다. 예를 들면 소스나 목적지 IP 주소를 조작하는 IP 스푸핑, MAC 주소를 속이는 ARP 스푸핑 등이 있다. 이러한 공격은 트래픽을 공격자의 컴퓨터로 우회시켜 원하는 정보를 얻을 수 있으며, DoS 등을 가능하게 한다.

DHCP(Dynamic Host Configuration Protocol)과 DNS(Domain Name Service)의 취약점을 악용하면 네트워크 기반 임차인 공격(network-based cross tenant attack)을 가능하게 한다. 예를 들어 한 봇넷은 DNS에서 사용하는 fast flux 기법의 취약점 활용하였다. Fast flux는 부하 균등을 위해 주기적으로 IP 주소를 바꾼다. 악의적인 사용자는 피싱(phishing) 또는 멀웨어 전송 사이트(malware delivery site)를 감추기 위해 이 기능 활용하였다. 그림 5.10은 fast flux를 활용한 악의적 콘텐츠 전파 기법의 예를 보여준다.

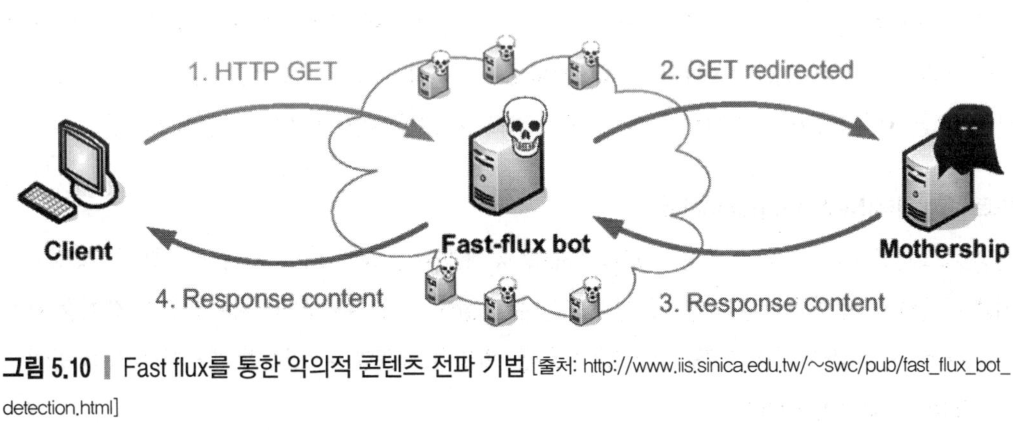

그림 5.10 ‖ Fast flux를 통한 악의적 콘텐츠 전파 기법 [출처: http://www.iis.sinica.edu.tw/~swc/pub/fast_flux_bot_detection.html]

그림 5.11 ▌ 네트워크 트래픽 도청 [출처: http://thehackernews.com]

HTTP 또는 HTTPS에서도 알려진 취약성이 있다. 이 프로토콜은 상태 없는(stateless) 프로토콜이다. 따라서 유연한 통신을 지원하지만 메시지 전달을 보장하지는 않는다. 보장을 위해서는 상위 수준에서 기법이 필요한데, 이때 많이 활용되는 것이 세션(session)이다. 세션은 전송자와 수신자 간에 가상적인 경로를 설정하고, 일련 번호(sequence number) 등을 활용하여 전송을 보장한다. 하지만 세션 라이딩(session riding)이나 세션 하이재킹(session hijacking) 등과 같은 취약성 존재한다. 이것은 특히 클라우드의 SaaS 모델에서 심각하다. 다른 문제로는 HTTP와 HTTPS가 뒤섞여 구현되어 있는 웹 사이트가 존재한다는 것이다. 이것은 보안 설계 시 가정했던 것과 다르게 동작하게 되며 역시 취약점이 된다.

그림 5.11은 네트워크 트래픽 도청으로 데이터를 중간에서 탈취하는 것을 개념적으로 보여준다. 이러한 문제를 해결하기 위하여 다양한 프로토콜 층에서 암호화를 도입하여 기밀성을 제공하려 한다. 대표적인 예가 TLS(Transport Layer Security)와 SSH(Secure Shell)이다. 하지만, 연구 결과에 따르면 TLS에서 사용하는 공유키의 0.75%, RSA(Rivest, Shamir, Adleman) 개인키의 0.5%를 적법한 방법이 아닌 경로로 획득할 수 있는 것으로 분석되었다. 또한 SSH에서 RSA 개인키의 0.03%, DSA(Digital Signature Algorithm) 개인키의 1.03%를 획득할 수 있는 있는 것으로 분석되었다. RC4를 이용한 TLS의 스트림 암호화도 위협에 취약한 것으로 분석되었다.

네트워크 외벽(Network perimeter)

클라우드 네트워크 관련 위협에서 중요한 이슈 중에 하나는 네트워크 외벽, 즉 네트워크 경계를 어떻게 구현할 것인가이다. 사실, 클라우드는 유연성과 동적 재구성이라는 특성상 경계를 구분하기 어렵다. 결국 고객이 요구하는 보안 수준을 어떻게 제공할 수 있을까가 클라우드 제공자의 주요 과제 중에 하나이다.

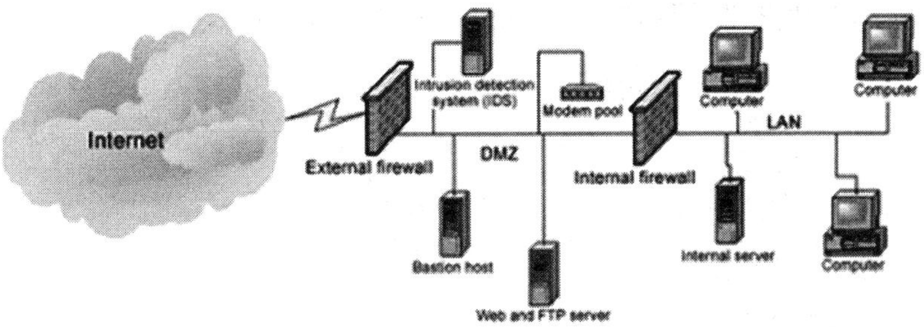

그림 5.12 | DMZ 네트워크 [출처: http://www.zdnet.co.kr]

이러한 솔루션 중에 하나가 DMZ(De-militarized Zone) 네트워크이다. 이것은 내부와 외부 네트워크를 구분하는 하위 네트워크로, 방화벽, 침임 탐지 시스템, 중간 계층 서버들로 구성된다. 예를 들어 아마존 EC2의 경우 각 고객에게 방화벽을 제공하며, 이것은 고객이 명시적으로 허용한 트래픽을 제외한 모든 트래픽을 거절하도록 설정되어 있다. 이러한 네트워크 외벽은 트래픽에 대한 모니터링과 분석을 요구한다.

클라우드 멀웨어 주입 공격(Cloud Malware Injection attack)은 클라우드 환경에서 매우 심각한 공격 중에 한가지 이다. 공격자는 SaaS, PaaS, IaaS 등 다양한 서비스 모델에서 악의적인 코드를 주입하려고 한다. 일단 공격에 성공하면 서버 데드락, DoS, 데이터 손실, 악의적인 임차인 공격 등 다양한 문제가 발생한다. 이를 제지하려면 멀웨어가 주입되기 전에 패턴 인식 등을 통해 외벽 수준에서 방어하거나, 또는 수행 전에 적절한 권한을 가지고 있는지 확인하여야 한다.

모바일 장치

최근 클라우드 고객의 주요 사용 매체 중에 하나가 스마트폰, 패드 등과 같은 모바일 장치이다. 또한, 최근에 회사에서 BYOD(Bring Your Own Device)를 도입하면서 모바일 장치를 이용한 회사 데이터 접근이 증가하고 있다. BYOD는 경제적인 관점에서 뿐만 아니라 업무의 연속적인 관점에서 효과적이다. 이에 따라 그림 5.13에서 볼 수 있듯이 모바일 장치의 회사 자료 접근은 89%이상을 차지하고 있다. 하지만 보안 측면에서는 고려해야 할 이슈들이 있다.

우선 모바일 디바이스는 루팅(Rooting), 또는 탈옥(Jailbreaking)의 대상이 된다. 멀웨어는 특권 상승 공격(privilege escalation attack)을 통해 루트 권한을 획득할 수 있으며, 결국 모바일 장치 내부의 모든 데이터를 접근할 수 있다. 이러한 멀웨어는 신뢰성 있는 사이트로부터 인스톨되며, SMS 기반 공격도 존재한다. 한편, 모바일 장치는 재활용 되는 빈도가 높으며, 데이터의 완전 삭제를 거치지 않은 장치를 통한 폰 재활용 공격(phone recycling attack)도 빈번하게 발생하고 있다.

그림 5.13 | BYOD: Security concerns [출처: www.onenetspace.com/2014/03/byod/]

5.2.2 서비스 관련 위협

클라우드의 특징은 모든 것을 서비스로 제공한다는 것이며, 서비스 기술의 취약성은 클라우드 보안에 위협이 된다. 또한 사회 공학적인(social engineering) 방법으로 공격이 이루어지기도 한다. 이 절에서는 서비스 기술 관련 공격과 ATP(Advanced Persistent Threats)에 대해 논의한다.

서비스 기술 관련 공격

클라우드에서는 서비스 제공을 위해 SOAP(Simple Object Access Protocol)과 REST (REpresentational State Transfer) 프로토콜을 사용한다. 공격자는 이 프로토콜이 가지고 있는 취약점을 활용한다. 예를 들어 메타데이터 스푸핑 공격(metadata spoofing attack)은 사용자에게 엉뚱한 서비스 정보를 제공하여, 사용자의 요청이 다른 사이트로 전달되게 한다. 그림 5.14는 이 공격의 동작 방식을 보여준다.

다른 공격으로는 WSDL 스캐닝 공격(scanning attack)이 있다. 이것은 웹 서비스를 찾을 때 사용하는 WSDL(Web Service Description Language)를 조사하여, 관리자만이 사용 가능한 중요 서비스를 찾아내고 악용하는 공격이다. 또한 WSDL의 내용을 변경할 수도 있는데, 구체적으로 URL 변경, 메시지 스키마 변경, 보안 정책 변경, 암호화 알고리즘 변경, 수행 명령 변경 등이 가능하다. 이를 통해 악의적인 WSDL이 퍼져나갈 수 있으며, 클라우드 서비스의 정의가 악의적으로 왜곡될 수 있다.

또 다른 예로는 포장 공격(Wrapping attack)이 있다. 이 공격은 우선 트래핑 도청을 통해 SOAP 메시지를 확보한다. 그리고 XML 필드를 위조하여 목표 자원에 접근하도록 수정한다. 이때 SOAP 엔벨롭(envelope)은 유효한 서명을 여전히 유지할 수 있도록 한다. 따라서 수정된 메시

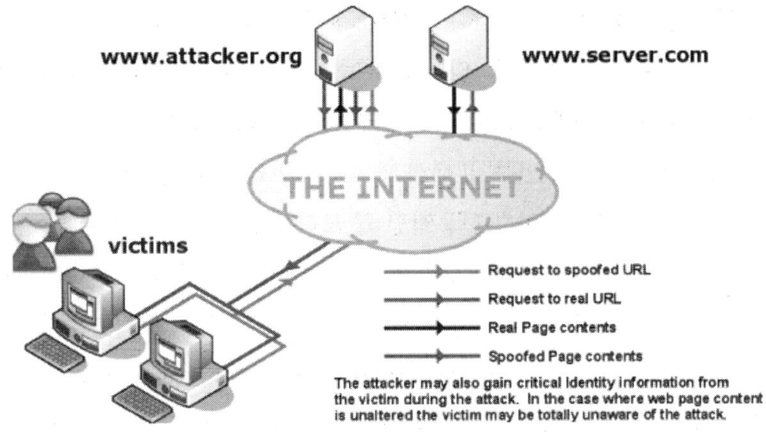

그림 5.14 ‖ 메타데이터 스푸핑 공격 [출처: stayaway2.blogspot.kr/2013_12_01_archive.html]

지가 요청하는 서비스를 수행할 수 있다. 아마존 EC2 클라우드가 이 공격에 취약한 것으로 보고되었다. 한편, SOAP에서 데이터 일관성은 매우 중요하며 따라서 서비스 API는 트랜잭션 기능을 반드시 지원해야 한다.

최근 피싱(phishing), 워터링 홀(watering hole) 공격을 위한 악의적인 웹 사이트도 증가하고 있다. 그림 5.15에 나타난 워터링 홀은 취약점에 의해 공격당한 사이트로, 다른 사용자의 방문을 유도하여 그 사용자의 컴퓨터도 공격하려는 사이트이다. 이러한 악의적인 사이트는 최근 600%

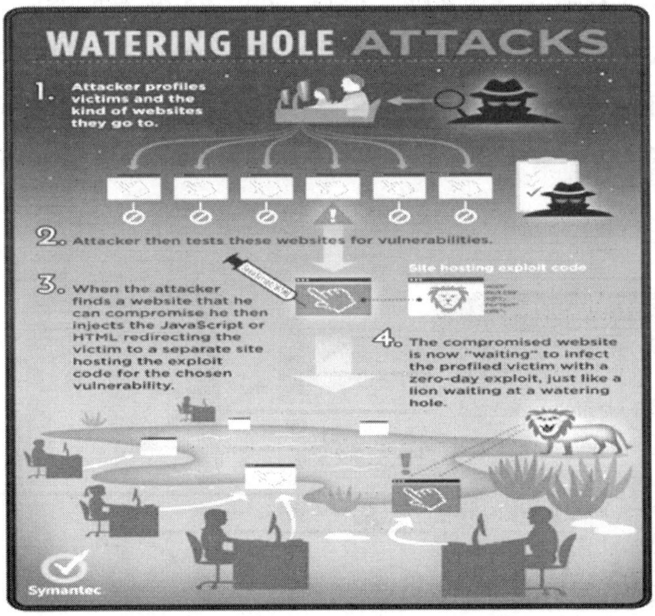

그림 5.15 ‖ Watering hole [출처: http://www.symantex.com/]

이상 증가하고 있으며, 응용의 취약점을 공격한다. 예를 들어 SaaS 응용의 취약점을 악용하면, 그 응용의 호스트 시스템을 장악할 수 있다. OWASP(Open Web Application Security Project)에서는 웹 응용의 대표적인 취약점으로 코드 주입(Code injection, 대표적으로 SQL injection), XSS(Cross-site Scripting), 그리고 인증 및 세션 관리의 위험을 지적하였다.

클라우드의 많은 서비스는 여전히 전통적인 웹 브라우저를 통해 접근된다. 문제를 더욱 어렵게 만드는 것은 고객이 클라우드에 저장된 회사의 중요한 데이터를 접근하면서 동시에 공개되어 있는 서비스(예를 들어 웹 메일)를 동시에 사용한다는 것이다. 이러한 상황을 악용하려는 공격도 발생하고 있는데, 대표적인 것이 MITB(Man-in-the-Browser) 공격이다. 우선 멀웨어가 브라우저와 라이브러리 또는 하위 층의 미들웨어 간에 호출을 가로챈다. 그리고 그 사이에 도청 기능을 추가한다. 그럼 결국 회사 중요 데이터도 유출될 수 있다. 이러한 사회 공학적인 공격은 공격의 탐지 및 예방을 더욱 어렵게 한다.

APT(Advanced Persistent Threats)

최근 방화벽, 침입 탐지 시스템, 안티 바이러스 시스템 등의 성능이 발전하면서, 위협 역시 복잡하고 집요하게 바뀌고 있다. 이러한 위협을 APT(Advanced Persistent Threat)라고 한다. 그림 5.16은 APT를 기존의 전통적인 위협과 구분하여 보여준다. 기존 위협이 단발적이고 넓은 범위의 사이트에 대해 알려진 공격을 수행했다면, APT는 지속적이고 미리 정해진 목표를 대상으로 하며, 알려지지 않은 복잡한 공격 방법을 사용한다. APT 공격의 대표적인 예는 사이버 스파이(cyber espionage), 핵티비즘(hacktivism: 해커와 정치행동주의의 결합어) 등이 있다.

일반적으로 APT 공격은 3단계로 구성된다. 첫 번째 단계에서는 목표로 하는 사이트에 대한 자료를 지능적으로 수집한다. 자료 수집은 수동적(passive), 반 수동적(semi-passive), 능동적(active) 등으로 구분할 수 있다. 수동적 수집은 사이트에 대한 정보를 잘 알려진 커뮤니티나 사

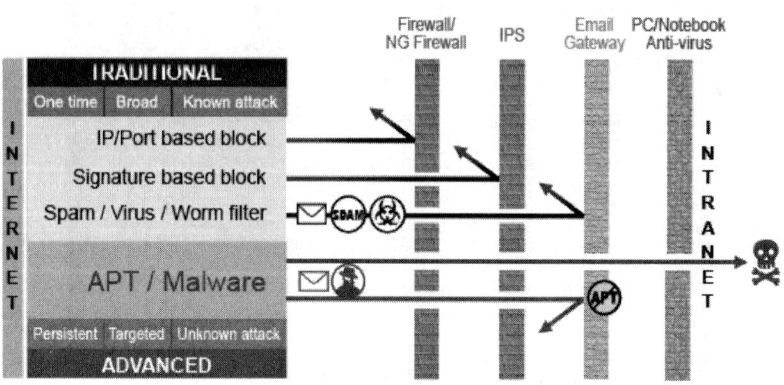

그림 5.16 | APT 공격 [출처: http://www.cellopoint.com/solutions/apt]

회망을 통해 수집한다. 반 수동적인 수집은 해당 사이트에 대한 트래픽을 생성하지만 눈치 채지는 못하게 수행한다. 마지막으로 능동적인 수집은 대담하게 포트 스캔 등을 수행한다. 자료가 충분히 수집되면 최상의 공격 방법을 설계한다. 공격은 지속적으로 수행된다. 클라우드가 자원 구성을 동적으로 바꾸면 APT의 위협은 좀 더 줄어들 수 있다.

5.2.3 가상화 관련 위협

클라우드는 가상화 기술을 활발하게 도입하며, 이는 비용 절감과 유연성 제공이라는 효과를 제공하지만 동시에 보안상에 여러 새로운 이슈를 야기한다. 예를 들어 클라우드는 multi-tenant를 허용하며 따라서 임차인은 서로 다른 가상 머신(Virtual machine, VM)을 사용하지만 물리적으로는 자원을 공유한다. 따라서 임차인 간에 침입이 가능하다. 한편, 가상 머신들을 관리하는 하이퍼바이저는 공격자들이 선호하는 목표 중에 하나가 된다. 이 절에서는 가상화와 관련된 여러 가지 보안 위협들을 논의한다. 구체적으로 가상 머신 이미지(image) 관리, 모니터링, 가상 네트워크, 가상 머신 이동성(mobility), 가상화 기술에서 멀웨어 특징 등을 논의한다.

가상 머신 이미지 관리

가상 머신은 쉽게 온/오프(on/off)되며 오프 이후 다시 온 되었을 때 기존의 수행 환경을 유지하여 연속적인 컴퓨팅 환경을 지원한다. 또한 가상 머신은 성능 또는 신뢰성 필요에 따라 다른 물리 머신으로 이주할 수 있으며, 이를 위해서도 자신의 최신 문맥(context), 즉 메모리, CPU, I/O 상태 정보를 빠르게 저장 및 복구할 수 있어야 한다. 이를 위해 가상 머신은 이미지 관리(image management) 기능을 제공한다.

이때 발생하는 이슈는 사실상 가상 머신 이미지는 파일이기 때문에 변경, 절도, 그리고 악의적인 코드 주입에 취약하다는 것이다. 멀웨어의 유포에 활용될 수 있다. Trojan.Maljava는 가상 머신 이미지를 통해 퍼진 대표적인 멀웨어이다. 이미지 저장소(image repository)에는 다음의 위협이 존재한다.

- **관리자**: 악의적인 이미지를 유포할 수 있음. 가상 머신 이미지가 급격하게 많아져 관리가 어려움. 특히 라이센스 관리가 어려움.
- **클라우드 제공자**: 데이터 유출.
- **클라우드 고객**: 취약성이 있는 가상 머신 수행. 악의적인 코드가 내부에 잠복해 있을 수 있음.

일반적으로 가상 머신 이미지는 사이즈가 크다. 따라서 기존에 일관성(integrity)과 진정성

(authenticity) 확인을 위해 사용하던 해싱이나 암호화 같은 방법은 성능상의 이유로 그대로 적용되기 어렵다. 특히 합법적으로 보이는 가상 머신은 수행할 때 보안 외벽을 통과하여 클라우드 내부에서 수행되기 때문에 보안 문제가 아주 심각해 질 수 있다. 또한 가상 머신은 내부에 동작하는 프로그램들을 추상화시키기 때문에, 적절하게 모니터링 되지 않을 경우, 멀웨어의 확산을 야기하는 사이트가 될 수도 있다.

가상 머신 모니터링

일반적으로 운영체제는 자신이 하드웨어 상에서 직접 수행된다는 가정 하에 설계되었으며, 또한 아래층에 존재하는 하드웨어가 안전하다고 가정한다. 하지만 가상화 시스템에서는 운영체제 아래에 하이퍼바이저(Hypervisor 또는 VMM)가 존재하여 하이퍼바이저는 소프트웨어이기 때문에 취약점이 존재한다. 최근에 KVM이나 Xen의 취약점이 발견되었으며, 또한 VMM 기반 루트킷(VMM-based rootkits)이 가능하다고 분석되었다. 더 큰 문제는 하이퍼바이저가 여러 가상 머신들을 관리하며 따라서 하이퍼바이저에서 보안상에 문제가 발생하면 다른 가상 머신들도 모두 위험해 진다라는 것이다(single point of failure or maliciousness).

한편, 가상 머신 상에서 동작하는 프로그램은 자신의 가상 머신 상에서만 동작해야 한다. 하지만 가상 머신 탈출(VM escape) 공격에서는 하이퍼바이저의 존재를 인지하며, 이를 통해 다른 가상 머신들을 모니터링 한다. 심지어 다른 가상 머신들을 종료(shutdown)시킬 수도 있다. 이러한 공격의 대표적인 예는 그림 5.17에 보이는 SubVirt, BLUEPILL 그리고 DKSM(Direct Kernel Structure Manipulation)이다. Xen에는 메모리 오염(memory corruption) 취약점이 발견되었으며, 이것을 악용하면 임의 바이너리 코드를 Xen에서 수행시킬 수 있다.

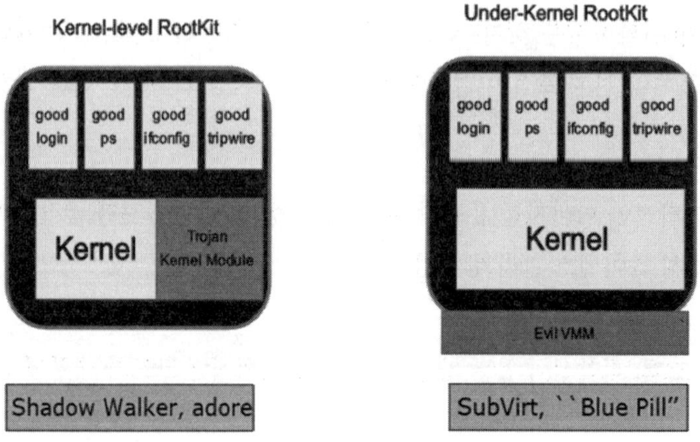

그림 5.17 ‖ 하이퍼바이저를 통한 공격 [출처: http://www.cellopoint.com/solutions/apt]

가상 사설망

가상 사설망(virtual private network)을 만드는 대표적인 방법이 방화벽을 사용하는 것이다. 그런데, 방화벽을 가상화 환경에 도입할 때에는 특성을 잘 고려하여야 한다. 예를 들어 방화벽에서 흔히 사용하는 IP-based zoning 기법은 가상 머신의 이주가 활발한 IaaS 환경에서는 적용할 수 없다. 이러한 특성을 고려하여 시스코에서는 가상 보안 게이트웨이라는 가상화-인지(virtualization-aware) 게이트웨이를 출시하였다.

한편, 가상 머신이 네트워크 카드가 제공하는 promiscuous 모드를 사용할 경우 모든 트래픽에 대한 캡처가 가능하다. 결국, 하이퍼바이저가 적절하게 제어하지 못할 경우 다른 가상 머신으로 가는 패킷에 대한 스니핑(sniffing)과 스푸핑(spoofing)이 가능한 것이다. 따라서 SaaS 또는 서로 협동하는 가상 머신들이 서로 다른 IaaS에서 동작할 경우 이들 간에 통신 채널에 대한 가상 머신 수준의 보안 필요성이 있다. 또한 가상화 때문에 발생하는 트래픽 성능 변화를 통해 공격자는 가상 머신이 동작하는 인트라에 대한 정보를 추론할 수도 있다.

가상 머신 이동성(Mobility)

가상 머신은 복제(cloning)와 이주(migration)를 통해 이동한다. 복제는 가상 머신 이미지를 복사하는 것으로, 이를 통해서는 잘못된 에러의 전파 가능성이 존재한다. 예를 들어 한 가상 머신 이미지에 악의적 코드가 숨어있었다면, 복제된 가상 머신도 그 코드가 동작할 수 있다. 다른 보안상의 문제는 복제를 통해 데이터 유출의 가능성이 있다는 것이다. 예를 들어 클라우드 환경에서 많이 사용하는 오픈스택(OpenStack)은 가상 머신을 초기화할 때 의사-임의 번호 생성기(Pseudo-Random Number Generators, PRNGs)의 초기 값을 동일한 것으로 설정하는 취약점이 있었다. 오픈스택은 9장에서 다시 자세히 논의된다.

가상 머신 이주는 중단 이주(stop and migration)와 라이브 이주(live migration)로 구분된다. 라이브 이주는 이주 도중에도 가상 머신의 서비스를 계속 제공할 수 있기 때문에 클라우드 환경에서는 더 선호되는 기법이다. 그런데, 라이브 이주는 중간자(Man-in-the-Middle) 공격이 가능하다. 이것은 Xen과 VMware에서 모두 실험되었는데, TOCTTOU(Time of Check to Time of Use) 취약성에 기인한다.

가상 머신을 이용한 공격

클라우드에서는 가상 머신들이 공통의 하드웨어 상에서 동작할 수 있으며, 동작중인 가상 머신이 다른 가상 머신들 또는 하이퍼바이저를 간섭할 수 있다. 그림 5.18은 이러한 가상 머신 간섭을 보여준다.

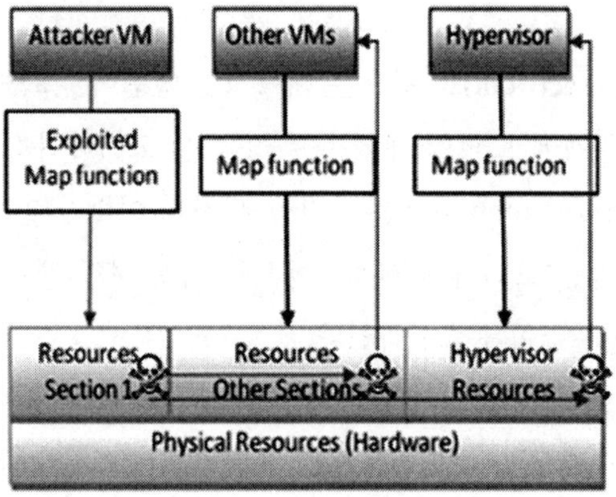

그림 5.18 | VM attack [출처: http://www.cse.wustl.edu/~jain/cse571-11/ftp/virtual/]

VM 호핑(VM hopping) 공격은 다른 고객에게 속한 가상 머신에 대한 접근 권한을 악의적으로 획득한 것으로 cross-VM 공격이라고도 불린다. 아마존 EC2는 cross-VM 사이드 채널(side channel)과 컨버트 채널(convert channel) 취약점이 있는 것으로 보고되었다. 사이드 채널 취약점은 간섭 없이 수동적으로 데이터를 관찰하는 것이고, 컨버트 채널은 정보를 얻기 위해 특정 비트를 채널에 주입한다.

가상 머신 상에서 악의적 사용자 공격도 가능한데, 이는 가상 머신이 수행할 때 주기적으로 수행하는 메모리 체크포인트나 필요에 의해 메모리 덤프를 접근하여 비밀 번호나 개인키를 획득하는 것이다. 유사한 메모리 기반 공격으로 적법한 사용자의 요청을 메모리에서 발견하고, 이를 가상 머신으로 보내면서 악의적인 코드를 수행하도록 하는 공격도 있다. 그 외에도 가상 머신 수준의 공격으로는 엔트로피 소모(entropy depletion), 가상 머신 리셋 취약성 공격(VM reset vulnerabilities) 등이 존재한다.

가상화 기술과 멀웨어

가상화 기술은 멀웨어를 분석할 수 있는 효과적인 환경을 제공한다. 이는 가상 머신이 효과적으로 고립(isolation)되어 있으며, 또한 스냅샷(snapshot) 설정, 롤백(rollback), 삭제 등이 쉽기 때문이다. 이러한 특성 때문에 가상화 기반 멀웨어 분석 시스템이 많이 제안되었으며, 대표적인 예로 cuckoo sandbox 시스템이 있다.

한편, 멀웨어는 이러한 분석 시스템을 회피하기 위하여 가상화 환경을 탐지하는 기능을 내부에 보유하고 있다. 대표적인 예가 Store Local Descriptor Table(SLDT) 명령 또는 사용자 인터랙션 모니터링이다. 멀웨어는 현재 시스템이 가상화 환경으로 탐지되면 자신의 활동을 중단한다. Chen의 연구에 따르면, 6900여개의 멀웨어 중에서 40%는 가상 환경에서 활동 중단하는 것으로 분석되었다 [출처: X. Chen et al., "Towards an Understanding of Anti-Virtualization and Anti-Debugging Behavior in Modern Malware", IEEE DSN, 2008]. 또한 정상적인 응용의 일부 코드와 결합하여 순진해 보이도록(benign-looking software) 하는 위장 기법을 가지고 있는 멀웨어도 존재하는 것으로 분석되었다.

5.2.4 인증 및 접근 권한 관련 위협

전통적인 인증 방식은 사용자 이름과 비밀 번호를 사용하는 것이다. 그런데 클라우드 환경에서도 이 방식은 충분한가? 이 절에서는 인증과 권한 부여 그리고 클라우드에서 요구되는 익명화(anonymization)에 대해 논의한다.

인증(Authentication)

인증이란 근거가 있는 무엇인가를 확인하는 행위로, 컴퓨팅에서는 사용자가 자원을 사용할 자격이 있는지 확인하는 과정이다. 인증의 수단으로는 사용자가 알고 있는 것(something a person knows) 또는 사용자가 가지고 있는 것(something a person has) 등이 이용된다. 인증의 방법은 크게 다음 3가지로 구분할 수 있다.

- **자격(Credential) 기반 인증**: 가장 일반적인 인증 방식. 식별자와 비밀 번호를 통해 사용자를 인증한다.
- **이중 인증(two factor authentication)**: 한번에 2가지 방법으로 인증을 받는 방식이다. 그림 5.19 이중 인증의 예를 보여준다. 예를 들어 은행 거래할 때 로그인과 함께 공인 인증서를 사용하는 것, 또는 i-pin 로그인과 함께 SNS를 통해 다신 인증하는 것 등이 이중 인증의 예이다.
- **물리적인 인증**: 최근에 출시된 S사 스마트폰의 대표 기술인 홍체 인식, 전통적인 지문 인식 등 사용자가 가지고 있는 물리적인 특성을 활용한 인증 방법이다.

인증을 통해 클라우드 자원에 대한 접근 권한을 얻을 수 있기 때문에 공격자는 인증 과정의 취약점 공격한다. 가장 직관적인 공격은 비밀번호 탈취이다. 사용자는 자신이 암기하기 쉬운 특정한 힌트가 있는 것을 비밀번호로 사용하는 경향이 있으며 이것은 공격자의 좋은 목표가 된다. 비밀번호를 강화하기 위해 그래픽 비밀 번호(graphical password), 3차원 비밀번호(3D password), 생체정보(biometrics) 등을 사용할 수 있다. 한편, 약한 암호 복구 기법을 악용한 약한 자격 리셋(weak credential reset) 취약점도 존재한다.

클라우드 환경에서 고객은 다양한 서비스를 사용한다. 그리고 각 서비스를 사용할 때마다

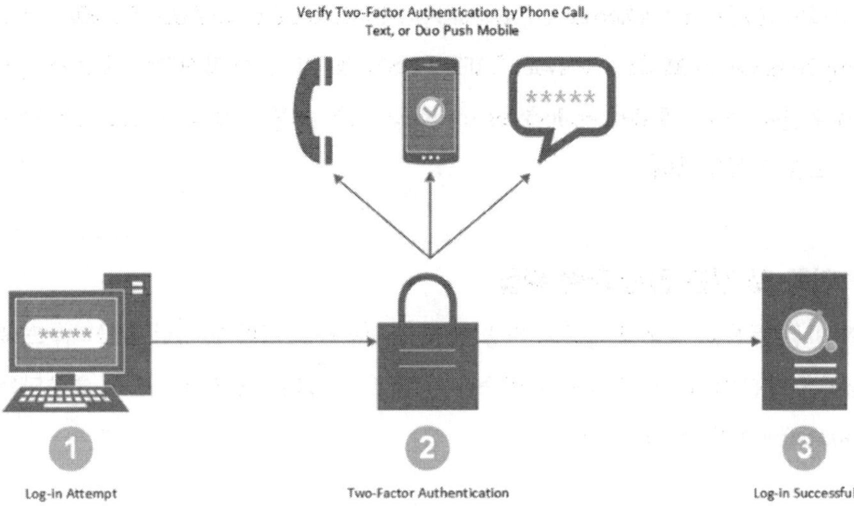

그림 5.19 ‖ 이중 인증(Two-factor authentication) [출처: http://www.serverintellect.com/services/two-factor-authentication/]

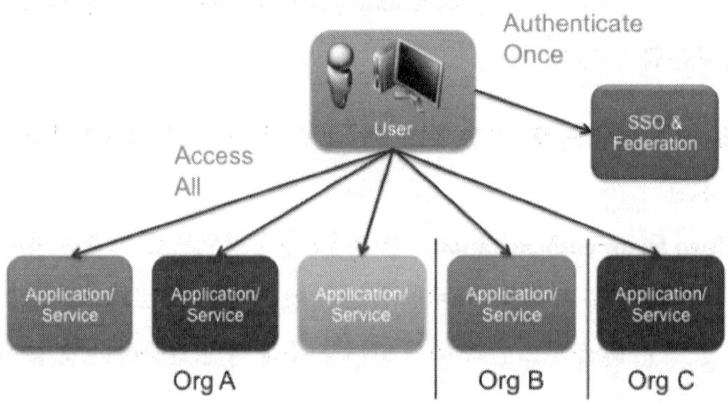

그림 5.20 ‖ 통합 인증(Single Sign On) [출처: http://blogs.vmware.com/ vfabric/2013/03/putting-the-single-back-in-single-sign-on-sso.html]

인증을 해야 한다. 이때 그림 5.20에 예시된 통합 인증(Single Sign-On, SSO)이 효과적으로 사용될 수 있다. 예를 들어 구글은 XML 기반 공유 인증 기법을 사용하고 있으며, 이를 통해 사용자는 다른 여러 서버들에서 동작하는 Gmail이나 구글 캘린더 같은 서비스를 한 번의 인증만으로 접근할 수 있다. 하지만 통합 인증은 단일 위협 포인트(single point of failure or maliciousness)가 될 위험성이 있다. 위장 공격(impersonation attack) 또는 XML 랩핑 공격(XML wrapping attack)의 대상이 된다.

권한 부여(Authorization)

인증이 된 사용자에게는 권한이 부여된다. 이를 통해 사용자는 허용된 컴퓨팅 자원 또는 데이터에 접근할 수 있다. 권한을 부여하는 객체는 세밀(fined-grained) 단위 또는 큰(coarse- grained) 단위로 관리할 수 있다. 세밀한 단위 관리는 다양한 보안 등급을 지원할 수 있지만, 관리가 복잡해질 수 있다. 반면, 큰 단위 관리는 관리 부하는 적지만 의무 분리(duty separation)가 어렵다는 단점이 있다.

외부 공격자에 의한 클라우드 침입은 시스템에 대한 위협 뿐만 아니라 클라우드 제공자의 명성과 비즈니스에 대한 위협도 야기한다. 이에 대한 대응 방법으로 가상 외벽(virtualized perimeter)과 함께 접근 제어(access control)를 적용하는 것이 있다. 이에 따라 식별자 관리(Identity Management(IdM) 또는 Identity and Access Management(IAM))도 클라우드에서 중요성이 커지고 있다. 식별자 인식이란 개별/회사 사용자의 관리, 그들에 대한 인증과 권한 부여, 클라우드 내부/외부에서 역할(role)과 특권 제어 등 보안과 생산성을 높이는 일련의 활동을 의미한다. 또한 계정 정보 유출(account information leakage) 취약성을 방어하기 위한 다양한 보안 정책도 포함한다.

클라우드는 고객의 자원이 영외(off-premise)에 존재하며 따라서 물리적 접근에 대한 보안(physical security) 역시 주요한 이슈가 된다. 악의적인 시스템 관리자 모든 가상 머신과 소프트웨어를 접근할 수 있다. 예를 들어 XenAccess는 도메인 0에서 사용자 수준 프로세스를 수행할 수 있는데, 이 프로세스는 모든 가상 머신의 메모리 내용을 접근할 수 있다. 전임 직원은 악의적 내부자가 될 수 있으며 콜드 부팅(cold booting) 공격이나 하드웨어 조작(tampering) 등을 수행할 수 있다.

익명화(Anonymization)

익명화란 클라우드에서 자원 또는 데이터의 소유자가 누군지 알 수 없게 하는 기술이다. 이것은 개인 사생활 보호를 위한 정보 위생(information sanitization)의 한 방법으로 암호화나 데이터 집합에서 개인 식별과 관련된 정보를 삭제한다. 특히 클라우드 고객은 클라우드 제공자가 안전한 보안 기법을 제공한다는 것이 확인되기 전까지 익명화를 선호한다. 익명화의 대표적인 기법으로는 K-익명성, T-근접성, 차분 프라이버시 등이 존재한다.

익명화는 사용자 관리(user management), 인증, 권한 부여, 그리고 집중적인 자격 관리(Centralized Credential Repository) 기술이 필요하다. 하지만 익명화는 자신의 잘못된 행위를 감추는 방법으로 악용될 수도 있다. 약한 인증(weak authentication) 취약점을 활용한 위장(impersonation) 공격, 또는 접근 권한 변조 등이 대표적인 예이다. 사용자를 명시적으로 인정하

그림 5.21 ‖ 익명화(Anonymization) [출처: http://www.eruces.com/node/43]

면서 동시에 사생활도 보호할 수 있는 기술이 특히 클라우드에서 요구되고 있다.

2020년 1월 국회에서 데이터 3법이 통과됨에 따라 비식별 조치가 된 개인정보를 산업적 통계 등 연구 목적으로 활용할 수 있게 되면서 익명화 기술에 대한 관심과 필요성은 증가하고 있다.

5.2.5 가용성 관련 위협

클라우드 컴퓨팅에서 DoS(Denial of Service), DDoS(Distributed Denial of Service), 플러딩(Flooding) 공격 등은 심각한 보안 위협이다. 이 공격은 서버로 대용량의 트래픽을 요청하여 대역폭을 잠식하며, 서버의 가용성을 저하시켜 합법적인 클라우드 고객의 요청을 처리할 수 없도록 한다. 이때 요청은 TCP SYN, ICMP, UDP 등 표준 패킷 형식을 따른다. 버퍼 오버플로우 공격(Buffer overflow attack)도 원리는 DoS 공격과 같다. DDoS는 클라우드에서 특히 위험한데, 이는 수백/수천대의 봇(bot)을 사용하여 공격이 진행될 수 있기 때문이다.

그림 5.22는 DoS 공격의 한 예인 스머프 공격(Smurf Attack)을 보여준다. 공격자는 공격 대상 IP를 소스로 설정하고 ICMP(Internet Control Message Protocol)이나 SYN을 네트워크상의 모든 컴퓨터에게 브로드캐스팅(broadcasting)한다. 그럼 이 컴퓨터들은 공격 대상에게 응답을 보내고, 결국 공격 대상은 많은 응답을 처리하기 위한 부하 때문에 정상적인 서비스를 못하게 된다.

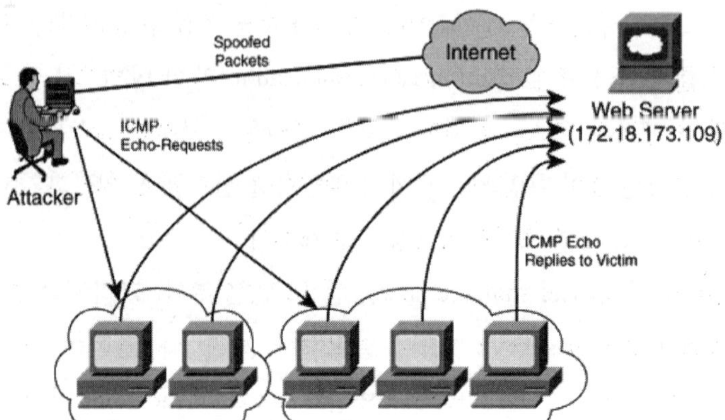

그림 5.22 ‖ Smurf Attack [출처: http://flylib.com/books/en/2.464.1.18/1/]

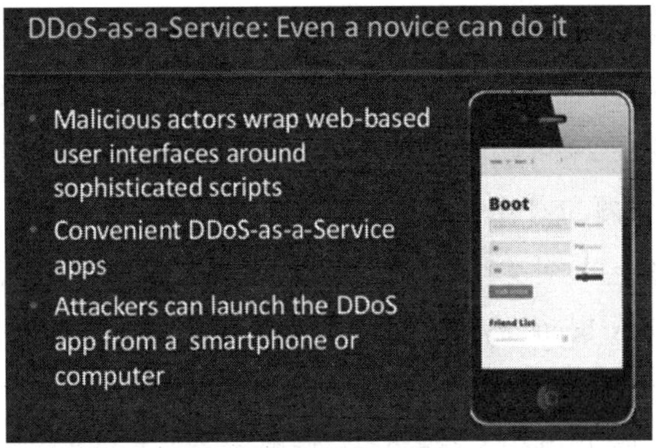

그림 5.23 ‖ DDoS-as-a-Service [출처: http://www.slideshare.net/Prolexic/ prolexic-analysisofsynreflectionddosdrdos attacks]

죽음의 핑(Ping of Death) 공격, TearDrop 그리고 Land attack이 클라우드 환경에서 자주 발생하는 DoS 공격의 예들이다. 이러한 문제를 예방하기 위해서는 다중 구조(multi-tier architecture)와 효과적인 모니터링 및 부하 균등 기법이 필요하다.

최근 조사에 따르면 유명한 클라우드 제공자에서도 하드웨어 가용성 블랙아웃(hardware availability blackout)이 발생하는 것으로 분석되었다. 구체적으로 2008년과 2009년에 아마존 S3, GAE(Google App Engine), 마이크로소프트 애저(Azure)를 조사한 결과 10건의 블랙아웃이 보고되었으며, 이들은 몇 분 또는 몇 시간동안 비즈니스를 중단시켰다. 이 원인은 가용성 부족 때문이며, 업무 마비와 금전적 손실을 야기한다. 예를 들어 Blue security사는 DDoS 공격 때문에 자사의 anti-spam 서비스를 중단하였다.

전통적인 플러딩 공격(flooding attack)은 자원을 고갈시키고 이를 통해 서비스 불능 상태가 되도록 한다. 예를 들어 과중 적재 공격(oversize payload attack)은 XML 처리에 필요한 메모리 사용량을 증가시켜 서버를 스래싱(thrashing) 상태가 되도록 한다. 강제적인 파싱(coercive parsing) 공격은 XML 파싱에 있는 취약점을 활용하여 CPU 부하를 증가시킨다.

최근에 등장한 가용성 공격들은 전통적인 플러딩 공격 뿐만 아니라 새로운 유형의 공격도 시도하고 있다. 예를 들어 가상 머신의 급격한 생성(VM excessive creation) 공격을 이용해 클라우드 서비스를 지연시킬 수 있다. 또한 스마트폰의 API 소진을 통한 공격도 있으며, 네트워크 토폴로지에서 약한 링크에 공격을 집중시키는 방법도 시도되었다. 그림 5.23은 Prolexic 사에서 발표한 DDoD-as-a-Service예를 보여준다. DDoS를 클라우드 서비스로 제공할 수 있다는 것은 DDoS가 클라우드에 얼마나 만연한지를 역설적으로 보여준다. 특히 최근에는 사이버전쟁(cyber warfare) 또는 핵티비즘(hacktivism) 등 다양한 이유로 클라우드에서 DDoS 공격이 자주 등장하고 있다.

5.2.6 중첩된 신뢰 경계 관련 위협

클라우드 컴퓨팅은 다중 임차인(Multi-tenancy) 지원을 특징으로 한다. 예를 들어 SaaS에서는 여러 사용자가 하나의 소프트웨어를 함께 사용한다. 대표적인 사례가 세일즈포스닷컴의 CRM 응용이다. 이 응용은 전 세계 고객이 함께 사용한다. 고객은 응용의 환경설정을 변경하여 자신에게 맞는 수행을 제공받는다. 이것의 장점은 규모의 경제가 가능하다는 점이다. 하지만 중첩된 신뢰 경계(overlapped trust boundary)라는 위협이 존재한다.

중첩된 신뢰 경계란 클라우드의 IT 자원이 서로 다른 클라이언트 고객들에게 공유되어 사용되고 있는 상태이다. 이때 악의적인 사용자는 공유하는 자원의 이용률을 변화시킴으로써 다른 사용자에게 영향을 줄 수 있다. 또한 취약점을 악용하여 다른 사용자의 데이터나 자원을 불법적으로 접근할 수도 있다. 대표적인 공격 사례가 악의적인 임차인(malicious tenant) 공격, 네트워크 promiscuous 모드를 이용한 다른 VM의 데이터 수집 등이다.

이러한 문제를 완화하기 위해서는 고립(isolation), 자원 계정(resource accounting), 그리고 안전한 종료(safe termination) 등의 기법이 필요하다. 함께 사용하는 자원은 가상화시키고 서로 독립적으로 동작할 수 있도록 고립시켜야 한다. 대표적인 PaaS 예인 Java와 .NET에서는 고립을 위해 샌드박스(sandbox)와 보안 통신 채널을 제공한다. 한편, 각 고객이 어떤 자원들을 얼마나 사용하고 있는지 관리되어야 하며, 필요할 경우 안전하게 종료시킬 수 있어야 한다. 이 기능은 클라우드 보안 뿐만 아니라 사용한 것만큼 요금 지불(pay as you go)이라는 클라우드 특징을 지원하기 위해서도 중요하다.

5.2.7 설계/구현/설정 관련 위협

소프트웨어 설계와 구현은 시스템 보안에 가장 기본적인 요소이다. 아주 사소한 버그라도 시스템에 치명적인 취약성이 될 수 있다. 최근 소프트웨어는 수만, 수십만 라인으로 구성되어 있으며 다양한 사람들에 의해 개발된다. 따라서 부정확하게 정의된 인터페이스나 잘못된 설계는 큰 문제로 발현될 수 있다.

클라우드 SaaS 서비스에서 소프트웨어 개발자는 데이터 유출의 가능성을 고려하며 시스템을 개발해야 한다. 모든 데이터는 정보로 변환될 수 있다. 디지털 파일에 저장된 비트는 서로 연결되어 중요한 비즈니스 비밀이 될 수 있으며, 매우 비싼 정보가 된다.

클라우드 IaaS 서비스에서는 시스템 설정이 보안에 중요한 영향을 미칠 수 있다. 예를 들어 AWS(Amazon Web Services)에서 고객이 IaaS 서비스를 임대하면, 설정을 위한 인터페이스가 함께 제공된다. 그런데, 이 인터페이스는 인터넷 상에서 접근될 수 있다. 반면, 전통적인 클라우드 환경이 아닌 시스템에서 설정 인터페이스는 특별한 권한을 가진 내부에서만 사용가능하였다. 즉, 클라우드에서는 환경 설정이 공개되어 있어 공격자의 좋은 목표가 되고 있으며, 한번 설정에 성공하면 이후 계속 악용할 수 있다. 구성 결함(deficient configuration) 공격 등이 대표적인 사례이다. 또 다른 조사에서는 Map/Reduce 환경에서 관리자의 잘못된 설정이 정확하지 않은 결과를 산출할 수 있음이 보고되었다.

5.2.8 컴플라이언스 관련 위협

컴플라이언스란 서비스 제공 과정에서 관련 법규를 준수하기 위한 일련의 프로세스들로 정의되며, 준법 감시와 내부 통제, 위기 관리 등을 포함한다. 클라우드 서비스를 사용하면 특히 컴플라이언스가 중요해 진다. 사용자는 자신의 데이터가 적절한 법규와 업계의 규칙에 맞게 관리되고 있는지 확인할 필요가 있다. 컴플라이언스는 감사(audit)를 포함한다. 즉, 감사는 사업의 진행이 목표대로 잘 진행되고 있는지 조사하는 것이며, 컴플라이언스는 이러한 진행이 합법적이며 부정의 개입을 예방한다.

클라우드 제공자와 고객은 서비스수준계약(Service Level Agreement, 이후 SLA)을 맺는다. 여기에는 계약의 주체, 대상이 되는 자원, 서비스 수준, 서비스 비용, 그리고 관련된 법률적 문제들이 포함된다. 만일 데이터 손실이나 가용성 이슈, 계약과 다른 자원 할당이나 신뢰성 없는 컴퓨팅(unreliable computing) 등 SLA가 위반되는 경우가 발생하면 컴플라이언스가 개입된다.

컴플라이언스에는 다음과 연관되어 있다.

- **거버넌스(governance)**: 같은 목표를 향해 다양한 행위자들을 조율하고 인도하는 행위. 특히 클라우드 거버넌스는 클라우드 서비스를 사용할 때 특정 정책과 원리를 적용하는 것으로 정의됨. 클라우드에서 거버넌스는 SOA(Service Oriented Architecture) 거버넌스의 확장으로도 볼 수 있지만, 다중 임차인(multi-tenancy) 같은 고유한 이슈들이 존재한다.
- **법률(acts)**: 준법 감시의 기준. 클라우드는 여러 나라에 걸쳐 서비스를 제공하며, 따라서 어느 나라의 법률을 적용할 것인가도 이슈가 된다. 또한 빠른 클라우드 변화에 비해 법률의 적응 상대적으로 속도가 느려 사생활 침해 등이 클라우드 고객의 큰 걱정이 되기도 한다.
- **법적 권한(legal authority)**: 법률 적용의 주체와 대상. 클라우드는 다양한 이해당사자(stakeholder)와 제3자(3rd party)가 연결되어 있으며, 따라서 어떤 법적 권한을 가지 주체가 어느 수준까지 조사를 할 수 있는지가 명확히 정의되어 있어야 한다.
- **포렌식(Forensic)**: 문제가 발생하였을 때 디지털 증거를 확보하기 위한 분석 방법. 클라우

드에서는 데이터가 분산되어 있어, 수집(collection), 대조(collation), 검증(verification)이 복잡하며, 신뢰의 층이 필요하다.

- **신뢰성 없는 컴퓨팅 요소(Unreliable computing element)**: 클라우드에서 서비스는 여러 컴퓨팅 요소들의 집합으로 구성된다. 이러한 요소들 중에 하나가 느려지면 전체 서비스의 SLA를 만족할 수 없게 될 수 있는데, 이때 이 요소를 탐지하고 그 원인이 고객 또는 제공자에 있는지 파악하는 것이 컴플라이언스에서 중요하다.
- **회계 책임(accountability)**: 클라우드에서 사건을 해결하기 위해 비용이 발생할 경우 누가 지불할 것인가 여부. 예를 들어 고객이 침임을 탐지하기 위해 컴퓨팅 자원을 사용하였다면, 이 비용을 클라우드 고객이 담당할 수도 또는 클라우드 제공자가 담당할 수도 있다.

회사에서 클라우드 컴퓨팅의 채택은 자신의 데이터를 영내가 아닌 영외에 위치시킨다는 의미가 된다. 이를 위해서는 클라우드 제공자에 대한 신뢰(trust)가 필요하다. 또한 제공자도 고객이 임대한 자원을 정직하게 사용한다는 신뢰도 필요하다. 또한 클라우드 사용은 공용 네트워크의 사용과 다양한 임차인들과 공존을 의미하며, 신뢰는 매우 중요하다. 이러한 신뢰는 다음과 같은 요소들로 구성된다.

- **사람 요인(human factor)**: 사실 사람은 모든 문제의 근원(root)이다. 클라우드 사용자와 관리자는 비밀 번호를 선택할 때부터 복잡한 서비스를 구축할 때까지 다양한 신뢰 문제를 야기할 수 있다. 최근에는 사회 공학(social engineering), 즉 기술적인 방법이 아닌 사람들 간의 기본적인 신뢰를 기반으로 사람을 속여 비밀 정보를 획득하는 공격도 발생하고 있다.
- **명성(reputation)**: 클라우드 사용자는 같은 사용자 또는 제공자와 명성을 공유한다. 예를 들어 2009년 아마존 EC2가 공격받아서, 여기에 속한 많은 IP 주소가 공격자에게 악용되고 블랙리스트에 올라갔다. 이 때문에 EC2 서비스를 사용하던 고객들 역시 그 IP를 사용했다는 이유로 간접적으로 명성에 피해를 입었다.
- **감사 가능성(auditability)**: 감사는 클라우드의 서비스가 계획대로 적절하게 진행되고 있는지는 조사하는 과정이다. 즉, 클라우드 자산(asset)의 건강 상태를 확인하는 과정이며, 따라서 클라우드 제공자 선택에 중요한 요인이 된다. 여기에는 데이터가 손실될 가능성, 서비스 구현의 적합성 등을 포함한다.
- **컴플라이언스(compliance)**: 클라우드 서비스 사용 중에 사생활 침해, 불법 소프트웨어/하드웨어 자원 사용 등과 같은 법적 위협(risk)을 최소화하려면 컴플라이언스가 효과적으로 작동해야 한다. 이것은 클라우드 제공사의 준법 경영 의지와도 연관된다.

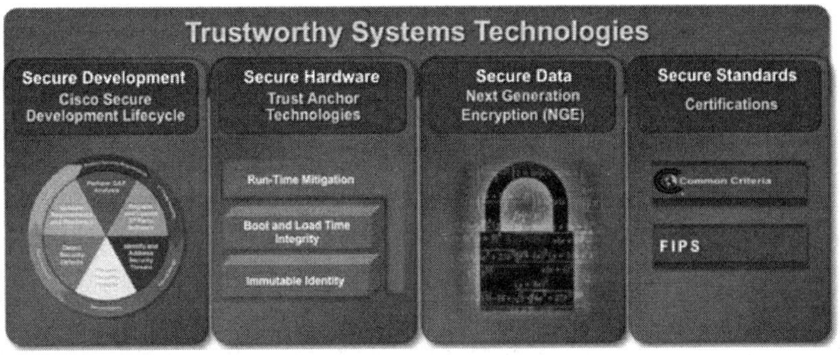

그림 5.24 ‖ 신뢰성 있는 시스템 주요 기술 [출처: http://www.cisco.com/]

- **신뢰성 있는 시스템(trustworthy system)**: 신뢰성 있는 시스템이란 시스템 동작 오류나 치명적 붕괴 등과 같은 예외적인 상황이 발생했을 때에도 연속적으로 컴퓨팅을 제공할 수 있는 시스템을 의미한다. 여기에는 그림 5.24에 나타나 있는 것처럼 개발 과정, 하드웨어 자원, 데이터 관리, 보안 표준 등의 기술을 필요로 한다. 클라우드로 이주하려는 고객은 비용과 함께 신뢰성 있는 시스템을 중요한 선택 요소로 한다.

5.3 보안 대응 전략

이전 절에서 우리는 클라우드에서 발생 가능한 위협과 공격 사례를 네트워크, 서비스, 가상화 기술, 인증, 가용성, 중첩된 신뢰 경계, 설계/구현/설정, 그리고 컴플라이언스 측면에서 논의하였다. 이 절에서는 이러한 공격에 대응하는 전략들을 논의한다. 우선 클라우드 위협 대응 기법(counter measure)을 논의한다. 여기에는 암호화, 해시, 디지털 서명 등의 포함된다. 그리고 대응 기법 개발 시 고려해야할 클라우드 특성에 대해 논의한다.

5.3.1 클라우드 위협 대응 기법

대표적인 보안의 4가지 요구사항에는 기밀성(Confidentiality), 무결성(Integrity), 진정성(Authenticity), 그리고 가용성(Availability)이 있다. 기밀성을 제공하기 위한 대표적인 기법이 암호화(cryptography)이다. 한편, 무결성을 위해서는 해싱(hashing)을 사용한다. 진정성을 위해서는 디지털 서명(digital signature)을 사용한다. 마지막으로 가용성을 위해서는 중복과 모니터링 그리고 자원 풀(resource pool)을 활용한다.

암호화(Cryptography)

사람들이 생성한 데이터는 일반적으로 평문(plaintext)으로 되어있어 사람들이 인식 가능하다. 따라서 평문이 네트워크나 스토리지에서 공개되면 정보 유출로 이어진다. 반면 암호문(ciphertext)은 키 없이는 내용 파악이 불가능한 데이터 형태로 공개가 되어도 바로 정보 유출까지 연결되지는 않는다. 평문을 암호문으로 바꾸는 기법이 암호화이다. 암호화는 트래픽 도청(traffic eavesdropping), 악의적 중간자(malicious intermediary), 불충분한 인증(insufficient authentication), 중첩된 신뢰 경계(overlapped trust boundary) 등의 공격을 방어할 수 있다.

암호화는 키를 사용하는 방법에 따라 대칭키 암호화(Symmetric key cryptography)와 비대칭키 암호화(asymmetric key cryptography)로 구분된다. 대칭키 암호화는 암호화 단계와 복호화 단계에 같은 키를 사용한다. 반면 비대칭키 암호화는 각 단계에서 사용하는 키가 다르다. 구체적으로 개인키(private key)와 공개키(public key)가 있는데, 전송자가 수신자의 공개키로 암호화하여 데이터를 보내면, 수신자는 자신만이 알고 있는 개인키를 이용해 복호화한다. 다른 방법으로 전송자가 자신의 개인키로 데이터를 암호화해서 보내면, 수신자는 공개키로 복호화하여 데이터를 확인할 수 있다. 이를 통해 전송자를 인증할 수 있다.

대칭키 암호화는 다시 블록 암호화(block cipher)와 스트림 암호화(stream cipher)로 세분할 수 있다. 전자는 평문으로 블록 단위로 나누어 암호화한다. 반면, 후자는 문자 단위로 암호화한다. 블록 암호화 기법의 대표적인 예로 DES(Data Encryption Standard)와 AES(Advanced Encryption Standard)가 있다. 한편, 스트림 암호화의 대표적인 예로는 RC4(Rivest Cipher 4)가 있다. 비대칭키 암호화의 대표적인 예로는 RSA(Rivest, Shamir, Adleman)과 DSA(Digital Signature Algorithm)가 있다. RSA는 인수분해 문제(integer factorization problem)의 복잡도를 기반으로 암호화를 하며, DSA는 이산대수 문제(discrete logarithm problem)를 기반으로 한다.

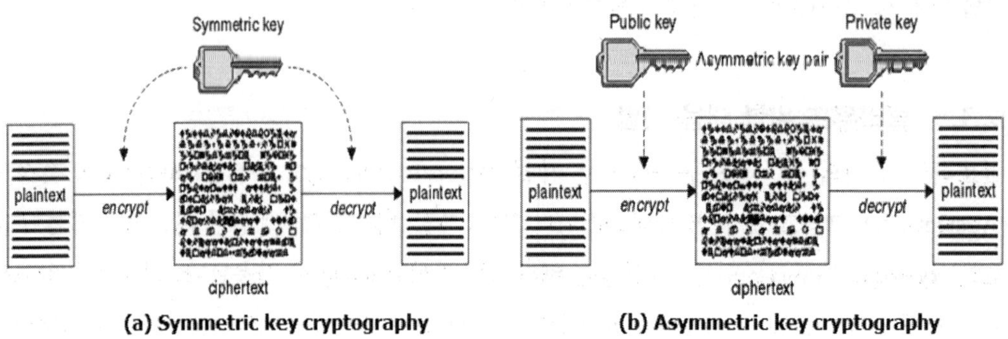

그림 5.25 ‖ 암호화 기법 [출처: https://www.ibm.com/support/ knowledgecenter/SSFKSJ_7.5.0/com.ibm.mq.sec.doc/q009800_.htm]

대칭키 암호화는 전송자와 수신자가 같은 키를 공유한다. 따라서 기밀성 뿐만 아니라 상대편을 인증할 수 있다는 장점도 있다. 반면 개인키로 암호화된 메시지는 공개키를 알고 있는 누구든 해독할 수 있다. 따라서 이 경우는 데이터 기밀성을 보장하지는 않는다. 그 대신 메시지의 일관성, 인증성, 그리고 부인 방지(non-repudiation)를 제공한다. 한편, 공개키로 암호화된 메시지는 기밀성을 제공하지만 인증성을 제공하지는 않는다.

해싱(hashing)

해싱(hashing)이란 많은 양의 데이터를 그보다 적은 크기의 데이터로 매핑시키는 데이터 관리 기법 또는 O(1) 복잡도로 탐색하는 기법을 의미한다. 이러한 특징을 이용하면 데이터의 무결성 보장을 위한 기법으로 활용할 수 있다. 그림 5.26은 이러한 예를 보여준다.

그림에서 서버는 자신이 관리하고 있는 문서들에 대해 해싱된 값을 함께 관리한다. 이 그림에서는 SHA-2라는 해시 알고리즘을 사용하는 예이다. 고객은 이 문서를 하나 다운받을 때 해시 값도 함께 다운받는다. 그리고 다운받은 문서를 가지고 해시를 계산하고, 이를 다운받은 해시 값과 비교한다. 만일 두 값이 동일하면 다운받은 문서의 무결성을 보장할 수 있다.

이러한 해시 계산에 사용하는 해시 알고리즘은 단방향(one-way)이고, 동일한 크기의 해시를 생성할 수 있으며, 충돌이 많이 발생하지 말아야 하며(collision resistance), 입력 데이터의 약간에 변화가 생기더라도 해시 결과가 크게 바뀌는 특성이 있어야 한다. 이 중에서 단방향은 해시와 암호화를 구분하는 가장 큰 특징이다. 즉, 암호화된 문서는 복호화 가능하지만, 해시 값으로부터 원본 문서를 구하는 것(de-hash라고 함)은 불가능하다. 이런 이유로 해시는 비밀번호 저장에도 이용된다.

대표적인 해시 알고리즘은 MD5(Message-Digest 5)와 SHA(Secure Hash Algorithm)- 0/1/2, 그리고 CRC(Cyclic Redundancy Check)가 있다. MD5는 입력을 512비트들로 나누고 이들을 결합하여 128비트로 구성된 해시 값(메시지 다이제스트라고도 불림)을 생성한다. SHA는 0, 1, 2로

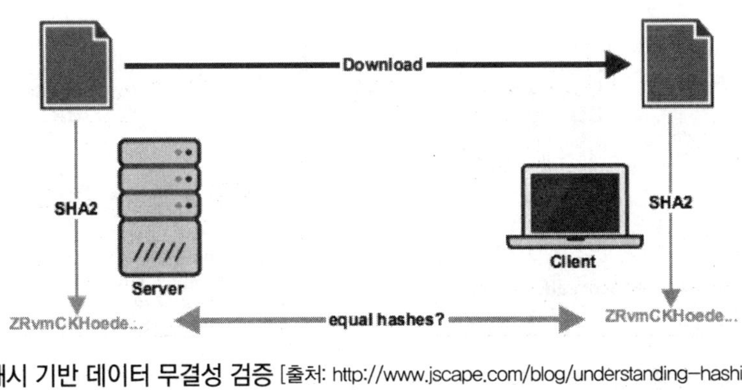

그림 5.26 ‖ 해시 기반 데이터 무결성 검증 [출처: http://www.jscape.com/blog/understanding-hashing]

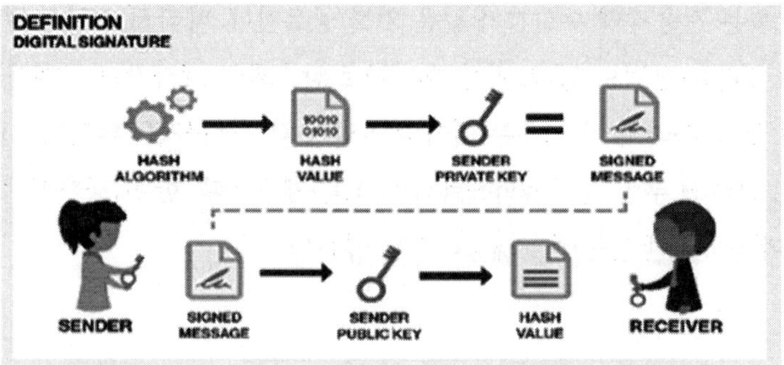

그림 5.27 ‖ 디지털 서명 [출처: searchsecurity.techtarget.com/definition/digital-signature]

구분하는데, 초기 제안을 SHA-0, 160비트 해시를 생성하면 SHA-1, 224, 256, 384 또는 512 비트를 생성하면 SHA-2이라고 부른다. CRC는 보안 알고리즘이 아니며, 사실 단방향 특성을 만족하지는 않는다.

디지털 서명(Digital Signature)

해시는 데이터 무결성을 보장한다. 여기에 인증 및 부인 방지까지 보장하는 방법이 디지털 서명이다. 그림 5.27은 디지털 서명을 사용하는 예를 보여준다.

그림에서 전송자는 자신의 문서에 대한 해시를 생성한다. 그리고 자신의 개인키로 해시 값을 암호화한다. 암호화된 해시 값을 디지털 서명이라고 한다. 그리고 이 서명을 문서에 붙여 함께 수신자에게 보낸다. 수신자는 받은 문서를 가지고 역시 해시 값을 계산한다. 그리고 전송자의 공개키를 이용해 디지털 서명을 복호화한다. 이 결과와 문서로부터 계산한 해시 값이 일치하

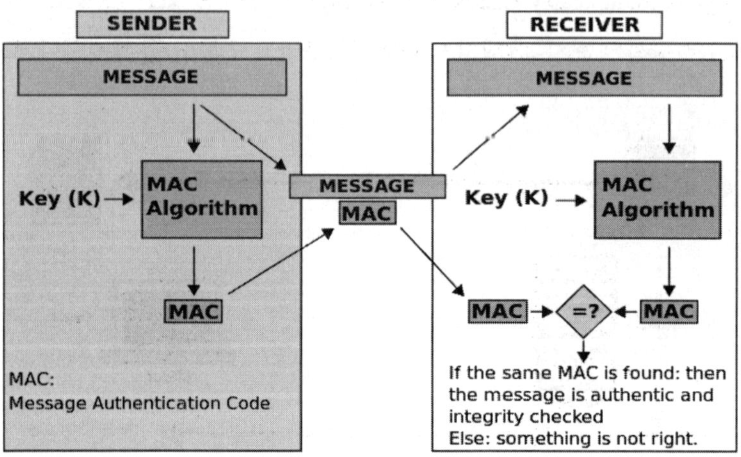

그림 5.28 ‖ 메시지 인증 코드 [출처: https://en.wikipedia.org/wiki/Message_authentication_code]

면 문서의 일관성을 보장할 수 있다. 또한 공개키 동작을 통해 이 문서가 전송자로 부터 왔음을 보장받을 수 있다.

메시지 인증 코드(message authentication codes, MAC) 역시 전송 메시지의 무결성과 전송자 인증을 위해 사용된다. 전송자는 전송할 메시지와 비밀키를 이용해 MAC을 생성한다(MAC은 태그라고도 불린다). 그리고 이를 메시지와 함께 수신자에게 보낸다. 수신자는 공유하는 비밀키와 MAC을 이용해 전송자를 인증할 수 있다. 그림 5.28은 이러한 과정을 보여준다. MAC은 해시 기반 MAC(HMAC), 원타임 MAC(One-time MAC) 등으로 확장되었다.

5.3.2 클라우드 특성 고려

암호화는 시스템에서 보안을 고려할 때 가장 기본적으로 사용되는 기법이다. 클라우드 서비스에서 암호화가 활용되는 대표적인 예는 HTTPS이다. 이것은 HTTP(HyperText Transfer Protocol)와 SSL/TLS가 통합된 것이다. TLS(Transport Layer Security)는 SSL(Socket Security Layer)의 후속 프로토콜로 데이터 전송을 위해 대칭키를 사용하고, 키 교환을 위해 비대칭키를 사용한다.

많은 클라우드 제공자가 도입하는 강력한 인증 및 권한 부여 시스템은 클라우드에서 발생 가능한 다양한 공격들을 예방할 수 있다. 예를 들어 해싱과 디지털 서명은 메타데이터 스푸핑 또는 멀웨어 공격을 줄일 수 있다. 한편, DoS나 DDoS의 경우에는 트래픽 모니터링, 클라우드 고객 행위 분석, 유연한 자원 할당, 수직적/수평적 자원 중복 등의 기법으로 완화할 수 있다. 특히, 가상화 기술을 기반으로 안전한 허니팟을 구축하고, 이를 기반으로 공격자의 행태를 분석하는 것은 매우 중요하다.

그런데, 이때 고려해야 할 것은 암호화 자체만으로 완벽한 보안을 제공하는 것은 아니라는 것이다. 잘못된 가정이나 구현/설정 상의 실수 또는 잘못된 암호의 선택은 단순한 공격에도 시스템을 위험 상태로 만든다. 특히 많은 암호 알고리즘은 계산상으로 불가능한(computationally unfeasible) 문제들에 기반을 둔다. 하지만 최근 멀티코어의 발전, 많은 개수의 물리/가상 서버 이용 가능, GPGPU와 Deep learning 그리고 양자컴퓨팅 기술의 발전 등은 이러한 가정을 약하게 하고 있다. 특히 패스워드를 잘 예측해 주는 크랙 알고리즘(crack algorithm)의 발전으로 Brute-first attacks는 점점 증가되는 추세이다.

SUMMARY

이 장에서는 우선 기밀성, 무결성, 가용성, 그리고 진정성이라는 4가지 보안 요구 조건에 대해 논의하고, 이를 구현하는 기법들을 살펴보았다. 그리고 클라우드 환경에서 발생 가능한 데이터 유출, 트래픽 하이잭킹, 서비스 거부, 악의적인 내부자, 클라우드 서비스 남용, 불충분한 실사, 공유 기술 취약성 등과 같은 공격 사례를 알아보고, 이들을 네트워크 관련 위협, 서비스 관련 위협, 가상화 관련 위협, 인증 및 접근 권한 관련 위협, 가용성 관련 위협, 중첩된 신뢰 경계 관련 위협, 잘못된 구현 관련 위협, 컴플라이언스 관련 위협 등 8가지 위협으로 구분하여 논의하였다. 마지막으로 이러한 위협의 대응 방안으로 암호화, 해싱, 서명을 알아보고, 이때 고려해야 할 클라우드 특성을 살펴보았다.

제6장

클라우드 관리 기술

클라우드에는 컴퓨팅, 메모리, 저장소, 네트워크 등과 같은 다양한 자원들이 복잡하게 연결되어 있으며, 이를 기반으로 IaaS, PaaS, SaaS 등 다양한 서비스들이 고객들에게 제공된다. 고객의 서비스 수준(service level)에 맞게 자원들이 제공되어야 하며, 만일 품질 보장이 어려우면 추가 자원을 동적으로 할당해야 한다. 한편, 고객의 자원 사용은 지속적으로 모니터링(monitoring)되어야 하며, 이를 기반으로 과금(billing)되어야 한다. 만일 특정 자원에 문제가 발생하면 투명하게 복구(failover)할 수 있어야 하며, 자원 사용이 적절한지 감사(audit)할 수 있어야 한다. 이러한 모든 작업은 클라우드 관리 기술에 포함되며, 클라우드 성공의 핵심 요소이다.

6.1 관리 기술 소개

6.1.1 클라우드 서비스 모델과 관리 기술

그림 6.1은 D. Fernandes의 "클라우드 환경에서 보안 이슈"라는 논문에서 나온 클라우드 컴퓨팅 스택 구조이다. 그림 왼쪽에서 볼 수 있듯이 클라우드 스택은 크게 클라우드 서비스 공급자와 고객으로 구분된다. 그리고 공급자는 다시 지원 IT 인프라스트럭처와 3가지 서비스 모델로 세분된다.

지원 IT 인프라스트럭처는 데이터 센터와 같은 설비, 서버와 네트워크와 같은 하드웨어, 그리고 오픈스택(OpenStack) 같은 클라우드 운영체제로 구성된다. 한편, 서비스 모델은 IaaS, PaaS, 그리고 SaaS로 나뉜다. IaaS는 가상 자원과 물리 자원 집합, 컴퓨팅/스토리지/네트워크 같은 기반 인프라 서비스와 데이터베이스 같은 상위 인프라 서비스로 구성된다. PaaS는 프로그래밍 환경과 수행 환경, 및 수행 컨테이너로 구성된다. 마지막으로 SaaS는 기본 응용 서비스, 복합

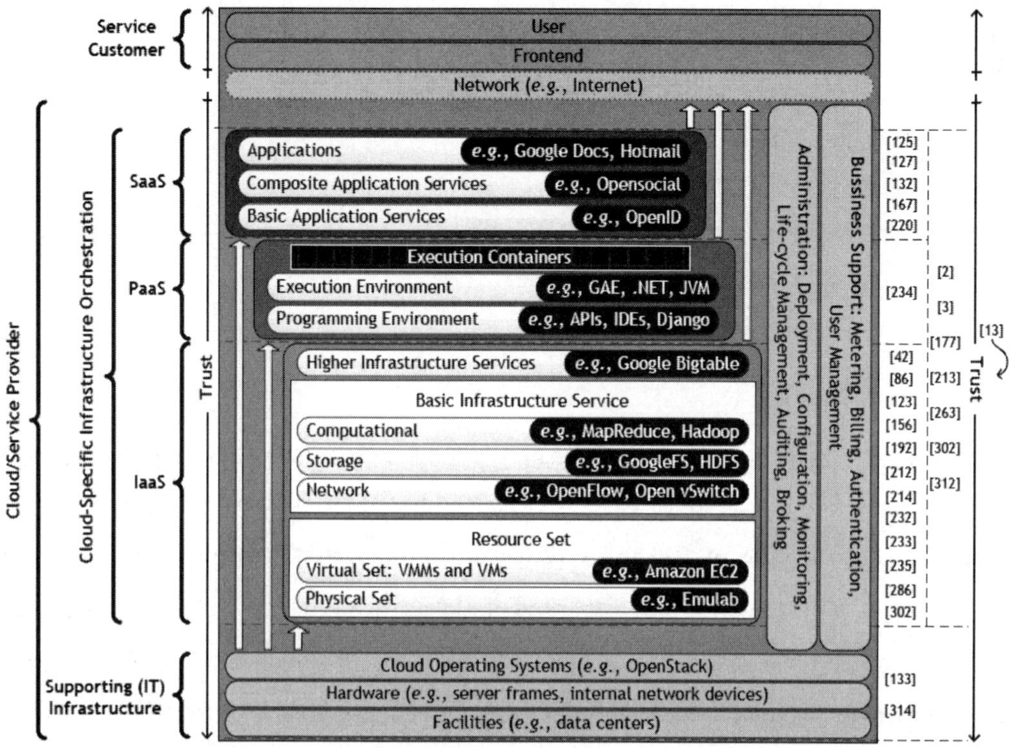

그림 6.1 ▌ 클라우드 컴퓨팅 스택 [출처: D. Fernandes et al., "Security Issues in Cloud Env.–A Survey", International Journal of Information Security, 2013]

응용 서비스, 그리고 응용 자신들로 구성된다.

그림 오른쪽에는 클라우드 관리 기술들이 존재한다. 관리 기술은 관리(administration)와 비즈니스 지원(Business support)로 크게 구분된다. 관리에는 전개(deployment), 구성(configuration), 모니터링(monitoring), 생명 주기 관리(lifecycle management), 감사(auditing), 그리고 중개(broking) 등을 포함한다. 한편, 비즈니스 지원에는 미터링(metering), 과금(billing), 인증(authentication), 사용자 관리(user management) 등을 포함한다

각 서비스 모델에서 필요한 주요 관리 기술을 논의하면 다음과 같다. 우선 IaaS의 대표적인 예는 아마존의 EC2와 GoGrid, Google Compute Engine 등이 있다. 여기에서는 물리 또는 가상 서버들을 유연하고 필요에 따라 동적으로 할당할 수 있는 관리 기술이 요구된다. 또한 저장소, 네트워크 등의 제공과 함께 외벽(방화벽, 침임 탐지 시스템 등을 기반으로 함), 부하 균등 등과 같은 관리 기술이 요구된다. PaaS의 예로는 Google App Engine와 마이크로소프트의 애저(Azure) 등이 있으며, 이 경우에는 플랫폼 유지 보수, 플랫폼 고립 및 SOA(Service Oriented Architecture) 관리 등의 기술이 필요하다. 한편, SaaS에는 Google Apps, MS Office 365, 세일즈

포스닷컴의 CRM, Sharelatex 등이 있으며, 여기에는 소프트웨어 설치 및 유지 보수, 사용자 인터페이스 제공 등의 관리가 요구된다.

클라우드 서비스 모델 뿐만 아니라 전개 모델에서도 다양한 관리 기술이 요구된다. 예를 들어 퍼블릭 클라우드에서는 인프라스트럭처가 클라우드 제공자에 의해 소유되고 고객은 웹 인터페이스를 통해 접근하는 것이 일반적이다. 클라우드 제공자는 다양한 고객들의 서비스를 동시에 지원하기 때문에 확장성, 다중 임차인 허용 등이 필요하다. 또한 서비스 수준 계약(SLA)이 잘 정의되어야 한다. 클라우드 고객 입장에서는 보안성이 좀 약하기는 하지만 비용 측면에서는 장점이 있다.

반면, 프라이빗 클라우드에서는 인프라스트럭처를 고객 또는 제3자가 소유하는 것이 일반적이며, 좀 더 보안에 강하지만 가격이 높다. 클라우드 자원은 방화벽 또는 외벽으로 보호된다. 여기에서는 상호운용성과 결함 허용 관리가 중요하다. 하이브리드 클라우드는 퍼블릭과 프라이빗 클라우드의 장단점을 함께 가지고 있으며, 따라서 관리는 좀 더 복잡해진다. 마지막으로 커뮤니티 클라우드는 공통의 관심사를 가지는 사람 또는 조직들이 모인 것으로 효과적인 공유와 컴플라이언스가 잘 지원되어야 한다.

6.1.2 클라우드 관리 기술 사례

B. Prasad가 쓴 "A Taxonomy and Survey of Cloud Computing Systems"라는 논문에는 대표적인 클라우드 제공자들이 지원하는 관리 기술들을 보여준다. 그림 6.2는 논문의 내용을 기반으로 저자가 정리한 관리 기술 사례를 보여준다.

아마존 EC2는 IaaS 서비스 모델을 따른다. 가상화를 위해서는 Xen 하이퍼바이저를 기본으로 하며 동시에 VMware, KVM 등도 지원한다. 라운드 로빈 기반 부하 균등 기법을 사용하고 있으며, failover와 resync 기술을 통해 고가용성을 지원한다. 수평적인 상호운용성을 지원하며, 저장소로는 아마존 S3을 사용한다. 보안을 위해 SSL을 사용하며, 프로그래밍은 아마존 맵리듀스(MapReduce) 프레임워크를 사용한다.

구글 GAE(Google App Engine)는 PaaS 서비스 모델을 따른다. 또한 다중임차인 구조, 자동 스케일링, 서버 다중화를 부하 균등과 결함 허용 기술로 사용한다. 역시, 다른 플랫폼에 대한 수평적 상호운용성을 지원하며, 비정형 데이터베이스인 BigTable과 안전한 데이터 연결, 맵리듀스 프로그래밍 프레임워크를 지원한다.

한편, 마이크로소프트 애저(Azure)는 Hyper-V, HW 수준 부하 균등, 컨테이너 기반 복구 기술을 지원한다. 그리고 저장소로 SQL 서버와 .NET을 프로그래밍 프레임워크로 지원한다. 세일즈포스닷컴은 SaaS 서비스 모델을 따른다. 응용 수준에서 공유기술을 제공하며, 임차인 간에 부하

	Amazon EC2	Google App Engine	MS Azure	Force.com
Architecture	EC2	Google's geo-distributed architecture	Internet-scale cloud service	Multitenant architecture
Service	IaaS	PaaS	PaaS	SaaS
Virtualization	Xen Hypervisor	Multitenant architecture	Hyper-V	Same version of application
Load balancing	Round-robin load balancing	Automatic scaling	Built-in HW load balancing	Load balancing among tenants
Fault tolerance	HA Proxy, Automatic alert, failover/resync	fault tolerant servers	Container based recovery	Self tuning
Interoperability	horizontal interoperability	interoperability btw different platforms	interoperable platform	Application level integration
Storage	S3, Simple DB	BigTable	SQL Server	Force.com DB
Security	SSL-protected API, Access control	Google Secure Data Connector	Security assertion	Platform security framework
Programming	Amazon MapReduce Framework	MapReduce	.NET	Apex language, JAVA

그림 6.2 ┃ Cloud Taxonomy [출처: B. Prasad et al., "A Taxonomy and Survey of Cloud Computing Systems", Joint Conf. on INC, IMS and IDC, 2009]

균등과 자가 튜닝을 기반으로 결함 허용을 지원한다. 응용 수준 통합 기법과 자체 데이터베이스를 제공하며, 플랫폼 수준 보안 프레임워크와 Apex와 JAVA 언어를 지원한다.

이상의 논의에서 우리는 클라우드를 위해서는 다양한 관리 기술이 요구되는 것을 알 수 있다. 이후 우리는 모니터링 기술, 자원 관리 기술, SLA/과금 기술로 구분하여 각 관리 기술을 자세히 살펴본다.

6.2 클라우드 모니터링 기술

6.2.1 자원 사용 모니터링

클라우드는 고객이 사용한 만큼 비용을 지불하는 모델이며 따라서 고객의 자원 사용량(cloud resource usage) 모니터링은 핵심적인 관리 기술이다. 일반적으로 모니터링 기능은 독립적이고 자율적으로 동작하는 소프트웨어 에이전트(agent)로 구현된다. 에이전트 구현 방식은 3가지가 있다.

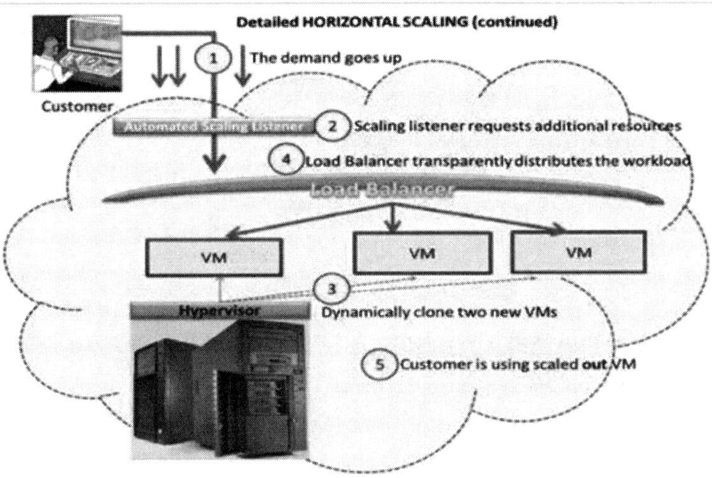

그림 6.3 | Automatic Scaling Listener [출처: https://zakalper.wordpress.com]

- **수동적인 방식**: 에이전트가 자원 사용 요청 흐름 경로에 위치하면서 요청과 할당을 모니터링. 자원 할당을 담당하는 다른 에이전트들에게 모니터링 에이전트는 투명(transparent)하다.
- **능동적인 방식**: 모니터링 에이전트가 다른 자원 할당 에이전트들에게 자원 사용 상태를 보고받는 방식. 자원 상태 변화가 생길 때마다 이를 정확하게 인지할 수 있다.
- **주기적인 모니터링**: 주기적으로 모니터링 에이전트가 다른 자원 할당 에이전트에게 자원 사용 상태를 문의하는 방식. 자원 할당 변화가 급격하지 않은 자원에게 적절하다. 하트비트(heartbeat) 메시지도 이러한 방식의 예이다.

사용별 지불 모니터(Pay-Per-Use Monitor)는 고객의 자원 사용량을 모니터링하고 지불하기로 한 비용과 일치하는지 조사한다. 주로 모니터링 하는 것은 request/response 횟수, 전송 데이터 용량, CPU 사용량, 저장된 데이터 용량 등이다. 또한 6.4절에서 설명할 과금 관리 시스템과 연동하여 사용요금 계산(fee calculation)을 위한 로그를 생성한다.

그림 6.3은 자동 스케일링 리스너(automatic scaling listener)라는 모니터링 에이전트 기능을 보여준다. 이 에이전트는 동적 자원 확장/축소를 목적으로 클라우드 고객과 서비스 간에 통신을 모니터링 한다. 그림에서 볼 수 있듯이 이 에이전트는 클라우드의 경계 부분에 위치하여 고객 요청의 볼륨 또는 요청이 유발시킨 프로세싱의 크기를 측정한다. 측정 결과를 부하 균형자(load balancer)에게 전달하거나, 또는 SLA 에이전트로 전달하여 고객과 새로운 계약을 유도한다.

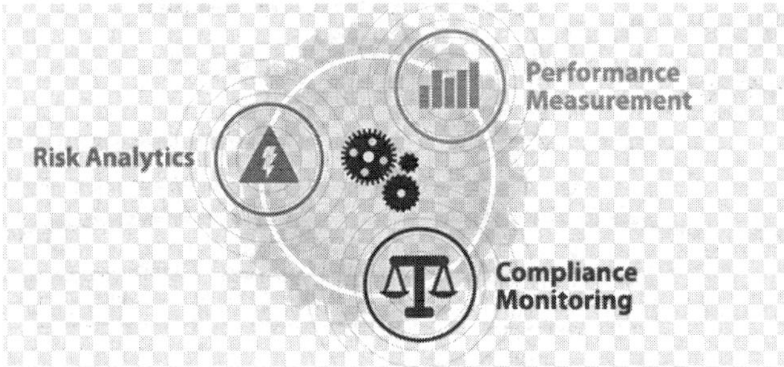

그림 6.4 ∥ 성능 측정, 위협 관리 그리고 컴플라이언스 모니터링 [출처: clearwater-anal ytics.com/other-institutions/solutions/investment-analytics-compliance-monitoring]

6.2.2 서비스 품질 모니터링

클라우드 고객은 자신이 사용한 만큼 비용을 지불하며, 고품질이 필요할 경우 비용을 추가로 지불한다. 한편, 클라우드 제공자는 고객이 요구한 서비스 수준을 만족시켜야 한다. SLA 모니터는 SLA 상에 명시된 서비스 수준을 만족하는지 모니터링 한다. 구체적으로 응답시간, 처리율, 대기시간 등 다양한 QoS(Quality of Service) 기준(metric)이 모니터링 된다. 여기서 측정된 기준들은 6.4절에서 논의할 SLA 관리 시스템에서 분석되고, 그 결과가 SLA 보고서로 제출된다.

감사(Audit) 모니터는 서비스 운용이 공급자가 설정한 기준 또는 고객과의 계약에 맞는지 여부를 검증하기 위한 자료를 모니터링 한다. 주로 네트워크 또는 자원에 대한 사용 패턴을 측정한다. 예를 들면 로그인 횟수, 이때 사용한 자격(credential) 증명 방법, 실패 횟수, 로그인을 시도한 사이트 및 시간 등의 정보 등을 로그에 기록한다. 만일 로그인 실패 횟수가 제공자의 기준 이하로 떨어졌다면 그 원인을 파악하고 해결 방법을 적용한다.

컴플라이언스(compliance) 모니터링은 비즈니스 프로세스가 클라우드 제공자의 기준 뿐만 아니라 법이나 규정(regulation)에도 맞는지 내부 통제는 정확하게 이루어지고 있는지 조사한다. 특히, 자신의 데이터가 영외에 존재하는 클라우드에서는 법적, 정치적, 지리적 이슈들에 대한 거버넌스와 회계 책임(accountability) 등을 관리하는 것이 중요하다. 컴플라이언스는 그림 6.4에 보이는 것처럼 성능 측정, 위험 분석만큼 중요한 한 축으로 자리 잡고 있다.

6.3 클라우드 자원 관리 기술

본 절에서는 클라우드 자원 관리의 핵심 기술인 부하 균등 기술과 장애극복 기술을 알아본다.

그리고 가상 인프라스트럭처 관리(VIM, Virtual Infrastructure Management)와 식별자 및 접근 관리(IAM, Identity and Access Management) 기술에 대해 논의한다.

6.3.1 부하 균등(Load Balancing) 기술

클라우드 제공자에게 부하 균등 기법은 성능 향상 뿐만 아니라 가용성도 증가시킬 수 있는 핵심적인 관리 기술이다. 이를 위해 아마존 EC2는 ELB(Elastic Load Balancing), 구글은 GCE(Google Compute Engine) 부하 균등기(load balancer), 마이크로소프트는 애저 부하 균등기라는 기술을 사용하고 있다. 그림 6.5는 마이크로소프트 애저 부하 균등기 구조를 보여준다. 애저는 웹 층, 데이터베이스 층, 서버 층 등 다양한 층에서 부하균등을 시도한다. 또한 작업 부하 기반 선택, 해시 기반 선택 등 다양한 서버 선택 정책을 지원한다.

부하 균등 기술에서 핵심은 작업을 분배하는 정책이다. 분배는 다음과 같은 정책이 가능하다. 첫째는 비대칭적 분배(Asymmetric distribution)이다. 이것은 서버의 처리 능력과 현재 워크로드를 고려하여 비대칭적으로 작업을 분배한다. 결국 이 정책은 각 워크로드가 유사한 처리 능력을 할당받을 수 있도록 배치한다. 두 번째 정책은 워크로드 우선순위(workload priority)를 고려한 분배이다. 이 정책은 우선순위가 높은 워크로드에게 좀 더 많은 처리 능력을 제공한다. 세

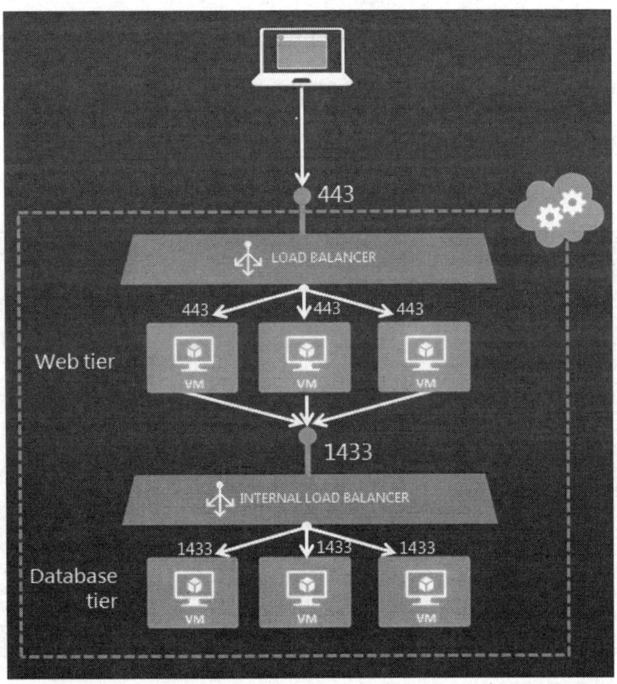

그림 6.5 ‖ 애저 부하 균등기 [출처: https://azure.microsoft.com/en-us/ documentation/articles/load-balancer-internal-overview/]

번째 방법은 컨텐츠 인지(contents-aware) 분배이다. 예를 들어 요청이 특정 데이터를 필요로 하면, 지역성을 고려하여 그 데이터에 가까이 있는 서버로 분배한다.

6.3.2 장애극복(Failover) 기술

장애극복 기술이란 특정 서비스에 문제가 발생하였을 때에도 지속적으로 그 서비스를 지원하여 신뢰성과 가용성을 높이는 기술이다. 이를 위한 기술은 크게 2가지 접근 방법으로 구분할 수 있다. 첫 번째 방법은 active-active 방법이다. 이것은 중복된 자원에서 요청을 동시에 처리하고, 이 중에 하나만 응답한다. 가용성을 높임과 동시에 두 서버 중에서 처리가 더 빠른 것을 응답하기 때문에 응답시간 단축의 효과도 있다.

두 번째 접근 방법은 active-passive 방법이다. 이 방법도 active-active처럼 중복된 자원을 활용한다. 차이점은 고객의 요청을 하나의 서버에서 처리하고 다른 서버는 대기 상태로 데이터 동기화만 수행한다. 이때 active 서버에 고장이 발생하면 대기하던 서버가 액티브 상태가 된다. 사실 대기하던 서버는 대기 중에 다른 용도로 활용할 수도 있다. 따라서 active-passive 방법은 서버의 활용률이 더 높다. 반면, active-active 방법은 서비스 다운타임이 더 짧다는 장점이 있다.

그림 6.6은 마이크로소프트 애저의 트래픽 관리자 기반 장애극복 기법을 보여준다. 이 기법은 active-passive 접근 방법을 사용하고, 상태 동기를 위해 데이터베이스 미터링을 도입하였다. 한편, 주 서버와 부 서버를 서로 다른 지역에 배치하여 지역적 문제도 고려하고 있음을 보여준다. 이러한 고려는 단일 고장점(single point of failure)을 줄이려는 원칙으로, 마이크로소프트 애저 뿐만 아니라 아마존 EC2, 구글 GCE 등에서도 이용하고 있다.

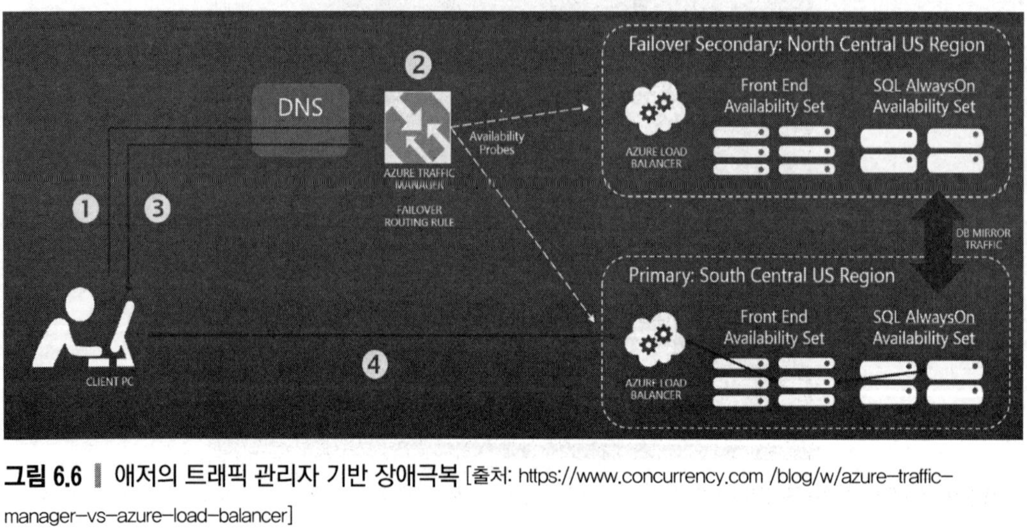

그림 6.6 ‖ 애저의 트래픽 관리자 기반 장애극복 [출처: https://www.concurrency.com /blog/w/azure-traffic-manager-vs-azure-load-balancer]

두 개의 중복을 여러 개로 확장하면 더욱 높은 신뢰성을 확보할 수 있다. 구글에서는 데이터를 저장할 때 1개의 원본과 2개의 복사본을 저장한다(결국 3개의 데이터 중복). 클러스터 시스템은 여러 개의 IT 자원을 마치 하나인 것처럼 추상화한다. 이를 통해 고가용성 뿐만 아니라 서버 통합(consolidation)의 장점도 제공한다.

6.3.3 가상 인프라스트럭처 관리(VIM, Virtual Infrastructure Management) 기술

VIM은 가상 인프라스트럭처를 관리하는 기술이다. 이것은 다중 물리 서버와 가상 서버들을 유연하게 통합하여 동작하게 해주며, 하드웨어 가상화, 스토리지 가상화, 데이터 동기화 및 백업 등의 기능을 지원한다. 이를 통해 동적 자원 생성, 요구 기반 자원 할당, 다운타임 최소화 등의 특징을 제공한다. 대표적인 가상 인프라스트럭처 관리자로는 VMware의 vSphere, 시트릭스의 Essentials, 리눅스 기반의 Enomaly ECP(Elastic Computing Platform) 등이 있다.

그림 6.7은 VMware의 가상 인프라스트럭처 관리 예를 보여준다. 이것은 다중 VMM(Virtual Machine Monitor)들을 관리하고 조율한다. 일반적으로 한 VMM은 하나의 물리 서버에 존재하는 물리 자원들을 자신이 생성한 가상 머신들에게만 제공한다. 반면, VIM은 다중 물리 서버에 대한 다중 하이퍼바이저의 관리 기능들을 제공한다. 한편, VMware는 가상 머신 이주 기능인 VMotion, 동적 프로비저닝, 통합된 백업(Consolidated backup), 분산 스위치, 직접 연결 디스크

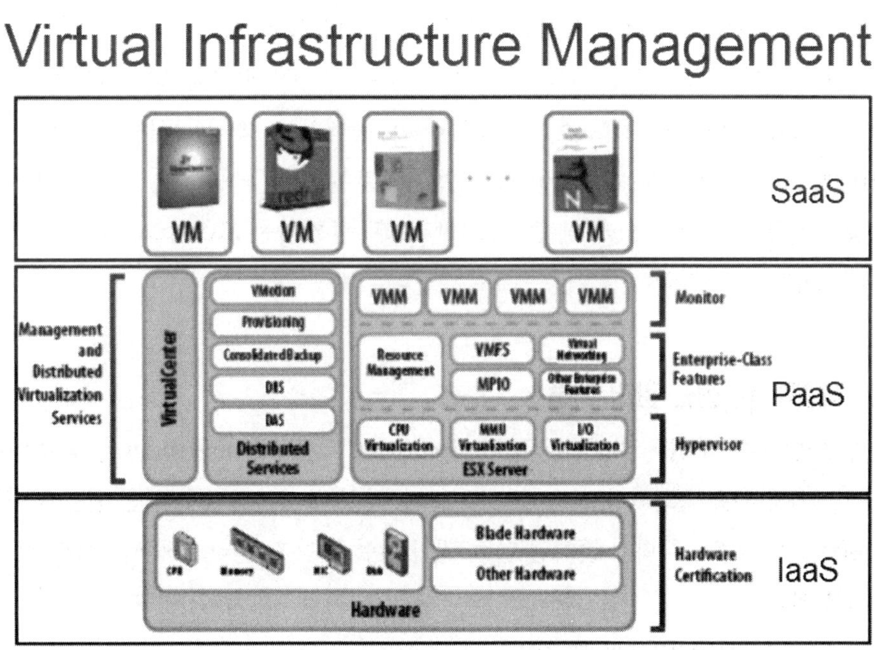

그림 6.7 ∥ Virtual Infrastructure Management [출처: http://slideplayer.com/slide/4244884]

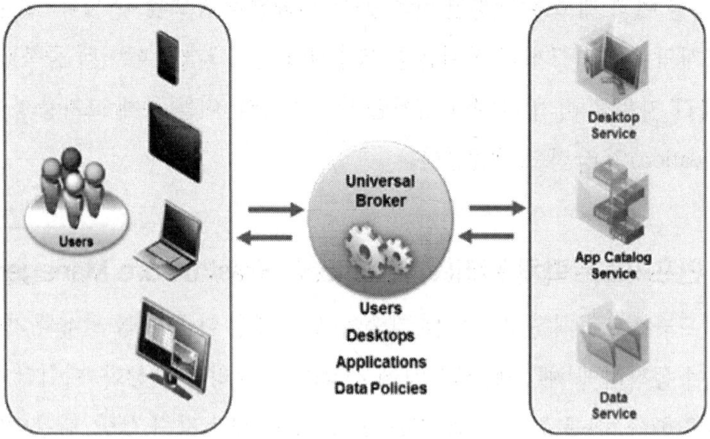

그림 6.8 | VMware의 Universal Device Broker [출처: http://xtravirt.com/its-not-post-pc-era-its-multi-device-era/blog]

등의 분산 서비스를 지원한다.

VIM의 또 다른 필요성은 인터-클라우드(Inter-cloud)에 대한 요구이다. 이것은 서로 독립적인 클라우드를 통합하여 유연하게 협동할 수 있도록 만드는 기술로, 클라우드 고객이 특정 제공자에게 속박되지(lock-in) 않고 여러 클라우드를 활용할 수 있게 해준다. 이를 위해서는 표준화(standard)와 상호운용성(interoperability)이 필요하다. 또한 다양한 가상 머신들이 서로 이동하며 공통의 프로토콜을 사용하며, 거버넌스 고려도 반영되어야 한다.

한편, 클라우드 고객이 점점 다양한 디바이스들을 사용함에 따라, 다중 디바이스 중개자(multi-device broker)의 필요성도 증가하고 있다. 이 중개자는 그림 6.8처럼 각 디바이스의 특성과 인터페이스에 맞게 데이터를 런타임에 변환해주는 역할 담당하며, 결국 디바이스 간에 비일관성 문제를 극복할 수 있게 해 준다. 일반적으로 중개자는 XML gateway, Mobile device gateway 등과 같이 게이트웨이의 기능으로 구현된다.

6.3.4 식별자 및 접근 관리 기술

적절한 인증 및 권한 부여를 위해서는 IAM(Identity and Access Management)가 중요하다. 이것은 클라우드에서 사용자/회사 식별자 추적 및 관리, 자원/데이터에 대한 접근 권한 제어들 포함한다. IAM는 그림 6.9에 나타난 것처럼 인증, 권한 부여, 사용자 관리, 집중된 저장소라는 4가지 요소로 구성된다.

각 구성 요소를 설명하면 다음과 같다.

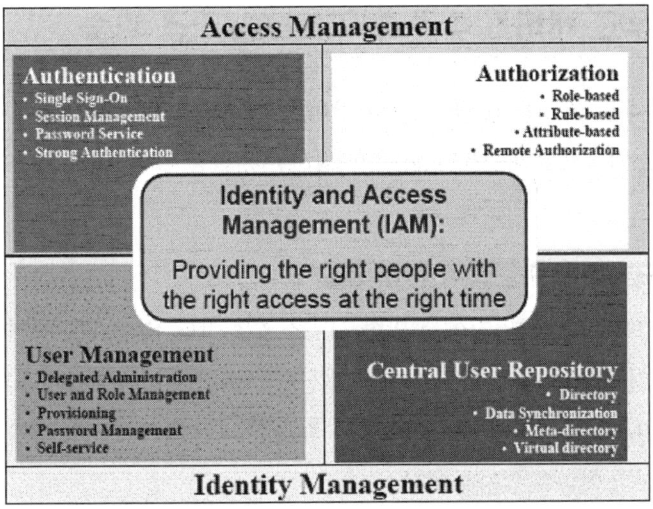

그림 6.9 | IAM(Identity and Access Management) [출처: https://www.polyu.edu.hk/ags/Newsletter/news0911/IAM_details.html]

- **인증(Authentication)**: 고객이 충분한 자격을 보이고 이를 통해 자원/데이터 접근을 위한 초기 권한을 획득하는 것을 의미한다. 사용자 이름과 비밀번호가 가장 많이 사용되는 인증 방법이다. 하지만 최근에 디지털 서명, 생체 신호, 등록된 IP/MAC 주소 등을 사용하기도 한다. 인증되면 세션이 유지되고, 로그아웃 또는 타임 아웃될 때까지 유지된다. SSO를 지원하면 한 세션으로 다양한 클라우드 서비스를 이용할 수 있다.
- **권한 부여(Authorization)**: 고객이 특정 자원/데이터를 사용 가능한지 결정한다. 고객의 요청(예를 들어 URL 요청)이 접근 가능한지 정책과 데이터베이스로 확인하는 과정으로 구성된다. 역할 기반 접근 제어, 규칙 기반 접근 제어, 원격 접근 제어 정책, 접근 권한 부여 단위(granularity) 등이 포함된다.
- **사용자 관리(User Management)**: 사용자 관리, 비밀번호 관리, 역할/규칙 관리, 사용자 생명 주기(user lifecycle) 관리 등으로 구성된다. 사용자 관리는 중앙 집중적 또는 특정 회사에 위임되어 관리되기도 한다. 위임되어 셀프 서비스 형식으로 관리되면 시점에 맞는 사용자 관리 및 정확한 유지 관리 등의 장점을 얻을 수 있다.
- **집중된 저장소**: 식별자를 안전하게 저장하고 필요한 서비스에게 제공하는 역할을 담당한다. 예를 들어 고객이 자신의 자격(credential)을 제공하면, 적법한지 어떤 권한 부여가 가능한지 등을 결정한다. 또한 디렉터리 서비스(directory service), 동기화 서비스, 가상 디렉터리 통합(virtual directory consolidation) 등의 기능을 제공한다.

6.4 클라우드 서비스 수준 협약(SLA)/과금 기술

본 절에서는 클라우드 고객과 공급자 간에 서비스 수준 협약(Service Level Agreement, 이후 SLA)을 맺고, 이를 기반으로 과금(billing)을 관리하는 기술을 살펴본다.

6.4.1 클라우드 서비스수준협약 관리 기술

SLA란 클라우드 고객과 제공자 간에 동의한 서비스 수준이다. SLA에는 여러 가지 인자들이 포함되는데, 대표적인 예로는 응답시간, 데이터 통신량, 서비스 시간 편차, 다운타임, 보안 수준 등이 있다. 대역폭이나 저장 공간, 처리 능력 등은 측정 가능한 SLA 인자들이며 보안 수준이나 거버넌스는 정량화하기 어려운 인자들이다.

2012년 TTA 저널에 나온 송석현의 "클라우드 컴퓨팅 SLA에 대한 고려사항"이라는 논문에 따르면, IT 서비스를 제공받는 고객사와 서비스 공급자는 서로의 상호관계를 올바르게 인식해야 하며, 각자의 요구사항 및 기대치에 대한 정의가 필요하다. 따라서 요구사항 및 기대치 대한 명확한 합의를 정의해야 하며, 이에 대한 관리 방법의 하나가 SLA이다.

유럽에서 출간된 클라우드 SLA 표준 가이드라인에는 SLA의 8가지 기본 원리를 설명하고 있다 [출처: https://ec.europa.eu/digital-single-market/en/news/cloud-service-level- agreement-standardisation-guidelines]. 각 기본 원리는 다음과 같다.

1) 기술 중립(Technology Neutral)
2) 비즈니스 모델 중립(Business Model Neutral)
3) 세계적으로 적용 가능(World-wide applicability)
4) 명백한 정의(Unambiguous definitions)
5) 비교 가능한 서비스수준 목표(Comparable Service Level Objectives)
6) 공개를 통한 일치(Conformance through disclosure
7) 다양한 고객 지원
8) 클라우드 특성 반영

이때 서비스 수준 목표(Service Level objectives, 이후 SLO)는 다음과 같은 내용들을 포함한다.

- 성능 SLO: 가용성(Availability), 응답 시간(Response Time), 용량(Capacity), 역량 지시자(Capability Indicators), 지원(Support), 가역성(Reversibility), 종료 프로세스(Termination Process)

- 보안 SLO: 서비스 신뢰성(Service Reliability), 인증과 권한허가(Authentication and Authorization), 암호(Cryptography), 보안사고 관리 및 보고(Security Incident management and reporting), 로깅과 모니터링(Logging and Monitoring), 감사와 보안 증명(Auditing and security verification), 취약성 관리(Vulnerability management), 거버넌스(Governance)
- 데이터 SLO: 데이터 분류(Data classification), 데이터 복제, 백업 및 복구(Data Mirroring, Backup & Restore), 데이터 생명주기(Data Lifecycle) 관리, 데이터 이식성(portability)

그림 6.10은 SLA 관리 시스템 구조를 보여준다. 클라우드 제공자는 서비스 등록, SLA 협약, 자원 할당, SLA 관리 등의 기능을 보유한다. 여기서 SLA 관리 시스템은 SLA와 관련된 데이터의 수집, 저장, 보고, 실시간 알림 등의 관리 기능을 제공한다. 위 그림에서는 고객은 동아시아에 위치하고 있으며, 이 고객의 SLA를 만족하기 위해 Asia-pacific에 위치한 서버를 할당해 주었음을 알 수 있다.

SLA은 클라우드 서비스 모델에 따라 조금 차이가 있다. IaaS에서 SLA에는 물리/가상 서버 할당, 부하 관리, 결함 허용, 사용량기반 과금, 프로세스 자동화 등이 포함된다. 반면 PaaS에서 개발 생명주기 지원, SW 라이선스 관리, 서비스 실행 플랫폼 등이 SLA에 포함된다. 한편, SaaS에서는 접근성, 확장성, 가용성 등이 대표적인 SLA 내용이 된다. SLA의 구체적인 사례는 3부 클라우드 서비스 활용 및 구축에서 다시 논의된다.

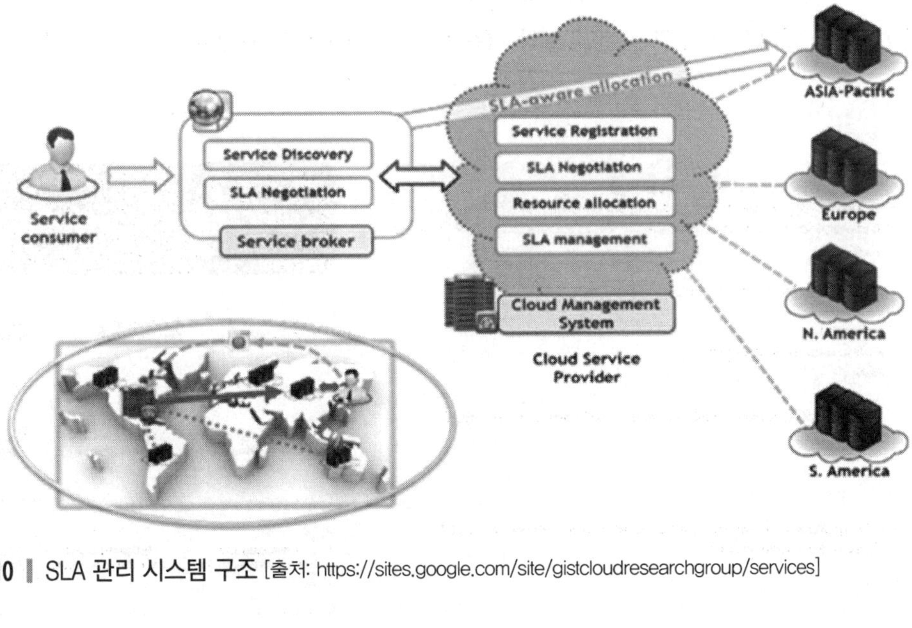

그림 6.10 ‖ SLA 관리 시스템 구조 [출처: https://sites.google.com/site/gistcloudresearchgroup/services]

6.4.2 클라우드 과금 관리 기술

과금 관리 시스템이란 클라우드에서 계정 관리 및 과금 관련 작업을 처리하는 시스템을 의미한다. 6.2절에서 설명한 사용별 지불 모니터(Pay-Per-Use monitor)를 이용하여 런타임 고객의 자원 사용량 정보를 수집하고, 이를 기반으로 가격을 결정한다. 가격 결정 모델은 flat-rate, pay-per-allocation, pay-per-use 등 다양하다. 일반적으로 클라우드에서는 마지막 모델을 채택한다.

과금은 사용 전(Pre-usage)에 계산할 수도 있고 사용 후(post-usage)에 계산할 수도 있다. 사용 전에 계산할 경우 상한을 넘기면 서비스를 중단하거나 또는 고객과 과금 협상을 다시 할 수 있다. 사용 후 지불의 경우에도 상한을 미리 설정해 두는 것이 일반적이다.

그림 6.11은 CGI 그룹에서 나온 "Cloud billing: The missing link for cloud providers"라는 논문의 과금 기준 사례이다. IaaS의 경우 사용하는 하드웨어 자원에 따라 비용이 결정된다. 예를 들어 코어의 개수와 성능, 서버 유형, 스토리지 용량 등에 의해 결정된다. 또한 고가용성(HA: High Availability), 재난 복구(DR: Disaster Recovery), SLA 등에 의해서도 요금이 달라진다. 예를 들어 SLA에 HA 기능이 추가되면 비용이 증가하는 것이다.

PaaS의 경우에는 사용하는 소프트웨어 프레임워크, 개발 환경, 운영체제, 솔루션 스택 등에 의해 비용이 결정된다. 이때 솔루션 스택이란 응용 소프트웨어 개발을 위해 활용할 수 있는 미리 개발된(ready-made) 라이브러리나 미들웨어 등을 의미한다. SaaS에서 비용은 단일 클라우드 제공(single cloud offering)과 다중 클라우드 제공(multi cloud offering)으로 구분할 수 있다. 일반적으로 SaaS에는 여러 소프트웨어 벤더들의 제품이 통합되어 동작한다. 이때 단일 클라우드 제공이란 한 클라우드가 모든 벤더들의 제품을 이미 구매하여 통합하였으며, 그 클라우드에서

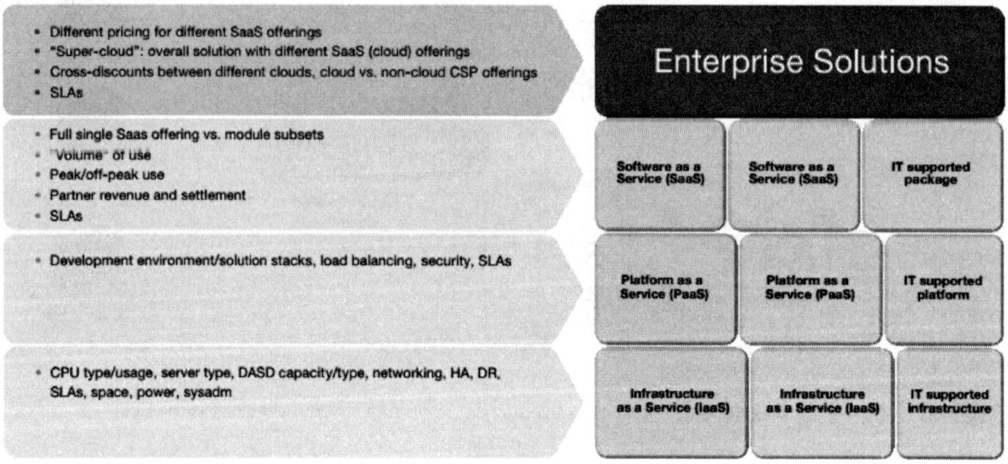

그림 6.11 ▌ 과금 기준 사례 [출처: https://www.cgi.com/files/white-papers/cloud-billing-white-paper.pdf]

과금 한다. 반면 다중 클라우드 제공은 비용을 여러 벤더들이 나누어 가지는 구조를 의미한다. Amazon EC2, MS Azure, Google Compute Engine 등에서 구체적인 과금 사례는 이후 3부에서 실제 클라우드 서비스를 활용하는 부분에서 자세히 논의된다.

SUMMARY

이 장에서는 클라우드 관리 기술들을 알아보았다. 관리 기술은 크게 모니터링 기술, 자원 관리 기술, SLA/과금 기술로 분류된다. 모니터링 기술은 자원 사용 모니터링과 서비스 품질 모니터링으로 구분하여 살펴보았으며, 자원 관리 기술은 부하 균등 기술, 장애극복 기술, 가상 인프라스트럭처 관리, 식별자 및 접근 관리 등의 측면에서 논의하였다. 마지막으로 SLA에서는 성능/보안/데이터 관점에서 서비스 수준 목표를 알아보았으며, 클라우드 서비스 유형별 과금 시 고려할 것을 살펴보았다.

제3부

클라우드 서비스의 활용 및 구축

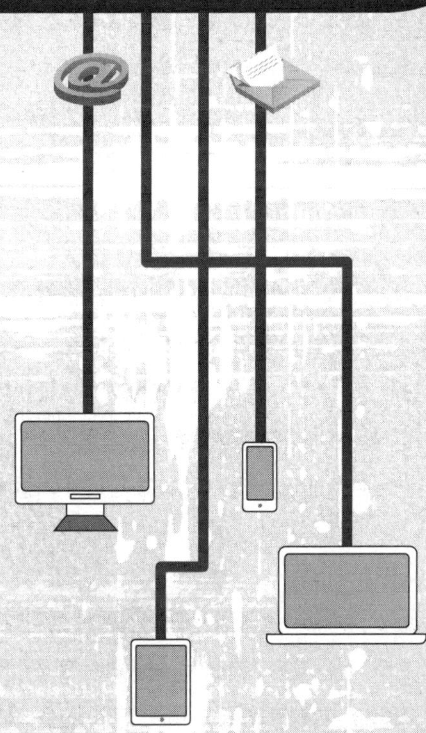

3부에서는 1부 2.3절 서비스 모델에서 설명한 클라우드 서비스 모델인 IaaS, PaaS, SaaS에 대한 상용 서비스의 활용 및 오픈소스를 이용한 클라우드 플랫폼 구축을 실습해보도록 한다. 본 장을 통해 상용 클라우드 서비스를 활용하거나, 오픈소스 클라우드 플랫폼을 직접 구축해봄으로써 앞서 이론으로 배웠던 클라우드 플랫폼을 직접 체험해 볼 수 있게 될 것이다.

IaaS(Infrastructure as a Service)는 사용자의 필요에 따라 인프라 자원(예를 들어, 중앙처리장치, 네트워크, 스토리지 등)을 제공하는 서비스를 말한다. 서비스 사용자는 필요에 따라 인프라의 성능 및 용량을 증감할 수 있으며, 사용량에 따라 비용이 청구되는 것이 IaaS의 가장 큰 특징이다. IaaS 모델을 따르는 상용 클라우드 서비스로는 Amazon Web Service, Google Cloud Platform 등이 있으며, 사용자가 직접 오픈소스를 통해 직접 IaaS 모델에 따른 클라우드 플랫폼을 구축하는 방법이 있으며, 대표적인 오픈소스 기반 클라우드 플랫폼으로는 오픈스택(OpenStack)이 있다. 3부에서는 상용 클라우드 플랫폼 서비스인 Amazon Web Service(7장), Google Cloud Platform(8장)을 이용한 클라우드 컴퓨팅 서비스의 체험 실습으로 IaaS기반 클라우드 서비스에 대한 이해를 높여갈 것이다. 그에 이어, 9장에서는 오픈소스 클라우드 플랫폼인 오픈스택을 이용하여 IaaS모델에 따른 클라우드 서비스 플랫폼을 직접 구축하는 것을 목표로 실습을 진행한다.

PaaS(Platform as a Service)란 응용 프로그램을 개발하기 위한 API 및 플랫폼을 클라우드 형태로 제공하는 서비스를 말한다. 대표적인 PaaS의 모델을 따르는 상용서비스로는 Microsoft Azure, Google App Engine 등이 있다. 본 교재 10장에서는 Microsoft Azure에서 제공하는 PaaS를 이용하여 ASP.Net 기반 웹 페이지를 개시해보는 실습을 수행할 것이다. 11장에서는 Google에서 제공하는 PaaS인 Google App Engine을 이용하여 파이썬 기반 웹 페이지를 제작하여 개시해보는 실습을 수행할 것이다.

SaaS(Software as a Service)란 클라우드 환경에서 동작하는 애플리케이션을 사용자에게 제공하는 서비스를 의미한다. 사용자는 서비스로 제공되는 애플리케이션을 활용하되 단말에 직접 애플리케이션을 설치하지 않고, 온라인을 통해 애플리케이션을 사용할 수 있다. SaaS 모델을 따르는 대표적인 서비스로는 Microsoft Office 365, Google Apps 등이 있으며, 12장에서는 Microsoft Office 365를 활용하여 온라인 문서 작업과 공유 기능을 사용해보는 실습을 수행할 것이다.

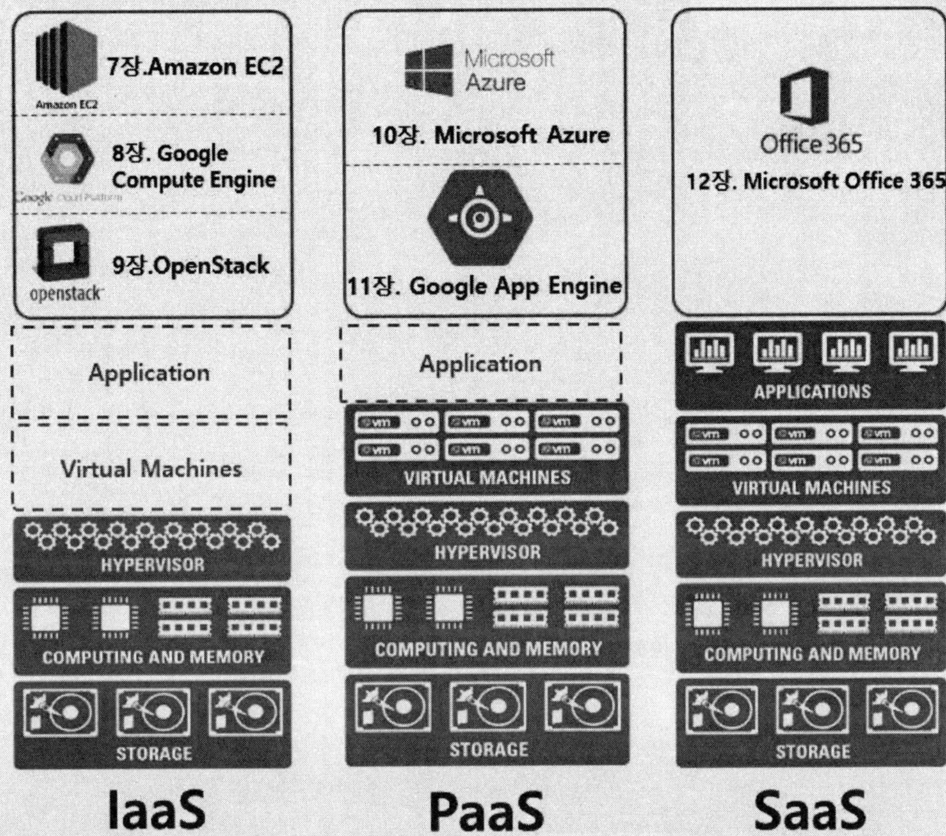

그림 7.1 ‖ 클라우드 서비스 모델 별 상용서비스

제7장

Amazon Web Service(AWS)를 활용한 서버 인프라 구축

본 장에서는 Amazon Web Service(이하 'AWS'라고 한다)에서 제공하는 IaaS 모델 플랫폼 서비스 중 하나인 Amazon EC2에 대하여 알아보고 Amazon EC2에서 제공하는 기능을 활용하여 사용자가 원하는 서버를 생성하고 이를 관리하기 위한 실습을 수행하는 것을 목표로 한다. 그림 7.2와 같이 본 장의 실습 과정을 통해 Amazon EC2 계정 생성 및 사용자가 원하는 서버를 생성하고 이를 관리하기 위한 네트워크 및 보안 설정을 위한 실습을 수행할 것이다. 또한, SSH를 이용하여 사용자가 생성한 서버에 접속하기 위한 실습을 수행할 것이다.

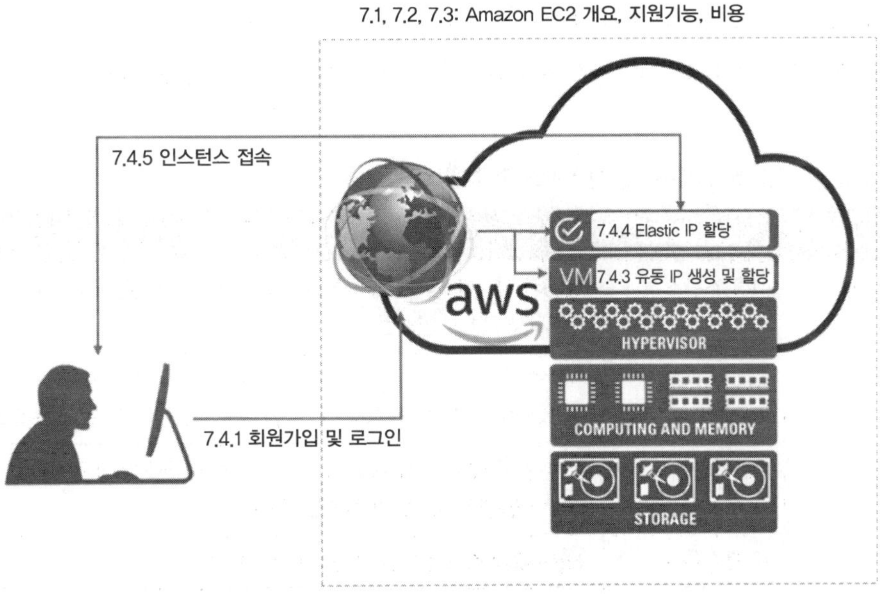

그림 7.2 | Amazon EC2를 활용한 서버 인프라 구축 실습과정 흐름도

7.1 Amazon EC2 개요

Amazon Elastic Compute Cloud(Amazon EC2)는 아마존의 대표적인 IaaS 서비스로서, 컴퓨터 사용자가 원하는 만큼의 자원을 가상화하고 가상화된 자원(가상머신)에 운영체제와 소프트웨어를 설치하고 이를 제공하여, 서버 인프라를 구축할 수 있게 해준다. 이를 통해 사용자는 물리적인 하드웨어를 구비하지 않고 더욱 빠르게 원하는 서버 인프라를 쉽게 구축할 수 있게 된다. 예를 들어 Amazon EC2 서비스를 이용하여, 사용자는 원하는 만큼 가상 서버를 구축하고 보안 및 네트워크 구성과 스토리지 관리가 가능하며, 아마존이 제공하는 웹 인터페이스를 통해 인스턴스(가상 서버)를 손쉽게 생성하거나 제어할 수 있다. 또한, 로드밸런싱, 오토스케일링 등의 추가적인 서비스를 이용하여, 갑작스러운 접속 트래픽 증가, 컴퓨팅 요구량 증가 등의 변동사항에 따라 서버의 CPU, 메모리, 저장장치, 네트워크 등을 손쉽게 확장하거나 축소할 수 있어 효율적인 서버 인프라 구축을 할 수 있게 된다.

7.2 Amazon EC2에서 제공하는 인스턴스 종류 및 부가기능

Amazon EC2는 사용자의 시스템 활용목적에 따라 다양한 성능 및 용량을 갖는 인스턴스(가상 서버)를 제공한다. Amazon EC2에서 지원하는 인스턴스 종류 및 부가기능은 다음과 같다.

표 7.1 Amazon EC2에서 제공하는 인스턴스 종류 및 특징

인스턴스 종류	세부종류	인스턴스 별 특징
범용 인스턴스	A1 인스턴스	AWS가 설계한 64비트 Arm Noeverse 코어가 탑재된 AWS Graviton 프로세서 기반의 인스턴스
	T3 인스턴스	기본 수준(2.5GHz)의 성능과 함께, 필요할 때는 언제든지 CPU 사용량을 순간확장(인텔AVX, 인텔AVX2, 인텔 터보 기능)이 가능한 범용 인스턴스
	T3a 인스턴스	기본 수준(2.5GHz)의 AMD CPU 성능과 함께, 필요할 때는 언제든지 CPU 사용량을 버스트할 수 있는 인스턴스
	T2 인스턴스	기본수준의 CPU성능을 제공하는 인스턴스
	M6a 인스턴스	Arm 기반 AWS Graviton2 프로세서 기반의 인스턴스
	M5 인스턴스	Intel Xeon Platinum 8175M 프로세서 기반의 인스턴스
	M5a 인스턴스	AMD EPYC 7000 시리즈 프로세서 기반의 인스턴스

인스턴스 종류	세부종류	인스턴스 별 특징
	M5n 인스턴스	Intel Xeon 프로세서 기반의 네트워크 대역폭 제공 인스턴스
	M4 인스턴스	인텔 E5-2676 프로세서 기반의 인스턴스
컴퓨팅 최적화 인스턴스	C4 인스턴스	인텔 E5-2666(2.9GHz) 프로세서 기반의 컴퓨팅 능력과 향상된 네트워크 성능을 지원하는 인스턴스
	C5n 인스턴스	3.0GHz 인텔 제온 플래티넘 프로세서 기반의 향상된 네트워크 성능을 지원하는 인스턴스
	C5 인스턴스	3.6GHz(최대 3.9GHz) 의 커스텀 2세대 제온 확장형 프로세서 기반의 컴퓨팅 능력과 높은 스토리지 및 네트워크 대역폭을 제공하는 인스턴스
가속화 컴퓨팅 인스턴스	P3 인스턴스	Intel Xeon E5-2666 v4 프로세서를 기반으로 최대 8개의 NVIDIA Tesla V100 GPU, GPU당 5,120개의 CUDA 코어와 640개의 Tensor 코어를 제공하는 인스턴스
	P2 인스턴스	Intel Xeon E5-2686 v4 프로세서를 기반으로 ,496개의 병렬 처리 코어와 12GiB의 GPU 메모리가 장착된 NVIDIA K80 GPU를 제공하는 인스턴스
	Inf1 인스턴스	2세대 Intel Xeon 프로세서를 기반으로 최대 16개의 AWS Inferentia 칩을 제공하는 기계 학습 추론 애플리케이션을 구동하는데 최적화된 인스턴스
	G4 인스턴스	2세대 인텔 제온 확장형(Cascade Lake) 프로세서을 기반으로 NVIDIA T4 Tensor 코어 GPU를 동시에 제공함으로써 기계학습 추론 및 그래픽 집약적 워크로드의 속도를 향상시킨 인스턴스
	G3 인스턴스	Intel Xeon E5-2868 v4 프로세서와 2,048개의 병렬 처리 코어와 8GiB의 비디오 메모리가 탑재된 NVIDIA Tesla M60 GPU를 제공하는 그래픽 집약적 애플리케이션에 최적화된 인스턴스
	F1 인스턴스	Intel Xeon E5-2686 v4 프로세서를 기반으로 FPGA(Field Programmable Gate Array)를 탑재한 사용자 지정 가능한 하드웨어 가속 기능을 제공하는 인스턴스
메모리 최적화 인스턴스	R5 인스턴스	Intel Xeon Platinum 8175 프로세서를 기반으로 최대 768GiB의 메모리를 제공하는 인스턴스
	R5a 인스턴스	AMD EPYC 7000 시리즈 프로세서를 기반으로 최대 768GiB의 메모리를 제공하는 인스턴스
	R5n 인스턴스	높은 대역폭의 네트워크 성능을 제공함으로써, 고성능의 메모리 바인딩 워크로드에 적합한 인스턴스
	R4 인스턴스	Intel Xeon E5-2686 v4(2.3GHz) 프로세서를 기반으로 메모리를 집중적으로 사용하는 애플리케이션에 최적화 된 인스턴스
	X1e 인스턴스	Intel Xeon E7-8880 v3 프로세서를 기반으로 인메모리 데이터베이스 및 기타 메모리 집약적 애플리케이션에 최적화 된 인스턴스
	X1 인스턴스	Intel Xeon E7-8880 v3 프로세서를 기반으로 EC2 인스턴스 유형 중 RAM의 GiB당 요금이 가장 저렴한 인스턴스

인스턴스 종류	세부종류	인스턴스 별 특징
	대용량 메모리 인스턴스	클라우드 환경에서 대규모 인메모리 데이터베이스를 실행하도록 구축된 인스턴스
	z1d	4.0GHz의 고성능 컴퓨팅 파워를 제공하는 Intel Xeon 프로세서를 기반으로 메모리 최적화 인스턴스 중 가장 높은 컴퓨팅 파워를 제공하는 인스턴스
스토리지 최적화 인스턴스	I3 인스턴스	Intel Xeon E5-2686 v4 프로세서를 기반으로 높은 I/O 성능을을 제공하는 NVMe SSD를 제공하는 인스턴스
	I3en 인스턴스	최대 3.1GHz의 Intel Xeon 프로세서를 기반으로 높은 스토리지 용량과 네트워크 대역폭을 제공하는 인스턴스
	D2 인스턴스	Intel Xeon E5 2676 v3 프로세서를 기반으로 최대 48TB HDD기반 로컬 스토리지와 디스크 처리량을 지원하는 인스턴스
	H1 인스턴스	Intel Xeon E5-2686 v4 프로세서를 기반으로 최대 16TB의 스토리지와 균형적인 컴퓨팅 리소스와 메모리를 지원하는 인스턴스

표 7.2 Amazon EC2에서 제공하는 부가기능

부가기능	부가기능에 대한 설명
Elastic Block Store(EBS)	인스턴스와 연동이 가능한 영구적인 저장 공간 제공
EBS 최적화 인스턴스	인스턴스 추가비용을 지불하여 EBS에 대한 높은 IOPS(IO per Second)를 제공
다중위치	인스턴스를 여러 위치에 배치할 수 있는 기능 제공
엘라스틱 IP 주소	외부에서 클라우드 컴퓨팅 내부 인스턴스로 접근이 가능한 고정된 IP
Amazon CloudWatch	클라우드 리소스 및 애플리케이션에 대한 모니터링 기능 지원
오토스케일링	사용자가 정의한 조건에 따라 인스턴스의 용량을 자동으로 확장하거나 축소
엘라스틱 로드밸런싱	인스턴스가 수신하는 애플리케이션 트래픽을 여러 인스턴스에 분산하여 각 인스턴스에 발생하는 로드를 분산
HPC 클러스터	클러스터 컴퓨팅, 클러스터 GPU, 고용량 메모리 클러스터 기능을 제공하여 고성능 컴퓨팅 환경 제공
GPU 인스턴스	1,536개의 CUDA 코어 및 4GB 비디오 메모리를 갖춘 NVIDIA GPU를 탑재한 인스턴스 제공
VM 가져오기/내보내기	가상머신 이미지를 Amazon EC2 인스턴스로 가져오거나 다시 내보낼 수 있는 기능
실행명령	스크립트 실행, PowerShell 명령 실행, 소프트웨어 설치, 패치 설치 등 일반적인 관리 작업을 자동화하기 위한 인터페이스 제공
AWS 마켓플레이스	AWS(Amazon Web Service)에서 실행되는 소프트웨어를 배포하거나 구매할 수 있는 온라인 스토어

7.3 Amazon EC2 서비스 요금 및 지불방식

Amazon EC2를 이용하는 방법에는 프리티어, 온디맨드 인스턴스, 예약 인스턴스, 스팟 인스턴스 등 4가지 방법이 있다. 각 인스턴스의 종류에 따라 가격 차이가 발생하며, 사용자는 본인이 구축할 시스템에 가장 적합한 인스턴스를 선택하여 경제성을 높힐 수 있다. 또한, 인스턴스에서 발생하는 네트워크 트래픽, 탄력적 IP주소 사용여부, 데이터 송수신 위치에 따라 가격이 책정되므로 필요 이상의 인스턴스와 서비스를 이용할 경우 과도한 요금이 부과될 수 있으니 주의해야 한다.

7.3.1 AWS 프리티어

Amazon AWS(Amazon Web Service)에 가입할 경우, 프리티어 권한이 주어진다. 프리티어를 사용하는 사용자는 다음과 같은 항목을 무료로 지원 받을 수 있다.

표 7.3 AWS EC2 프리 티어 주요 사용 혜택

• Linux를 구동하는 t2.micro 인스턴스 12개월간 월 750시간 사용 • Windows Server를 구동하는 t2.micro 12개월간 인스턴스 월750시간 사용 • 엘라스틱 로드 밸런싱 12개월간 월 750시간 및 15GB의 데이터 처리 제공 • 12개월간 EBS 30GB 및 스냅샷 스토리지 1GB 제공
등 60여가지의 컴퓨팅, 네트워크, 데이터베이스, 스토리지 서비스 이용가능

7.3.2 온디맨드 인스턴스 방식의 요금체계

온 디맨드 인스턴스 방식의 요금체계는 컴퓨팅 자원의 사용량에 따른 비용을 지불하는 방식이다. 필요에 따라 컴퓨팅 자원을 증감할 수 있지만, 컴퓨팅 자원에 대한 수요가 높은 시간대에는 컴퓨팅 리소스의 증감이 제한적일 수 있다. 이와 같은 유형의 지불방식은 선수금이나 장기 약정 없이 Amazon EC2를 사용하기 원하는 사용자나, 갑작스럽거나 예측할 수 없는 워크로드가 있는 경우에 이와 같은 유형의 지불방식을 택하면 유리하다.

7.3.3 예약 인스턴스 방식의 요금체계

예약 인스턴스 방식의 요금체계는 3가지의 선택 옵션이 있다.

- **전체 선결제 방식**: 전체 선결제 방식은 예약비용을 전체 선결제하여 1년 또는 3년 계약기간동안 예약한 인스턴스를 자유롭게 사용하는 방식이다.
- **부분 선결제 방식**: 예약한 일부 금액을 선결제 하고 예약한 인스턴스의 약정 기간동안 인스턴스에 대해 할인된 시간당 요금을 지불하는 방식이다.
- **선결제 없음**: 전체 계약기간동안 할인된 시간당 요금을 지불하는 방식이다.

이 방법의 경우 온디멘드 인스턴스 방식보다 저렴한 가격(최대 75%)에 서비스를 이용 가능하다는 장점이 있다. 이러한 유형의 인스턴스 요금체계는 인스턴스의 이용량이 지속적이거나 이용량 및 트래픽을 예측 가능한 애플리케이션, 필수적으로 특정 용량이 필요한 애플리케이션, 또는 총 컴퓨팅 비용을 절감하기 위해 선수금 지급이 가능한 경우 적합하다.

7.3.4 스팟 인스턴스 방식의 요금체계

스팟 인스턴스 방식의 요금체계는 온디맨드 요금과 비교하여 최대 90% 할인된 금액으로 제공된다. 스팟 인스턴스는 AWS 클라우드에서 미사용되고 있는 EC2 리소스를 활용함으로써, 인스턴스 구동 시, 사용량이 유동적이거나, 특정시간대에 추가적인 리소스가 필요한 애플리케이션 및 웹 서버와 같은 경우에 사용하기에 적합하다.

7.3.5 인스턴스 종류에 따른 지불 금액

Amazon EC2를 사용할 때 서버의 위치, 인스턴스 사용에 대한 지불방식,인스턴스 리소스의 종류, 인스턴스OS의 종류 등 다양한 이유에 따라 시간당 지불 금액에 대한 차이가 발생한다. 사용자는 다음 URL을 방문하여 지불 금액에 대한 비교표를 확인 할 수 있다. **http://aws.amazon.com/ko/ec2/pricing/**

표 7.4 Amazon EC2 인스턴스 별 사용료

(리전:서울 기준, OS:LINUX 인스턴스의 경우 초당 요금이 책정되고 다른 모든 인스턴스 유형의 경우 1시간 당 요금이 책정)

활용목적	인스턴스 종류	최소 ~ 최대 가격(시간당)
범용 인스턴스	T3 인스턴스	$0.0065 ~ $0.416
	T3a 인스턴스	$0.0117 ~ $0.3744
	T2 인스턴스	$0.0072 ~ $0.4608
	M5인스턴스	$0.118 ~ $5.664
	M5a 인스턴스	$0.106 ~ $5.088
	M5d 인스턴스	$0.139 ~ $6.672
	M5ad 인스턴스	$0.127 ~ $6.096
	M4 인스턴스	$0.123 ~ $3.936
컴퓨팅 최적화 인스턴스	C5 인스턴스	$0.096 ~ $4.608
	C5d 인스턴스	$0.11 ~ $5.28
	C5n 인스턴스	$0.122 ~ $4.392
	C4 인스턴스	$0.114 ~ $1.815
GPU인스턴스	P3 인스턴스	$4.234 ~ $33.872
	P2 인스턴스	$1.465 ~ $23.44
	g4dn 인스턴스	$0.647 ~ $5.353
	g3 인스턴스	$0.934 ~ $1.42
메모리 최적화 인스턴스	x1 인스턴스	$9.671 ~ $19.341
	x1e 인스턴스	$1.209 ~ $38.688
	r5 인스턴스	$0.152 ~ $7.296
	r5a 인스턴스	$0.136 ~ $6.528
	r5ad 인스턴스	$0.316 ~ $7.584
	r5d 인스턴스	$0.173 ~ $8.304
	r4 인스턴스	$0.16 ~ $5.12
	z1d 인스턴스	$0.225 ~ $5.40
스토리지 최적화 인스턴스	i3 인스턴스	$0.183 ~ $5.856
	i3en 인스턴스	$0.266 ~ $12.768
	d2 인스턴스	$0.844 ~ $6.752

7.4 Amazon EC2 사용하기

Amazon EC2를 사용하기 위해서는 Amazon AWS 계정이 있어야 한다. 본 실습과정은 Amazon AWS에 계정이 있다는 가정 하에 진행되므로 계정이 없는 사용자는 계정을 생성 후 다음 단계를 진행할 수 있다.

7.4.1 회원가입/로그인 및 서버 위치 설정

① http://aws.amazon.com에 접속하여 회원가입 및 로그인을 한 후 좌측 상단 [서비스] 메뉴에서 EC2를 선택한다.

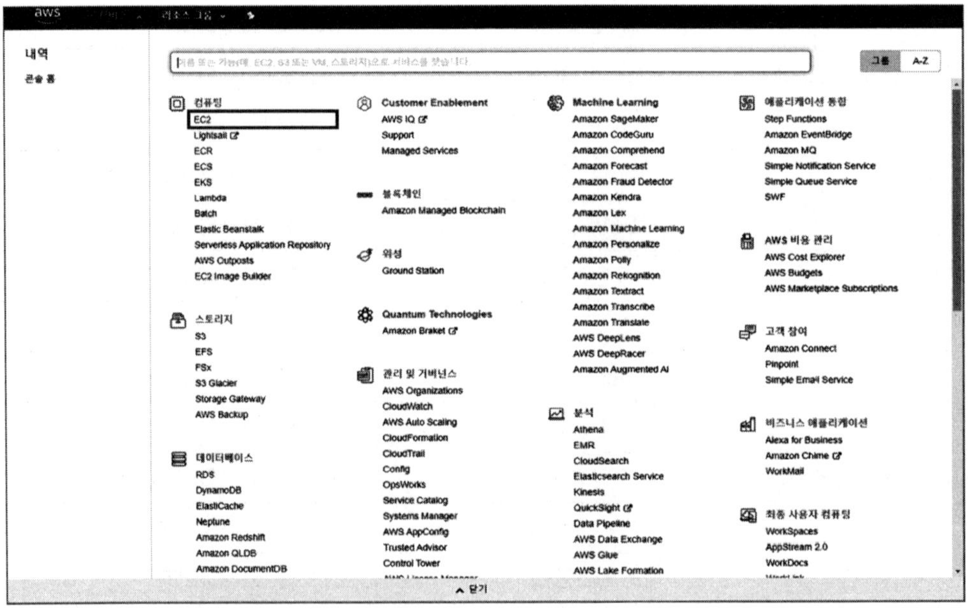

그림 7.3 ▌ Amazon Web Service 초기 화면

② 인스턴스를 구축하기 전, 인스턴스가 생성되는 물리적 위치(region,리전)를 선택한다. Amazon AWS는 전 세계 곳곳에 서버 인프라를 구축하고 있으므로 인스턴스 사용 목적에 적합한 서버의 위치를 선택한다. 본 실습에서는 '아시아태평양(서울)' 서버 위치를 기준으로 진행하였다.

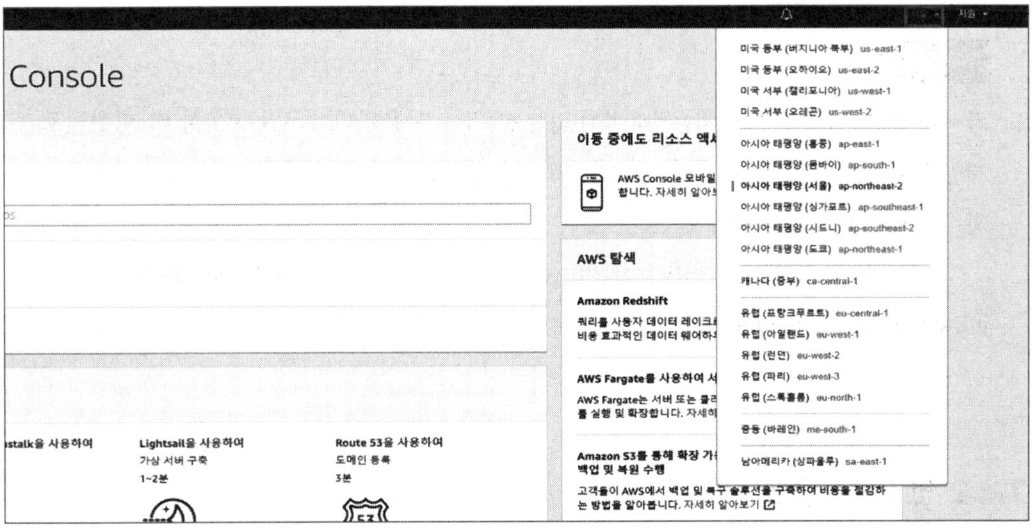

그림 7.4 ▎ Amazon EC2 인스턴스 서버 위치 설정 화면

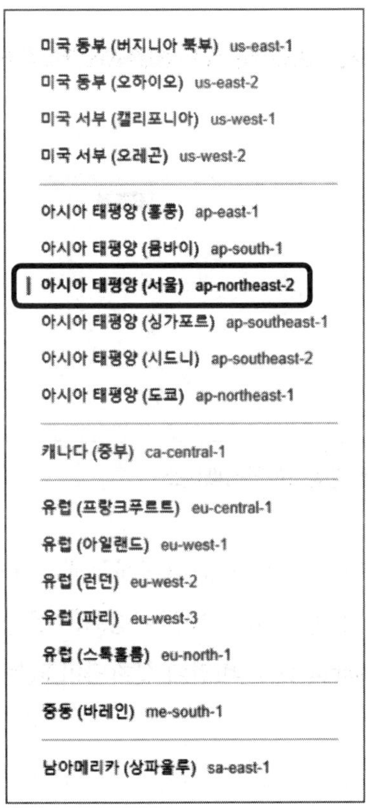

그림 * AWS 서버 위치 리스트

TIP

각 서버의 위치들을 칭할때는 '리전'이라는 단어를 사용한다. AWS 특성상 각 리전별로 제공되는 서비스와 기본 금액이 달라지며, 인스턴스를 생성할 때 각 리전별로 지원되는 서비스나 금액을 확인해야 한다.

각 리전별 지원별로 지원되는 서비스는 'https://aws.amazon.com/ko/about-aws/global-infrastructure/regional-product-services/' 링크를 통해 확인 할 수 있다.

7.4.2 인스턴스 생성

① 인스턴스 생성을 위해 좌측 메뉴에서 Instance 메뉴를 선택한 후 좌측 콘솔에서 [인스턴스 시작] 버튼을 클릭한다.

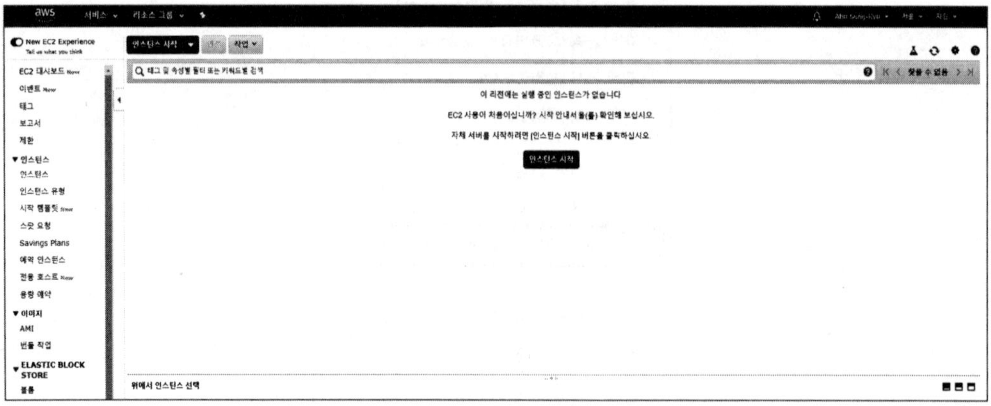

그림 7.9 ▌ Amazon EC2 인스턴스 생성 웹 인터페이스

② Amazon EC2는 다양한 인스턴스 이미지를 제공하는데 이를 AMI(Amazon Machine Image)라 부른다. 사용자는 운영체제 별로 미리 만들어진 AMI를 선택하여 인스턴스를 생성할 수 있다. 본 실습과정에서는 Ubuntu 18.04 버전이 설치되어 있는 AMI를 선택한다.

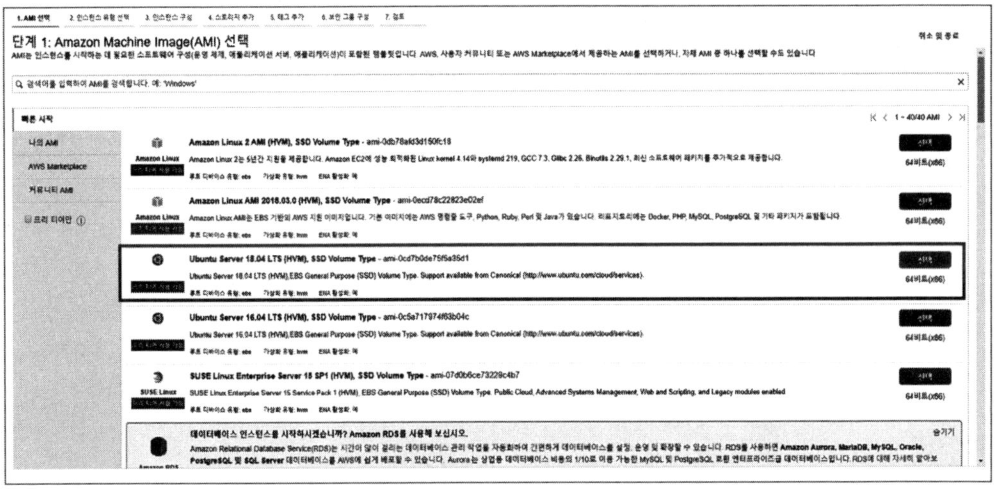

그림 7.10 ▌ Amazon EC2 인스턴스 AMI 설정 인터페이스

③ 인스턴스의 타입을 선택한다. 인스턴스의 타입을 선택하는데 있어 가상 CPU(vCPU)의 개수, 메모리 용량, 스토리지의 종류 등을 선택할 수 있다. 자신이 원하는 종류의 인스턴스를 선택 한 후 [다음:인스턴스 세부 정보 구성] 버튼을 선택한다(본 실습 과정에서는 t2.micro 타입의 인스턴스를 생성해 보도록 한다).

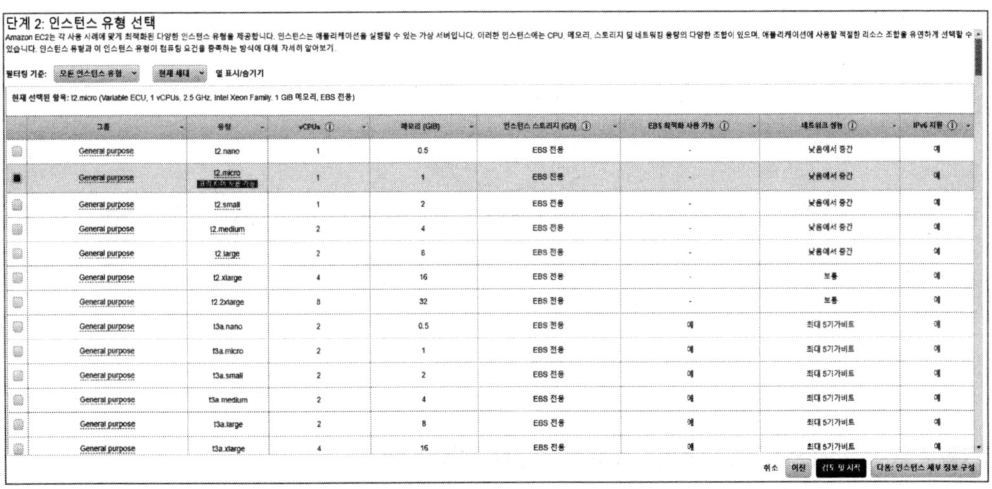

그림 7.11 ▌ Amazon EC2 인스턴스 AMI 설정 인터페이스

④ 인스턴스에 대한 세부사항을 설정하는 단계이다. 생성할 인스턴스의 개수, 네트워크 등을 선택할 수 있다. 모든 설정이 끝난 뒤 [다음: 스토리지 추가] 버튼을 선택한다.

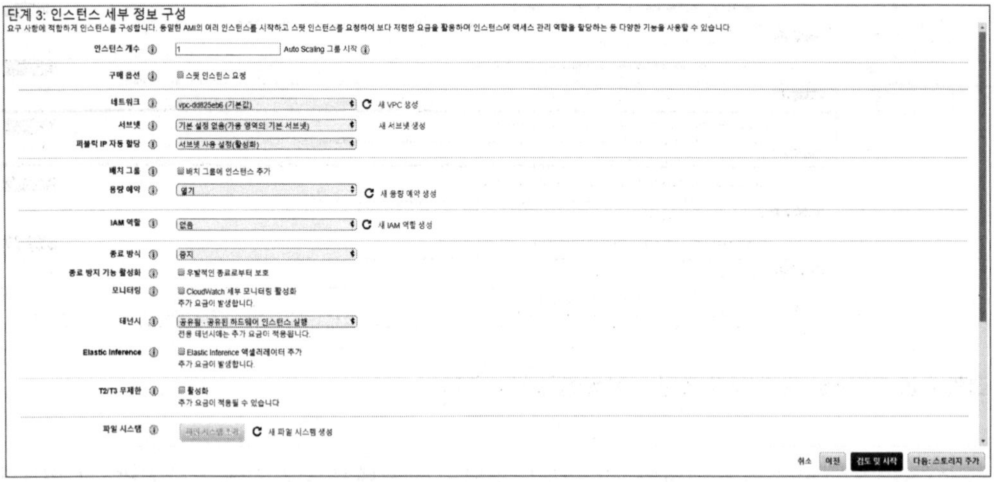

그림 7.12 ▍ Amazon EC2 인스턴스 세부설정 인터페이스

⑤ 해당 인스턴스에 할당할 스토리지의 크기와 종류를 선택한다. 사이즈는 GB 단위로 선택이 가능하며, 스토리지의 종류는 SSD와 Magnetic 두 종류를 선택 할 수 있다. 스토리지 설정이 끝나면 [다음:태그 추가]를 선택한다.

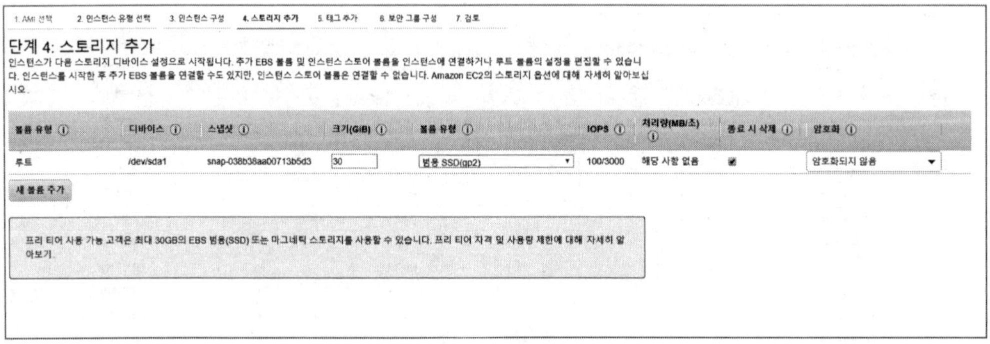

그림 7.13 ▍ Amazon EC2 인스턴스 스토리지 설정 인터페이스

⑥ 인스턴스 태그를 지정할 수 있다. 태그를 지정할 경우 Amazon EC2 콘솔에서 해당 인스턴스를 식별하는데 도움이 된다. 모든 설정이 끝나면 우측 하단의 [다음: 보안그룹 구성]을 선택한다.

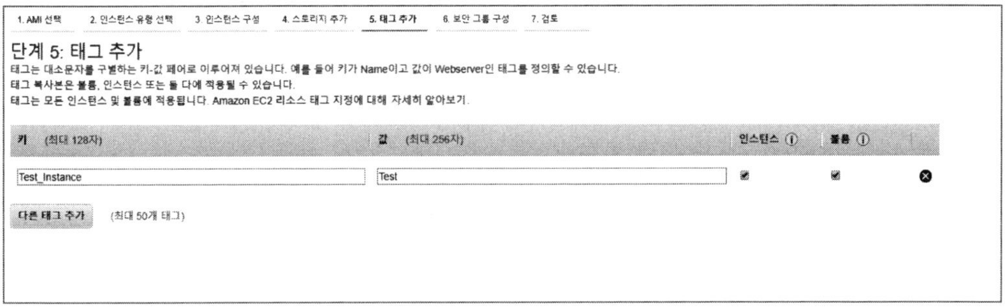

그림 7.14 ▎ Amazon EC2 인스턴스 태그 설정 인터페이스

⑦ 보안그룹을 설정한다. 보안그룹 설정에는 기본 보안그룹을 적용하거나, 필요에 따라 새로운 보안그룹을 선택 또는 생성할 수 있다. 본 실습에서는 SSH 포트번호 22번을 설정하였다. 모든 설정이 끝나면 [검토 및 시작]을 선택 한다.

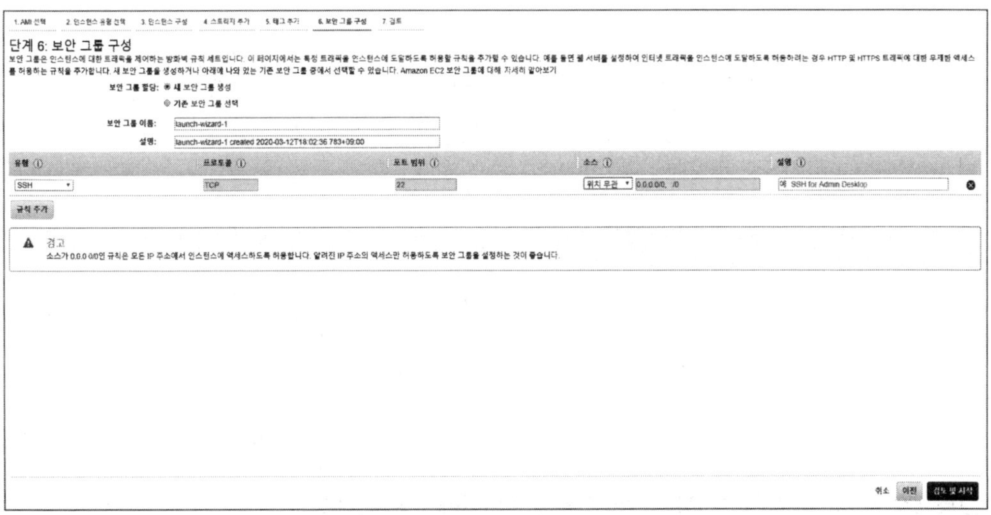

그림 7.15 ▎ Amazon EC2 인스턴스 보안그룹 설정 인터페이스

⑧ 인스턴스에 대한 설정사항과 프로토콜 등을 다시 한 번 확인 할 수 있다. 인스턴스 생성단계를 통해 설정을 확인하고 접속을 위한 키페어(KeyPair)를 생성하기 위해 우측 하단의 [시작하기]버튼을 선택한다.

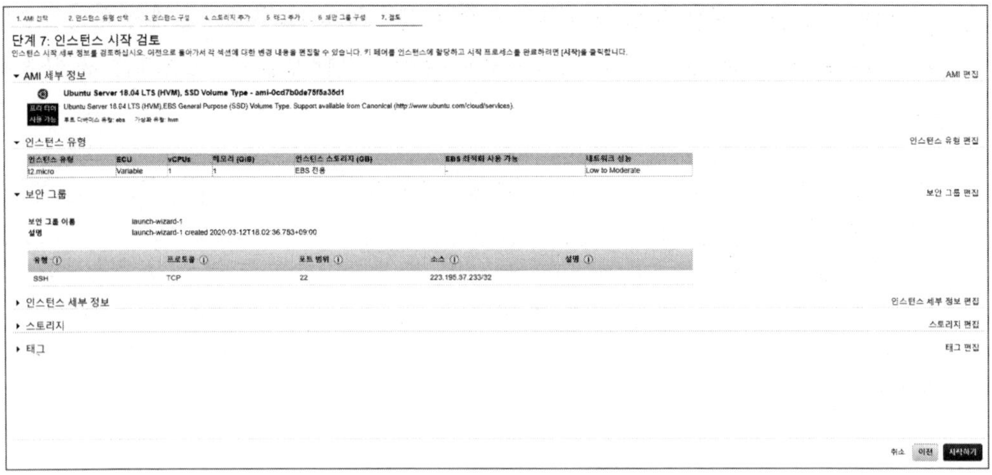

그림 7.16 ▌ Amazon EC2 인스턴스 환경설정 확인 및 구동 인터페이스

⑨ 이번 단계에서는 생성될 인스턴스에 접근하기 위한 키파일을 저장한다. 신규 키페어를 생성하기위해 [새 키 페어 생성]을 선택하고 키페어 이름을 지정한 다음, [키페어 다운로드] 버튼을 선택하여 인스턴스 접속을 위해 생성된 키 파일을 저장한다. 저장 경로는 사용자의 임의로 선택한다. 키파일의 저장이 끝나면 [인스턴스 시작]를 선택하여 인스턴스를 생성한다.

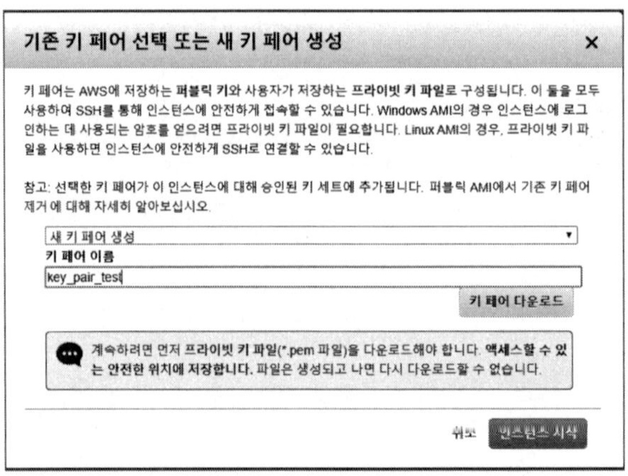

그림 7.17 ▌ Amazon EC2 키페어 파일 추출 및 다운로드 인터페이스

⑩ 인스턴스 생성이 된 후 우측 하단의 [인스턴스 보기]를 선택하여 생성된 인스턴스를 확인할 수 있으며, 그림 7.18과 같이 생성된 인스턴스를 클릭할 경우 하단의 [Description] 메뉴에서 해당 인스턴스에 대한 정보를 확인 할 수 있다. 항목 중 Public DNS 라는 항목에 명시되어 있는 DNS 주소를 이용해서 해당 인스턴스에 접속 할 수 있다.

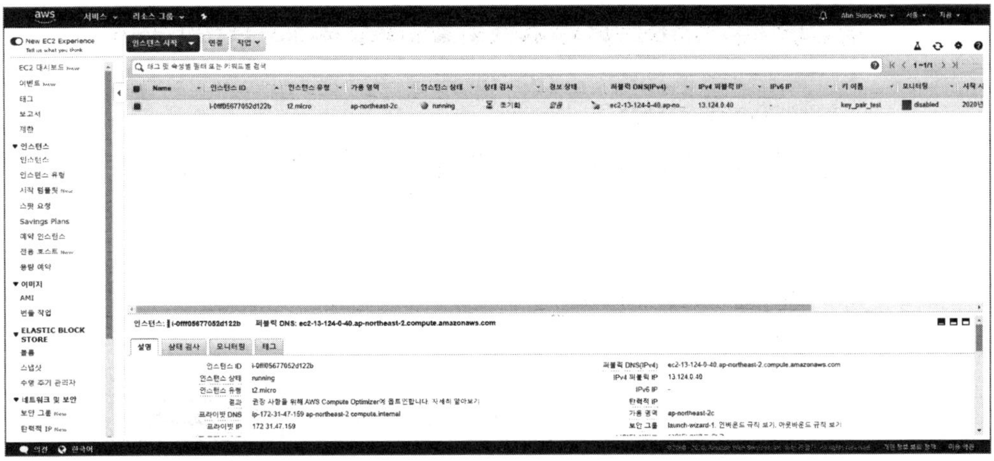

그림 7.18 | Amazon EC2 인스턴스 상태 확인 및 IP 확인

7.4.3 유동 IP 생성 및 할당

인스턴스 생성이 끝난 뒤 해당 인스턴스의 Public DNS를 사용하여 생성한 인스턴스에 접속 할 수 있지만, 긴 접속 주소로 인해 불편함이 초래되거나, 클라우드 기반 서비스를 제공하기 위해 고정된 접속주소가 필요한 경우가 발생한다. 이번 단계에서는 유동 IP를 부여받아 생성한 인스턴스에 부여받은 IP를 할당하기 위한 실습을 수행한다.

① 유동 IP를 부여받기 위해 좌측 메뉴 중 [탄력적 IP] 메뉴를 선택하고 우측 상단의 [탄력적 IP 주소 할당] 버튼을 선택한다.

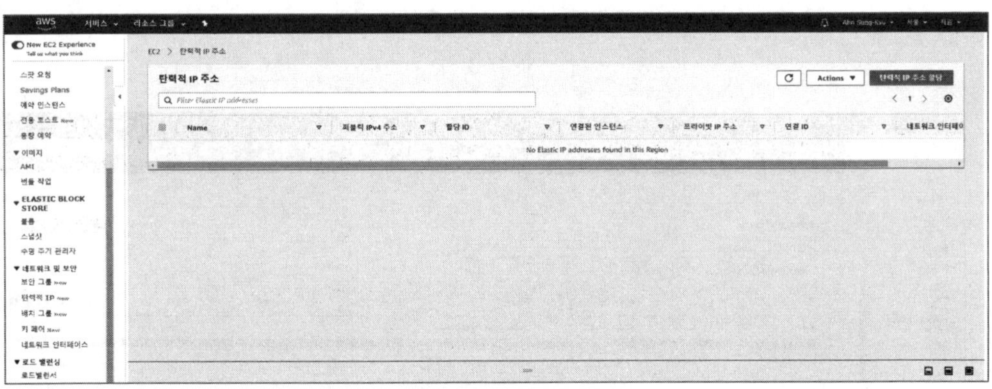

그림 7.19 | 엘라스틱 IP를 부여받기 위한 웹 인터페이스

② 부여받은 엘라스틱 IP를 인스턴스에 할당하기 위해, 엘라스틱 IP설정 화면이 나타나면 사용자가 원하는 인스턴스를 선택한 후 원하는 IP 주소 풀을 선택하고 [Associate]버튼을 선택한다.

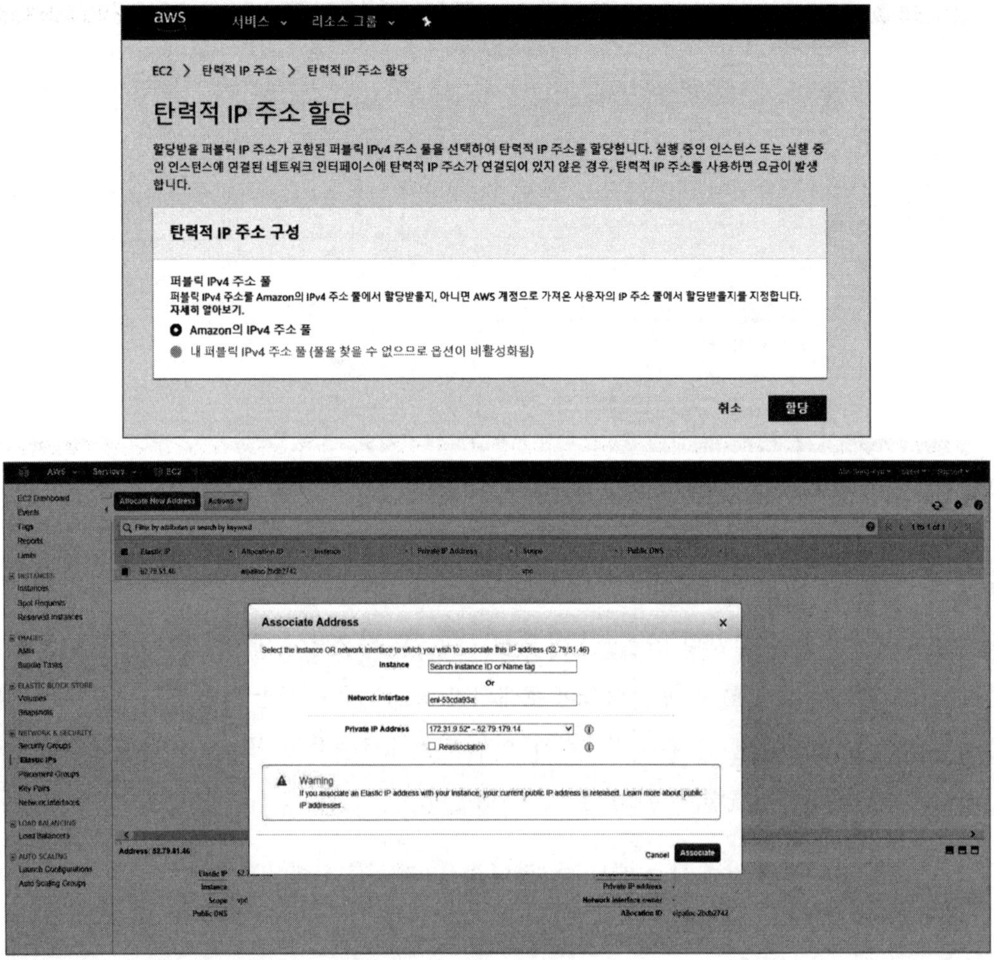

그림 7.20 ▌ 엘라스틱 IP와 인스턴스를 연결시키기 위한 인터페이스

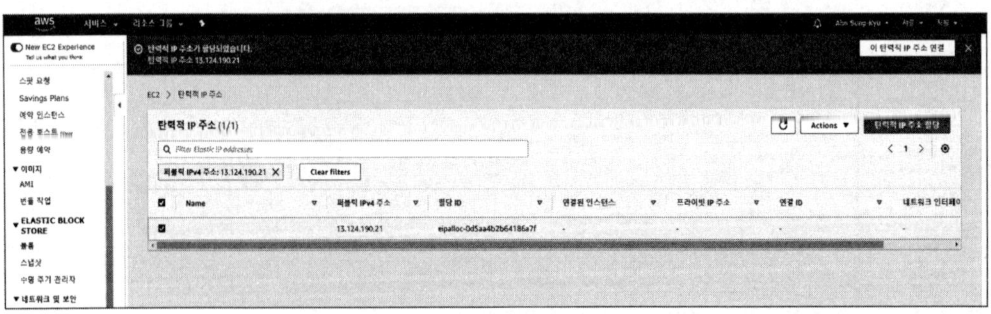

③ 엘라스틱 IP가 인스턴스에 할당된 것을 확인할 수 있다.

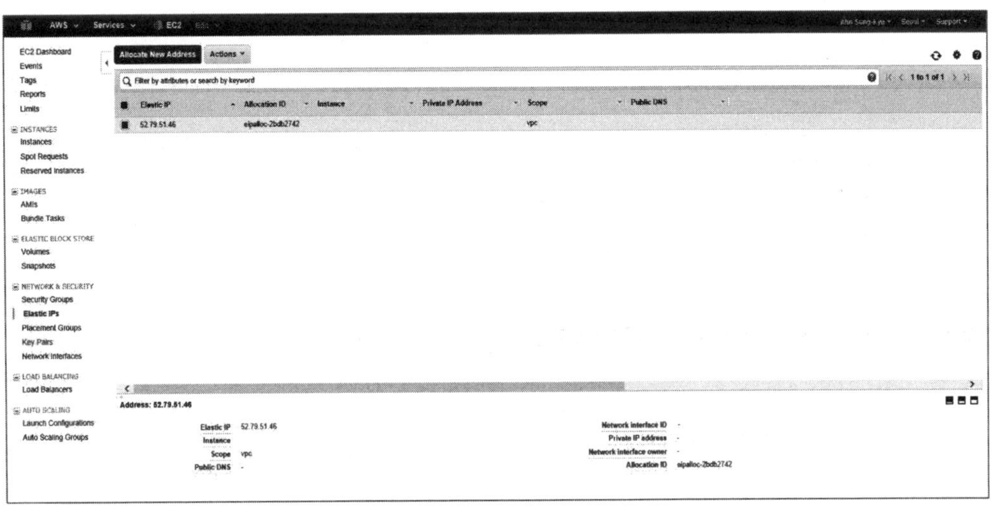

그림 7.21 ▌ 엘라스틱 IP 할당 확인을 위한 인터페이스

④ IP할당을 확인하기 위해 [Instance] 메뉴로 돌아간다. IP설정 중 선택했던 인스턴스를 선택하여 하단부에 위치한 Elastic IP를 확인하여 할당이 정확히 되었는지 확인한다.

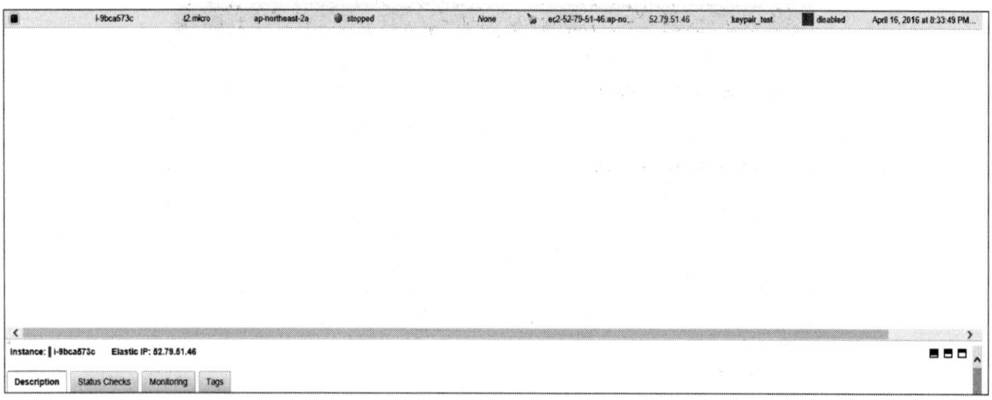

그림 7.22 | 엘라스틱 IP 할당 인터페이스

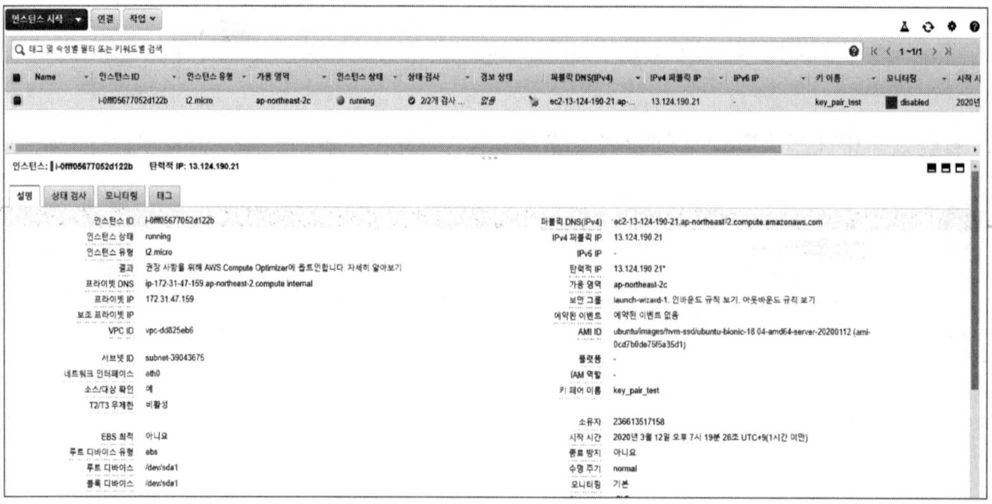

그림 7.22 | 인스턴스 세부 정보 확인 인터페이스

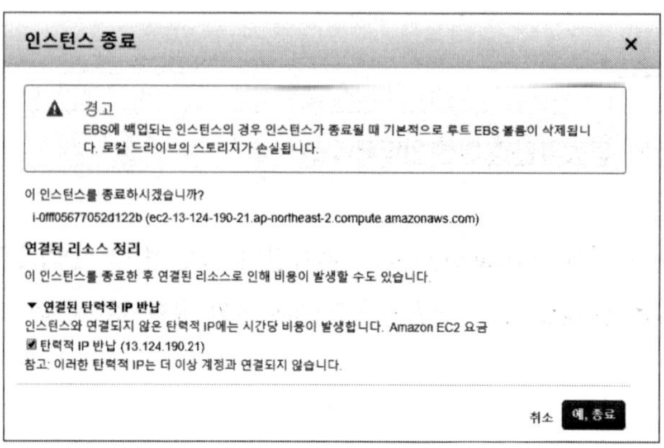

그림 7.22 | 인스턴스 종료 인터페이스

⑤ 인스턴스 종료, 할당된 엘라스틱 IP 반납 여부를 선택할 수 있다.

7.4.4 Putty를 이용한 인스턴스 접속

본 단계에서는 생성한 인스턴스에 접속하기 위한 실습을 수행한다. 인스턴스에 접속하기 위해 가장 많이 사용되는 프로그램인 Putty를 사용하고 접속에 필요한 키파일을 생성하기 위해 PuTTYgen 프로그램을 이용한다. Putty 및 PuTTYgen은 아래 링크를 통해 다운받을 수 있다.

http://www.chiark.greenend.org.uk/~sgtatham/putty/download.html

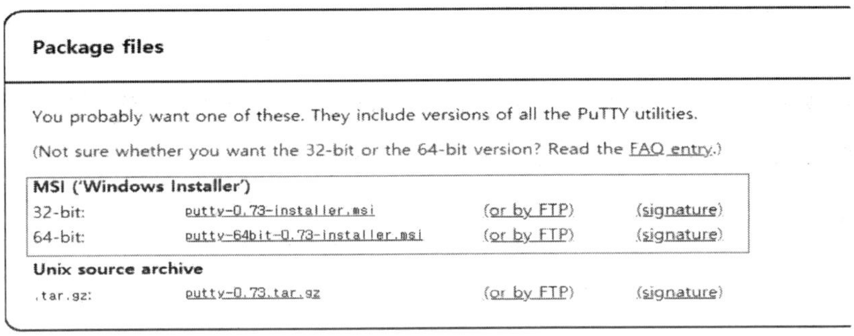

그림 7.23 ‖ PuTTY 다운로드

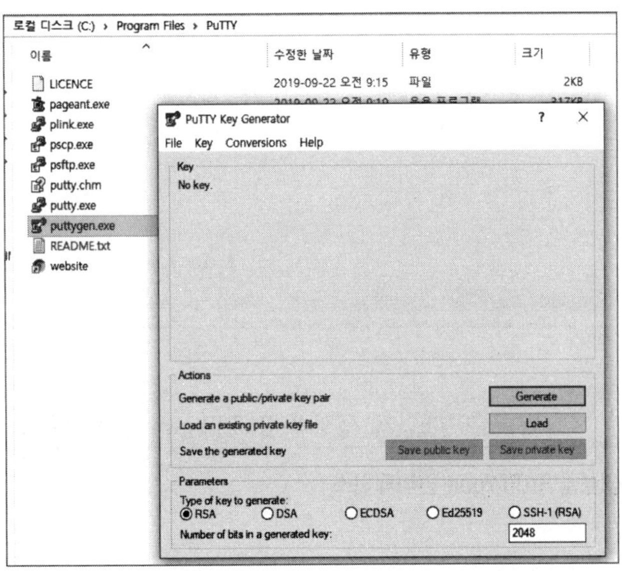

그림 7.24 ‖ 개인키 생성을 위한 PuTTYgen 인터페이스

① 클라우드에 생성된 인스턴스에 접근하기 위해 개인키 파일 생성이 필요한데, 이를 수행하기 위해 PuTTYgen을 이용하여 개인키 파일을 생성한다. PuTTYgen은 PuTTY를 설치한 경로(일반적인 경우 C:\Program Files\PuTTY 에 위치한다)에 putty와 같이 설치된다. 키타입을 SSH-2 RSA로 설정한 뒤, 이전 키페어 생성단계에서 다운받았던 키를 열기 위해 [Load] 버튼을 선택한다.

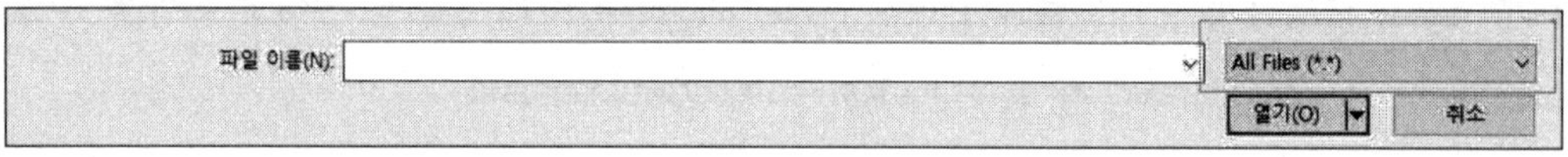

그림 7.25 ▌ 키 로드를 위한 파일 포맷 변경

② 검색 포맷을 All Files(*.*)로 변경한 뒤 인스턴스를 생성하는 과정에서 생성했던 키페어 파일을 저장했던 경로에서 [키페어이름].pem 파일을 선택한다.

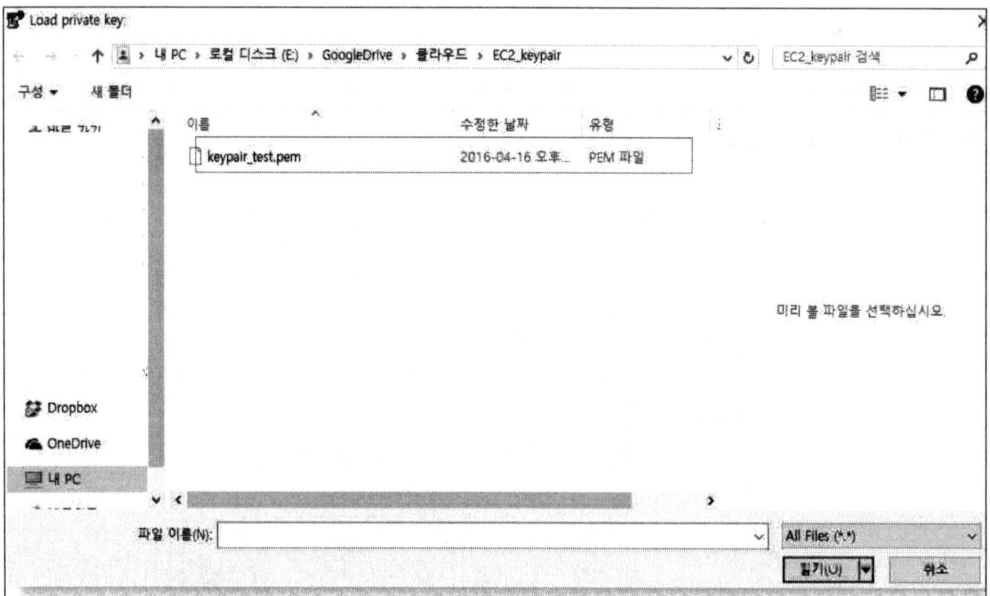

그림 7.25 개인키 생성을 PuTTYgen 인터페이스

그림 7.25 ▌ 개인키 생성을 PuTTYgen 인터페이스

③ 키페어 파일에서 추출한 개인키 파일을 저장하기 위해 [Save private key]버튼을 선택하여 개인키를 저장한다. 저장 경로는 사용자필요에 맞게 선택한다.

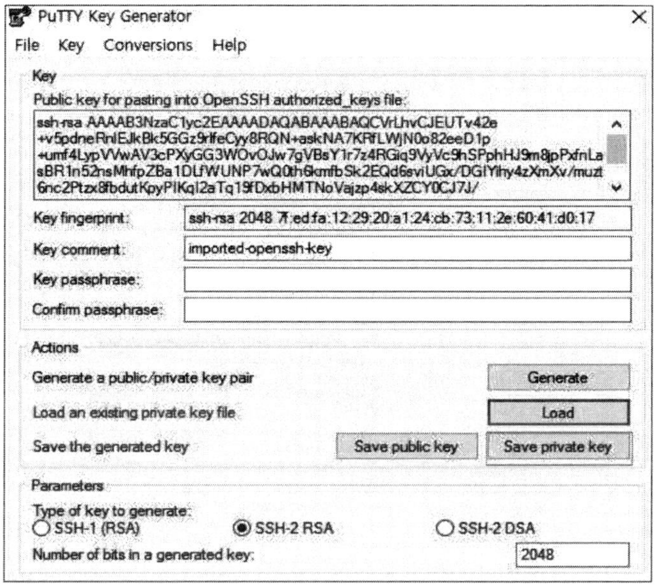

그림 7.26 ▌ 개인키 저장을 위한 PuTTYgen 인터페이스

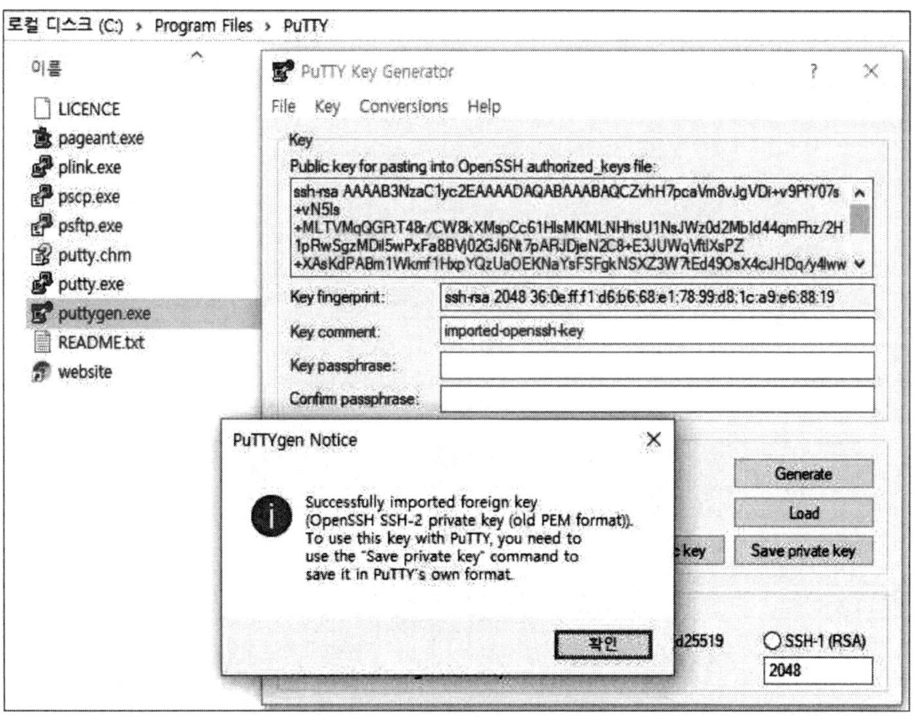

그림 7.25 ▌ OpenSSH 접속을 위한 공개키/개인키 생성

④ 추출된 키파일을 인증수단으로 하여 PuTTY를 이용하여 인스턴스에 접속하도록 한다. putty를 실행한 후 좌측 SSH-Auth메뉴에서 개인키 경로를 설정한다.

그림 7.27 ‖ PuTTY 접속을 위한 설정

⑤ 인스턴스에 접속하기 위해 Session 메뉴로 돌아와서 '계정@인스턴스IP'를 입력하여 [Open] 버튼을 선택하여 접속한다.

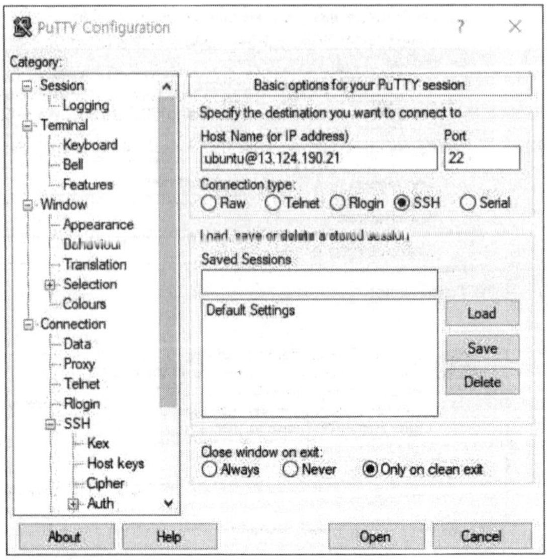

그림 7.28 ‖ PuTTY 접속을 위한 IP 설정 예시

⑥ 인스턴스 생성시 사용하였던 AMI 별로 기본 계정이 있다. AMI 종류별로 아래의 기본 계정 정보를 이용하여 접속이 가능하다.

- Amazon Linux AMI의 경우 사용자 이름은 'ec2-user'
- RHEL5 AMI의 경우 사용자 이름은 'root' 또는 'ec2-user'
- Ubuntu AMI의 경우 사용자 이름은 'ubuntu'
- Fedora AMI의 경우 사용자 이름은 'fedora' 또는 'ec2-user'
- SUSE Linux의 경우 사용자 이름은 'root' 또는 'ec2-user'

표* AMI종류에 따른 기본 접속 계정

⑦ PuTTY를 이용하여 인스턴스에 접속한 결과 접속이 성공적으로 되는 것을 확인하도록 한다.

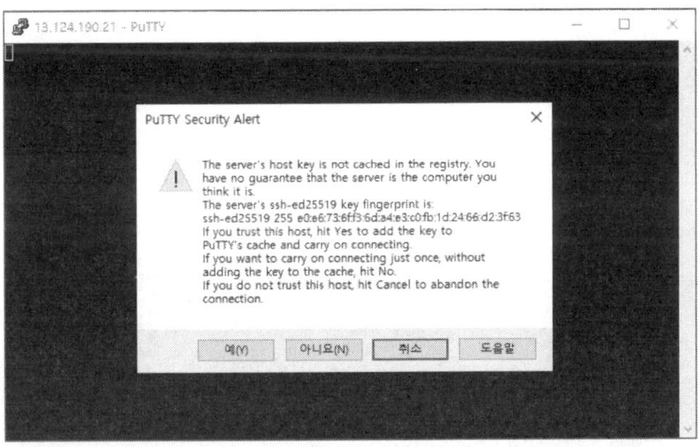

그림 7.25 ‖ Putty를 이용한 인스턴스 접속 과정

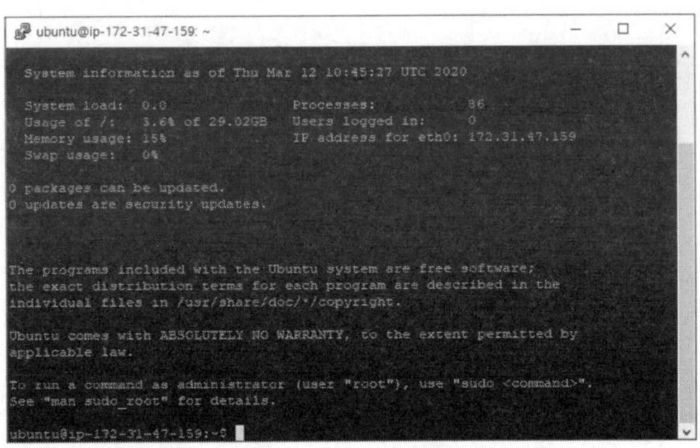

그림 7.29 ‖ PuTTY를 이용한 인스턴스 접속

SUMMARY

본 장에서는 상용 IaaS 서비스인 Amazon EC2에 대해 알아보았고, EC2를 이용한 인스턴스 생성 실습을 통해 인스턴스를 생성하기 위한 네트워크 및 보안설정, 인스턴스 생성방법에 대한 과정과 ssh를 사용하여 인스턴스에 접속하는 방법을 실습해 보았다. Amazon EC2 서비스를 통해 기업 또는 개인이 서버를 구축하는데 있어 발생하는 초기비용을 절약 할 수 있으며 Amazon Web Service에서 지원하는 다양한 기능들을 사용하여 시스템 구성을 위한 인력 및 비용을 절약 할 수 있는 효과가 있다.

제8장

Google Compute Engine을 활용한 인프라 구축

본 장에서는 IaaS의 또 다른 상용서비스인 Google Compute Engine에 대하여 알아보고 Google Compute Engine를 활용하여 인스턴스를 생성해 보는 것을 목표로 한다. 본 장은 Google Compute Engine에 대한 소개와 지원기능 및 비용에 대한 내용을 담고 있으며, 사용자는 실습과정을 통해 그림 8.1과 같이 Google Compute Engine에 접속하여 인스턴스 프로젝트를 생성하고 인스턴스와 네트워크를 설정하여 사용자가 직접 해당 인스턴스에 접근하는 과정을 실습 할 수 있다.

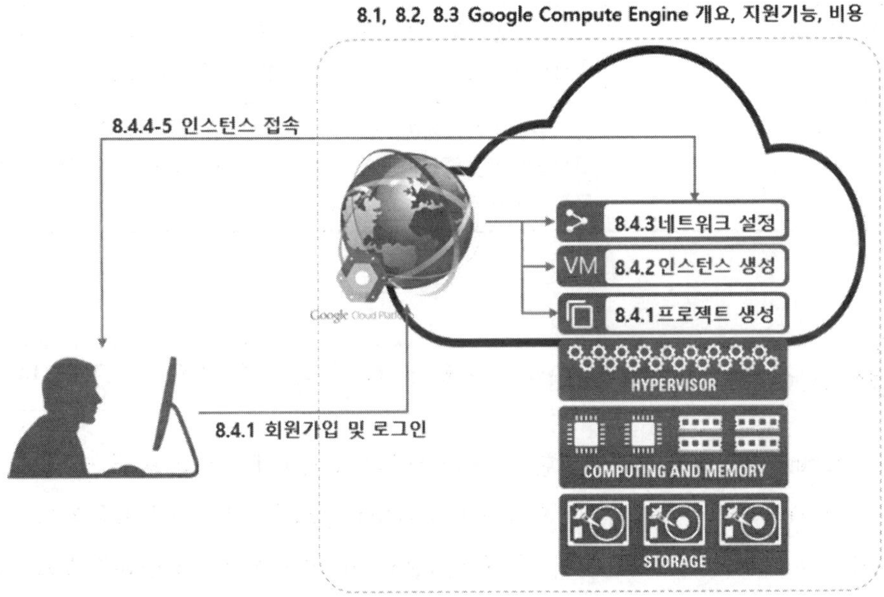

그림 8.1 | Google Compute Engine 실습을 위한 큰그림

8.1 Google Compute Engine의 주요 특징

Google Compute Engine이란 Google에서 운영하고 있는 Google Cloud Platform의 일부 서비스이다. 앞서 설명한 Amazon EC2와 같은 개념의 IaaS로써, 전 세계에 위치해 있는 구글 인프라 서버를 이용하여 가상 서버, 스토리지, 네트워크를 구축할 수 있다. Google Compute Engine 역시 Amazon EC2와 같이 자유롭게 인스턴스 생성 및 삭제가 가능하며, 사용자의 필요에 따라, 인스턴스 개수 및 인스턴스의 사양을 자유롭게 증감할 수 있다는 것이 특징이다.

8.2 Google Compute Engine 지원기능

표 8.1 Google Compute Engine 지원 기능 및 설명

지원기능	설명
다수의 VM에 연결 가능한 스토리지	다중 VM 클러스터에 연결이 가능한 스토리지 지원
통합네트워크 지원	Private, public subnet, firewall, routes, gateways, ACL 등 다양한 네트워크 구성 가능
영구 고정 IP 지원	고정IP를 할당하기 위해 인스턴스를 재시작 해야 하는 EC2와 달리 현재 할당받고 있는 유동 IP를 고정 IP로 동적 전환이 가능함
Live Migration	클라우드가 작동하고 있는 데이터 센터의 유지보수 등으로 인해 발생하는 작업 중단을 방지하기 위해 라이브 마이그레이션을 적용하여 무정지 시스템 지원

8.3 Google Compute Engine에서 제공하는 인스턴스 종류 및 비용

Google Compute Engine은 앞서 설명한 Amazon EC2와 유사하게 머신의 종류, 이미지, 네트워크, 디스크에 따라 가격을 측정하지만 Google Compute Engine은 1시간 단위로 금액이 청구되는 Amazon EC2와 다르게 최소 10분에서 시작하여 1분단위로 반올림되어 청구됨으로 보다 효율적으로 사용할 수 있다.

표 8.2 Google Compute Engine의 인스턴스 유형 및 특징

유형	종류	설명
사전 정의 유형	**표준 타입**	Google Cloud Platform에서 미리 정의한 인스턴스 유형. 다른 유형에 비해 비용이 저렴하다.
	공유코어머신 타입	인스턴스가 일시적으로 물리적인 CPU를 추가적으로 사용 할 수 있는 유형.
	고용량 메모리 타입	일반 인스턴스에 비해 고용량의 메모리가 설정되어 있다. 하나의 가상CPU당 6.5GB의 메모리를 가지고 있다.
	고성능 CPU 타입	일반 인스턴스에 비해 다수의 코어가 탑재된 가상 CPU를 사용할 수 있다. 0.9GB 메모리당 하나의 가상 CPU를 가지고 있다.
사용자 정의 유형		사전 정의 유형의 인스턴스가 사용자가 운영할 워크로드에 최적화 되지 않은 경우, 사용자의 필요에 따라 가상 CPU와 메모리를 설정 할 수 있다. 이러한 유형의 경우 같은 성능의 사전 정의 유형보다 높은 비용을 지불해야 한다.

※ Google Compute Engine에서 특수한 이미지(RedHat Enterprise, SUSE, Windows Server) 사용할 경우 추가적인 비용이 부과된다.

네트워크 사용량, 디스크 사용량, IP 주소 사용량에 따라 추가적으로 비용이 부과되니 주의해서 서비스를 이용하는 것이 좋다. 다음 URL에 접속하게 되면 사용예정인 인스턴스 및 타입에 따라 금액을 계산할 수 있는 비용계산 기능이 지원되니 자세한 내용은 다음 URL을 참조할 수 있다. https://cloud.google.com/pricing/#calculators

표 8.3 Google Compute Engine 제공 인스턴스 별 가격 [참고 URL :https://cloud.google.com/compute/all-pricing?hl=ko]

유형	종류	최저 ~ 최대 요금
사전 정의 유형	**표준 타입**	$0.042 ~ $1.344
	공유 코어머신 타입	$0.007 ~ $0.023
	고용량 메모리 타입	$0.106 ~ $1.696
	고성능 CPU 타입	$0.064 ~ $1.024
사용자 정의 유형		$0.2929 /vCPU /시간 $0.00393/GB/Memory/시간

TIP

지속 사용 할인]

Google Compute Engine의 경우, 일반적인 인스턴스를 일정 시간 이상으로 가동할 경우 청구비용에 대한 할인 혜택이 주어진다. 예를 들어 월의 50%에 해당하는 시간 동안 가상 머신을 사용하는 경우 10%의 할인 효과를 얻을 수 있다. 월의 75%에 해당하는 시간 동안 가상 머신을 사용하는 경우 20%의 할인 효과를 얻을 수 있다. 월의 100%에 해당하는 시간 동안 가상 머신을 사용하는 경우 30%의 할인 효과를 얻을 수 있다. 하지만 인스턴스의 사용방식에 따라 청구비용이 증가 할 수도 있으니 정확한 예상비용은 홈페이지를 꼭 참고하여 가상머신을 실행해야 한다.

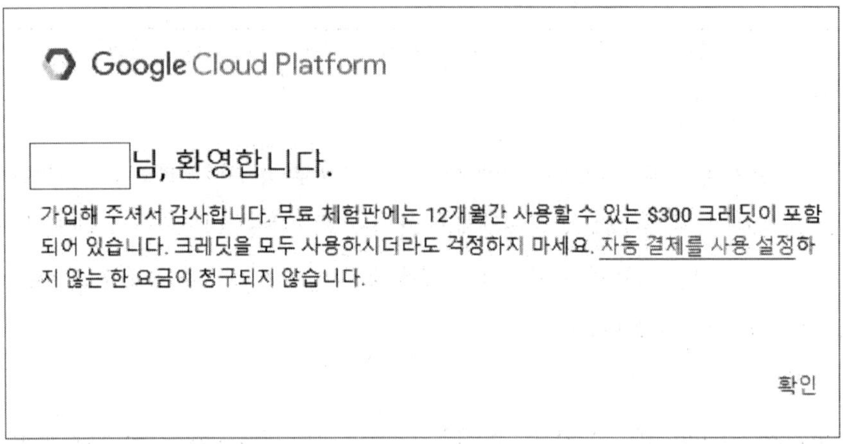

그림 8.2 | Google Cloud Platform 가입 혜택

8.4 Google Compute Engine 사용하기

Google Compute Engine을 사용하기 위해서 우선 Google Cloud Platform에 회원가입을 해야 한다. 본 실습에서는 기본적으로 회원가입이 되어 있다는 가정 하에 진행하므로, 이후 단계를 진행하기 전에 회원가입을 진행하면 된다(https://cloud.google.com/). 실습시 인터넷 익스플로러 브라우저를 이용할 경우 메뉴가 정확히 뜨지 않을 경우가 있으므로, 구글 크롬 브라우저로 실습을 진행하는 것이 좋다.

8.4.1 Google Compute Engine 프로젝트 생성

① 회원가입 후 Google Cloud Platform 사이트에 접속 후 좌측 상단의 [메뉴]-[Compute Engine]-[VM 인스턴스]를 선택하여 Compute Engine에 접속한다.

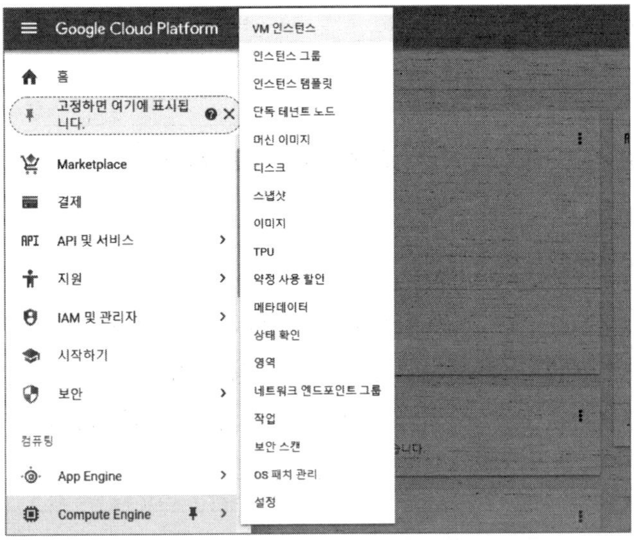

그림 8.3 | Google Compute Engine 웹 인터페이스

처음 Compute Engine을 사용하기 위해서는 프로젝트를 생성해야 한다. Google Compute Engine 메뉴를 통해 접속하면 사진과 같은 창이 나타나게 된다. 사용자 필요에 따라 임의의 이름을 입력하여 프로젝트를 생성한다. 생성이 완료되면 아래와 같은 화면을 볼 수 있다.

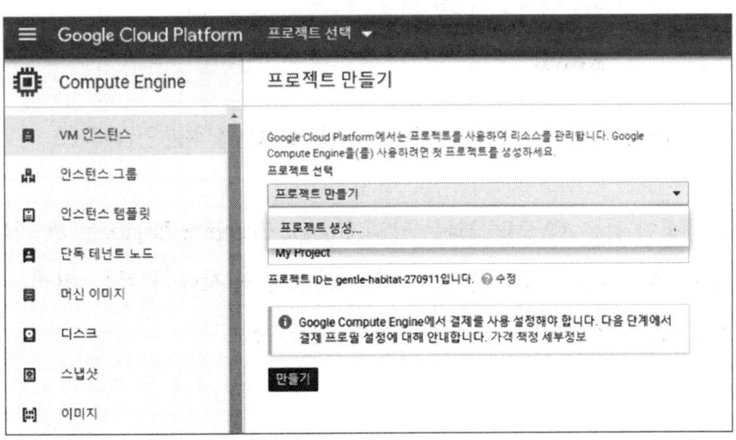

그림 8.4 | Google Compute Engine 프로젝트 생성을 위한 인터페이스

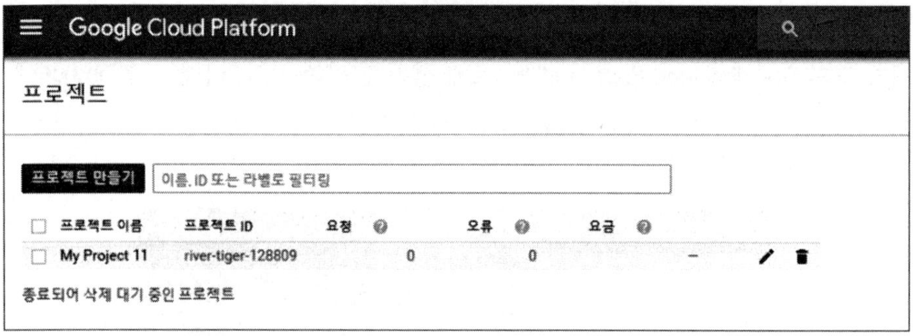

그림 8.5 ▎ Google Compute Engine 프로젝트 생성을 위한 인터페이스

8.4.2 인스턴스 생성을 위한 설정

① 인스턴스를 생성하기 위해 Compute Engine 메뉴로 진입하여 Compute Engine 메뉴 중 VM 인스턴스 메뉴를 선택한다. 현재 인스턴스가 없는 상태이므로 [만들기]를 클릭한다. (초기 접속 시 Compute Engine 준비를 위해 약간의 대기시간이 필요하다)

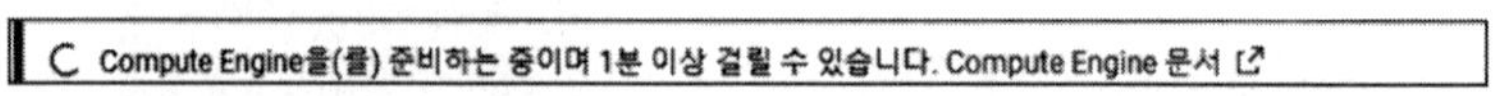

그림 8.6 ▎ Google Compute Engine 대기 안내

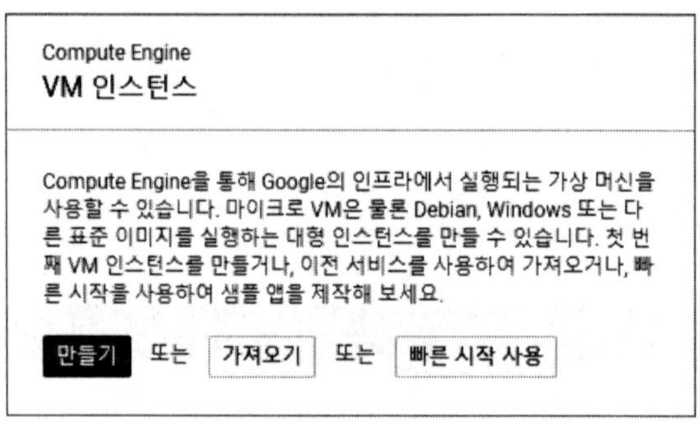

그림 8.7 ▎ Google Compute Engine 프로젝트에서 인스턴스 생성을 위한 인터페이스

② 단계별 설정과정이 있는 AWS EC2와는 달리 Google Compute Engine는 한 페이지 안에서 인스턴스 설정의 대부분을 선택할 수 있다. 인스턴스 설정 창에서 이름, 영역, 머신유형, 부팅 디스크, ID 및 API 액세스, 방화벽 등을 설정 할 수 있다.

그림 8.8 ‖ Google Compute Engine 인스턴스 환경설정 인터페이스

- 이름: 인스턴스의 이름을 설정한다.
- 영역(리전): 클라우드 서버의 위치를 선택한다. 사용자의 사용지역에 따라 적절히 선택할 수 있다(본 실습에서는 asia-northeast3(서울) 을 리전으로 선택하였다).
- 머신 유형: 인스턴스 종류 중 하나를 선택하거나, [맞춤설정]을 선택하여 사용자 편의에 따라 vCPU와 메모리를 변경할 수 있다

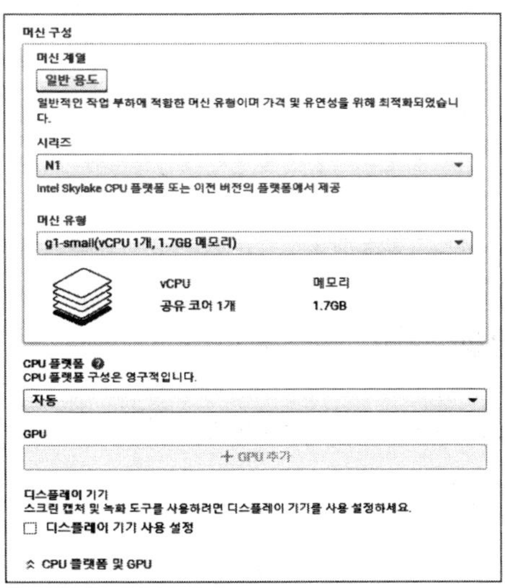

그림 8.9 ‖ 컴퓨트 인스턴스 확인을 위한 환경설정 인터페이스

- CPU 플랫폼 및 GPU: CPU 종류를 선택 및 GPU를 추가할 수 있다.
- 부팅 디스크: OS가 설치될 부팅 디스크의 용량과 OS의 종류를 선택할 수 있다 [변경] 버튼을 선택하여 변경 할 수 있다.(본 실습에서는 Ubuntu 14.04 LTS 버전과 20GB의 디스크를 사용한다)
- ID 및 API 액세스: Google Cloud API를 호출할 서비스계정을 선택 할 수 있다.
- 방화벽: 기본 방화벽을 선택할 수 있다.
- 관리,보안,디스크,네트워킹,단독 임대: 인스턴스 설정에 대한 세부적인 내용을 선택할 수 있다.
- 인스턴스 설정 예시

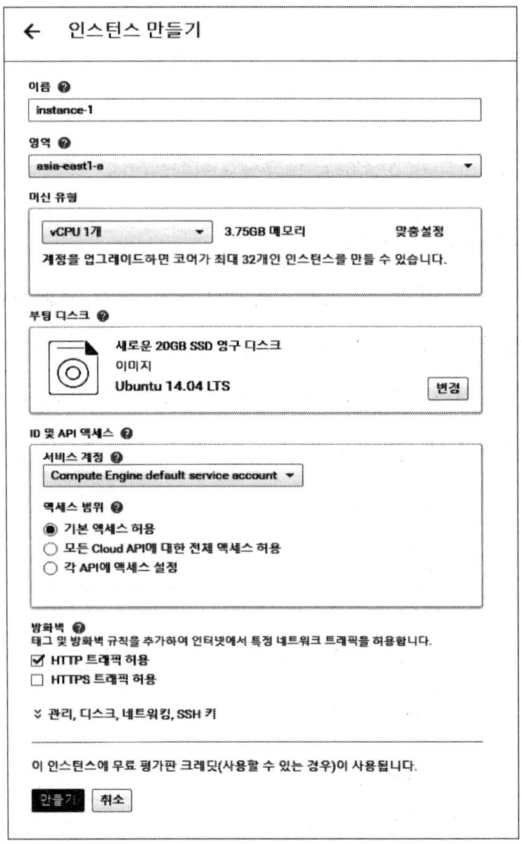

그림 8.10 ‖ Google Compute Engine 인스턴스 환경설정 확인

표 8.4 본 실습을 통해 생성할 인스턴스 정보

인스턴스 이름	instance-1
영역	asia-east1-a
머신유형	vCPU1개 3.75GB 메모리
부팅디스크	20GB SSD, Ubuntu 14.04 LTS OS
ID 및 API액세스	기본 액세스 허용
방화벽	HTTP 트래픽 허용

③ 인스턴스 생성이 완료될 경우 VM 인스턴스 메뉴에서 위와 같은 화면을 볼 수 있다. 상단 그래프에서는 CPU, 메모리, 네트워크 등의 실시간 사용률을 그래프로 확인 할 수 있으며, 하단에 위치한 메뉴에서는 생성한 인스턴스를 설정 할 수 있다.

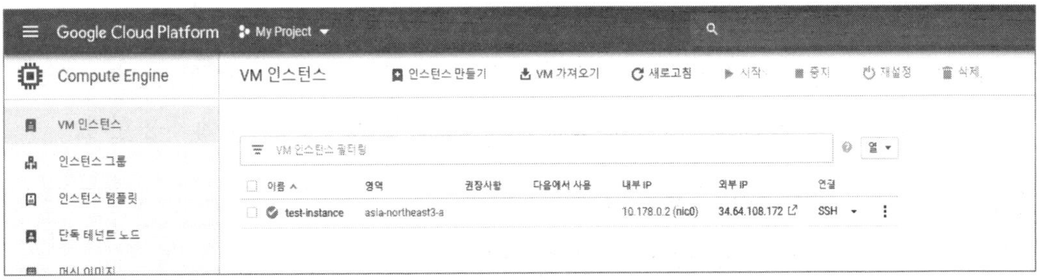

그림 8.11 ‖ Google Compute Engine 인스턴스 환경설정 확인

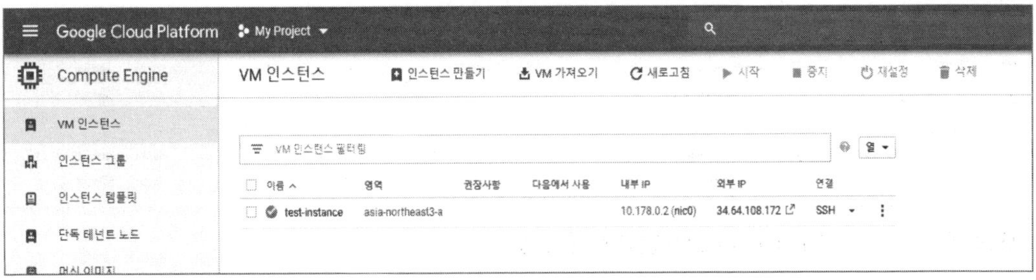

그림 8.12 ‖ 생성된 인스턴스 사용량 확인 인터페이스

8.4.3 네트워크 및 방화벽 설정

① Google Compute Engine에서 인스턴스를 생성 한 뒤 Network 환경 설정을 한다. 좌측상단 메뉴버튼에서 [VPC 네트워크] 메뉴를 선택한 후 인스턴스에 설정될 내부 네트워크가 필요하다면 네트워크 만들기 버튼을 선택하여 네트워크를 설정 할 수 있다.

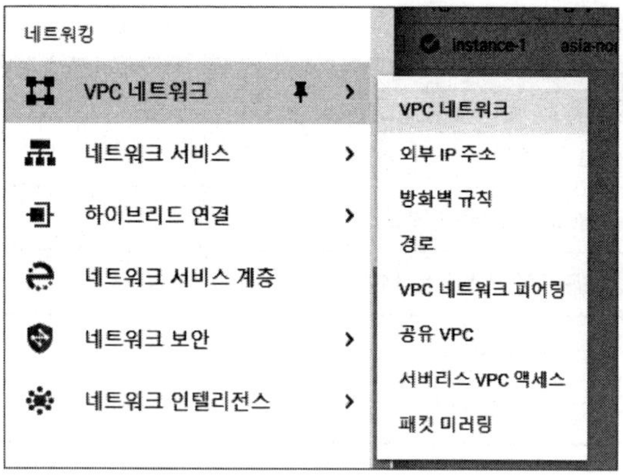

그림 8.13 ▌ 네트워킹 환경설정 인터페이스

② 방화벽 규칙 생성좌측 메뉴 중 방화벽 규칙을 선택한다. 이 메뉴에서는 인스턴스에 적용될 방화벽 규칙을 설정할 수 있다. 이미 default 규칙이 있지만, 사용자가 특별히 필요한 규칙이 있을 경우 상단의 방화벽 규칙 만들기 버튼을 눌러서 새로운 규칙을 생성 한다. 이름, 설명, 네트워크, 소스 필터, 소스 IP 범위, 허용되는 프로토콜 및 포트 등을 설정할 수 있다. 사용자는 필요에 따라 항목을 입력하고 하단의 만들기 버튼을 선택하여 방화벽에 적용 한다.

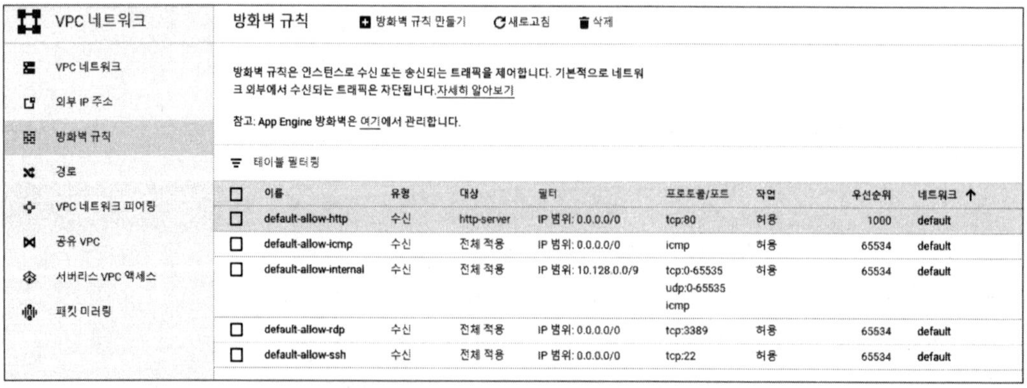

그림 8.14 ▌ Google Compute Engine 방화벽 규칙 설정

③ 외부 IP 주소 설정을 위해 Google Compute Engine에서 생성되는 인스턴스에 고정IP가 할당되길 원한다면 좌측에서 [외부IP 주소] 메뉴를 클릭하여 고정IP를 할당 받을 수 있다. 좌측 메뉴에서 [외부 IP 주소]를 선택한 뒤 현재 인스턴스에 생성되어 있는 임시 IP를 고정으로 변경한다. 현재 사용 중인 IP외에 새로운 고정IP가 필요하다면 상단의 고정 주소 예약을 선택한다. 고정 주소 예약에서는 이름, 설명, 유형, 지역, 연결대상 등을 선택 할 수 있다.

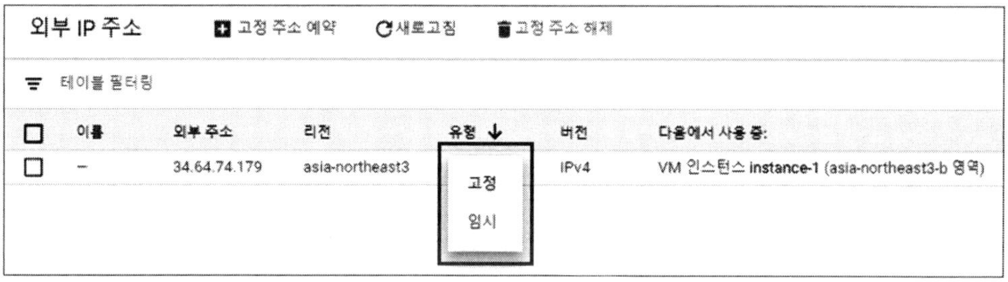

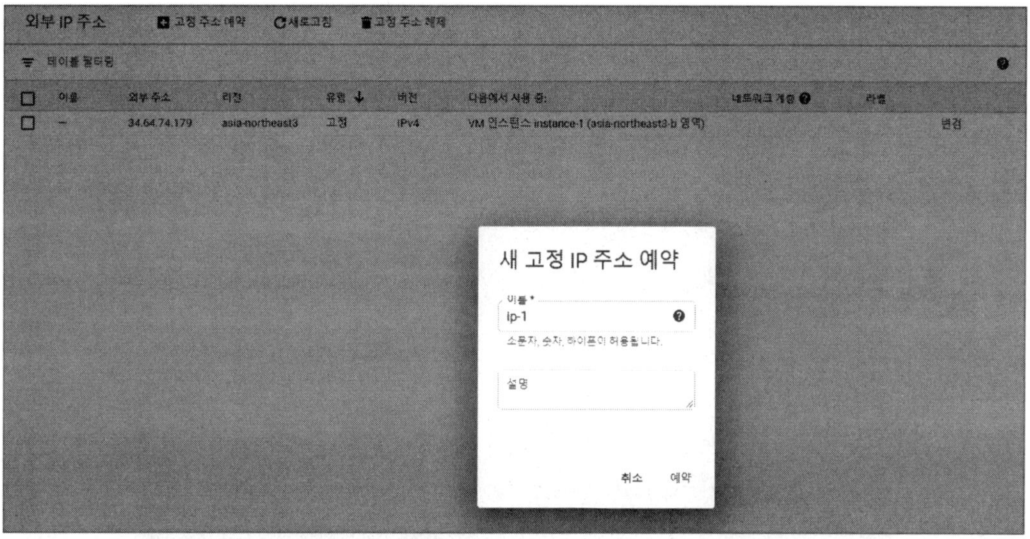

그림 8.15 ‖ Google Compute Engine 인스턴스에 대한 고정 IP 설정

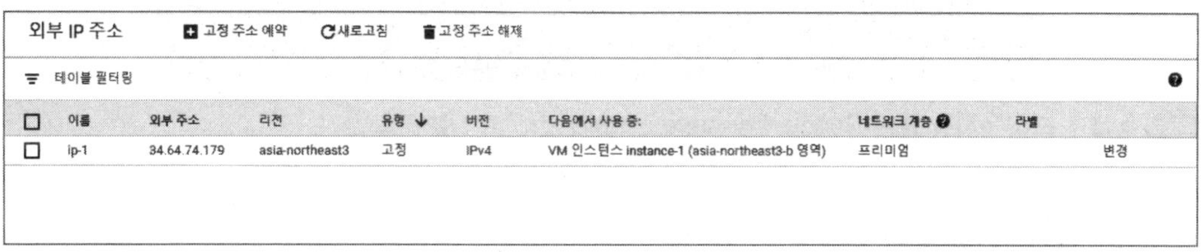

그림 8.16 ‖ Google Compute Engine 인스턴스에 대한 고정 IP 확인

8.4.4 브라우저를 통한 인스턴스 접속

① Google Compute Engine에서는 브라우저를 통한 접속 기능을 지원한다. 좌측 VM 인스턴스 메뉴에서 하단에 위치한 인스턴스에서 세부 목록보기를 선택하여 브라우저 창에서 열기를 선택한다.

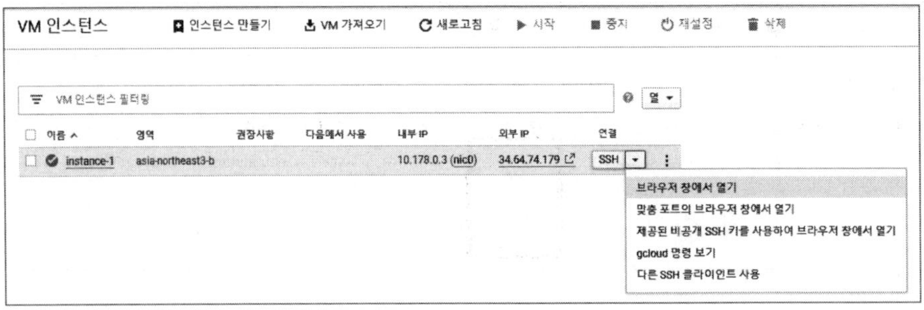

그림 8.17 ‖ 브라우저를 이용한 SSH 접속 버튼

② 기본 브라우저 창에서 인스턴스에 접속이 가능하다.

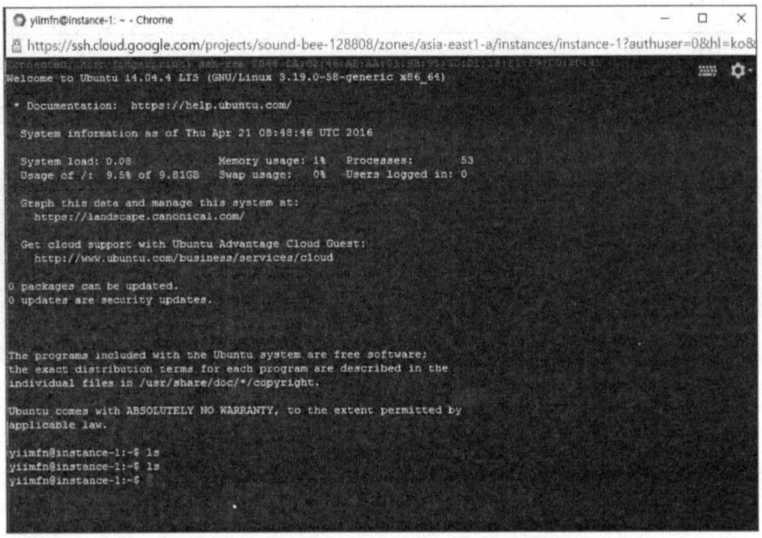

그림 8.18 ‖ 브라우저를 통한 Google Compute Engine 인스턴스 접속 화면

8.4.5 PuTTY를 통한 인스턴스 접속

브라우저접속이 아닌 별도의 ssh Client를 사용하여 접속하고 싶은 경우 Amazon EC2 인스턴스에 대한 접속과 같은 방법으로 PuTTYgen과 PuTTY프로그램을 이용하여 접속이 가능하다.

① PuTTYgen을 실행 후 Generate 버튼을 선택하여 키를 생성한다. 키 생성에는 사용자의 마우스 움직임을 입력 값으로 사용하기 때문에 마우스를 지속적으로 움직여줘야 한다.

그림 8.19 ∥ SSH 접속을 위한 공개키,개인키 생성과정

그림 8.20 ∥ PuTTYgen 프로그램을 통한 키 생성

② 키 생성이 완료된 후, Key comment 에 자신의 Google Cloud Platform ID를 입력한 뒤 Save private Key를 선택하여 저장한다. 그리고 상단에 위치한 Public key for pasting into OpenSSH authorized_keys file 항목의 공개키는 별도로 저장하거나 메모해 둔다.

③ 인스턴스에 접속하기 위하여 SSH키를 설정한다. Compute Engine에서 메타데이터 항목을 선택한 뒤 SSH 키 메뉴를 선택한다.

그림 8.21 ▎인스턴스 SSH 키 설정

④ [수정] 버튼을 선택하고[항목추가]를 선택하여 저장해 두었던 SSH 공개키를 입력한 뒤 저장 버튼을 선택한다.

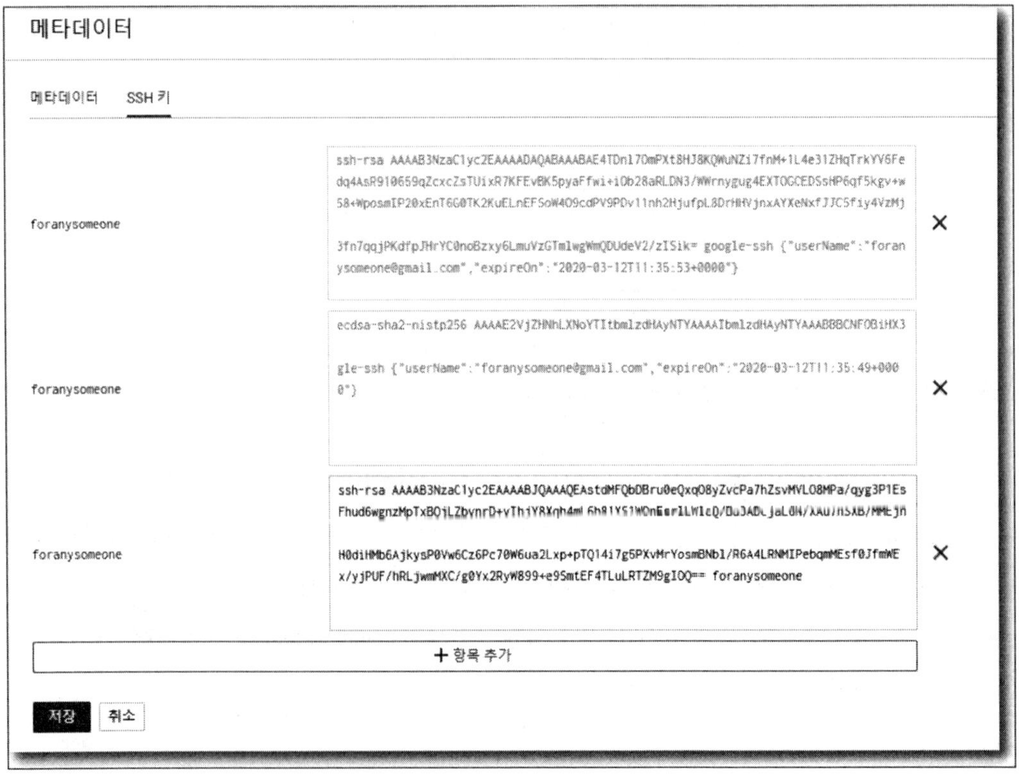

그림 8.22 ▎SSH 접속을 위한 키 설정

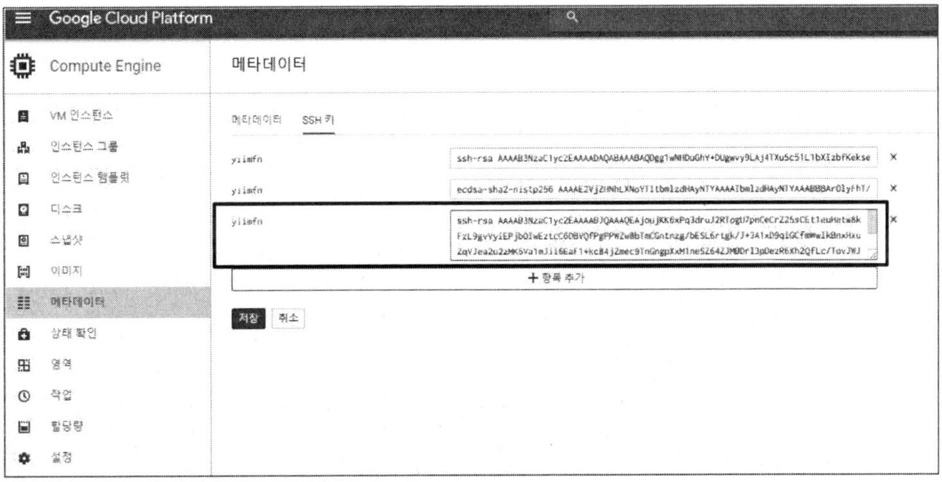

그림 8.23 ‖ 인스턴스 접속을 위한 SSH 공개키 설정

⑤ putty.exe를 실행하여 좌측의 Connection->SSH->Auth 메뉴를 선택하여 private key file for authentication 항목에서 Browse... 버튼을 선택하여 저장해둔 개인키 파일을 선택한다.

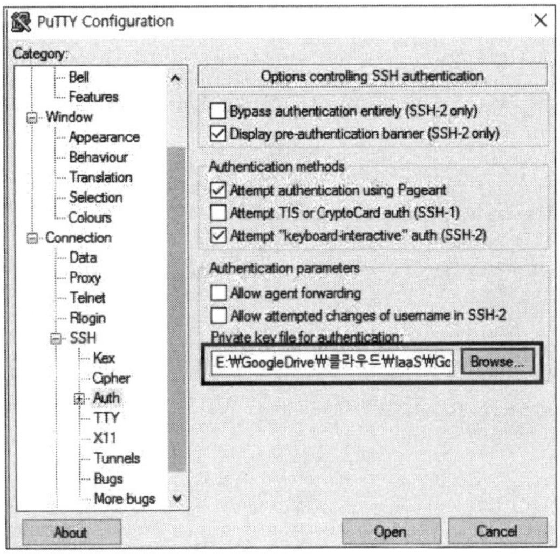

그림 8.24 ‖ 인스턴스 접속을 위한 SSH 개인키 설정

⑥ 자신의 인스턴스의 외부 IP를 입력하여 접속을 시도하면 정상적으로 접속이 되는 것을 확인할 수 있다.

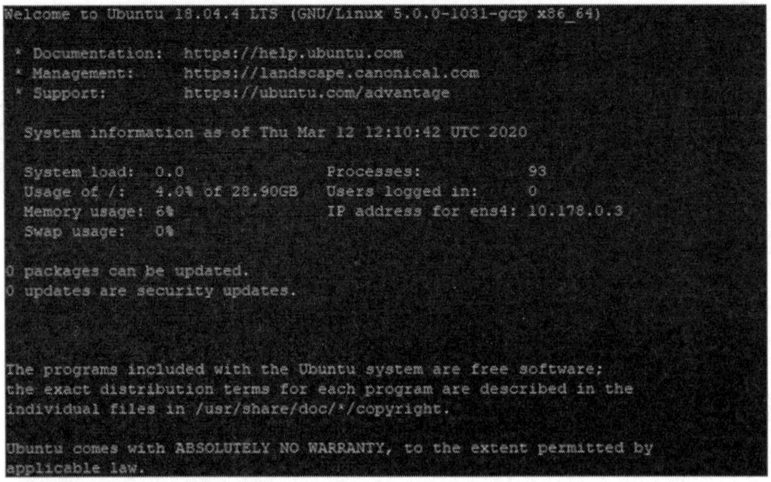

그림 8.25 ∥ PuTTY를 통한 인스턴스 접속

SUMMARY

본 장에서는 IaaS 상용서비스인 Google Compute Engine에 대해 간단하게 설명하고, Google Compute Engine의 지원 기능 및 비용에 대해 설명하였다. 또한 Google Compute Engine의 실습과정으로 Google Compute Engine의 프로젝트를 생성하고 인스턴스를 생성한 뒤 네트워크 및 IP를 설정을 통해 사용자의 ssh 인터페이스를 통해 접속하는 과정을 실습해 보았다.

제9장

오픈스택을 이용한 클라우드 플랫폼 구축

본 장에서는 오픈소스 IaaS 클라우드 플랫폼인 오픈스택에 대해 알아보고, 본 장의 실습을 통해 오픈스택 기반의 클라우드 플랫폼을 구축하는 것을 목표로 한다. 본 장은 오픈스택에 대한 간략한 소개와 오픈스택을 구축하기 위한 실습 과정을 담고 있으며, 사용자는 실습 과정을 통해 오픈스택을 3대의 가상머신에 구축해보고 오픈스택을 기반으로 한 인스턴스를 생성해 보도록 한다.

9.1 오픈스택 개요

오픈스택은 컴퓨팅, 스토리지, 네트워크 등의 자원을 관리할 수 있는 오픈소스 기반의 클라우드 운영체제이다. 사용자는 오픈스택의 설치를 통해 클라우드 플랫폼을 자체적으로 구축 할 수 있다. 흔히 오픈스택과 클라우드의 관계는 리눅스와 서버의 관계와도 같다고 볼 수 있다. 리눅스는 개별 서버에 확장 가능한 개방형 운영환경을 제공하는 반면, 오픈스택은 클라우드 인프라에 확장 가능한 개방형 운영환경을 제공한다. 오픈스택 프로젝트는 2010년에 NASA와 Rackspace가 공동 이니셔티브를 추진하면서 시작되었다. 이후 300개가 넘는 기업이 합류했으며, NetApp을 비롯한 188개 기업이 참여하고 있다.

오픈스택이 제공하는 주요 장점 중의 하나는 컴퓨팅, 스토리지, 네트워킹 등 오픈스택이 제공하는 다양한 서비스가 해당 AWS(Amazon Web Services) API와 호환된다는 것이다. 다시 말해, AWS에서 실행되는 애플리케이션이 이미 있거나 새로 만드는 경우, 사내 데이터 센터를 비롯한 오픈스택 환경에서 해당 애플리케이션을 실행할 수 있다는 의미이다.

9.2 오픈스택 구성요소와 구축을 위한 소프트웨어 준비

오픈스택을 이용하여 IaaS 클라우드 플랫폼을 구축하기 위해 이번 장에서는 오픈스택의 구성요소와 구축에 필요한 하드웨어에 관한 설명을 한다. 본 오픈스택 구축 실습에서는 Windows 10이 설치된 컴퓨터 시스템에 VMware를 설치하여 가상머신을 생성하고 구동할 수 있는 환경을 만든 후, 3대의 가상머신을 생성하고, 생성된 3대의 가상머신에 오픈스택을 설치할 것이다. 3대의 가상머신을 생성하는 이유는 오픈스택을 구성하는 데 있어서, 3종류의 노드로 클라우드 플랫폼을 구축하기 때문이다. 그 종류는 제어 노드(Controller Node), 컴퓨트 노드(Compute Node), 스토리지 노드(Storage Node)로 구성된다. 컴퓨트 노드는 언제든지 사용자가 원하는 수량만큼의 컴퓨팅 자원을 제공하기 위해 대기하는 노드이다. 예를 들어, 200대의 컴퓨트 노드를 가지고 클라우드 플랫폼을 구축한다면, 200대의 컴퓨트 노드는 사용자의 자원 요청에 대비하여 대기하게 된다. 제어 노드는 컴퓨트 노드를 관장하여 자원을 관리하고, 사용자로부터의 컴퓨팅 자원 요청 시, 사용자에게 필요한 자원을 할당하여 제공하여 주며, 사용자가 원하는 컴퓨팅 환경을 제공하기 위해, 중앙에서 제어하는 역할을 담당한다. 마지막으로, 스토리지 노드는 인스턴스 볼륨을 할당하고 관리하는 역할을 담당한다. 그러나 스토리지 노드는 선택적 노드이다. 필수 항목은 아니므로 해당 기능을 사용하는 오픈스택을 구축할지 고려하고 설치할 노드를 선택해야 한다. 오픈스택을 몇 대의 서버에 구성하는가를 결정하는 것은 전적으로 구축자의 결정에 따라 달라진다. 한대의 물리 서버에 제어 노드, 컴퓨트 노드, 스토리지 노드를 모두 적재하여 클라우드 플랫폼을 구축할 수도 있으며, 10대의 서버에, 8대의 컴퓨트 노드, 1대의 제어 노드, 1대의 네트워크 노드에 클라우드 플랫폼을 구성할 수 있다. 본 실습에서는, 3대의 가상머신을 생성하여, 각 서버에 다른 노드를 설치하여 클라우드 플랫폼을 구성해 보는 것을 목표로 진행할 것이다. 생성할 3대의 가상머신의 스펙은 다음과 같은 하드웨어 사양(가상머신 스펙)을 갖는 것을 가정한다.

표 9.1 오픈스택 구축을 위한 노드 종류 및 노드별 가상머신 요구 스펙

가상머신 종류	vCPU	Memory	Storage	NIC
제어 노드	1~2	8GB	100GB 이상	2
컴퓨트 노드	1~2	8GB	100GB 이상	2
스토리지 노드	1~2	4GB	100GB 이상 /dev/sdb, /dev/sdc	1

오픈스택은 여러 소프트웨어 컴포넌트로 구성된다. 오픈스택의 여러 구성요소 중, 본 장에서는 7개의 요소를 이용하여 오픈스택을 구성하도록 한다. 그림 9.1은 위에서 설명한 3대의 가상머신에, 설치될 오픈스택의 소프트웨어 컴포넌트를 보여주고 있다. 각 오픈스택의 컴포넌트는 독립적인 소프트웨어로 구동되나, 다른 컴포넌트와 연동되어, 클라우드 플랫폼을 구동하는데 있어 핵심적인 역할을 수행하게 된다. 어떤 컴포넌트는 제어 노드에만 설치가 될 수도 있고, 다른 컴포넌트는 제어 노드뿐 아니라, 컴퓨트 노드, 스토리지 노드 모두에 설치가 될 수 있다. 다음의 표는 오픈스택을 구성하는 소프트웨어 컴포넌트와 각 컴포넌트 설치가 되는 위치를 나타낸 표이다.

표 9.2 오픈스택 구축에 필요한 컴포넌트 및 설치 위치

오픈스택 컴포넌트	주요 기능	설치 위치		
		제어 노드	컴퓨트 노드	스토리지 노드
Keystone	• 오픈스택 서비스 및 자원 접근을 위한 인증/권한 검증	√		
Glance	• 가상머신 이미지를 저장, 등록, 관리, 전달하기 위한 인스턴스 이미지 저장 서비스	√		
Placement	• 인스턴스 생성에 할당 가능한 자원량 및 인스턴스에서 사용하는 자원량 등 자원 관리를 위한 서비스	√		
Nova	• 오픈스택 환경에서 인스턴스 관리(시작, 스케줄링, 종료, 모니터링)를 위한 인터페이스 제공	√	√	
Neutron	• 오픈스택 서비스를 위한 네트워크 가상화 인터페이스 지원	√	√	
Horizon (Dashboard)	• 오픈스택 기반 구현 서비스들을 관리자나 사용자가 활용하거나 클라우드 자원을 모니터링하기 위한 웹 인터페이스를 제공 • 인스턴스 시작, IP 주소할당, 자원 접근에 대한 환경설정 등을 제공	√		
Cinder	• 인스턴스 볼륨 할당, 볼륨 스냅샷, 볼륨 백업 등 스토리지 관리를 위한 서비스			√

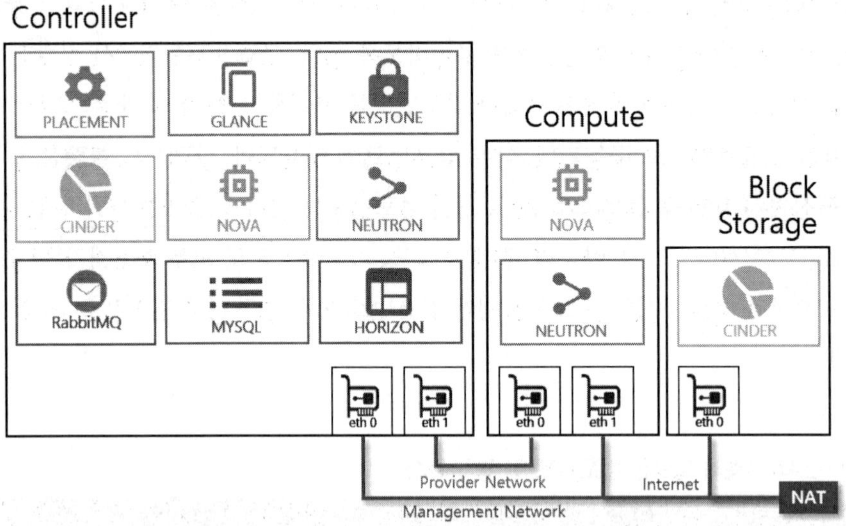

그림 9.7 | 가상머신 저장매체 용량 설정

그림 9.1의 구성에 따른 오픈스택 구축을 위해서는 다음과 같은 소프트웨어가 필요하다.

① VMware: 오픈스택을 구성하는 데 있어서 물리머신 3대 이상을 사용하여 구축하여도 무방하지만, 물리머신에 구축을 진행할 경우 스냅샷 기능을 지원하지 않으므로, 구축 진행 과정에 문제가 발생하였을 경우, 처음부터 시작해야 하는 경우가 발생할 수 있다. 본 실습에서는 VMware를 이용하여 가상머신 3대를 생성하고, 이를 기반으로 오픈스택 구축을 진행한다.

② Ubuntu Linux: ①번을 통해 구축된 3대의 가상머신에 Ubuntu Linux 설치가 필요하다. 본 실습에 있어서는 Ubuntu 18.04 버전을 설치하며, 하단의 링크를 이용하여 다운로드가 가능하다. http://mirror.kakao.com/ubuntu-releases/bionic/
다운로드 파일: ubuntu-18.04.4-desktop-amd64.iso

③ 오픈스택 train: 이번 실습과정에서는 오픈스택 train 버전을 사용하여 오픈스택을 구축한다. 오픈스택은 약 6개월에 한 번씩 새로운 버전이 릴리즈 되고 있으며, 그에 따라 설치 과정이 조금씩 바뀌므로, 다른 버전을 설치하기 위해서는 오픈스택 공식 홈페이지의 가이드를 참고해야 한다.

9.3 오픈스택 설치

지금부터 오픈스택을 구성하는 데 있어 가상머신 생성부터, 운영체제 설치, 그리고 오픈스택의 각 소프트웨어 컴포넌트를 설치하는 방법에 대하여 설명한다. 그림 9.2는 오픈스택 구축을 위한 설치 흐름도를 나타내고 있으며, 본 실습 과정은 2대의 가상머신을 생성하고, 각 노드 내부의 번호 순서대로, 소프트웨어를 설치하여 오픈스택을 구축하도록 할 것이다.

해당 박스 안에 내용은 CLI를 통해 커맨드를 수행하면 된다.

해당 박스 안에 내용은 파일에서 수정되어야 하는 설정들이다.

또한, 번호 뒤에(컴퓨트 노드) 또는 (스토리지 노드)라고 붙은 항목은 해당 노드에서 수행하면 된다. 그 외는 전부 제어 노드에서 수행된다.

9.3.1 오픈스택 설치를 위한 가상머신 구성

오픈스택을 설치하기 위하여 3대의 가상머신을 생성한다. 이전 장에서 설명하였듯이, 오픈스택은 3종류의 노드로 구성이 되어 있으며, 본 실습에서는 총 3대의 가상머신을 생성하여, 각 가상머신 별 각 노드를 구성하는데 필요한 모듈을 설치해야 한다. 각각 노드의 초기 구성방식은 유사하기 때문에 이번 섹션을 참고하여 제어 노드, 컴퓨트 노드, 스토리지 노드를 구성한다.

① 가상머신 생성: [File]->[New Virtual Machine]을 선택한다.

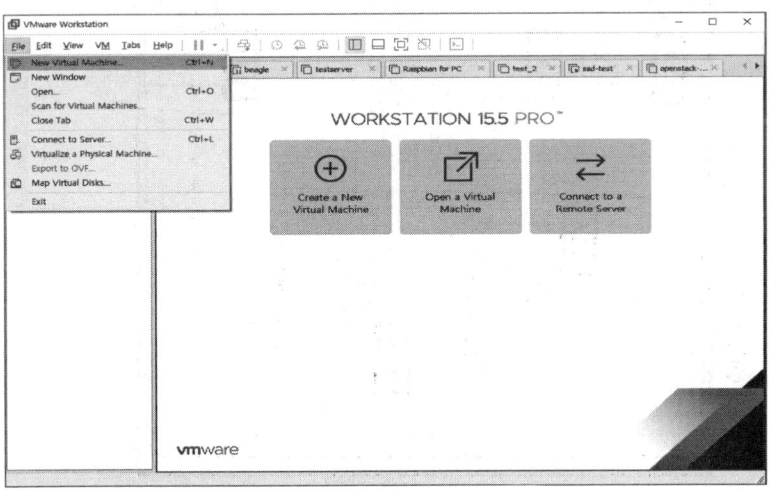

그림 9.3 | 가상머신 생성을 위한 VMWare 메인화면

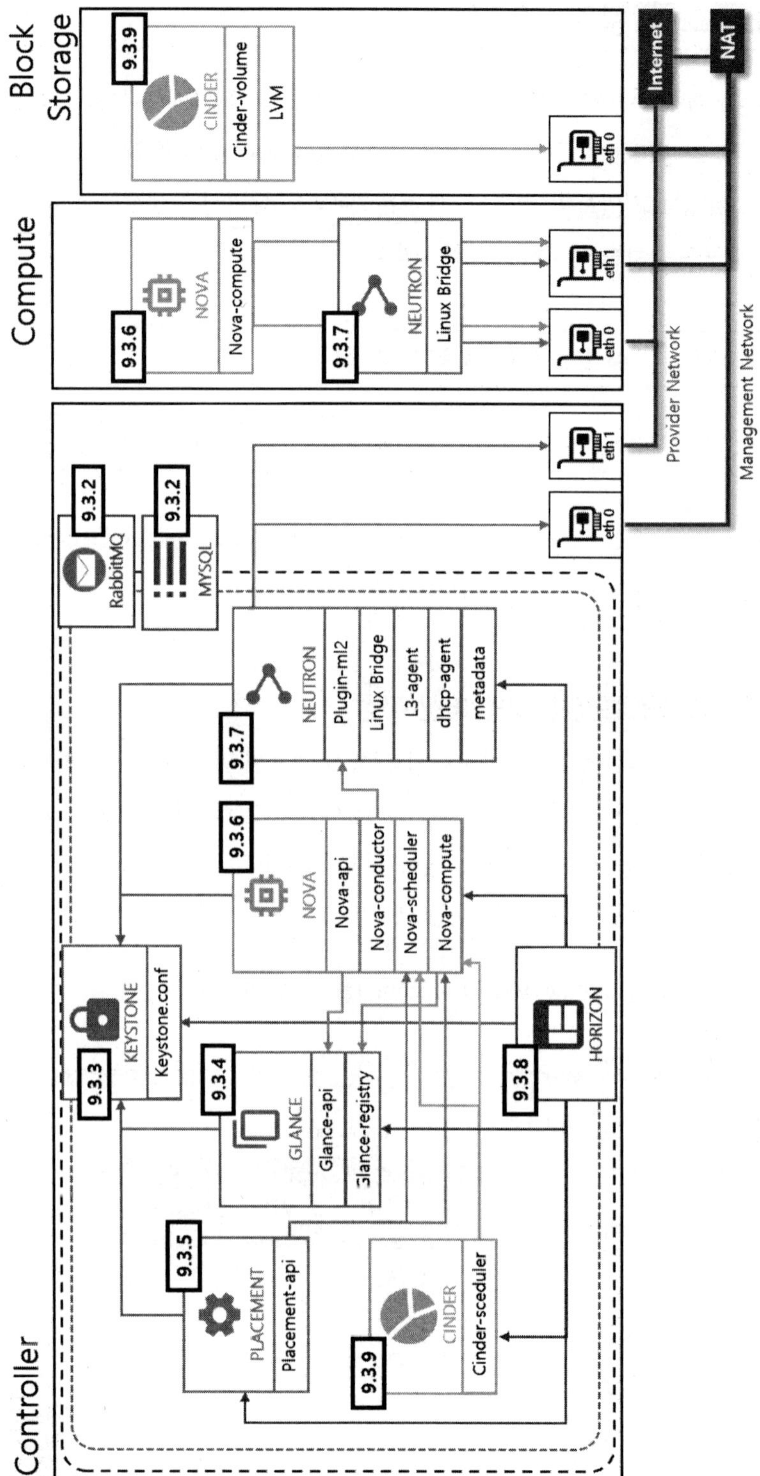

그림 9.7 | Openstack 내부 컴포넌트 관계도

② 가상머신 타입 및 운영체제 설정: Typical 형태의 가상머신으로 생성을 한 뒤, 설치할 운영체제 설치 이미지는 다운로드 받은 ubuntu-18.04.4-desktop-amd64.iso파일을 선택한다.

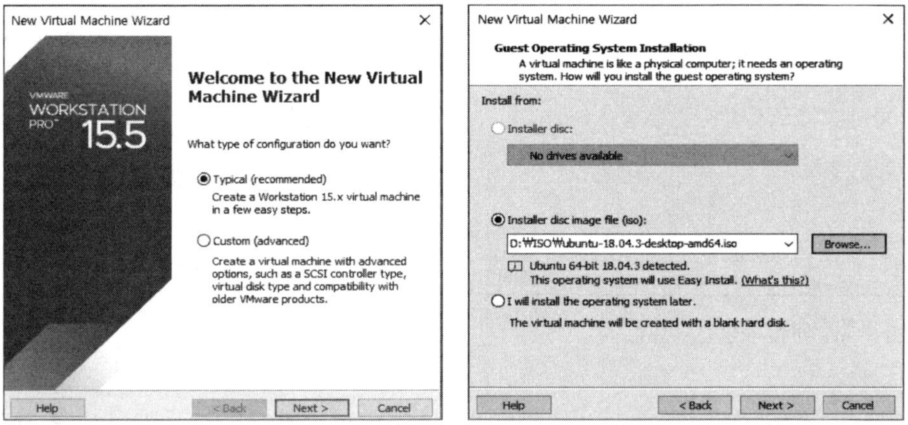

그림 9.4 | 가상머신 타입 및 운영체제 설정 화면

③ 운영체제 계정 설정: 각 3대의 가상머신에 설치할 Ubuntu Linux의 쉬운 식별을 위해 제어 노드, 컴퓨트 노드, 스토리지 노드 등 각 노드에 설치할 사용자 이름을 달리 설정하는 것이 좋다.

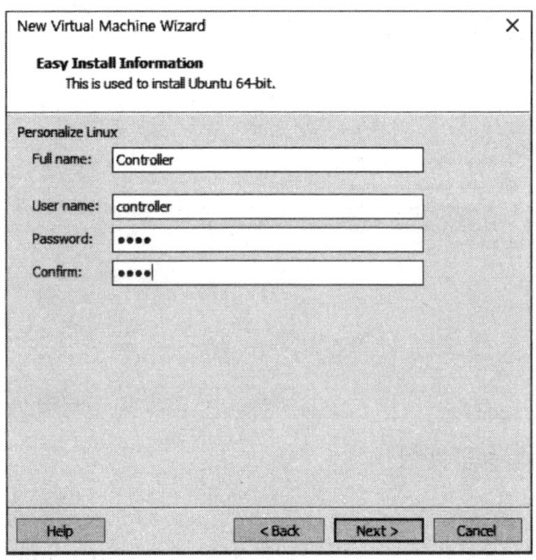

그림 9.5 | 가상머신 계정 설정 화면

④ 가상머신 저장 경로 설정: 제어 노드, 컴퓨트 노드, 스토리지 노드의 가상머신 저장위치를 다르게 설정하여 가상머신 별 관리를 용이하게 하는 것이 좋다.

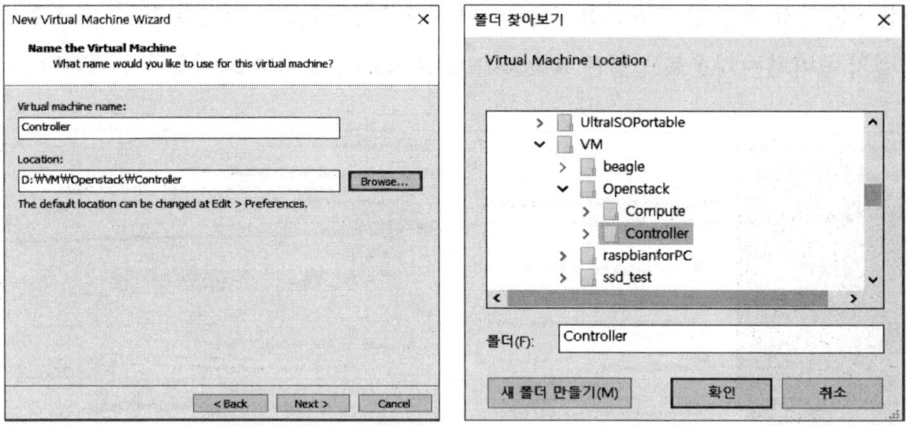

그림 9.6 ‖ 가상머신 저장위치 설정

⑤ 가상머신 저장용량 설정: 각 가상머신의 디스크크기를 설정한다. 각 가상머신 당 저장장치 용량을 100GB 이상으로 설정한다.

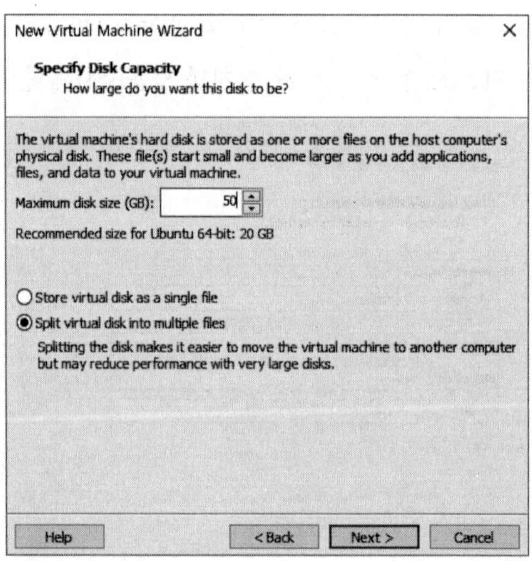

그림 9.7 ‖ 가상머신 저장매체 용량 설정

⑥ 가상머신 메모리 설정: 가상머신의 스펙을 조정하기 위해 Customize Hardware 버튼을 선택한 후, 좌측 Device 항목에서 Memory 용량을 8GB로 설정한다.

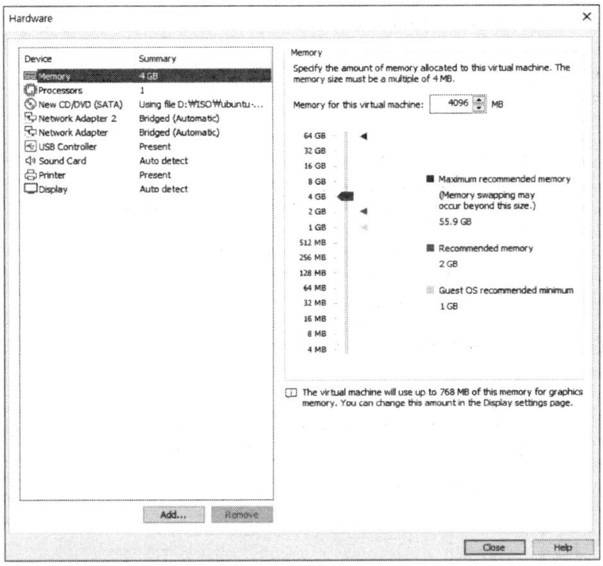

그림 9.8 ‖ 가상머신 하드웨어 설정

⑦ 가상머신 네트워크카드 설정: 각 가상머신의 네트워크카드를 추가하기 위해 하단의 Add 버튼을 선택하고, Network Adapter를 선택한다. Network Adaptor의 타입을 Bridged로 선택한다. 이전 장에서 설명하였듯이, 각 노드별로 필요로 하는 네트워크 어댑터의 개수가 상이하다. 그러므로 각 노드에 필요한 네트워크 어댑터를 추가하도록 한다(제어 노드: 2개, 컴퓨트 노드: 2개, 스토리지 노드: 1개).

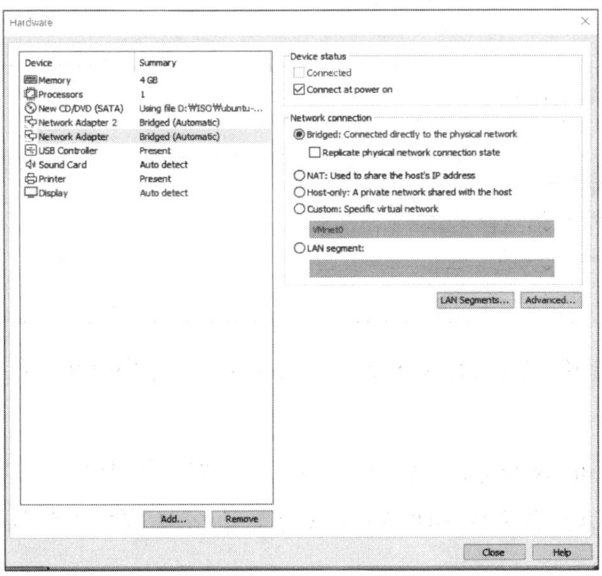

그림 9.9 ‖ 가상머신에 탑재될 네트워크 카드 설정

⑧ 생성할 3대의 가상머신 스펙 최종확인: 가상머신이 생성되기 전 설정을 확인한다. 설정이 완료되었다면 Finish를 선택하여 가상머신을 생성한다.

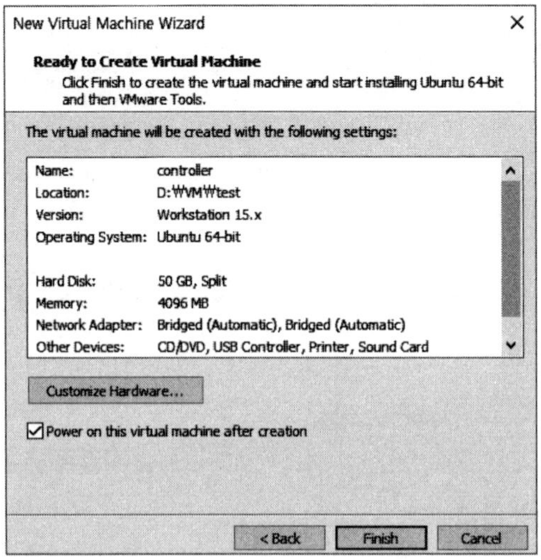

그림 9.10 ❙ 가상머신 스펙설정 확인

9.3.2 오픈스택 설치를 위한 노드 환경 구축

① 네트워크 인터페이스 설정: 오픈스택 네트워크 환경을 구성하기 위해 제어 노드와 컴퓨트 노드가 연결될 네트워크를 세팅해야 한다. Provider로 사용될 인터페이스를 세팅한다. 제어 노드와 컴퓨트 노드 각각 수정해야 한다.

```
# vi /etc/network/interfaces
```

```
auto INTERFACE_NAME
iface INTERFACE_NAME inet manual
up ip link set dev $IFACE up
down ip link set dev $IFACE down
```

* INTERFACE_NAME을 Provider로 사용될 인터페이스로 변경한다(예시: eth1 or ens224).

② Hosts 파일 설정: hosts 파일을 수정하여 ip에 호스트 이름을 할당한다. DNS에서 주소 정보를 받지 않고 hosts 파일을 통해 서버 위치를 확인할 수 있다. 제어 노드와 컴퓨트 노드 각각 수정해야 한다.

```
# vi /etc/hosts
```

```
# controller
10.0.0.11        controller

# compute1
10.0.0.31        compute1

# block1
10.0.0.41        block1

# object1
10.0.0.51        object1
```

* 각 ip에 맞도록 변경하여 설정값을 기재한다.
* 스토리지 노드, 오브젝트 노드를 사용하지 않는다면 지워도 된다.
* '127.0.0.1' 설정은 제거하거나 주석 처리하지 않는다.

ping 테스트를 통해 hosts 파일 설정이 반영됨을 확인한다.

```
# ping -c 4 compute1
# ping -c 4 controller
```

③ Chrony 설치: NTP(Network Time Protocol)을 세팅하여 노드 간에 서비스 동기화를 수행한다. NTP 세팅을 위해 chrony를 설치한다. 해당 과정은 모든 노드에서 수행되지만, 설정값은 다르다. 아래 커맨드를 통해 시간 chrony를 설치한다.

```
# apt install chrony
```

제어 노드에서 /etc/chrony/chrony.conf 파일을 수정하여 NTP 서버를 세팅한다.

```
# vi /etc/chrony/chrony.conf
```

```
server NTP_SERVER iburst
allow 10.0.0.0/24
```

* **NTP_SERVER**을 ntp server 도메인으로 변경한다.
* allow 뒤에 '10.0.0.0/24'는 해당 노드의 subnet으로 변경한다.

컴퓨트 노드에서 /etc/chrony/chrony.conf 파일을 수정하여 NTP 서버를 세팅한다(스토리지 노드, object 노드를 사용한다면 해당 노드에서도 이를 세팅한다).

```
server controller iburst
```

파일을 수정하여 설정한 값을 반영하기 위해 chrony를 재시작한다.

```
# service chrony restart
```

chrony가 반영되었는지 각 노드에 해당 커맨드를 수행하여 확인한다.

```
# chronyc sources
```

④ Openstack package 설치: openstack package를 설치하는 과정으로 최신 버전으로 수행되기 위해 업데이트와 함께 openstack package를 설치한다. 해당 과정에서는 train 버전으로 설치를 수행한다. 해당과정은 모든 노드에서 설치되어야 한다.

```
# add-apt-repository cloud-archive:train
# apt update && apt dist-upgrade
# apt install python3-openstackclient
```

⑤ SQL database 설치: 오픈스택은 SQL database를 사용하여 기능 설정 및 기록 정보를 저장한다. 해당 과정은 제어 노드에서 설치한다. 본 가이드 내 절차에서는 배포판에 따라 MariaDB 또는 MySQL을 사용한다.

그러나 ubuntu 18은 mariaDB 10.1가 기본으로 설정되어 있으며 이 부분에서 안정성 문제가 존재한다. 안정적인 버전으로 업데이트하기 위해 본 가이드에서는 mariaDB 버전을 아래 커맨드를 통해 10.4로 업데이트를 수행한다.

```
# sudo apt-get install software-properties-common
# sudo apt-key adv --fetch-keys 'https://mariadb.org/mariadb_release_signing_key.asc'
# sudo add-apt-repository 'deb [arch=amd64,arm64,ppc64el] http://mirror.hosting90.cz/mariadb/
repo/10.4/ubuntu bionic main'
# sudo apt update
```

업데이트가 수행된 mariaDB를 apt를 통해 설치한다.

```
# apt install mariadb-server python-pymysql
```

mariaDB 설정을 위해 /etc/mysql/mariadb.conf.d/99-openstack.cnf을 수정한다.

```
# vi /etc/mysql/mariadb.conf.d/99-openstack.cnf
```

```
[mysqld]
bind-address = 10.0.0.11

default-storage-engine = innodb
innodb_file_per_table = on
max_connections = 4096
collation-server = utf8_general_ci
character-set-server = utf8
```

bind-address에서 제어 노드의 ip로 변경한다. 기본적으로 MySQL은 보안을 위해 일부 IP대역대만 접근이 가능하게 설정이 되어 있다. 기타 노드에서 접근이 가능하도록 환경설정이 필요하다. 또한 MySQL에서 UTF-8인코딩을 추가해야 하므로 문자열 인코딩 옵션도 추가해준다.

파일을 수정하여 설정한 값을 반영하기 위해 mysql을 재시작해준다.

```
# service mysql restart
```

데이터베이스 서비스 보안을 위해 mysql_secure_installation 스크립트를 실행한다.

```
# mysql_secure_installation
```

⑥ Message queue 설치: 오픈스택 서비스 간에 작업 및 상태 정보를 조정하기 위해 메시지 큐의 역할을 수행하는 RabbitMQ를 사용한다. 아래 커맨드를 통해 rabbitmq를 설치한다. 해당 과정은 제어 노드에서 설치한다.

```
# apt install rabbitmq-server
```

RabbitMQ에서 사용할 오픈스택 내부 계정을 생성한다.

```
# rabbitmqctl add_user openstack RABBIT_PASS
```

* 'RABBIT_PASS'는 RabbitMQ 계정의 패스워드에 해당하는 것으로 앞으로 RabbitMQ 모듈이 사용할 계정에 대한 패스워드로 설정한다.

오픈스택 내부 계정의 접근을 위한 권한설정을 다음의 명령어를 이용하여 쓰기, 읽기 및 접근에 대한 허용을 설정한다.

```
# rabbitmqctl set_permissions openstack ".*" ".*" ".*"
```

⑦ Memcached 설치: 인증 서비스를 수행하기 위해 토큰을 캐시하는 기능을 Memcached를 통해 수행한다. 해당 과정은 제어 노드에서 설치한다.

```
# apt install memcached python-memcache
```

memcached 설정을 위해 /etc/memcached.conf 파일을 수정한다.

```
# vi /etc/memcached.conf
```

```
-l 127.0.0.1
```

127.0.0.1을 제어 노드의 Management 네트워크 IP로 변경한다. 해당 설정은 다른 노드의 엑세스를 활성화하기 위한 설정이다.

⑧ Etcd 설치: 오픈스택 서비스는 Etcd를 통해 분산 키 잠금, 구성 저장, 서비스 라이브, 분산 키 저장소 기능을 수행한다. 아래 커맨드를 통해 수행되며, 제어 노드에서 수행한다.

```
# apt install etcd
```

Etcd 설정을 위해 /etc/default/etcd 파일을 수정한다.

```
# vi /etc/default/etcd
```

```
ETCD_NAME="controller"
ETCD_DATA_DIR="/var/lib/etcd"
ETCD_INITIAL_CLUSTER_STATE="new"
ETCD_INITIAL_CLUSTER_TOKEN="etcd-cluster-01"
ETCD_INITIAL_CLUSTER="controller=http://10.0.0.11:2380"
ETCD_INITIAL_ADVERTISE_PEER_URLS="http://10.0.0.11:2380"
ETCD_ADVERTISE_CLIENT_URLS="http://10.0.0.11:2379"
ETCD_LISTEN_PEER_URLS="http://0.0.0.0:2380"
ETCD_LISTEN_CLIENT_URLS="http://10.0.0.11:2379"
```

* ETCD_INITIAL_CLUSTER, ETCD_INITIAL_ADVERTISE_PEER_URLS, ETCD_ADVERTISE_CLIENT_URLS, ETCD_LISTEN_CLIENT_URLS에서 '10.0.0.11'을 제어 노드의 Management

네트워크 IP로 변경한다.

파일을 수정하여 설정한 값을 반영하기 위해 Etcd을 재시작한다.

```
# systemctl enable etcd
# systemctl restart etcd
```

해당 과정까지 문제없이 수행되었다면 오픈스택을 설치하기 위한 기본 구성 세팅을 완료한 것이다. 다음 과정부터 오픈스택 설치를 수행한다.

9.3.3 Keystone 설치

Keystone은 제어 노드에 설치되어 사용자 인증, 권한 부여 및 서비스 카탈로그 관리를 담당한다. 오픈스택에서 구동되는 모든 서비스는 Keystone을 통한 인증을 통해 동작하게 되므로, 각 서비스들은 반드시 Keystone에 등록되어 있어야 한다. 해당 과정은 제어 노드에서 수행된다.

① Keystone 설치를 위한 MySQL 로그인: 이전 단계에서 설정한 MySQL 계정으로 로그인을 하기 위해 다음의 명령어를 입력한다.

```
# mysql -u root -p
```

② Keystone Database 생성: 아래의 명령어는 MySQL 내부 프롬프트에서 입력할 명령어이다. Keystone에서 사용할 데이터베이스를 생성하고, 접근 권한을 부여하기 위해 다음의 명령어를 입력한다.

```
> CREATE DATABASE keystone;
```

③ Keystone Database 접근 권한 부여: 아래의 명령어 역시 MySQL 내부 프롬프트에서 입력할 명령어이다. 위에서 생성한 keystone 데이터베이스에 대한 접근권한을 부여하기 위해 아래의 명령어를 입력한다. 아래의 명령어 중 'KEYSTONE_DBPASS'는 설치자의 필요에 의해 변경 할 수 있다. 변경했을 경우 이 후 단계에서 KEYSTONE_DBPASS를 입력할 경우 동일하게 변경해야 한다. 아래의 명령어를 수행한 후, exit를 입력하여 리눅스 프롬프트로 나온다.

```
> GRANT ALL PRIVILEGES ON keystone.* TO 'keystone'@'localhost' \
  IDENTIFIED BY 'KEYSTONE_DBPASS';
> GRANT ALL PRIVILEGES ON keystone.* TO 'keystone'@'%' \
  IDENTIFIED BY 'KEYSTONE_DBPASS';
```

④ Keystone 서비스 설치: Keystone 서비스 패키지를 설치하기 위하여 다음의 명령어를 수행한다.

```
# apt install keystone
```

⑤ Keystone 환경설정 파일 수정: /etc/keystone/keystone.conf 파일을 수정하여 환경설정을 한다. 이전 단계에서 설정한 KEYSTONE_DBPASS 값으로 설정하고, [token]에서 fernet 토큰 provider를 설정한다.

```
# vi /etc/keystone/keystone.conf
```

```
[database]
connection = mysql+pymysql://keystone:KEYSTONE_DBPASS@controller/keystone

[token]
provider = fernet
```

*[database] 섹션 내 다른 connection 옵션들을 주석 처리 또는 제거합니다.

⑥ 수정한 환경설정을 Identity 서비스 데이터베이스를 넣기 위해 아래 커맨드를 실행한다.

```
# su -s /bin/sh -c "keystone-manage db_sync" keystone
```

⑦ Fernet 키 저장소 초기화: --keystone-user 및 --keystone-group 플래그는 키스톤 실행에 사용될 운영체제의 사용자/그룹을 지정하는 데 사용된다. 이는 다른 운영체제 사용자/그룹에서 키스톤을 실행할 수 있도록 제공된다.

```
# keystone-manage fernet_setup --keystone-user keystone --keystone-group keystone
# keystone-manage credential_setup --keystone-user keystone --keystone-group keystone
```

⑧ Keystone 서비스 부트스트래핑: ADMIN_PASS를 keystone-install-configure 내 keystone-manage bootstrap 명령어에서 사용되는 암호로 변경한다.

```
# keystone-manage bootstrap --bootstrap-password ADMIN_PASS \
  --bootstrap-admin-url http://controller:5000/v3/ \
  --bootstrap-internal-url http://controller:5000/v3/ \
  --bootstrap-public-url http://controller:5000/v3/ \
  --bootstrap-region-id RegionOne
```

⑨ Apache HTTP server 설정: /etc/apache2/apache2.conf 파일을 수정하여 Server 이름이 controller임을 명시한다.

```
# vi /etc/apache2/apache2.conf
```

```
ServerName controller
```

* ServerName 항목이 없으면 추가해야 한다.

환경 설정을 반영하기 위해 apache2를 재시작한다.

```
# service apache2 restart
```

⑩ 환경 변수 설정: 아래 커맨드를 통해 환경변수를 설정하여 관리 계정을 구성한다. ADMIN_PASS를 앞서 설정한 값으로 변경하여 수행한다.

```
# export OS_USERNAME=admin
# export OS_PASSWORD=ADMIN_PASS
# export OS_PROJECT_NAME=admin
# export OS_USER_DOMAIN_NAME=Default
# export OS_PROJECT_DOMAIN_NAME=Default
# export OS_AUTH_URL=http://controller:5000/v3
# export OS_IDENTITY_API_VERSION=3
```

⑪ 오픈스택 사용을 위한 Project, user, role 생성: 사용자와 서비스는 keystone 서비스에서 관리하는 서비스 카탈로그를 사용하여 다른 서비스를 확인할 수 있다. 각 서비스는 하나 또는 많은 endpoint를 가질 수 있으며, 각 endpoint는 admin, internal, public 세 가지 유형 중 하나가 될 수 있다. 예를 들어 Public API 네트워크는 고객이 클라우드를 관리할 수 있도록 인터넷을 통해 사용하며, admin API 네트워크는 클라우드 인프라를 관리하는 관리자로 제한할 수 있다. internal API 네트워크는 오픈스택 서비스를 이용하는 hosts로 한정할 수 있다. 또한, 확장

성을 위해 여러 region을 지원한다.

keystone-manage bootstrap에 의해 default 도메인이 이미 존재하지만 새로운 도메인을 생성하는 방법은 다음과 같다. example이 이름이며 An Example Domain"가 도메인 설명이다.

```
# openstack domain create --description "An Example Domain" example
```

서비스 프로젝트를 생성한다.

```
# openstack project create --domain default \
  --description "Service Project" service
```

myproject을 생성한다.

```
# openstack project create --domain default \
  --description "Demo Project" myproject
```

myuser을 생성한다.

```
# openstack user create --domain default \
  --password-prompt myuser
```

myrole을 생성한다.

```
# openstack role create myrole
```

myproject 프로젝트 및 myuser 사용자에게 myrole 역할을 추가한다.

```
# openstack role add --project myproject --user myuser myrole
```

임시 OS_AUTH_URL 및 OS_PASSWORD 환경변수를 설정 해제한다.

```
# unset OS_AUTH_URL OS_PASSWORD
```

admin의 토큰을 요청한다.

```
# openstack --os-auth-url http://controller:5000/v3 \
  --os-project-domain-name Default --os-user-domain-name Default \
  --os-project-name admin --os-username admin token issue
```

myuser의 토큰을 요청한다.

```
# openstack --os-auth-url http://controller:5000/v3 \
  --os-project-domain-name Default --os-user-domain-name Default \
  --os-project-name myproject --os-username myuser token issue
```

⑫ 오픈스택 client 환경 스크립트 생성: admin과 demo 사용자를 위한 client 환경 스크립트를 생성하기 위하여 스크립트 생성이 필요하다. admin-openrc 환경 스크립트를 생성해준다. ADMIN_PASS를 앞서 설정한 값으로 변경하여 수행한다.

```
# vi admin-openrc
```

```
export OS_PROJECT_DOMAIN_NAME=Default
export OS_USER_DOMAIN_NAME=Default
export OS_PROJECT_NAME=admin
export OS_USERNAME=admin
export OS_PASSWORD=ADMIN_PASS
export OS_AUTH_URL=http://controller:5000/v3
export OS_IDENTITY_API_VERSION=3
export OS_IMAGE_API_VERSION=2
```

demo-openrc 환경 스크립트를 생성해준다. DEMO_PASS를 앞서 설정한 값으로 변경한다.

```
# vi demo-openrc
```

```
export OS_PROJECT_DOMAIN_NAME=Default
export OS_USER_DOMAIN_NAME=Default
export OS_PROJECT_NAME=myproject
export OS_USERNAME=myuser
export OS_PASSWORD=DEMO_PASS
export OS_AUTH_URL=http://controller:5000/v3
export OS_IDENTITY_API_VERSION=3
export OS_IMAGE_API_VERSION=2
```

⑬ Keystone 접근 허용: admin-openrc 환경변수 스크립트 실행 통해 현재 위치에서 keystone 서비스 접근을 허용해준다.

```
# . admin-openrc
```

인증 토큰을 아래 커맨드를 통해 확인할 수 있다.

```
# openstack token issue
```

이제 모든 keystone 서비스 설치 및 환경설정이 완료되었다. 아무런 오류가 뜨지 않고 그대로 완료가 되었다면 다음 단계로 넘어가도록 한다.

9.3.4 Glance 설치

오픈스택의 Glance 컴포넌트는 사용자들의 가상머신에 대한 이미지의 등록, 검색을 할 수 있게 한다. 이를 통해 사용자에 의해 생성된 다양한 가상머신 이미지를 이용하여 인스턴스를 구동할 수 있도록 한다. 지금부터 Glance 서비스의 설치 및 환경설정을 수행하도록 한다.

① Glance 설치를 위한 MySQL 로그인: 이전 단계에서 설정한 MySQL 계정으로 로그인을 하기 위해 다음의 명령어를 입력한다.

```
# mysql -u root -p
```

② Glance Database 생성: 아래의 명령어는 MySQL 내부 프롬프트에서 입력할 명령어이다. Glance에서 사용할 데이터베이스를 생성하고, 접근 권한을 부여하기 위해 다음의 명령어를 입력한다.

```
CREATE DATABASE glance;
```

③ Glance Database 접근 권한 부여: 아래의 명령어 역시 MySQL 내부 프롬프트에서 입력할 명령어이다. 위에서 생성한 Glance 데이터베이스에 대한 접근 권한을 부여하기 위해 아래의 명령어를 입력한다. 아래의 명령어 중 'GLANCE_DBPASS'는 설치자의 필요에 의해 변경할 수 있다. 변경했을 경우 이후 단계에서 GLANCE_DBPASS를 입력할 경우 동일하게 변경해야 한다. 아래의 명령어를 수행한 후, exit를 입력하여 리눅스 프롬프트로 나온다.

```
> GRANT ALL PRIVILEGES ON glance.* TO 'glance'@'localhost' \
  IDENTIFIED BY 'GLANCE_DBPASS';
> GRANT ALL PRIVILEGES ON glance.* TO 'glance'@'%' \
  IDENTIFIED BY 'GLANCE_DBPASS';
```

환경변수 스크립트를 실행하여 admin의 접근을 허용해준다.

```
# . admin-openrc
```

④ 오픈스택 사용을 위한 user, role, API endpoint 생성:

glance user를 생성하며, 비밀번호를 설정해준다.

```
# openstack user create --domain default —password-prompt glance
```

glance user와 service 프로젝트를 위한 admin role을 추가해준다.

```
# openstack role add --project service --user glance admin
```

glance 서비스를 생성해준다.

```
# openstack service create --name glance \
  --description "OpenStack Image" image
```

glance 서비스 API endpoint를 public, internal, admin으로 생성해준다.

```
# openstack endpoint create --region RegionOne \
  image public http://controller:9292

# openstack endpoint create --region RegionOne \
  image internal http://controller:9292

# openstack endpoint create --region RegionOne \
  image admin http://controller:9292
```

⑤ Glance 서비스 설치: Glance 서비스 패키지를 설치하기 위하여 다음의 명령어를 수행한다.

```
# apt install glance
```

⑥ Glance 환경설정 파일 수정: /etc/glance/glance-api.conf 파일을 수정한다. 'GLANCE_DBPASS'는 데이터베이스 권한 설정시와 동일한 DBPASS를 사용해야 한다. [Keystone_authtoken] 섹션에서 아래에서 명시된 옵션 외의 다른 옵션은 주석 처리하거나 삭제한다.

```
# vi /etc/glance/glance-api.conf
```

```
[database]
connection = mysql+pymysql://glance:GLANCE_DBPASS@controller/glance

[keystone_authtoken]
www_authenticate_uri = http://controller:5000
auth_url = http://controller:5000
memcached_servers = controller:11211
auth_type = password
project_domain_name = Default
user_domain_name = Default
project_name = service
username = glance
password = GLANCE_PASS

[paste_deploy]
flavor = keystone

[glance_store]
stores = file,http
default_store = file
filesystem_store_datadir = /var/lib/glance/images/
```

⑦ Glance database 동기화 및 재시작: 위 단계에서 생성한 database에 대한 동기화 및 서비스를 재시작을 수행한다. 이를 위해 다음의 명령어를 수행한다.

```
# su -s /bin/sh -c "glance-manage db_sync" glance
```

```
# service glance-api restart
```

환경변수 스크립트를 실행하여 admin의 접근을 허용해준다.

```
# admin-openrc
```

⑧ 인스턴스 이미지 다운로드: cirros-0.4.0-x86_64-disk.img 파일을 wget으로 다운받는다. 해당 이미지는 오픈스택 설치 후에 인스턴스를 생성하는 운영체제 이미지이다.

```
# wget http://download.cirros-cloud.net/0.4.0/cirros-0.4.0-x86_64-disk.img
```

⑨ Glance image를 생성: QCOW2 disk format으로 Glance image를 생성한다.

```
# glance image-create --name "cirros" \
  --file cirros-0.4.0-x86_64-disk.img \
  --disk-format qcow2 --container-format bare \
  --visibility public
```

⑩ Glance 설치 검증: Glance image가 생성되었는지 확인한다.

```
# glance image-list
```

이제 모든 Glance 서비스 설치 및 환경설정이 완료되었다. 아무런 오류가 뜨지 않고 그대로 완료가 되었다면 다음 단계로 넘어가도록 하자.

9.3.5 Placement 설치

placement는 stein 버전에서 도입된 서비스로 제어 노드에 설치되어 사용 가능한 자원 관리 및 자원 사용량을 추적한다. nova-compute와 nova-scheduler와 상호작용을 통해 자원할당 및 관리 연산을 수행하여 인스턴스를 구동할 수 있도록 한다.

① Placement 설치를 위한 MySQL 로그인: 이전 단계에서 설정한 MySQL 계정으로 로그인을 하기 위해 다음의 명령어를 입력한다.

```
# mysql -u root -p
```

② Placement Database 생성: 아래의 명령어는 MySQL 내부 프롬프트에서 입력할 명령어이다. Placement에서 사용할 데이터베이스를 생성하고, 접근 권한을 부여하기 위해 다음의 명령어를 입력한다.

```
# CREATE DATABASE placement;
```

③ Placement Database 접근 권한 부여: 아래의 명령어 역시 MySQL 내부 프롬프트에서 입력할 명령어이다. 위에서 생성한 keystone 데이터베이스에 대한 접근권한을 부여하기 위해 아래의 명령어를 입력한다. 아래의 명령어 중 'PLACEMNET_DBPASS'는 설치자의 필요에 의해 변경 할 수 있다. 변경했을 경우 이 후 단계에서 PLACEMNET_DBPASS를 입력할 경우 동일하게 변경해야 한다. 아래의 명령어를 수행한 후, exit를 입력하여 리눅스 프롬프트로 나온다.

```
> GRANT ALL PRIVILEGES ON placement.* TO 'placement'@'localhost' \
  IDENTIFIED BY 'PLACEMENT_DBPASS';
> GRANT ALL PRIVILEGES ON placement.* TO 'placement'@'%' \
  IDENTIFIED BY 'PLACEMENT_DBPASS';
```

환경변수 스크립트를 실행하여 admin의 접근을 허용해준다.

```
# . admin-openrc
```

④ 오픈스택 사용을 위한 user, role, API endpoint 생성:

Placement user를 생성하며, 비밀번호를 설정해준다.

```
# openstack user create --domain default —password-prompt placement
```

Placement user와 service 프로젝트를 위한 admin role을 추가해준다.

```
# openstack role add --project service --user placement admin
```

Placement 서비스를 생성해준다.

```
# openstack service create --name placement \
  --description "Placement API" placement
```

Placement 서비스 API endpoint를 public, internal, admin으로 생성해준다.

```
# openstack endpoint create --region RegionOne \
  placement public http://controller:8778

# openstack endpoint create --region RegionOne \
  placement internal http://controller:8778

# openstack endpoint create --region RegionOne \
  placement admin http://controller:8778
```

⑤ Placement 서비스 설치: Placement 서비스 패키지를 설치하기 위하여 다음의 명령어를 수행한다.

```
# apt install placement-api
```

⑥ Placement 환경설정 파일 수정: /etc/placement/placement.conf을 수정한다. PLACEM ENT_DBPASS를 Placement 데이터베이스 권한 설정시와 동일한 DBPASS를 사용해야 한다.

```
# vi /etc/placement/placement.conf
```

```
[placement_database]
connection = mysql+pymysql://placement:PLACEMENT_DBPASS@controller/placement

[keystone_authtoken]
auth_url = http://controller:5000/v3
memcached_servers = controller:11211
auth_type = password
project_domain_name = Default
user_domain_name = Default
project_name = service
username = placement
password = PLACEMENT_PASS

[api]
auth_strategy = keystone
```

⑦ Placement database 동기화 및 재시작: 위 단계에서 생성한 database에 대한 동기화 및 서비스를 재시작을 수행한다. 이를 위해 다음의 명령어를 수행한다.

```
# su -s /bin/sh -c "placement-manage db sync" placement
```

```
# service apache2 restart
```

환경변수 스크립트를 실행하여 admin의 접근을 허용해준다.

```
# . admin-openrc
```

⑧ Place 설치 검증: 해당 커맨드를 통해 설치 완료한 placement 상태를 확인할 수 있다.

```
# placement-status upgrade check
```

```
# placement-manage db sync
```

⑨ osc-placement 설치: osc-placement는 Placement 서비스의 CLI를 제공하는 OpenStackClient 플러그인이다. Placement API에 osc-placement를 설치해 준다.

```
# pip install osc-placement
```

사용 가능한 자원 클래스 및 특성을 확인할 수 있다.

```
# openstack --os-placement-api-version 1.2 resource class list —sort-column name
# openstack --os-placement-api-version 1.6 trait list —sort-column name
```

이제 모든 Placement 서비스 설치 및 환경설정이 완료되었다. 아무런 오류가 뜨지 않고 그대로 완료가 되었다면 다음 단계로 넘어가도록 하자.

9.3.6 Nova 설치

Nova는 가상컴퓨터, 가상네트워크, 스토리지등의 모든 리소스를 제공하고 관리하는 기능을 처리하며, 인스턴스의 시작, 스케줄링, 종료를 포함한 모든 서비스들의 광범위한 관리를 담당하고 있다. 이제부터 컴퓨트 서비스의 설치 및 환경설정을 해 보자. Nova는 제어 노드 뿐만 아니라, 컴퓨트 노드에도 설치가 필요하다. 이는 Nova의 기능적 특성상, 제어 노드의 제어신호 관련 인터페이스 역할을 담당하기 때문이다. 제어 노드에서의 nova 설치 이후 컴퓨트 노드에서의 nova 설치를 설명한다.

① Nova 설치를 위한 MySQL 로그인: 이전 단계에서 설정한 MySQL 계정으로 로그인을 하기 위해 다음의 명령어를 입력한다.

```
# mysql -u root -p
```

② Nova Database 생성: 아래의 명령어는 MySQL 내부 프롬프트에서 입력할 명령어이다. Nova에서 사용할 데이터베이스를 생성하고, 접근 권한을 부여하기 위해 다음의 명령어를 입력한다.

```
> CREATE DATABASE nova_api;
> CREATE DATABASE nova;
> CREATE DATABASE nova_cell0;
```

③ Nova Database 접근 권한 부여: 아래의 명령어 역시 MySQL 내부 프롬프트에서 입력할 명령어이다. 위에서 생성한 Nova 데이터베이스에 대한 접근 권한을 부여하기 위해 아래의 명령

어를 입력한다. 아래의 명령어 중 'NOVA_DBPASS'는 설치자의 필요에 의해 변경할 수 있다. 변경했을 경우 이후 단계에서 NOVA_DBPASS를 입력할 경우 동일하게 변경해야 한다. 아래의 명령어를 수행한 후, exit를 입력하여 리눅스 프롬프트로 나온다.

```
> GRANT ALL PRIVILEGES ON nova_api.* TO 'nova'@'localhost' \
  IDENTIFIED BY 'NOVA_DBPASS';
> GRANT ALL PRIVILEGES ON nova_api.* TO 'nova'@'%' \
  IDENTIFIED BY 'NOVA_DBPASS';

> GRANT ALL PRIVILEGES ON nova.* TO 'nova'@'localhost' \
  IDENTIFIED BY 'NOVA_DBPASS';
> GRANT ALL PRIVILEGES ON nova.* TO 'nova'@'%' \
  IDENTIFIED BY 'NOVA_DBPASS';

> GRANT ALL PRIVILEGES ON nova_cell0.* TO 'nova'@'localhost' \
  IDENTIFIED BY 'NOVA_DBPASS';
> GRANT ALL PRIVILEGES ON nova_cell0.* TO 'nova'@'%' \
  IDENTIFIED BY 'NOVA_DBPASS';
```

환경변수 스크립트를 실행하여 admin의 접근을 허용해준다.

```
# . admin-openrc
```

④ 오픈스택 사용을 위한 user, role, API endpoint 생성:

Nova user를 생성하며, 비밀번호를 설정해준다.

```
# openstack user create --domain default —password-prompt nova
```

Nova user와 service 프로젝트를 위한 admin role을 추가해준다.

```
# openstack role add --project service --user nova admin
```

Nova 서비스를 생성해준다.

```
# openstack service create --name nova \
  --description "OpenStack Compute" compute
```

Nova service API endpoint를 public, internal, admin으로 생성해준다.

```
# openstack endpoint create --region RegionOne \
  compute public http://controller:8774/v2.1

# openstack endpoint create --region RegionOne \
  compute internal http://controller:8774/v2.1

# openstack endpoint create --region RegionOne \
  compute admin http://controller:8774/v2.1
```

⑤ Nova 서비스 설치: Nova 서비스 패키지를 설치하기 위하여 다음의 명령어를 수행한다.

```
# apt install nova-api nova-conductor nova-novncproxy nova-scheduler
```

⑥ Nova 환경설정 파일 수정: /etc/glance/glance-api.conf 파일을 수정한다. 'RABBIT_PASS', 'NOVA_DBPASS', 'PLACEMENT_PASS'는 데이터베이스 권한 설정시와 동일한 DBPASS를 사용해야 한다. [Keystone_authtoken] 섹션에서 아래에서 명시된 옵션 외의 다른 옵션은 주석 처리하거나 삭제한다. my_ip를 제어 노드의 Management 네트워크 ip로 변경해야 한다.

```
# vi /etc/nova/nova.conf
```

```
[DEFAULT]
transport_url = rabbit://openstack:RABBIT_PASS@controller:5672/
my_ip = 10.0.0.11
use_neutron = true
firewall_driver = nova.virt.firewall.NoopFirewallDriver

[vnc]
enabled = true
server_listen = $my_ip
server_proxyclient_address = $my_ip

[api_database]
connection = mysql+pymysql://nova:NOVA_DBPASS@controller/nova_api

[database]
connection = mysql+pymysql://nova:NOVA_DBPASS@controller/nova
```

```
[keystone_authtoken]
www_authenticate_uri = http://controller:5000/
auth_url = http://controller:5000/
memcached_servers = controller:11211
auth_type = password
project_domain_name = Default
user_domain_name = Default
project_name = service
username = nova
password = NOVA_PASS

[placement]
region_name = RegionOne
project_domain_name = Default
project_name = service
auth_type = password
user_domain_name = Default
auth_url = http://controller:5000/v3
username = placement
password = PLACEMENT_PASS

[glance]
api_servers = http://controller:9292

[oslo_concurrency]
lock_path = /var/lib/nova/tmp

[api]
auth_strategy = keystone
```

⑦ nova database 동기화 및 서비스 재시작: 위 단계에서 생성한 nova database 동기화 및 nova 서비스 재시작을 위해 다음의 명령어를 수행한다.

```
# su -s /bin/sh -c "nova-manage api_db sync" nova
# su -s /bin/sh -c "nova-manage cell_v2 map_cell0" nova
# su -s /bin/sh -c "nova-manage cell_v2 create_cell --name=cell1 —verbose" nova
# su -s /bin/sh -c "nova-manage db sync" nova
```

nova cell0과 cell1이 올바르게 등록되었는지 다음 커맨드를 통해 확인할 수 있다.

```
# su -s /bin/sh -c "nova-manage cell_v2 list_cells" nova
```

nova 서비스를 재시작한다.

```
# service nova-api restart
# service nova-scheduler restart
# service nova-conductor restart
# service nova-novncproxy restart
```

⑧ nova 서비스 설치 및 설정(컴퓨트 노드): 제어 노드에 비해, 컴퓨트 노드에 설치를 위한 명령어는 비교적 간단하며, 이를 위해 컴퓨트 노드에서 패키지 설치 및 환경설정이 필요하다.

```
# apt install nova-compute
```

⑨ Nova 환경설정 파일 수정(컴퓨트 노드): /etc/nova/nova.conf 파일을 수정해준다. 'RABBIT_PASS', 'PLACEMENT_PASS', 'NOVA_DBPASS'는 데이터베이스 설정시와 동일한 DBPASS를 사용해야 한다. [Keystone_authtoken] 섹션에서 아래에서 명시된 옵션 외의 다른 옵션은 주석 처리한다. MANAGEMENT_INTERFACE_IP_ADDRESS를 컴퓨트 노드의 Management 네트워크 ip로 변경한다.

```
# vi /etc/nova/nova.conf
```

```
[DEFAULT]
transport_url = rabbit://openstack:RABBIT_PASS@controller
my_ip = MANAGEMENT_INTERFACE_IP_ADDRESS
use_neutron = true
firewall_driver = nova.virt.firewall.NoopFirewallDriver

[keystone_authtoken]
www_authenticate_uri = http://controller:5000/
auth_url = http://controller:5000/
memcached_servers = controller:11211
auth_type = password
project_domain_name = Default
user_domain_name = Default
project_name = service
username = nova
```

```
password = NOVA_PASS

[vnc]
enabled = true
server_listen = 0.0.0.0
server_proxyclient_address = $my_ip
novncproxy_base_url = http://controller:6080/vnc_auto.html

[placement]
region_name = RegionOne
project_domain_name = Default
project_name = service
auth_type = password
user_domain_name = Default
auth_url = http://controller:5000/v3
username = placement
password = PLACEMENT_PASS

[oslo_concurrency]
lock_path = /var/lib/nova/tmp

[glance]
api_servers = http://controller:9292

[api]
auth_strategy = keystone
```

⑩ 하드웨어 가속 지원 확인(컴퓨트 노드): 아래 커맨드를 수행하여 1 이상의 값을 반환하는 경우에는, 컴퓨트 노드에서 하드웨어 가속을 지원하여 보통 추가적인 구성이 필요하지 않는다. 커맨드 값이 0으로 반환되면, 컴퓨트 노드에서 하드웨어 가속을 지원하지 않음으로 KVM 대신에 QEMU를 사용하여 libvirt 설정을 변경해야 한다. /etc/nova/nova- compute.conf 파일을 열어 다음과 같이 수정한다.

```
# egrep -c '(vmx|svm)' /proc/cpuinfo
```

```
[libvirt]
virt_type = qemu
```

⑪ Nova database 재시작(컴퓨트 노드): 서비스를 재시작을 수행한다. 이를 위해 다음의 명령어를 수행한다.

```
# service nova-compute restart
```

⑫ 제어 노드로 돌아가 환경변수 스크립트를 실행하여 admin의 접근을 허용해준다.

```
# . admin-openrc
```

⑬ Nova 설치 검증: 제어 노드에서 아래 커맨드를 수행하여 Nova 설치를 확인할 수 있다.
해당 커맨드를 통해서 nova-compute 서비스 리스트를 확인할 수 있다.

```
# openstack compute service list —service nova-compute
```

해당 커맨드를 통해서 compute 호스트를 확인할 수 있다.

```
# su -s /bin/sh -c "nova-manage cell_v2 discover_hosts —verbose" nova
```

해당 커맨드를 통해서 compute 서비스 리스트를 확인할 수 있다.

```
# openstack compute service list
```

해당 커맨드를 통해서 catalog 리스트를 확인할 수 있다.

```
# openstack catalog list
```

해당 커맨드를 통해서 이미지 리스트를 확인할 수 있다.

```
# openstack image list
```

이제 모든 Nova 서비스 설치 및 환경설정이 완료되었다. 아무런 오류가 뜨지 않고 그대로 완료가 되었다면 다음 단계로 넘어가도록 하자.

9.3.7 Neutron 설치

Neutron 서비스는 가상 네트워크 토폴로지 및 내부/외부 네트워크를 구성하고 관리하는 네트워크 서비스이다. Neutron은 각 가상머신간의 제어신호 및 내부/외부 네트워크 연결을 담당하기 때문에 제어 노드 뿐만 아니라, 컴퓨트 노드에도 설치된다. 이제부터 네트워크 서비스의 설치 및 환경설정을 해 보자. 제어 노드부터 설치하고 컴퓨트 노드를 설치한다.

① Neutron 설치를 위한 MySQL 로그인: 이전 단계에서 설정한 MySQL 계정으로 로그인을 하기 위해 다음의 명령어를 입력한다.

```
# mysql -u root -p
```

② Neutron Database 생성: 아래의 명령어는 MySQL 내부 프롬프트에서 입력할 명령어이다. Glance에서 사용할 데이터베이스를 생성하고, 접근 권한을 부여하기 위해 다음의 명령어를 입력한다.

```
> CREATE DATABASE neutron;
```

③ Neutron Database 접근 권한 부여: 아래의 명령어 역시 MySQL 내부 프롬프트에서 입력할 명령어이다. 위에서 생성한 Neutron 데이터베이스에 대한 접근 권한을 부여하기 위해 아래의 명령어를 입력한다. 아래의 명령어 중 'NEUTRON_DBPASS'는 설치자의 필요에 의해 변경할 수 있다. 변경했을 경우 이후 단계에서 NEUTRON_DBPASS를 입력할 경우 동일하게 변경해야 한다. 아래의 명령어를 수행한 후, exit를 입력하여 리눅스 프롬프트로 나온다.

```
> GRANT ALL PRIVILEGES ON neutron.* TO 'neutron'@'localhost' \
  IDENTIFIED BY 'NEUTRON_DBPASS';
> GRANT ALL PRIVILEGES ON neutron.* TO 'neutron'@'%' \
  IDENTIFIED BY 'NEUTRON_DBPASS';
```

환경변수 스크립트를 실행하여 admin의 접근을 허용해준다.

```
# . admin-openrc
```

④ 오픈스택 사용을 위한 user, role, API endpoint 생성:

neutron user를 생성하며, 비밀번호를 설정해준다.

```
# openstack user create --domain default —password-prompt neutron
```

neutron user와 service 프로젝트를 위한 admin role을 추가해준다.

```
# openstack role add --project service --user neutron admin
```

neutron 서비스를 생성해준다.

```
# openstack service create --name neutron \
  --description "OpenStack Networking" network
```

neutron 서비스 API endpoint를 public, internal, admin으로 생성해준다.

```
# openstack endpoint create --region RegionOne \
  network public http://controller:9696
# openstack endpoint create --region RegionOne \
  network internal http://controller:9696
# openstack endpoint create --region RegionOne \
  network admin http://controller:9696
```

⑤ 브릿지 필터 지원 확인: br_netfilter를 사용하기 위해 아래 커맨드를 수행하여 활성화한다.

```
# modprobe br_netfilter
# echo '1' > /proc/sys/net/bridge/bridge-nf-call-iptables
# modprobe br_netfilter
```

또한, Linux 운영 체제 커널이 다음 sysctl 값이 모두 1로 설정되어 있는지 확인하여 네트워크 브릿지 필터를 지원하는지 확인하고 0일 경우 아래 방식으로 설정해준다.

```
# sudo vi /etc/sysctl.conf .
```

```
net.bridge.bridge-nf-call-ip6tables = 1
net.bridge.bridge-nf-call-iptables = 1
```

```
# sudo sysctl -p
```

⑥ metadata 에이전트 구성: metadata 에이전트와 연결을 위해/etc/neutron/metadata_agen t.ini 파일을 수정한다. METADATA_SECRET를 적절한 값으로 변경한다.

```
# vi /etc/neutron/metadata_agent.ini
```

```
[DEFAULT]
nova_metadata_ip = controller
metadata_proxy_shared_secret = METADATA_SECRET
```

⑦ Nova 서비스와 연결: Nova 연산에서 네트워크를 사용하기 위해 /etc/nova/nova.conf 파일을 수정한다. 'NEUTRON_PASS'와 'METADATA_SECRET'를 앞서 설정한 PASS로 기재한다.

```
# vi /etc/nova/nova.conf
```

```
[neutron]
auth_url = http://controller:5000
auth_type = password
project_domain_name = default
user_domain_name = default
region_name = RegionOne
project_name = service
username = neutron
password = NEUTRON_PASS
service_metadata_proxy = true
metadata_proxy_shared_secret = METADATA_SECRET
```

⑧ Neutron 네트워크 옵션 선택: 네트워크 옵션으로 Provider와 self-service가 있다. 여기서 선택하여 설치를 수행해야 한다. 본 책에서는 두 가지 과정 모두 설치 과정을 설명하며, 독자는 둘 중 하나를 선택하여 설치하면 된다.

Provider 옵션은 provider(외부) 네트워크에 인스턴스 연결만 지원하는 아키텍처를 구축한다. 인스턴스는 Layer-2(bridging/switching)를 통해 물리적 네트워크 인프라에 연결되는 provider 네트워크를 사용한다. DHCP 서버가 인스턴스에 IP 주소를 제공한다. self-service(private) networks, routers, floating IP addresses 기능은 없다. admin 사용자만 provider 네트워크를 관리할 수 있다.

self-service 옵션은 provider 옵션에서 Layer-3 서비스가 추가된다. VXLAN을 사용하며, NAT을 통해 가상 네트워크를 물리적 네트워크로 라우팅한다. 데모 계정이나 다른 권한 없는 사용자는 self-service와 provider 네트워크 사이의 연결을 제공하는 라우터를 포함하는 self-service 네트워크를 관리할 수 있다.

⑨번까지 전부 Provider 설치이며, ⑩번까지 전부 Self-service 설치이다. ⑪번부터는 옵션과 상관없이 다시 수행하면 된다.

⑨ Provider 옵션 설정: Provider 네트워크 설정을 위한 neutron 설치를 수행한다.

```
# apt install neutron-server neutron-plugin-ml2 \
  neutron-linuxbridge-agent neutron-dhcp-agent \
  neutron-metadata-agent
```

⑨-1, Neutron 환경설정 파일 수정: /etc/neutron/neutron.conf 파일을 수정해준다. 'NEUTRON_DBPASS', 'RABBIT_PASS', 'NOVA_PASS'를 앞서 설정한 PASS로 기재한다. [Keystone_authtoken] 섹션에서 아래에서 명시된 옵션 외의 다른 옵션은 주석 처리하거나 삭제한다.

```
# vi /etc/neutron/neutron.conf
```

```
[database]
connection = mysql+pymysql://neutron:NEUTRON_DBPASS@controller/neutron

[DEFAULT]
core_plugin = ml2
service_plugins =
transport_url = rabbit://openstack:RABBIT_PASS@controller
auth_strategy = keystone
notify_nova_on_port_status_changes = true
notify_nova_on_port_data_changes = true

[keystone_authtoken]
www_authenticate_uri = http://controller:5000
auth_url = http://controller:5000
memcached_servers = controller:11211
auth_type = password
project_domain_name = default
user_domain_name = default
project_name = service
username = neutron
password = NEUTRON_PASS

[nova]
auth_url = http://controller:5000
auth_type = password
project_domain_name = default
user_domain_name = default
region_name = RegionOne
project_name = service
```

```
username = nova
password = NOVA_PASS

[oslo_concurrency]
lock_path = /var/lib/neutron/tmp
```

⑨-2, Modular Layer 2(ML2) 플러그인 구성: ML2 플러그인은 인스턴스에 대한 layer-2(bridging/switching) 가상 네트워크 인프라를 구축하고 리눅스 브릿지을 사용한다. /etc/neutron/plugins/ml2/ml2_conf.ini 파일을 수정해준다.

```
# vi /etc/neutron/plugins/ml2/ml2_conf.ini
```

```
[ml2]
type_drivers = flat,vlan
tenant_network_types =
mechanism_drivers = linuxbridge
extension_drivers = port_security

[ml2_type_flat]
flat_networks = provider

[securitygroup]
enable_ipset = true
```

⑨-3, 리눅스 브릿지 에이전트 구성: 리눅스 브릿지 에이전트는 인스턴스에 대한 layer-2(bridging/switching) 가상 네트워킹 인프라를 구축하고 security-group을 처리한다. /etc/neutron/plugins/ml2/linuxbridge_agent.ini을 수정한다. PROVIDER_INTERFACE_NAME은 네트워크 노드에서 터널 네트워크에 활용될 네트워크 카드의 인터페이스를 입력한다.

```
# vi /etc/neutron/plugins/ml2/linuxbridge_agent.ini
```

```
[linux_bridge]
physical_interface_mappings = provider:PROVIDER_INTERFACE_NAME

[vxlan]
enable_vxlan = false
```

```
[securitygroup]
enable_security_group = true
firewall_driver = neutron.agent.linux.iptables_firewall.IptablesFirewallDriver
```

⑨-4, DHCP 에이전트 구성: DHCP 에이전트는 가상 네트워크에 대한 DHCP 서비스를 제공한다. /etc/neutron/dhcp_agent.ini를 수정한다.

```
# vi /etc/neutron/dhcp_agent.ini
```

```
[DEFAULT]
interface_driver = linuxbridge
dhcp_driver = neutron.agent.linux.dhcp.Dnsmasq
enable_isolated_metadata = true
```

⑩ Self-service 옵션 설정: Self-service 네트워크 설정을 위한 neutron 설치를 수행한다.

```
# apt install neutron-server neutron-plugin-ml2 \
  neutron-linuxbridge-agent neutron-l3-agent neutron-dhcp-agent \
  neutron-metadata-agent
```

⑩-1, Neutron 환경설정 파일 수정: /etc/neutron/neutron.conf 파일을 수정해준다. 'NEUTRON_DBPASS', 'RABBIT_PASS', 'NOVA_PASS'를 앞서 설정한 PASS로 기재한다. [Keystone_authtoken] 섹션에서 아래에서 명시된 옵션 외의 다른 옵션은 주석 처리하거나 삭제한다.

```
# vi /etc/neutron/neutron.conf
```

```
[database]
connection = mysql+pymysql://neutron:NEUTRON_DBPASS@controller/neutron

[DEFAULT]
core_plugin = ml2
service_plugins = router
allow_overlapping_ips = true
transport_url = rabbit://openstack:RABBIT_PASS@controller
auth_strategy = keystone
notify_nova_on_port_status_changes = true
notify_nova_on_port_data_changes = true
```

```
[keystone_authtoken]
www_authenticate_uri = http://controller:5000
auth_url = http://controller:5000
memcached_servers = controller:11211
auth_type = password
project_domain_name = default
user_domain_name = default
project_name = service
username = neutron
password = NEUTRON_PASS

[oslo_concurrency]
lock_path = /var/lib/neutron/tmp

[nova]
auth_url = http://controller:5000
auth_type = password
project_domain_name = default
user_domain_name = default
region_name = RegionOne
project_name = service
username = nova
password = NOVA_PASS
```

⑩-2, Modular Layer 2(ML2) 플러그인 구성: ML2 플러그인은 인스턴스에 대한 layer-2(bridging/switching) 가상 네트워크 인프라를 구축하고 리눅스 브릿지을 사용한다. /etc/neutron/plugins/ml2/ml2_conf.ini 파일을 수정해준다.

```
# vi /etc/neutron/plugins/ml2/ml2_conf.ini
```

```
[ml2]
type_drivers = flat,vlan,vxlan
tenant_network_types = vxlan
mechanism_drivers = linuxbridge,l2population
extension_drivers = port_security

[ml2_type_flat]
flat_networks = provider
```

```
[ml2_type_vxlan]
vni_ranges = 1:1000

[securitygroup]
enable_ipset = true
```

⑩-3, 리눅스 브릿지 에이전트 구성: 리눅스 브릿지 에이전트는 인스턴스에 대한 layer-2(bridging/switching) 가상 네트워킹 인프라를 구축하고 security-group을 처리한다. /etc/neutron/plugins/ml2/linuxbridge_agent.ini을 수정한다. PROVIDER_INTERFACE_NAME은 네트워크 노드에서 터널 네트워크에 활용될 네트워크 카드의 인터페이스를 입력한다.

```
# vi /etc/neutron/plugins/ml2/linuxbridge_agent.ini
```

```
[linux_bridge]
physical_interface_mappings = provider:PROVIDER_INTERFACE_NAME

[vxlan]
enable_vxlan = true
local_ip = OVERLAY_INTERFACE_IP_ADDRESS
l2_population = true

[securitygroup]
enable_security_group = true
firewall_driver = neutron.agent.linux.iptables_firewall.IptablesFirewallDriver
```

PROVIDER_INTERFACE_NAME은 네트워크 노드에서 터널 네트워크에 활용될 네트워크 카드의 인터페이스를 입력한다.

⑩-4, Layer-3 에이전트 구성: Layer-3(L3) 에이전트는 self-service 가상 네트워크를 위한 라우팅 및 NAT 서비스를 제공한다. /etc/neutron/l3_agent.ini 파일을 수정한다.

```
# vi /etc/neutron/l3_agent.ini
```

```
[DEFAULT]
interface_driver = linuxbridge
```

⑩-5, DHCP 에이전트 구성: DHCP 에이전트는 가상 네트워크에 대한 DHCP 서비스를 제공한다. /etc/neutron/dhcp_agent.ini를 수정한다.

```
# vi /etc/neutron/dhcp_agent.ini
```

```
[DEFAULT]
interface_driver = linuxbridge
dhcp_driver = neutron.agent.linux.dhcp.Dnsmasq
enable_isolated_metadata = true
```

⑪ Neutron database 동기화 및 재시작: 위 단계에서 생성한 database에 대한 동기화 및 서비스를 재시작을 수행한다. 이를 위해 다음의 명령어를 수행한다.

```
# su -s /bin/sh -c "neutron-db-manage --config-file /etc/neutron/neutron.conf \
  --config-file /etc/neutron/plugins/ml2/ml2_conf.ini upgrade head" neutron
```

nova 및 neutron 서비스를 재시작한다.

```
# service nova-api restart
```

```
# service neutron-server restart
# service neutron-linuxbridge-agent restart
# service neutron-dhcp-agent restart
# service neutron-metadata-agent restart
```

Self-service 네트워크 옵션으로 설치한 경우 L3 서비스도 재시작한다.

```
# service neutron-l3-agent restart
```

⑫ Neutron 서비스 설치 및 설정(컴퓨트 노드): 컴퓨트 노드 또한 제어 노드와 같이 네트워크 옵션을 선택해야 한다. 제어 노드에 비해, 컴퓨트 노드에 설치를 위한 명령어는 비교적 간단하며, 이를 위해 컴퓨트 노드에서 패키지 설치 및 환경설정이 필요하다.

```
# apt install neutron-linuxbridge-agent
```

⑬ Neutron 환경설정 파일 수정(컴퓨트 노드): /etc/neutron/neutron.conf 파일을 수정해준다. 'NEUTRON _DBPASS', 'RABBIT_PASS'를 앞서 설정한 PASS로 기재한다.

[Keystone_authtoken] 섹션에서 아래에서 명시된 옵션 외의 다른 옵션은 주석 처리하거나 삭제한다.

```
# vi /etc/neutron/neutron.conf
```

```
[DEFAULT]
transport_url = rabbit://openstack:RABBIT_PASS@controller
auth_strategy = keystone

[keystone_authtoken]
www_authenticate_uri = http://controller:5000
auth_url = http://controller:5000
memcached_servers = controller:11211
auth_type = password
project_domain_name = default
user_domain_name = default
project_name = service
username = neutron
password = NEUTRON_PASS

[oslo_concurrency]
lock_path = /var/lib/neutron/tmp
```

⑭ Nova 서비스와 연결(컴퓨트 노드): Nova 연산에서 네트워크를 사용하기 위해 /etc/nova/nova.conf 파일을 수정한다. 'NEUTRON_PASS'를 앞서 설정한 PASS로 기재한다.

```
# vi /etc/nova/nova.conf
```

```
[neutron]
auth_url = http://controller:5000
auth_type = password
project_domain_name = default
user_domain_name = default
region_name = RegionOne
project_name = service
username = neutron
password = NEUTRON_PASS
```

⑮ 브릿지 필터 지원 확인(컴퓨트 노드): 브릿지 필터 지원 확인: br_netfilter를 사용하기 위해 아래 커맨드를 수행하여 활성화한다.

```
# modprobe br_netfilter
# echo '1' > /proc/sys/net/bridge/bridge-nf-call-iptables
# modprobe br_netfilter
```

또한, Linux 운영 체제 커널이 다음 sysctl 값이 모두 1로 설정되어 있는지 확인하여 네트워크 브릿지 필터를 지원하는지 확인하고 0일 경우 아래 방식으로 설정해준다.

```
# sudo vi /etc/sysctl.conf .
```

```
net.bridge.bridge-nf-call-ip6tables = 1
net.bridge.bridge-nf-call-iptables = 1
```

```
# sudo sysctl -p
```

⑯번까지 전부 Provider 설치이며, ⑰번까지 전부 Self-service 설치이다. ⑱번부터는 옵션과 상관없이 다시 수행하면 된다.

⑯ Provider 옵션 설정(컴퓨트 노드): 리눅스 브릿지 에이전트를 수정하기 위해 /etc/ neutron/plugins/ml2/linuxbridge_agent.ini을 수정한다. PROVIDER_INTERFACE_NAME은 네트워크 노드에서 provider 네트워크로 활용될 네트워크 카드의 인터페이스를 입력한다.

```
# vi /etc/neutron/plugins/ml2/linuxbridge_agent.ini
```

```
[linux_bridge]
physical_interface_mappings = provider:PROVIDER_INTERFACE_NAME

[vxlan]
enable_vxlan = true

[securitygroup]
enable_security_group = true
firewall_driver = neutron.agent.linux.iptables_firewall.IptablesFirewallDriver
```

⑰ Self-service 옵션 설정(컴퓨트 노드): 리눅스 브릿지 에이전트를 수정하기 위해 /etc/neutron/plugins/ml2/linuxbridge_agent.ini을 수정한다. PROVIDER_INTERFACE_NAME은 네트워크 노드에서 provider 네트워크로 활용될 네트워크 카드의 인터페이스를 입력한다. OVERLAY_INTERFACE_IP_ADDRESS는 management 네트워크의 ip를 입력한다.

```
# vi /etc/neutron/plugins/ml2/linuxbridge_agent.ini
```

```
[linux_bridge]
physical_interface_mappings = provider:PROVIDER_INTERFACE_NAME

[vxlan]
enable_vxlan = true
local_ip = OVERLAY_INTERFACE_IP_ADDRESS
l2_population = true

[securitygroup]
enable_security_group = true
firewall_driver = neutron.agent.linux.iptables_firewall.IptablesFirewallDriver
```

⑱ 서비스 재시작(컴퓨트 노드): nova 및 neutron 서비스를 재시작한다.

```
# service nova-compute restart
# service neutron-linuxbridge-agent restart
```

⑲ 제어 노드로 돌아가 환경변수 스크립트를 실행하여 admin의 접근을 허용해준다.

```
# . admin-openrc
```

⑳ Neutron 설치 검증: Neutron 서비스가 성공적으로 설치되었는지 확인하기 위해 해당 extension 리스트를 출력하여 결과를 본다.

```
# openstack extension list --network#
```

해당 커맨드를 통해서 네트워크 에이전트 리스트를 확인할 수 있다.

```
# openstack network agent list
```

이제 모든 Neutron 서비스 설치 및 환경설정이 완료되었다. 아무런 오류가 뜨지 않고 그대로 완료가 되었다면 다음 단계로 넘어가도록 하자.

9.3.8 Horizon 설치

Horizon 서비스는 오픈스택 기반 구현 서비스들을 관리자나 사용자가 제어하기 위해 제공되는 웹 인터페이스로써 인스턴스 시작, IP 주소할당, 접근에 대한 환경설정 등을 제공한다. 이제부터 Horizon 서비스의 설치를 시작해 보자.

① Horizon 서비스 설치: Horizon 서비스 패키지를 설치하기 위하여 다음의 명령어를 수행한다.

```
# apt install openstack-dashboard
```

② Horizon 환경설정 파일 수정: /etc/openstack-dashboard/local_settings.py을 수정한다. ALLOWED_HOSTS에서는 모든 호스트를 허용하기 위해 ['*']로 설정할 수도 있다. 하지만 해당 설정은 보안 위협이 발생할 수 있음을 유의해야 한다. TIME_ZONE에서 적절한 시간대 식별자로 수정해야 한다.

```
# vi /etc/openstack-dashboard/local_settings.py
```

```
OPENSTACK_HOST = "controller"

ALLOWED_HOSTS = ['one.example.com', 'two.example.com']

SESSION_ENGINE = 'django.contrib.sessions.backends.cache'

CACHES = {
    'default': {
        'BACKEND': 'django.core.cache.backends.memcached.MemcachedCache',
        'LOCATION': 'controller:11211',
    }
}

OPENSTACK_KEYSTONE_URL = "http://%s:5000/v3" % OPENSTACK_HOST
OPENSTACK_KEYSTONE_MULTIDOMAIN_SUPPORT = True

OPENSTACK_API_VERSIONS = {
    "identity": 3,
    "image": 2,
    "volume": 3,
}
```

```
OPENSTACK_KEYSTONE_DEFAULT_DOMAIN = "Default"
OPENSTACK_KEYSTONE_DEFAULT_ROLE = "user"
OPENSTACK_NEUTRON_NETWORK = {
    'enable_router': False,
    'enable_quotas': False,
    'enable_ipv6': False,
    'enable_distributed_router': False,
    'enable_ha_router': False,
    'enable_lb': False,
    'enable_firewall': False,
    'enable_vpn': False,
    'enable_fip_topology_check': False,
}

TIME_ZONE = "TIME_ZONE"
```

③ Horizon 재시작: 변경된 환경설정을 반영하기 위해 재시작한다.

```
service apache2 reload
```

④ Horizon 설치 검증: 올바르게 설치되었는지 웹에서 확인할 수 있다. keystone 설치 과정에서 생성한 admin 계정과 패스워드 입력(Domain: Default)

```
http://controller/horizon
```

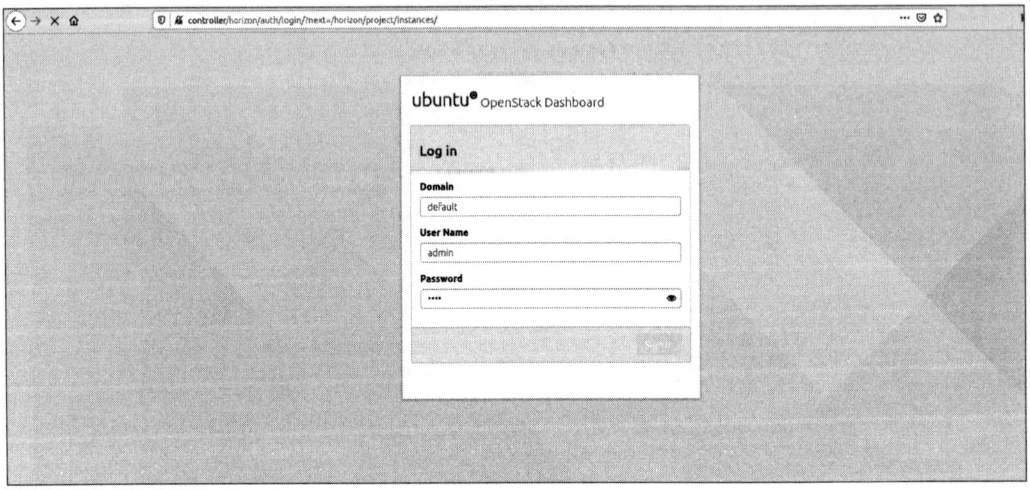

웹에서 인스턴스 생성해 보고 무사히 동작하였다면 여기까지 오픈스택의 기본적인 설치는 완료하였다. 다음 장에서는 옵션 기능인 Cinder를 설치한다.

9.3.9 Cinder 설치

Cinder는 스토리지 볼륨 관리를 위한 인터페이스를 제공하며 볼륨 스냅샷과 볼륨 타입을 관리하는 서비스이다. 인스턴스에 볼륨을 제공하기 위해 nova-compute와 상호작용을 하며, 다양한 타입에 대한 볼륨 백업 기능도 제공한다. 이를 위해 Cinder는 제어 노드와 스토리지 노드에 설치되어야 한다.

① Cinder 설치를 위한 MySQL 로그인: 이전 단계에서 설정한 MySQL 계정으로 로그인을 하기 위해 다음의 명령어를 입력한다.

```
# mysql -u root -p
```

② Cinder Database 생성: 아래의 명령어는 MySQL 내부 프롬프트에서 입력할 명령어이다. Cinder 사용할 데이터베이스를 생성하고, 접근 권한을 부여하기 위해 다음의 명령어를 입력한다.

```
> CREATE DATABASE cinder;
```

③ Cinder Database 접근 권한 부여: 아래의 명령어 역시 MySQL 내부 프롬프트에서 입력할 명령어이다. 위에서 생성한 keystone 데이터베이스에 대한 접근권한을 부여하기 위해 아래의 명령어를 입력한다. 아래의 명령어 중 'CINDER_DBPASS'는 설치자의 필요에 의해 변경할 수 있다. 변경했을 경우 이후 단계에서 'CINDER_DBPASS'를 입력할 경우 동일하게 변경해야 한다. 아래의 명령어를 수행한 후, exit를 입력하여 리눅스 프롬프트로 나온다.

```
> GRANT ALL PRIVILEGES ON cinder.* TO 'cinder'@'localhost' \
  IDENTIFIED BY 'CINDER_DBPASS';
> GRANT ALL PRIVILEGES ON cinder.* TO 'cinder'@'%' \
  IDENTIFIED BY 'CINDER_DBPASS';
```

환경변수 스크립트를 실행하여 admin의 접근을 허용해준다.

```
# . admin-openrc
```

④ 오픈스택 사용을 위한 user, role, API endpoint 생성:

Cinder user를 생성하며, 비밀번호를 설정해준다.

```
# openstack user create --domain default --password-prompt cinder
```

Cinder user와 service 프로젝트를 위한 admin role을 추가해준다.

```
# openstack role add --project service --user cinder admin
```

Cinder 서비스를 생성해준다.

```
# openstack service create --name cinderv2 \
  --description "OpenStack Block Storage" volumev2
# openstack service create --name cinderv3 \
  --description "OpenStack Block Storage" volumev3
```

Cinder 서비스 API endpoint를 생성해준다.

```
# openstack endpoint create --region RegionOne \
  volumev2 public http://controller:8776/v2/%\(project_id\)s
# openstack endpoint create --region RegionOne \
  volumev2 internal http://controller:8776/v2/%\(project_id\)s
# openstack endpoint create --region RegionOne \
  volumev2 admin http://controller:8776/v2/%\(project_id\)s
```

```
# openstack endpoint create --region RegionOne \
  volumev3 public http://controller:8776/v3/%\(project_id\)s
# openstack endpoint create --region RegionOne \
  volumev3 internal http://controller:8776/v3/%\(project_id\)s
# openstack endpoint create --region RegionOne \
  volumev3 admin http://controller:8776/v3/%\(project_id\)s
```

⑤ Cinder 서비스 설치: Cinder 서비스 패키지를 설치하기 위하여 다음의 명령어를 수행한다.

```
# apt install cinder-api cinder-scheduler
```

⑥ Cinder 환경설정 파일 수정: /etc/cinder/cinder.conf을 수정한다. CINDET_DBPASS, NEUTRON_DBPASS, RABBIT_PASS를 앞서 설정한 PASS로 기재한다. [database] 섹션과 [Keystone_authtoken] 섹션에서 아래에서 명시된 옵션 외의 다른 옵션은 주석 처리하거나 삭

제한다. MANAGEMENT_INTERFACE_IP_ADDRESS를 컴퓨트 노드의 Management 네트워크 ip로 변경한다.

```
# vi /etc/cinder/cinder.conf
```

```
[database]
connection = mysql+pymysql://cinder:CINDER_DBPASS@controller/cinder

[oslo_concurrency]
lock_path = /var/lib/cinder/tmp

[keystone_authtoken]
www_authenticate_uri = http://controller:5000
auth_url = http://controller:5000
memcached_servers = controller:11211
auth_type = password
project_domain_name = default
user_domain_name = default
project_name = service
username = cinder
password = CINDER_PASS

[DEFAULT]
transport_url = rabbit://openstack:RABBIT_PASS@controller
auth_strategy = keystone
my_ip = MANAGEMENT_INTERFACE_IP_ADDRESS
```

⑦ Cinder 서비스와 연결: Nova 연산에서 네트워크를 사용하기 위해 /etc/nova/nova.conf 파일을 수정한다.

```
# vi /etc/nova/nova.conf
```

```
[cinder]
os_region_name = RegionOne
```

⑪ Cinder database 동기화 및 재시작: 위 단계에서 생성한 database에 대한 동기화 및 서비스를 재시작을 수행한다. 이를 위해 다음의 명령어를 수행한다.

```
# su -s /bin/sh -c "cinder-manage db sync" cinder
```

nova 및 Cinder 서비스를 재시작한다.

```
# service nova-api restart
# service cinder-scheduler restart
# service apache2 restart
```

⑫ 스토리지 노드에서 LVM 서비스 설치(스토리지 노드): 스토리지 노드에서 Block storage 서비스를 수행하기 위해 LVM 서비스 패키지를 설치해야 한다.

```
# apt install lvm2 thin-provisioning-tools
```

⑬ LVM 물리 볼륨 생성: /dev/sdb 생성(/dev/sdb 외에 다른 명칭을 사용해도 된다.

```
# pvcreate /dev/sdb
```

⑭ LVM 볼륨 그룹 생성: /dev/sdb에 cinder-volumes로 그룹을 생성한다.

```
# vgcreate cinder-volumes /dev/sdb
```

⑮ LVM 환경설정 파일 수정: /etc/lvm/lvm.conf을 수정한다.

```
# vi /etc/lvm/lvm.conf
```

```
devices {
filter = [ "a/sdb/", "r/.*/"]
```

⑯ Cinder 환경설정 파일 수정: /etc/cinder/cinder.conf을 수정한다. CINDER_DBPASS, RABBIT_PASS를 앞서 설정한 PASS로 기재한다. [database] 섹션과 [Keystone_authtoken] 섹션에서 아래에 명시된 옵션 외의 다른 옵션은 주석 처리하거나 삭제한다. MANAGEMENT_INTERFACE_IP_ADDRESS를 컴퓨트 노드의 Management 네트워크 ip로 변경한다.

```
# vi /etc/cinder/cinder.conf
```

```
[database]
connection = mysql+pymysql://cinder:CINDER_DBPASS@controller/cinder

[DEFAULT]
transport_url = rabbit://openstack:RABBIT_PASS@controller
auth_strategy = keystone
my_ip = MANAGEMENT_INTERFACE_IP_ADDRESS
enabled_backends = lvm
glance_api_servers = http://controller:9292

[lvm]
volume_driver = cinder.volume.drivers.lvm.LVMVolumeDriver
volume_group = cinder-volumes
target_protocol = iscsi
target_helper = tgtadm

[oslo_concurrency]
lock_path = /var/lib/cinder/tmp

[keystone_authtoken]
www_authenticate_uri = http://controller:5000
auth_url = http://controller:5000
memcached_servers = controller:11211
auth_type = password
project_domain_name = default
user_domain_name = default
project_name = service
username = cinder
password = CINDER_PASS
```

⑰ Cinder 서비스 재시작: Nova 및 Cinder 서비스를 재시작한다.

```
# service tgt restart
# service cinder-volume restart
```

환경변수 스크립트를 실행하여 admin의 접근을 허용해준다.

```
# . admin-openrc
```

⑱ Cinder 설치 검증: 해당 커맨드를 통해서 네트워크 에이전트 리스트를 확인할 수 있다.

```
# openstack volume service list
```

이제 모든 Cinder 서비스 설치 및 환경설정이 완료되었다.

이제 여러분은 오픈스택 구동에 필요한 모든 컴포넌트의 설치를 완료하였으므로, http://controller/horizon으로 접속하여 정상적인 오픈스택을 활용할 수 있다.

본 장에서는 오픈소스 클라우드 플랫폼인 오픈스택에 대해 간단하게 설명하였고, 오픈스택을 3대의 가상머신에 설치해 보는 과정을 실습해보았다. 오픈스택은 오픈소스 기반의 클라우드 인프라 도구로써, 사용자는 오픈스택을 사용하여 클라우드 서비스를 구축할 수 있다. 오픈스택은 매 6개월마다 새로운 버전이 출시되므로 본 실습 과정에서 구축한 train 외에 다양한 버전들을 체험해보길 권장한다.

제10장

Microsoft Azure

PaaS란 개발 플랫폼과 응용프로그램을 개발하기 위한 API등을 서비스 형태로 제공하는 것을 의미한다. 지난 7장, 8장, 9장에서 실습한 IaaS와는 달리 PaaS는 이미 구축된 인프라를 기반으로 서비스를 제공하기 때문에, 사용자 입장에서는 인프라를 구축하기 위한 설정이 필요하지 않게 되며, 사용자에게 인프라의 관리와 유지에 대한 부담감을 감소시킨다. PaaS의 대표적인 상용서비스로는 Microsoft의 Azure 와 Google App Engine이 있다. 본 장에서는 PaaS의 상용서비스인 Microsoft Azure에 대하여 알아보고 Microsoft Azure를 활용하여 웹앱을 게시하는 실습을 목표로 한다. 본 장은 Microsoft Azure에 대한 소개와 지원기능 및 비용에 대한 내용을 담고 있으며, 사용자는 실습과정을 통해 Microsoft Azure에 접속하여 웹앱을 생성하고 웹폼을 프로그래밍하여 여러분이 개발한 웹앱을 Microsoft Azure 플랫폼에 게시하는 과정까지를 실습할 것이다.

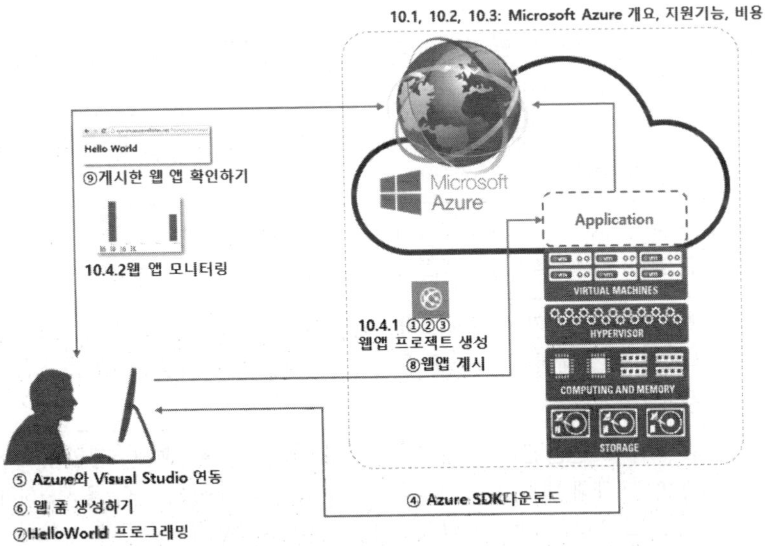

그림 10.1 ‖ Microsoft Azure를 이용한 클라우드 실습을 위한 큰그림

10.1 Microsoft Azure 개요

Microsoft Azure는 Microsoft에서 제공하는 클라우드 컴퓨팅 플랫폼으로 2011년 PaaS로 네트워크, 컴퓨팅, 데이터베이스, 웹, 모바일 등 사용자의 요구사항에 따라 다양한 개발을 원활히 할 수 있도록 하기 위한 PaaS 플랫폼을 서비스하기 시작하였고, 2013년 IaaS를 서비스하기 시작하였다. Azure에서는 다양한 목적에 부합하는 플랫폼과 다양한 프로그래밍 언어를 제공하기 때문에, 사용자는 인터넷이 연결되어 있는 컴퓨터 환경에서 다양한 플랫폼 기반 서비스를 구축할 수 있다. PaaS의 특성상 사용자는 Data와 Application만 관리하고 하드웨어, OS, 미들웨어 등은 Azure에서 관리하기 때문에 인프라 관리의 부담없이 플랫폼을 편리하게 활용할 수 있으며, 사용자의 데이터와 프로그램에 대한 보안을 위한 기능도 제공한다. 또한, 플랫폼을 이용하여 개발한 웹앱에 대한 모니터링 기능을 제공하기 때문에 이벤트 및 오류에 대해 플랫폼 사용자는 실시간으로 확인할 수 있다.

10.2 Microsoft Azure에서 제공하는 주요 기능

표 10.1 Microsoft Azure에서 제공하는 주요 기능

제공 기능	설명
App Service 개발환경	인터넷이 연결된 환경에서 웹 및 모바일 앱을 개발하고 이를 호스팅하는 기능을 제공한다.
알림 허브 기능	매월 무료로 최대 100만 개의 푸시 알림을 보내 100만 명의 사용자에게 동시에 메시지를 브로드캐스트하거나 개별 사용자에게 맞춤형 알림을 제공한다.
기계학습	기계학습을 통해 예측 분석 솔루션을 설계, 테스트, 운용 및 관리를 수행하는데 있어 필요한 템플릿을 제공한다.
Azure IoT Hub	IoT(사물 인터넷) 장치를 최대 10개까지 모니터링하고 제어할 수 있다. 양방향 통신을 설정하여 원격 분석 데이터를 분석하며, 장치 인증 기능 또한 제공한다.
가상 네트워크	최대 50개의 무료 가상 네트워크가 포함된 개인 네트워크를 만들 수 있다. 또한, Azure 가상 네트워크를 통해 클라우드에 IP 주소, DNS 서버, 보안 규칙 및 트래픽 흐름 등을 설정하고 제어할 수 있다.
Azure Active Directory	ID 및 액세스 권한 관리를 위한 Active Directory를 Azure를 통해 제공한다. 사용자는 최대 앱 10개에 대해 최대 500,000개의 디렉터리 개체 및 Single Sign-On을 지원하여 클라우드 응용 프로그램에 대한 ID 관리 및 액세스 제어를 할 수 있도록 해준다.

제공 기능	설명
Visual Studio Team Services	인터넷이 연결된 다양한 환경에서 최대 5명의 사용자에 대해 소프트웨어 개발 계획, 버전 관리 등의 기능을 제공하는 Visual Studio Team Services 기능을 제공한다.
자동화	워크플로 실행 엔진을 사용하여 Azure 환경에서 리소스를 자동으로 생성, 배포, 모니터링 및 유지 관리할 수 있다.
로그 분석	사용자가 구동하는 앱에 대한 이벤트 로그, 네트워크 로그, 성능 데이터 등을 수집하고 상관관계를 지정하여 이를 시각화 해주는 기능을 제공한다.

10.3 Microsoft Azure 서비스 비용

기존 다른 상용 클라우드 서비스와 마찬가지로, Microsoft Azure는 사용자가 사용할 기능을 선택하고 선택한 서비스에 대해서 지불을 하는 Pay-as-you-go 가격 정책을 따른다. 다음은 Microsoft Azure가 제공하는 다양한 요금제를 보여주고 있다. 특이한 점은 Microsoft Azure는 비슷한 지리적 지역에 한해 AWS보다 낮은 가격을 보장하는 AWS 최저가 보장 서비스를 실행하고 있다.

표 10.2 Microsoft Azure 서비스 요금제

구매 종류	설명
종량 요금제	사용한 만큼 지불을 하는 방식이다. • 기본 서비스 요금: \$0.085 ~ \$0.34/시간 • 표준 서비스 요금: \$0.106 ~ \$0.424/시간 • 프리미엄 서비스 요금: \$0.318 ~ \$2.544/시간
선불 요금제	사용할 클라우드 서비스에 대한 요금을 미리 납부를 하고 사용하는 방식이며, 선불한 금액을 초과하는 경우, 초과된 비용만 추가로 지불할 수 있는 방식이다.
기관 요금제	기관과 Microsoft Azure 간 계약을 통해, 기관 내 모든 사람이 서비스를 사용할 수 있도록 하는 요금 방식이다.

10.4 Microsoft Azure 사용하기

본 실습에서는 Microsoft Azure에서 제공하는 다양한 기능 중, 웹앱을 제작하여 이를 호스팅할 수 있는 기능을 활용하는 실습을 수행할 것이다. 이를 통해, Microsoft Azure에서 제공하는 개발 인터페이스를 통해 간단한 웹앱을 제작하고, 이를 Microsoft Azure 플랫폼에 호스팅 하도록 하여, 클라우드 플랫폼은 컴퓨팅 자원을 공급하는 것뿐만 아니라, 개발환경 및 호스팅 환경을 제공하는 서비스를 체험할 수 있을 것이다. 그 후에는 여러분이 제작한 웹앱을 클라우드 플랫폼에서 제공하는 모니터링 기능을 활용하여, 성능 및 기능을 모니터링하기 위한 실습을 수행할 것이다.

10.4.1 Microsoft Azure를 사용하여 웹앱 구축하기

Microsoft Azure에서 제공하는 PaaS를 사용하기 위해서는 Microsoft 계정 생성이 필요하다. Microsoft Azure는 가입 후 1개월간 서비스를 무료로 사용할 수 있도록 해주는데, 본 실습에 있어서는 회원가입부터, 플랫폼을 이용한 웹앱 개발까지, 평가기간을 활용하여 실습을 수행할 수 있도록 설명하였다. Microsoft Azure에 가입한 뒤 로그인을 하게 되면, Azure에서 제공하는 서비스 및 서비스 이용 현황을 볼 수 있는 대시보드를 볼 수 있다.

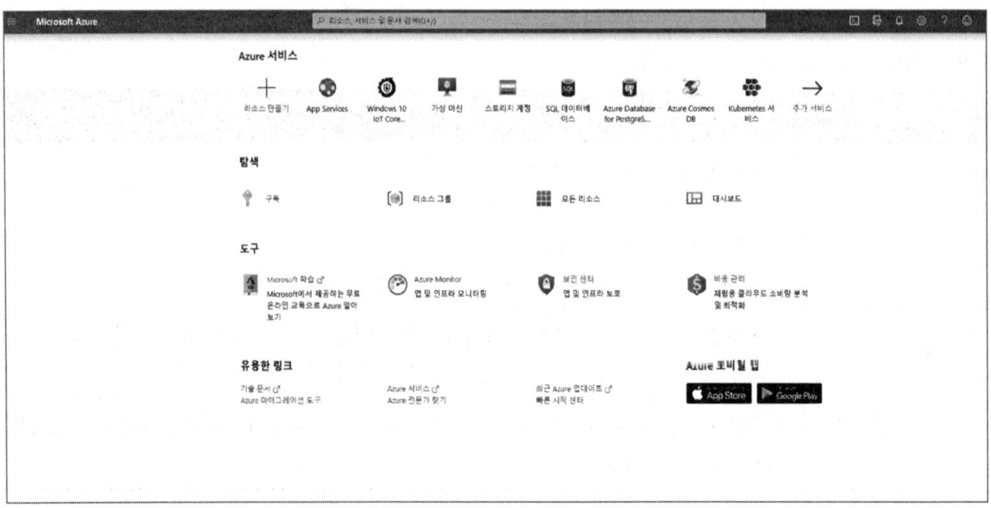

그림 10.2 ‖ Microsoft Azure 대시보드

아래의 표는 대시보드에서 제공하는 메뉴 및 정보를 보여주며, 각 계정별 서비스 이용 현황 및 현재 사용 중인 자원의 상세 정보를 확인할 수 있도록 해준다.

표 10.3 Microsoft Azure 대시보드 메뉴 별 기능

메뉴	설명
리소스 그룹	생성한 모든 리소스 그룹을 리스트로 보여준다.
모든 리소스	생성한 모든 리소스 그룹에서 하위 항목까지 리스트로 보여준다.
앱 서비스	생성한 앱 서비스를 리스트로 보여준다.
가상 머신	생성한 가상 머신들을 리스트로 보여준다.
SQL 데이터베이스	생성한 SQL 데이터베이스를 리스트로 보여준다.
Azure Cosmos DB	생성한 Azure Cosmos DB를 리스트 형식으로 보여준다.
부하분산	클라우드 서비스 및 가상 머신에 대한 기본 제공 부하 분산 서비스를 리스트로 보여준다.
스토리지 계정	스토리지 계정을 리스트 형식으로 보여준다.
모니터	Azure에서 사용하는 리소스, 시스템의 상태, 작동 및 성능을 모니터링 할 수 있는 기능을 지원하며, 상태에 따라 경고를 발생시키고 자동화된 수정작업을 수행할 수 있다.
보안센터	보안 상태를 모니터링 할 수 있으며 보안 경고를 확인할 수 있다.

① 웹앱 개발을 위한 프로젝트 생성: 새로 만들기는 Azure의 모든 서비스를 시작 및 생성하기 위한 메뉴이다. 본 실습에서는 웹앱을 Azure 플랫폼 상에서 개발해보는 것을 실습할 것이다. 이를 위해 'App Service'를 클릭한다.

그림 10.3 ‖ Microsoft Azure 프로젝트 생성을 위한 메뉴

② 웹앱 설정: 앱의 이름과, 앱의 구동을 위한 결제 방식 및 리소스 그룹, 인스턴스 정보를 선택하기 위한 메뉴가 출력된다. 앱의 이름은 생성할 웹 페이지의 url로 '[앱이름].azurewebsites.net'와 같이 결정된다. 예를 들어, 앱의 이름이 Cloude-App-test라 설정하였다면, Cloude-App-test.azurewebsites.net url을 통해 접근할 수 있으며, 웹앱의 구동을 확인할 수 있다.

먼저 리소스 그룹의 새로만들기를 선택하고, 리소스 그룹의 이름을 입력하여 리소스 그룹을 만든후에 앱의 이름을 입력하고, 구독은 무료체험을 선택한다. 마지막으로 [다음:모니터링] 버튼을 선택하여 다음단계로 넘어간다.

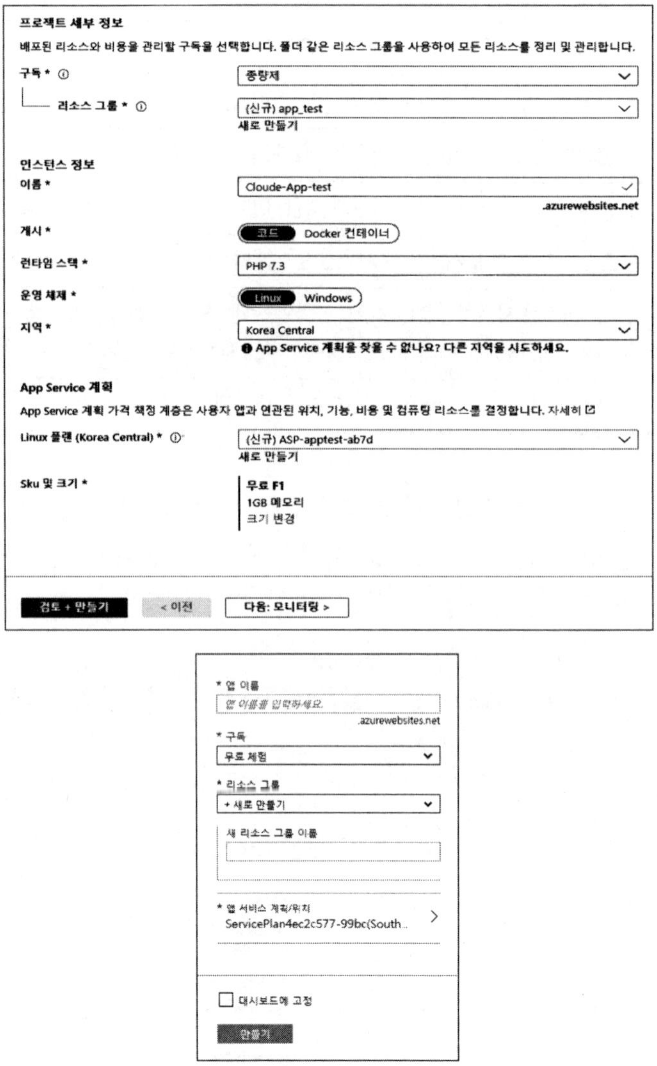

그림 10.4 ‖ Microsoft Azure 프로젝트 생성을 위한 정보 입력 인터페이스

모니터링 여부(Application Insights 사용 여부)를 선택한뒤 [다음:태그]를 선택하여 다음 단계로 넘어간다. 본 실습에서는 사용하지 않는다.

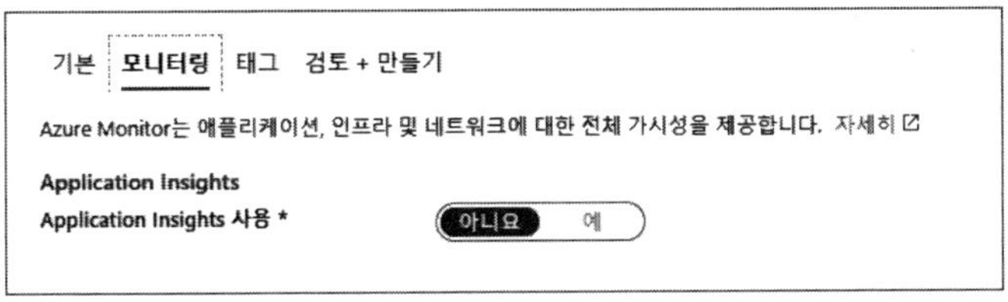

태그는 동일한 태그를 여러개의 리소스 및 리소스 그룹에 적용하여 리소스 그룹을 좀 더 편하게 구분 할 수 있는 내용을 설정할 수 있다. 본 실습에서는 태그를 설정하지 않고 [다음: 검토+만들기]를 선택하여 넘어간다.

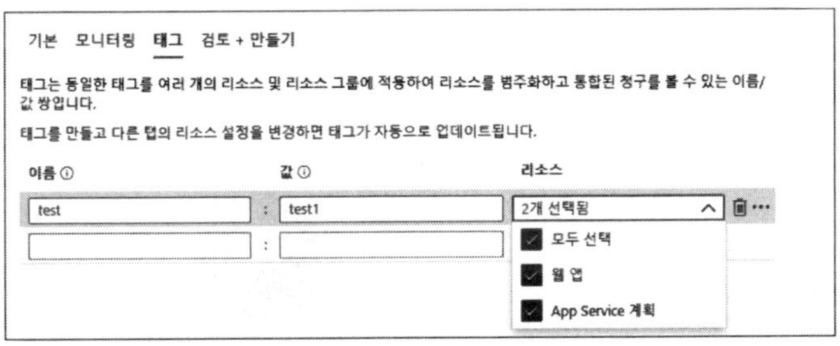

웹앱 생성전에 마지막으로 설정된 값들이 올바르게 적용이 되었는지 검토과정을 통해 확인할 수 있다. [만들기]버튼을 클릭하여, 웹앱을 구동한다.

③ 생성된 웹페이지 확인: [앱이름].azurewebsites.net의 url로 접속을 하게 되면 다음과 같은 성공적으로 웹앱이 생성되었음을 확인할 수 있다. 예를 들어, 이전 단계에서 앱의 이름을 syscore라 명명하였다면, 그림 10.5와 같이 syscore.azurewebsites.net url 접속을 통해 생성된 웹앱의 구동을 확인할 수 있다.

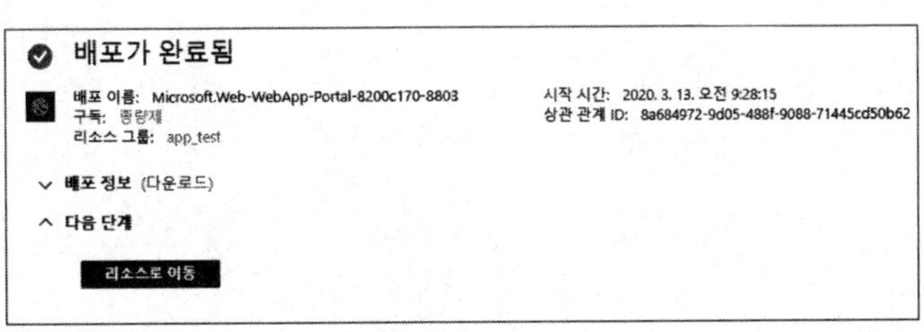

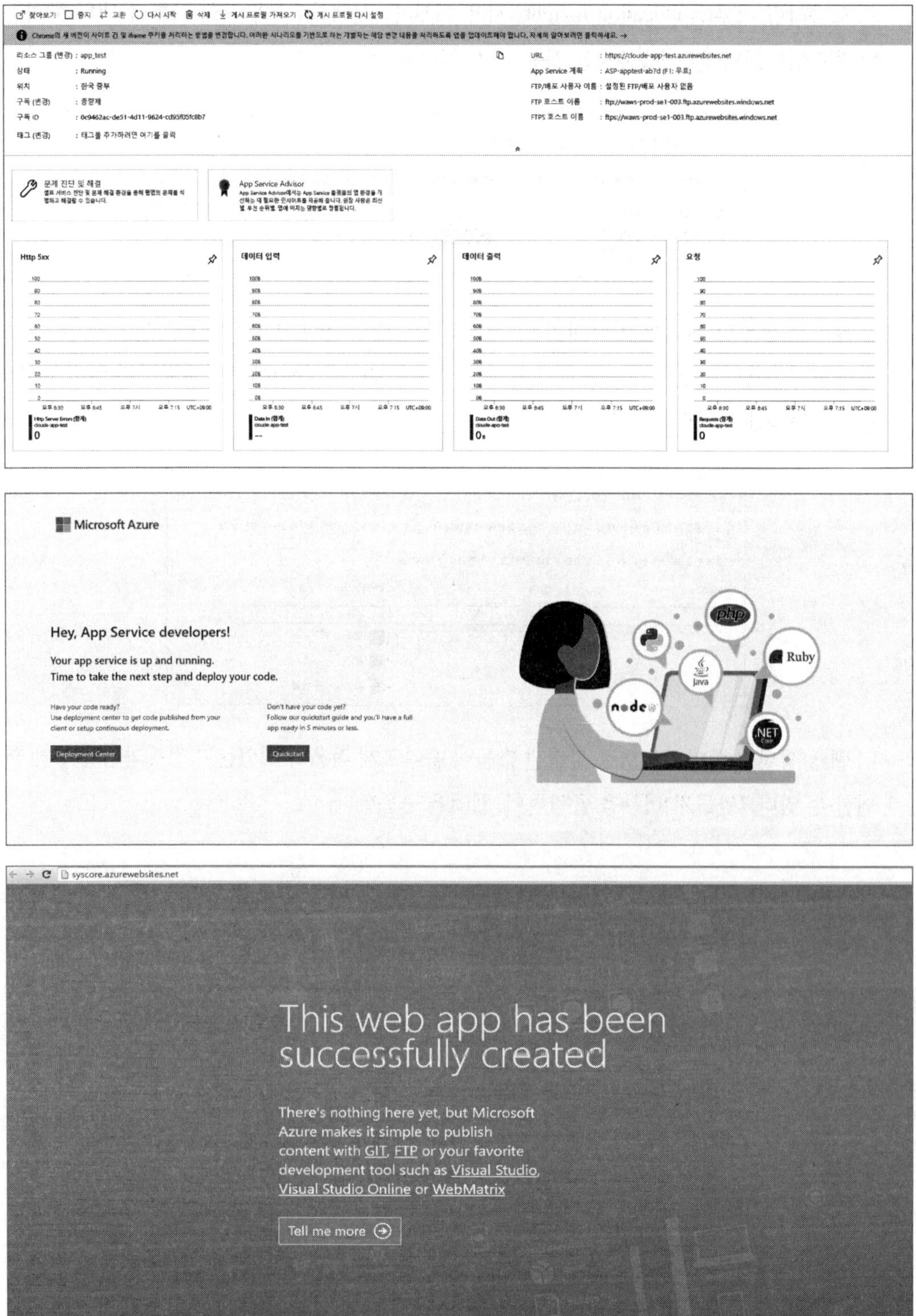

그림 10.5 ▎ Microsoft Azure에 생성된 웹페이지 구동 확인

④ Visual Studio와 Azure의 연동을 위한 개발환경 구축: Azure에서 구동할 웹앱의 개발을 보다 수월히 진행하기 위해, Visual Studio의 [도구]-[도구 및 기능 가져오기] 메뉴를 통해 Visual Studio 설치관리자를 실행한다. [워크로드] 탭에서 Azure 개발 항목을 선택한뒤 [수정]을 선택하여 설치한다.

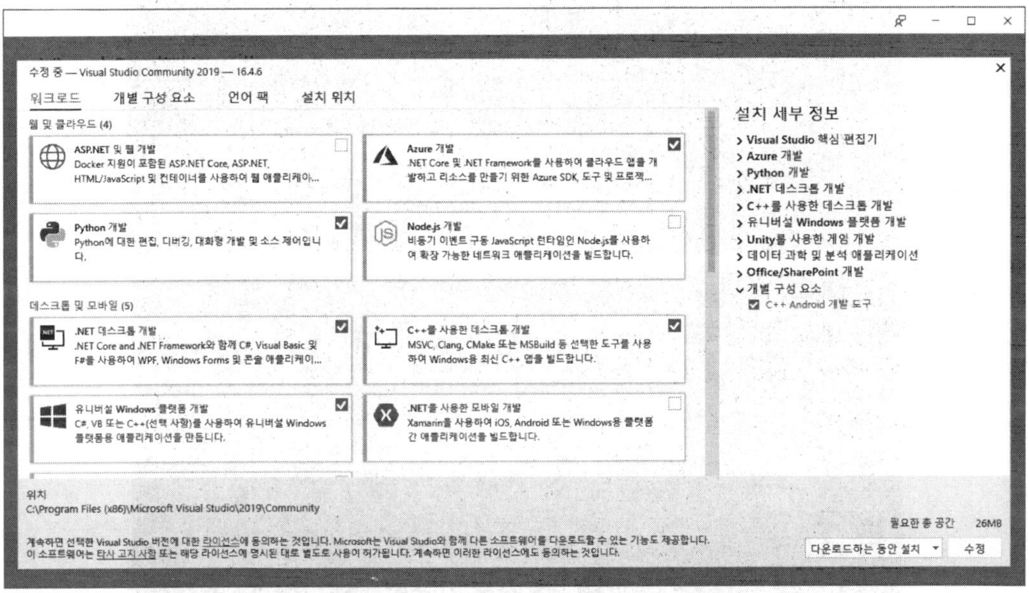

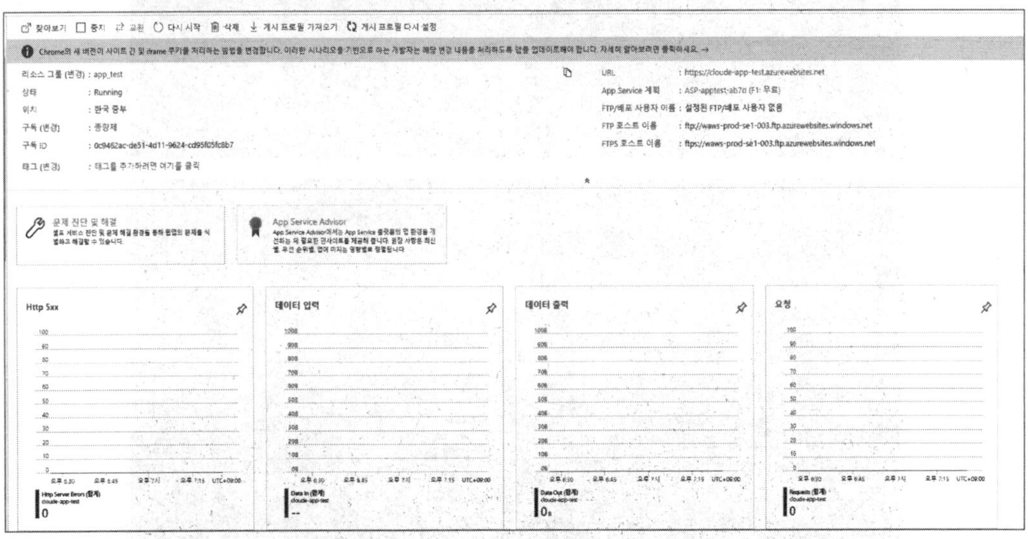

⑤ Visual Studio에서의 프로젝트 연동: Visual Studio에서 ASP.net 형태의 프로젝트를 생성한 후, 그림 10.6과 같이 Empty 형태로 프로젝트를 생성하며, 폴더 및 코어 참조 추가에 Web Forms, MVC, Web API를 설정하도록 한다.

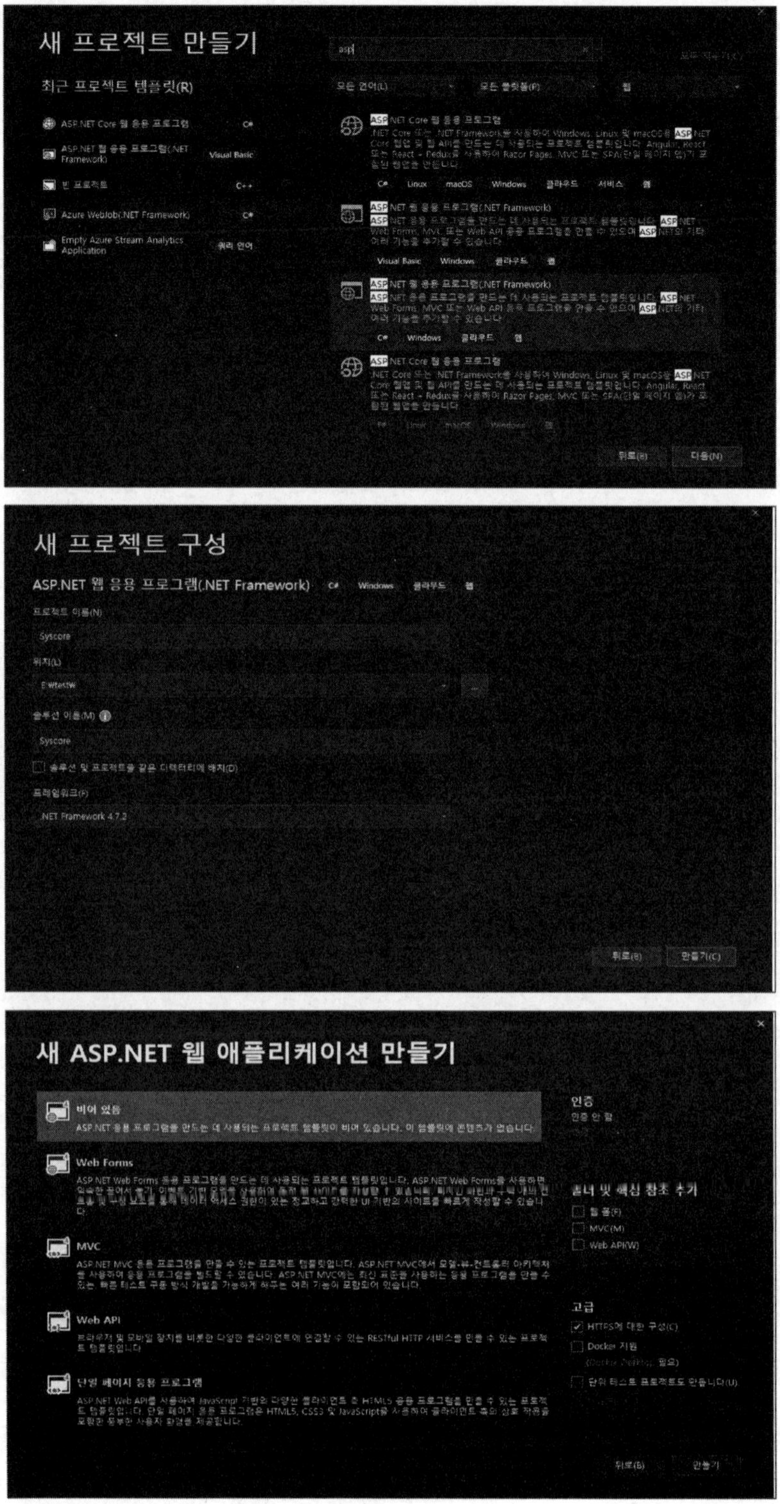

그림 10.6 ▌ Visual Studio와 Azure 연동 확인 및 프로젝트 생성

⑥ 웹폼 생성: Azure에 웹앱을 게시하기 위해 웹폼을 추가해준다. 웹폼은 프로젝트에서 오른쪽 마우스를 클릭하여 추가에서 웹폼을 클릭하여 생성한 후, 생성한 웹폼에 대한 이름을 설정하여 저장한다. 본 실습에서는 웹폼의 이름을 AzureSyscore.aspx로 기입한다.

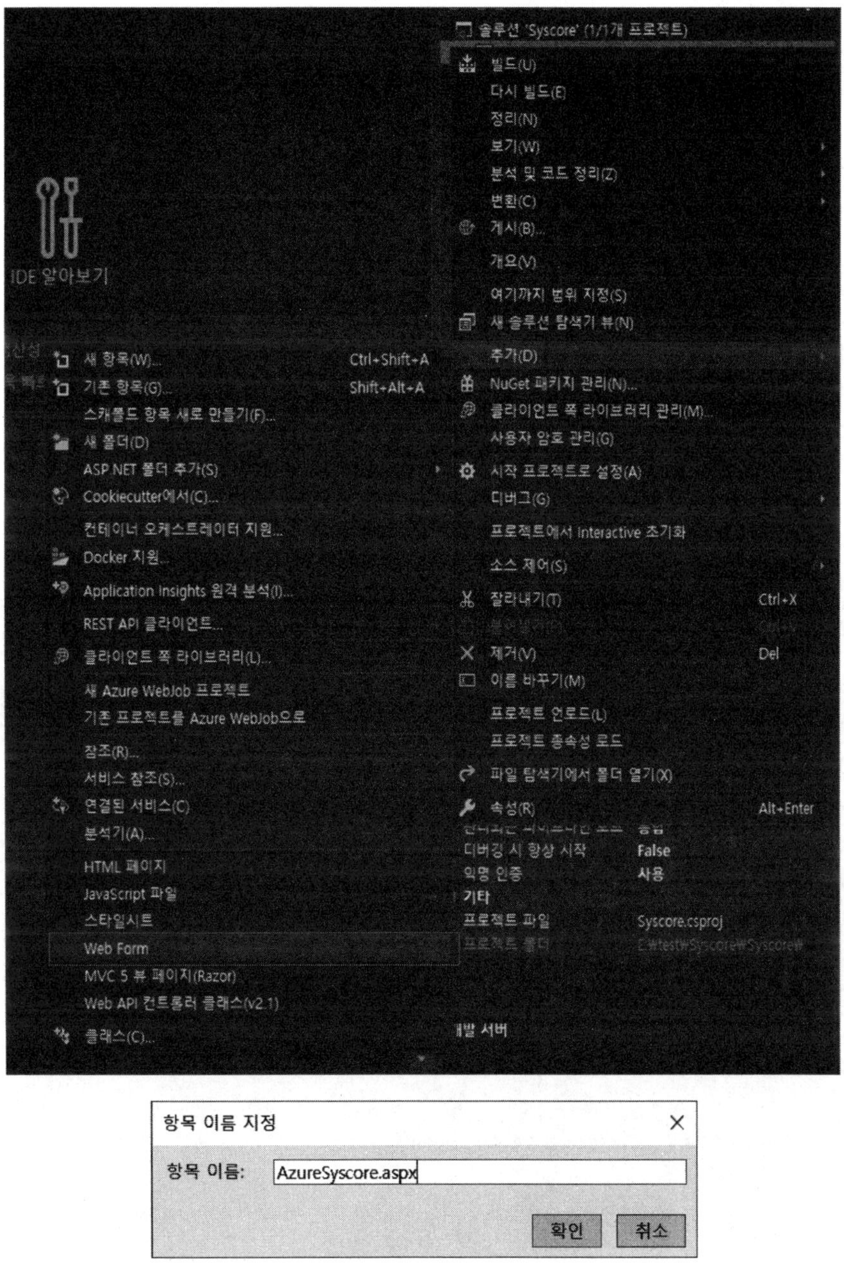

그림 10.7 | Visual Studio를 통한 웹앱 페이지 생성

⑦ 웹폼 프로그래밍: 이전 단계에서 생성된, AzureSyscore.aspx파일에 다음과 같이 라벨기능을 활용한 프로그래밍을 작성하도록 한다.

표 10.4 Microsoft Azure에서 구동할 웹앱 소스코드

AzureSyscore.aspx

```
<%@ Page Language="C#" AutoEventWireup="true" CodeBehind="AzureSyscore.aspx.cs"
Inherits="Syscore.AzureSyscore" %>
<!DOCTYPE html>
<html xmlns="http://www.w3.org/1999/xhtml">
<head runat="server">
<meta http-equiv="Content-Type" content="text/html; charset=utf-8"/>
<title></title>
</head>
<body>
        <form id="form1" runat="server">
    <div>
            <h1><asp:Label ID="Label1" runat="server" Text="Label"></asp:Label></h1>
    </div>
    </form>
</body>
</html>
```

AzureSyscore.aspx.cs

```
using System;
using System.Collections.Generic;
using System.Linq;
using System.Web;
using System.Web.UI;
using System.Web.UI.WebControls;
namespace Syscore
{
    public partial class AzureSyscore: System.Web.UI.Page
    {
        protected void Page_Load(object sender, EventArgs e)
        {
            Label1.Text = "Hello World";
        }
    }
}
```

⑧ 작성된 코드의 게시: 소스코드 작성 후 웹앱에 게시하기 위해 프로젝트에서 오른쪽 마우스 클릭 후 '게시' 항목을 클릭한다. 그러면 그림 10.8과 같이 웹 게시를 위한 창이 실행되는데, 여기서 'Azure 웹앱'을 선택한다.

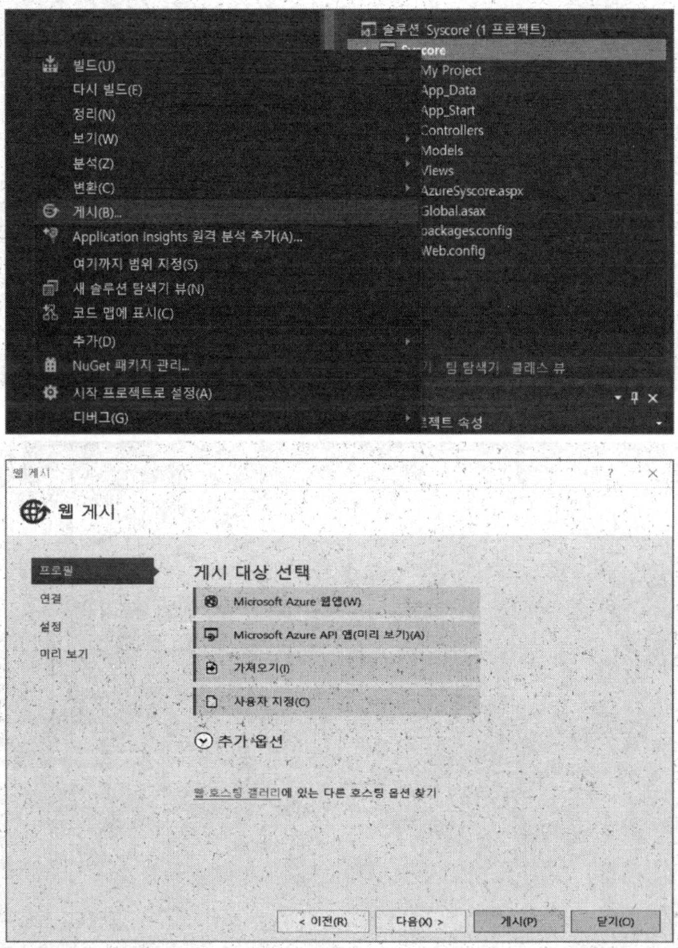

클라우드 플랫폼으로 호스팅하기 위해서는 그림 10.9와 같이 로그인 화면이 팝업되며, 자신의 클라우드 계정으로 로그인을 수행 후, 이전 단계에서 생성하였던 웹앱 리소스를 선택하여 업로드할 리소스의 위치를 설정한다.

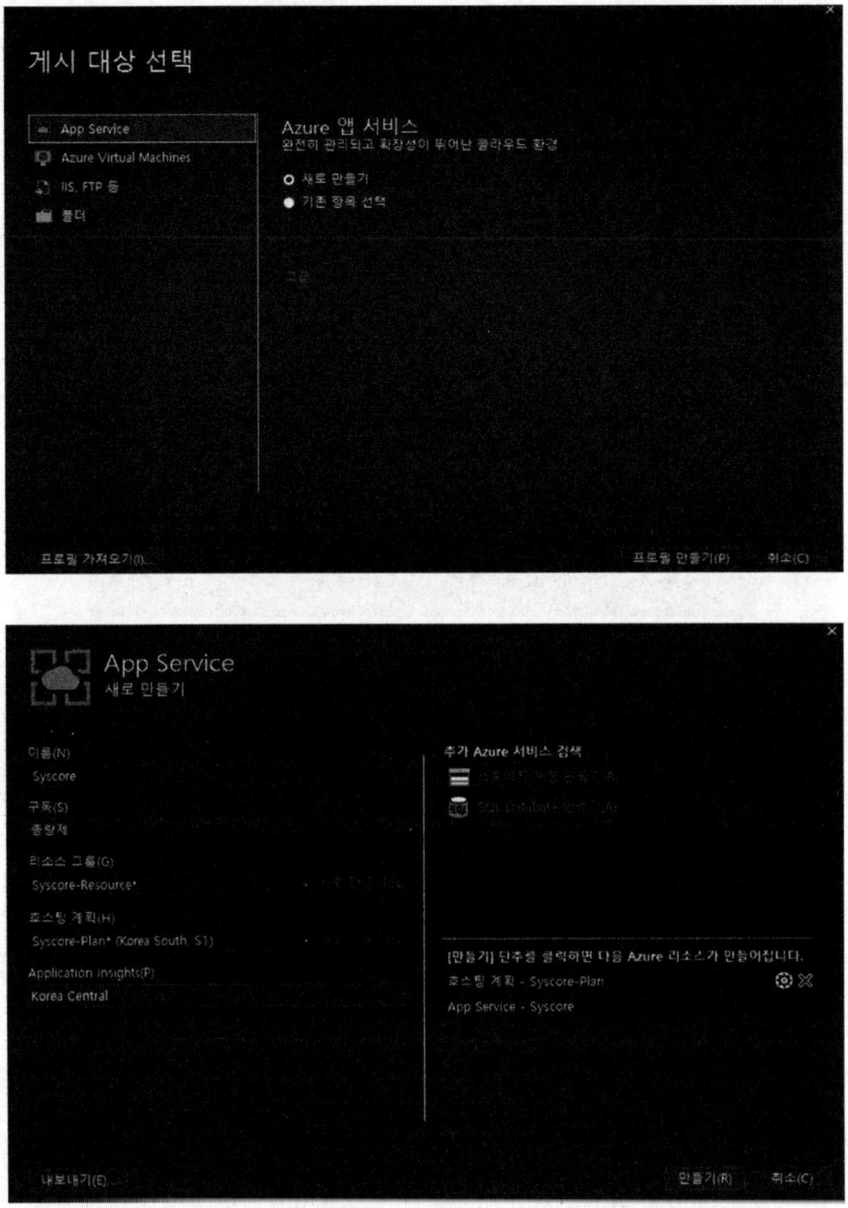

그림 10.8 ▌ Visual Studio를 통한 웹앱 게시를 위한 리소스, 호스트, 지역 설정

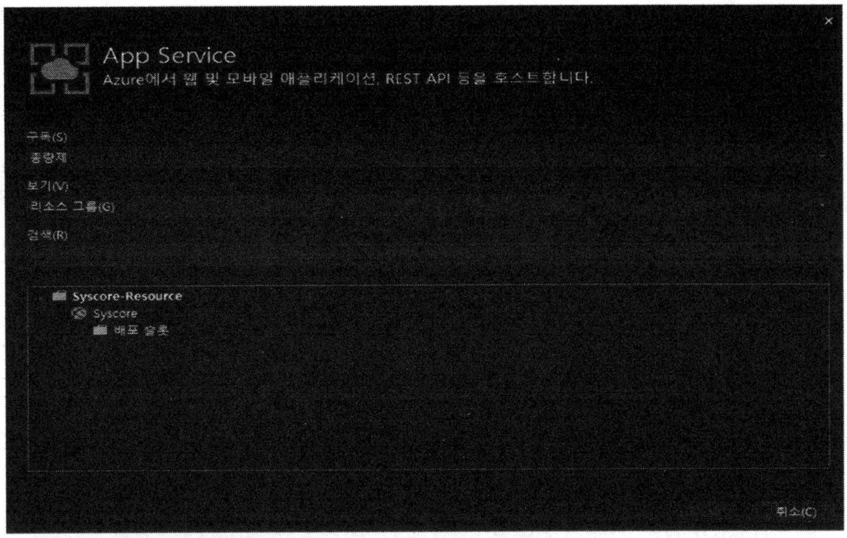

그림 10.9 ‖ Azure 웹앱 게시를 위한 설정 확인

그림 * Azure 웹앱 게시를 위한 설정 확인

마지막 단계로서, 배포를 위해 설정한 내용을 확인한 뒤, [게시]버튼을 눌러 게시를 진행한다.

그림 10.10 ‖ Azure로의 웹앱 게시 완료 확인 화면

게시 방법에는 하단의 표와 같이 Kudu, Web deploy, FTP, 파일시스템 등이 있다.

표 10.5 Microsoft Azure 앱 게시방법

게시 방법	설명
FTP/FTPS	FTP 또는 FTPS 프로토콜을 사용하여 웹앱, 모바일 앱 백엔드, 또는 API를 Azure App Service에 배포하는 방법
Zip/WAR 패키지	Kudu 서비스를 사용하여, Zip 또는 WAR 파일을 웹앱을 Azure App Service 에 배포하는 방법
Git Push	로컬 컴퓨터의 Git 리포지토리에서 Azure App Service 에 앱을 배포하는 방법
DropBox/OneDrive	Dropbox 및 OneDirve에서 Azure App Service로 사용자 콘텐츠를 동기화 하는 방법
IDE	Visual Studio와 같은 IDE 환경에서 Azure 서비스를 연동해 개발자가 작성한 코드를 배포하는 방법

⑨ 웹 브라우저를 이용하여, 설정하였던 URL을 접속하고, 여러분이 개발한 웹앱의 구동여부를 확인 할 수 있다.

그림 10.11 ‖ URL 접속을 통한 Azure 웹앱 게시 동작 확인

10.4.2 Microsoft Azure 포털에서 웹앱 모니터링 및 관리

본 실습에서는 이전 실습에서 여러분이 개발한 웹앱의 구동을 모니터링하기 위한 실습을 수행한다.

① 웹앱 모니터링: Azure 대시보드의 메뉴 중에 '앱 서비스 항목'을 통해 생성한 리소스들을 확인할 수 있다. 모니터링을 하고자 하는 리소스를 클릭하면 다음과 같은 화면을 볼 수 있다. 기본적으로 모니터링에서는 게시한 웹 페이지의 요청 및 오류를 시간별로 확인할 수 있다. 또한, 추가적으로 모니터링을 수행할 수 있다.

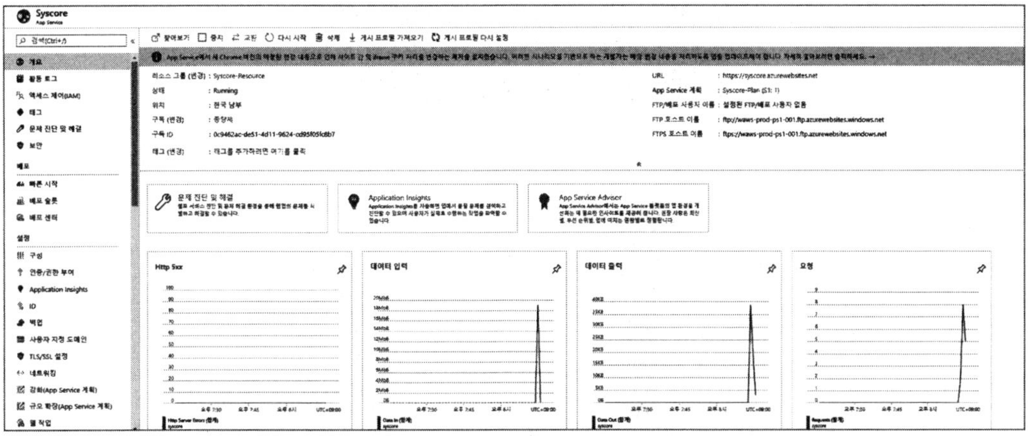

그림 10.12 ▍Azure 웹앱 구동 모니터링 환경설정

편집을 클릭하면 Average Response Time, Average memory working set, CPU Time, Data In, Data Out, Http 2xx, Http 3xx, Http 401, Http 403, Http 404, Http 406, Http 4xx, Http Server Errors, Memory working set, Requests 항목들이 있으며, 모니터링을 원하는 항목을 클릭하여 저장하면 모니터링에 원하는 항목이 시간별 그래프로 확인할 수 있다.

② 웹앱 모니터링 결과 확인: 모니터링은 생성한 웹앱에서 발생한 이벤트들에 대한 모니터링 또한 제공한다. 앱서비스->리소스선택->모든 설정->감사 로그에서 다음과 같이 모니터링을 확인할 수 있다.

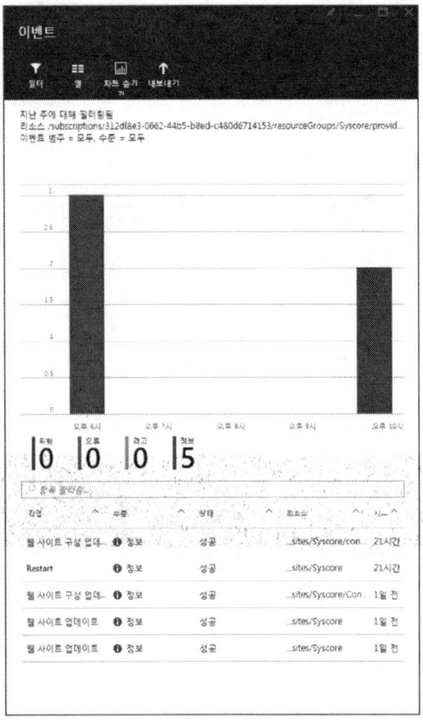

그림 10.13 ‖ Azure 웹앱 구동 모니터링 인터페이스

본 장에서는 Microsoft에서 제공하는 PaaS인 Microsoft Azure를 활용하기 위한 실습을 수행하였다. 이를 위해 Microsoft Azure의 실습과정으로 Microsoft Azure에서 웹앱을 생성하고 사용자가 생성한 웹폼을 Azure에 게시하는 방법을 실습하였다. 또한 생성한 웹앱에 대하여 모니터링과 관리하는 방법에 대해 간단히 설명하였다. Microsoft Azure의 활용을 통해 기업 또는 개인이 웹앱을 구축하는데 있어 서비스 사용자에게 인프라의 관리와 유지에 대한 부담감을 감소시킬 수 있으며 Microsoft Azure에서 지원하는 다양한 기능들을 활용하여 효율적으로 웹앱을 구현할 수 있다는 것을 알 수 있다.

제11장

Google App Engine

본 장에서는 PaaS의 상용서비스인 Google App Engine에 대하여 알아보고 Google App Engine을 활용하여 웹앱을 게시하는 실습을 목표로 한다. 본 장은 Google App Engine에 대한 소개와 지원 기능 및 비용에 대한 내용을 담고 있으며, 사용자는 실습과정을 통해 Google App Engine에 접속하여 웹앱을 생성하고 Python 샘플 예제코드를 활용하여 이를 Google App Engine에 웹앱 게시를 하는 과정을 실습 할 수 있다.

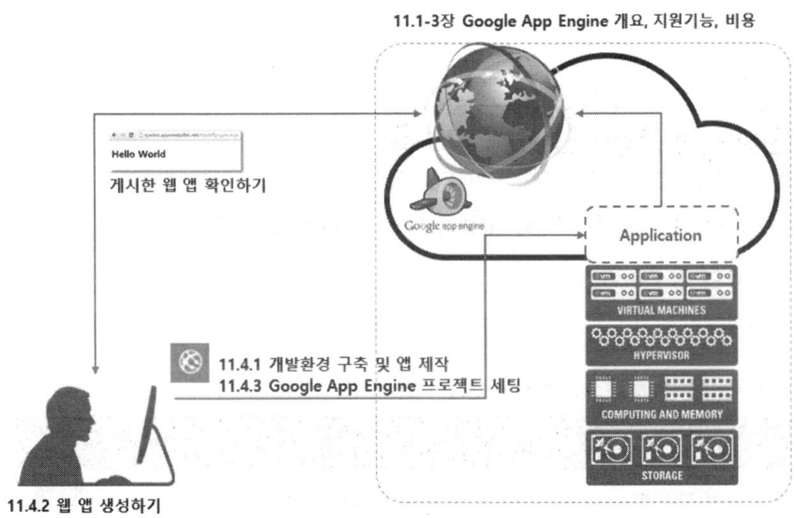

그림 11.1 ‖ Google App Engine 실습의 큰그림

11.1 Google App Engine 개요

Google App Engine은 Google Cloud Platform에서 제공하는 PaaS 서비스로 웹앱의 기능을 제공한다. Google 인프라에서 애플리케이션을 게시하는 클라우드 서비스로 관리가 용이하며, 웹의 트래픽, 저장 공간에 따라 손쉽게 스케일을 변경을 할 수 있다. Google App Engine은 Python, Java, PHP, Go 언어를 지원하며 모바일 환경 또한 관리한다. 초기 가입 시, 1GB를 무료로 제공하며 할당된 트래픽, 저장 공간이 초과할 경우 결제를 해야 한다.

11.2 Google App Engine 지원기능

- 오토스케일링: 사용자가 빌드한 웹앱에 따라 자동으로 스케일링을 수행
- 보안 스캐닝: 웹앱에 대하여 취약점 스캐닝을 수행
- 다양한 툴 제공: clipse, IntelliJ, Maven, Git, Jenkins, and PyCharm에 대해 개발 환경이 해당 클라우드 서비스에 적용이 용이하도록 서비스 제공

11.3 Google App Engine 비용

구글 App Engine에 계정을 생성하면, 1GB의 무료 데이터가 제공된다. 그 이후에는 다음의 요금체계를 따라 비용이 청구된다.

표 11.1 Google App Engine 리소스에 따른 청구 비용

리소스	단위	가격(US)
Standard Runtime Instances	Instance hours	$0.05
Outgoing Network Traffic	Gigabytes	$0.12
Incoming Network Traffic	Gigabytes	Free
Datastore Storage	Gigabytes per month	$0.18
Blobstore, Logs, and Task Queue Stored Data	Gigabytes per month	$0.026

11.4 Google App Engine 사용하기

본 장에서는 Google App Engine의 웹앱의 사용 과정을 설명한다. 웹앱을 Google App Engine에 구축을 하고 이를 세팅 하는 방법에 대해 설명한다.

11.4.1 개발환경 구축

Google App Engine을 시작하기 위해선 Google App Engine에 회원가입을 해야 한다. App Engine은 2개월 무료 평가판으로 사용해볼 수 있다. 본 책에서는 평가판을 사용하여 App Engine의 사용방법을 서술하였다. App Engine은 그림 11.2와 같이 VIEW MY CONSOLE을 통해 대시보드에 접속한다.

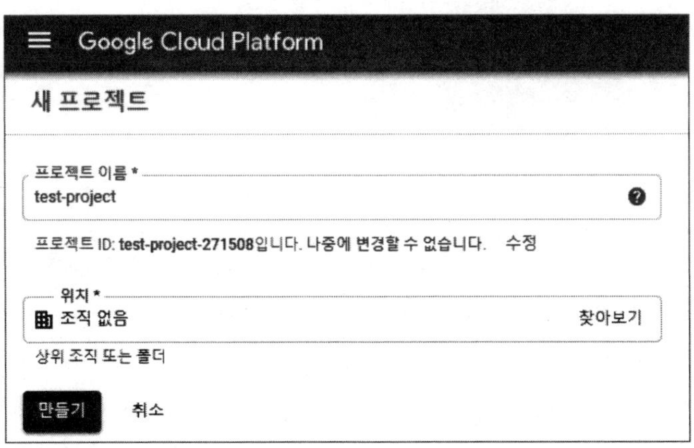

그림 11.2 ‖ Google App Engine 웹앱 생성을 위한 대시보드에서의 설정

대시 보드에 접속하게 되면 App Engine 사용해 보기가 대시보드 시작화면에서 제공된다. 이를 통해 쉽게 APP Engine을 사용해볼 수 있다. 대시보드에 메뉴항목으로 모듈, 버전, 인스턴스, 작업 대기열, 보안 스캔, 할당량 Blobstore, Memcache가 있다. 메뉴에 대한 자세한 설명은 다음장에서 설명한다.

11.4.2 웹앱 생성하기

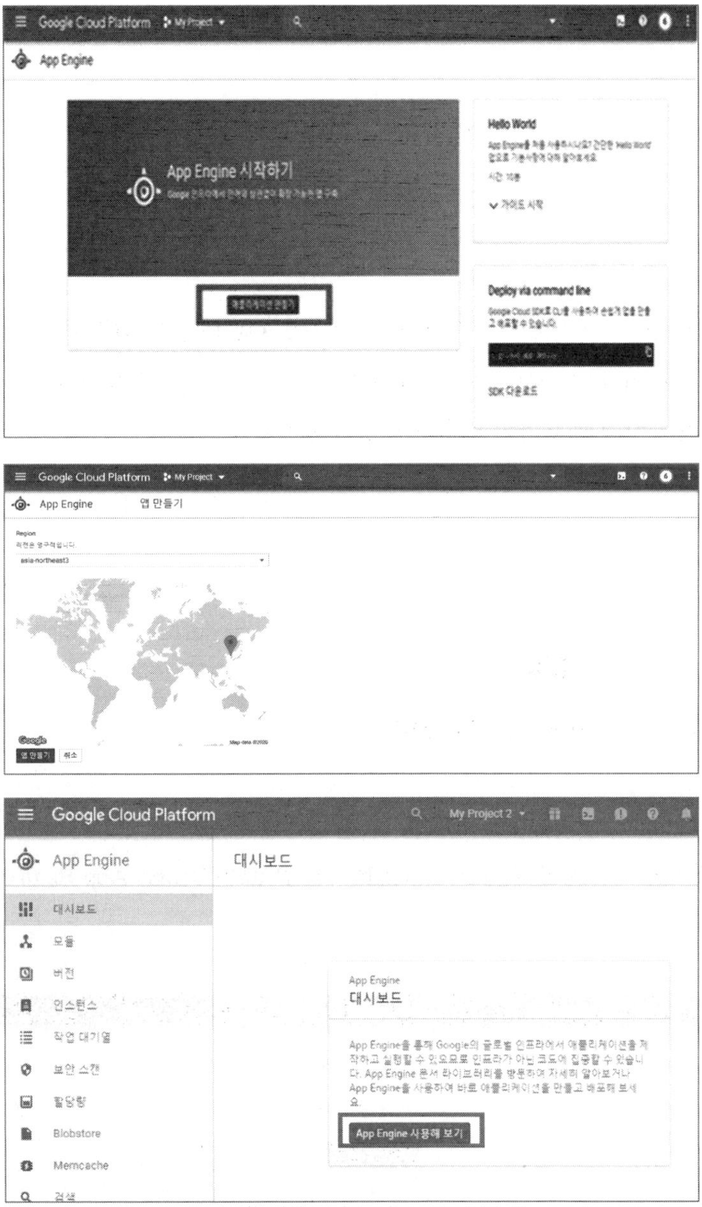

그림 11.3 ▎Google App Engine 웹앱 생성

Google App Engine은 Python, Java, PHP, Go 언어를 지원한다. 본 책에서는 Python을 사용하여 App Engine을 구동하기 위한 과정을 설명하였다. 언어 선택을 그림 11.4와 같이 Python으로 선택하도록 한다.

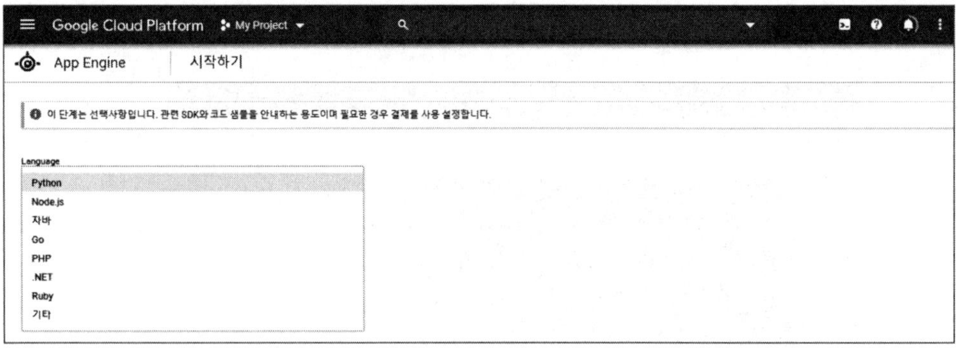

① 언어 선택: Python을 선택한 후, Python용 Google App Engine SDK를 설치한다. Python용 Google App Engine SDK 하이퍼링크를 통해 접속한다. 해당 SDK는 로컬 서버에서 개발한 앱을 APP Engine으로 배포하기 위한 기능을 수행한다.

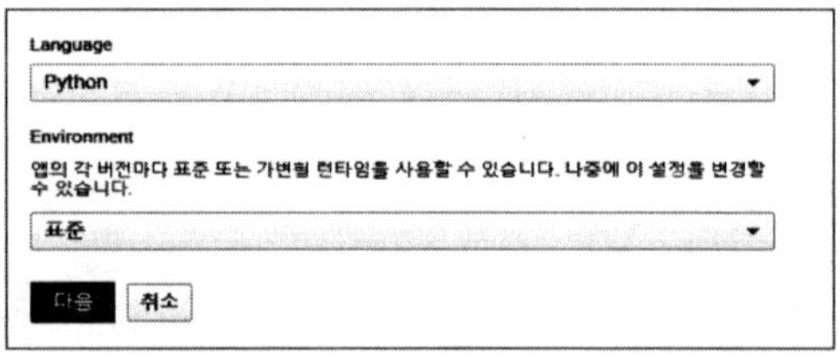

그림 11.4 ‖ Google App Engine 개발 언어 선택

② SDK 설치: Google App Engine SDK는 각 운영체제 환경마다 제공하고 있다. 본 책에서는 Windows 환경을 사용하였기 때문에 Windows용 Python Google App Engine 설치파일을 실행하였다.

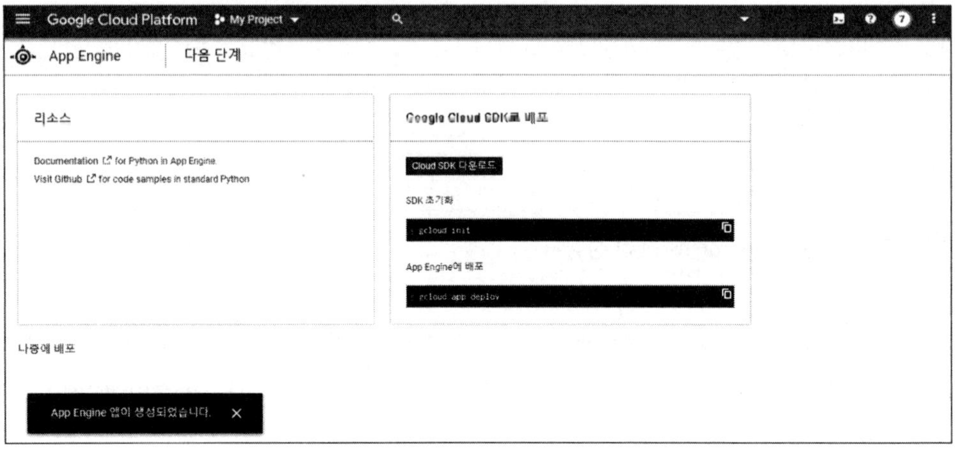

그림 11.5 ‖ Google App Engine SDK 설치

③ Python Django 프로젝트 생성: Google App Engine은 Python의 Flask, Django, Bottle을 제공한다. 본 책에서는 Django를 구현하였다. Django를 선택하고 하이퍼링크를 통해 Django 시작 코드를 다운받아 프로젝트 디렉터리를 생성한다.

https://cloud.google.com/sdk/docs/downloads-versioned-archives?hl=ko

설치 안내

버전이 지정된 보관 파일로부터 Cloud SDK의 최신 출시 버전을 설치하는 방법은 다음과 같습니다.

1. OS가 실행 중인 버전(64비트 또는 32비트)을 확인합니다.
   - Linux/macOS: 명령줄에서 `getconf LONG_BIT` 실행
   - Windows: **제어판** > **시스템** > **시스템 유형**
2. 해당 버전과 호환되는 적절한 보관 파일을 다운로드합니다.

플랫폼	패키지	크기	SHA-256 체크섬
Linux 64비트 (x86_64)	google-cloud-sdk-280.0.0-linux-x86_64.tar.gz	56.3MB	11950f1db216ec7dc3abaf80722fb80518c38e279bd76b6924326fe660c209cf
Linux 32비트 (x86)	google-cloud-sdk-280.0.0-linux-x86.tar.gz	54.5MB	dfc2bc5d016e1c20d43c7bcd2f5be3063c31b924971598838978fbe25d6ac341
macOS 64비트 (x86_64)	google-cloud-sdk-280.0.0-darwin-x86_64.tar.gz	49.0MB	c9554507bc217a503b42bef7dfa72179bae57ad7e4e696af4205c50b373d3576
macOS 32비트 (x86)	google-cloud-sdk-280.0.0-darwin-x86.tar.gz	47.9MB	50c80701e1307ccd8e78fba34d34cec446cf24ee0a7ef30cef260c72676c0980
Windows 64비트 (x86_64)	google-cloud-sdk-280.0.0-windows-x86_64.zip	235.1MB	c435ba88987021aa6834b26085c756f9a394281a6e6b63c4a8d2dbc696fae795
Windows 64비트 (x86_64), Python 포함	google-cloud-sdk-280.0.0-windows-x86_64-bundled-python.zip	273.5MB	401cdc179b25785cbe02181aaa2750bca4015c378b6cbf05af14526eaea47946
Windows 32비트 (x86)	google-cloud-sdk-280.0.0-windows-x86.zip	227.1MB	f696171ce837fd5672bc284d789b139901251e14ed77041360c94b18cf618d25
Windows 32비트 (x86), Python 포함	google-cloud-sdk-280.0.0-windows-x86-bundled-python.zip	261.4MB	1899597b53a7e5cfb24e49da331f01724f1b1b2e9f5171f5d077eadb7fc732f9

그림 11.6 | Google Cloud SDK

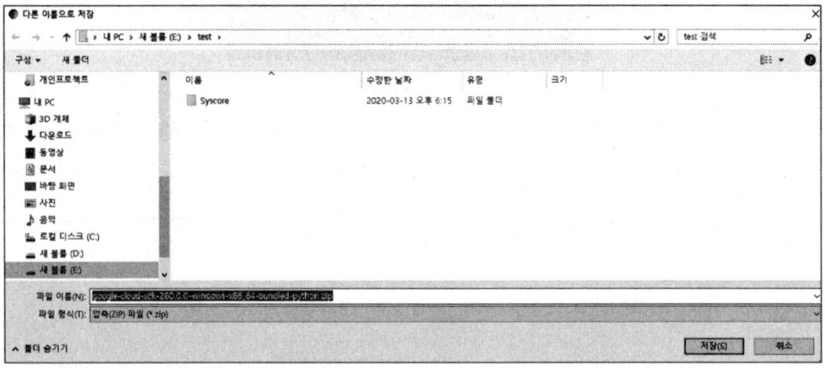

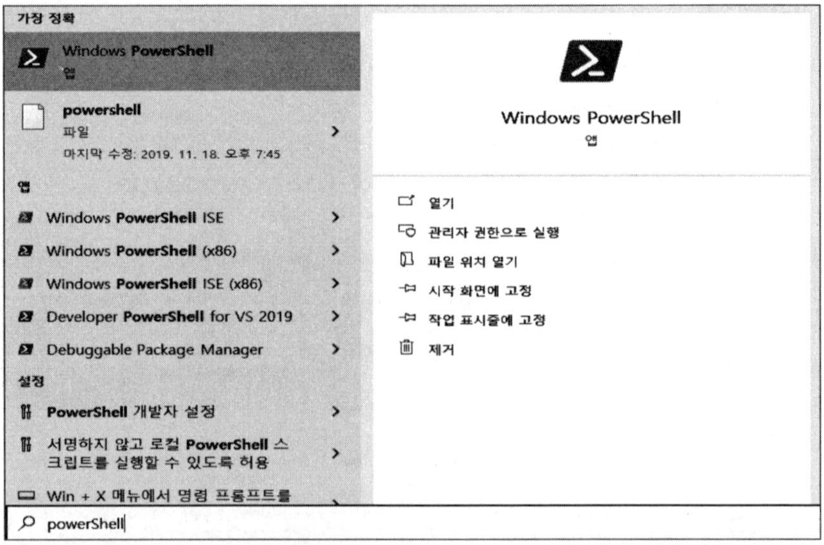
가장 정확
Windows PowerShell
앱
powershell
파일
마지막 수정: 2019. 11. 18. 오후 7:45
앱
Windows PowerShell ISE
Windows PowerShell (x86)
Windows PowerShell ISE (x86)
Developer PowerShell for VS 2019
Debuggable Package Manager
설정
PowerShell 개발자 설정
서명하지 않고 로컬 PowerShell 스크립트를 실행할 수 있도록 허용
Win + X 메뉴에서 명령 프롬프트를
Windows PowerShell
앱
열기
관리자 권한으로 실행
파일 위치 열기
시작 화면에 고정
작업 표시줄에 고정
제거
powerShell

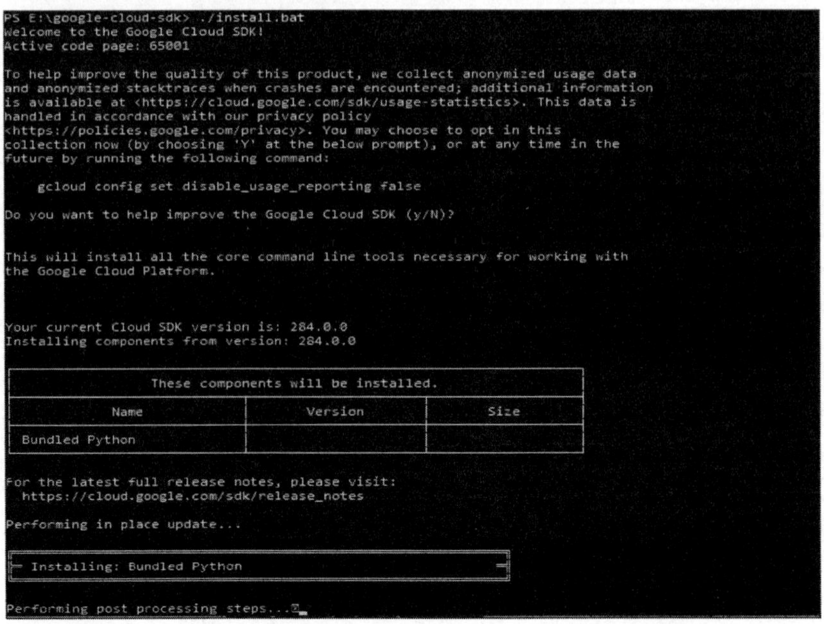
PS E:\google-cloud-sdk> ./install.bat
Welcome to the Google Cloud SDK!
Active code page: 65001
To help improve the quality of this product, we collect anonymized usage data
and anonymized stacktraces when crashes are encountered; additional information
is available at <https://cloud.google.com/sdk/usage-statistics>. This data is
handled in accordance with our privacy policy
<https://policies.google.com/privacy>. You may choose to opt in this
collection now (by choosing 'Y' at the below prompt), or at any time in the
future by running the following command:
gcloud config set disable_usage_reporting false
Do you want to help improve the Google Cloud SDK (y/N)?
This will install all the core command line tools necessary for working with
the Google Cloud Platform.
Your current Cloud SDK version is: 284.0.0
Installing components from version: 284.0.0
These components will be installed.
Name
Version
Size
Bundled Python
For the latest full release notes, please visit:
https://cloud.google.com/sdk/release_notes
Performing in place update...
Installing: Bundled Python
Performing post processing steps...

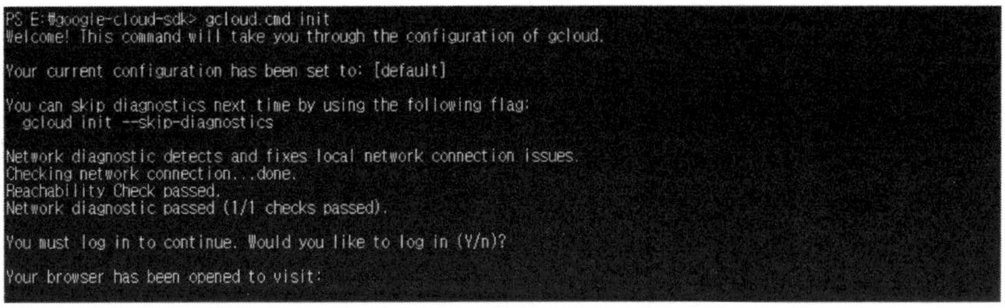
PS E:\google-cloud-sdk> gcloud.cmd init
Welcome! This command will take you through the configuration of gcloud.
Your current configuration has been set to: [default]
You can skip diagnostics next time by using the following flag:
gcloud init --skip-diagnostics
Network diagnostic detects and fixes local network connection issues.
Checking network connection...done.
Reachability Check passed.
Network diagnostic passed (1/1 checks passed).
You must log in to continue. Would you like to log in (Y/n)?
Your browser has been opened to visit:

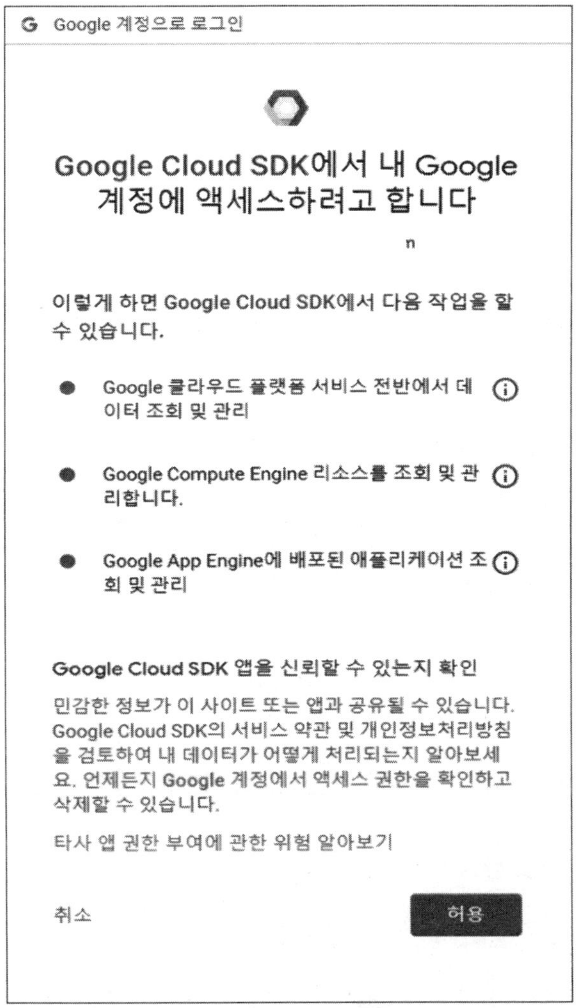
Google 계정으로 로그인
Google Cloud SDK에서 내 Google 계정에 액세스하려고 합니다
n
이렇게 하면 Google Cloud SDK에서 다음 작업을 할 수 있습니다.
Google 클라우드 플랫폼 서비스 전반에서 데이터 조회 및 관리
Google Compute Engine 리소스를 조회 및 관리합니다.
Google App Engine에 배포된 애플리케이션 조회 및 관리
Google Cloud SDK 앱을 신뢰할 수 있는지 확인
민감한 정보가 이 사이트 또는 앱과 공유될 수 있습니다. Google Cloud SDK의 서비스 약관 및 개인정보처리방침을 검토하여 내 데이터가 어떻게 처리되는지 알아보세요. 언제든지 Google 계정에서 액세스 권한을 확인하고 삭제할 수 있습니다.
타사 앱 권한 부여에 관한 위험 알아보기
취소
허용

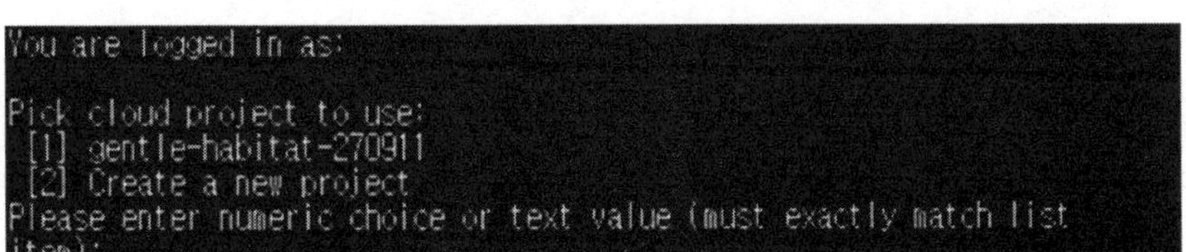
You are logged in as:
Pick cloud project to use:
[1] gentle-habitat-270911
[2] Create a new project
Please enter numeric choice or text value (must exactly match list item):

④ **샘플 웹 소스코드 다운로드**: 커맨드 창에서 appcfg.py –A eco-cyclist-128314 update app.yaml 명령어를 수행하면 eco-cyclist-128314.appspot.com을 통해 앱을 배포할 수 있다.

그림 11.7 ▌Google App Engine Dashboard 인터페이스

⑤ 웹앱 배포하기

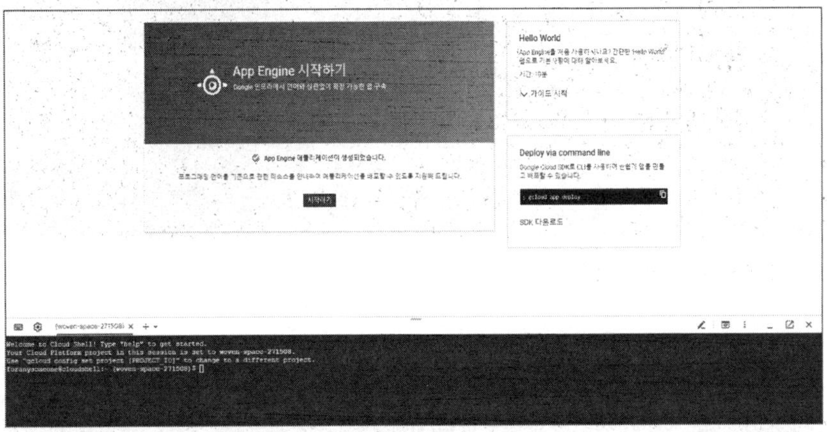


```
사용자 계정명 @cloudshell:~(프로젝트 ID)$
```

```
사용자 계정명 @cloudshell:~(프로젝트 ID)$ git clone \
  https://github.com/GoogleCloudPlatform/python-docs-samples
```

```
사용자 계정명 @cloudshell:~(프로젝트 ID)$ cd \
  python-docs-samples/appengine/standard_python37/hello_world
```

App Engine은 YAML 파일을 사용하여 배포 구성을 지정합니다. app.yaml 파일에는 런타임 환경, 환경 변수 등 애플리케이션에 대한 정보가 포함됩니다.

```
사용자 계정명 @cloudshell:~(프로젝트 ID)$ cat app.yaml
```

```
사용자 계정명 @cloudshell:~(프로젝트 ID)$ gcloud app deploy app.yaml \
  --project woven-space-271508
```

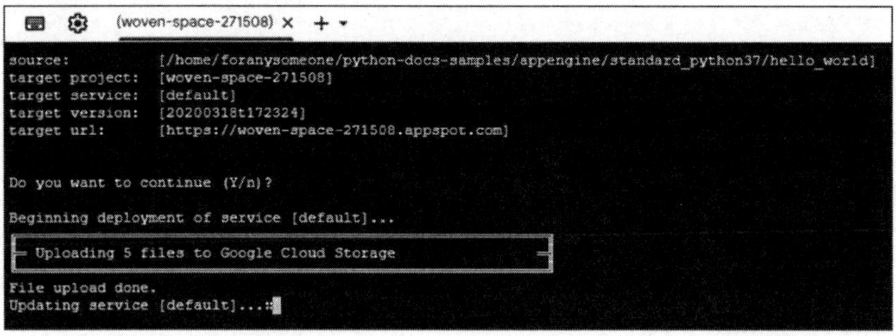

그림 11.8 ▌ 웹앱 배포를 위한 사용자 화면

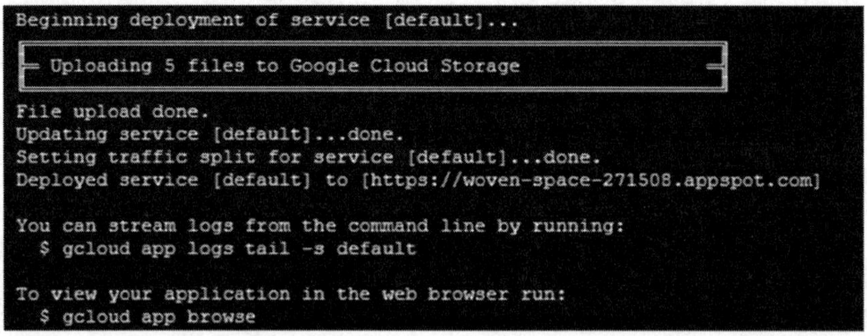

그림 11.9 ▌ 웹앱 배포를 위한 명령어 입력

⑥ 웹앱에서 생성한 웹 확인하기

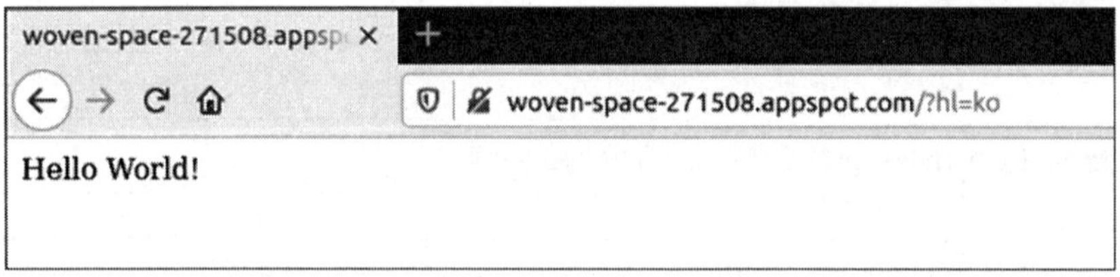

그림 11.10 ▌ 웹앱 구동 테스트

다른 언어를 사용할 때의 App Engine 사용 방법을 아래 표에 기재하였다.

표 11.2 Google App Engine에서 제공하는 언어 및 앱배포

지원언어	설치 방법	앱 배포
JAVA	Java SDK 설치 → Java JDK 설치 → 샘플코드 다운 → 앱 배포	appcfg.cmd -A rare-charmer-129017 update target₩appengine-try-java-1.0
PHP	PHP SDK 설치 → 샘플코드 다운 → 앱 배포	appcfg.py -A rare-charmer-129017 update app.yaml
Go	Go SDK 설치 → 샘플코드 다운 → 앱 배포	goapp deploy -application rare-charmer-129017 app.yaml

11.4.3 Google App Engine 프로젝트 세팅

Google App Engine의 대시보드 메뉴로 모듈, 버전, 인스턴스, 작업 대기열, 보안 스캔, 할당량 Blobstore, Memcache가 있다. 이번 장에서는 해당 메뉴들에 설명한다.

- Google App Engine 프로젝트 모듈: 모듈을 사용하여 앱 구성요소를 독립적인 모듈 방식으로 만들어 앱을 배포할 수 있다. 또한 각 모듈마다 버전, 런타임, 성능에 대해 설정을 다르게 지정할 수 있다.

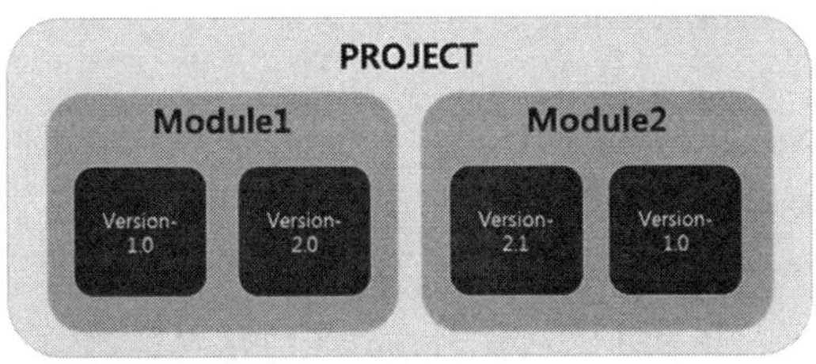

그림 11.11 ǀ Google App Engine 프로젝트 모듈 구조

- 버전: 앱의 다양한 버전을 App Engine에 배포할 수 있다. 트래픽을 라우팅하기 전에 별도의 도메인에서 새 버전을 테스트할 수 있으며 여러 버전 간의 트래픽을 분할할 수 있다.
- 인스턴스: 앱의 인스턴스를 만들어 코드를 실행하고 웹 요청을 제공한다. 자동 확장을 사용하면 App Engine에서 필요만큼의 인스턴스를 생성하고 삭제하여 앱을 자동으로 확장한다. 수동 확장은 정해진 수의 인스턴스를 실행하도록 구성된 모듈을 배포할 수 있다.
- 작업 대기열: 작업 대기열은 특정 시간에 반복적으로 실행하도록 구성할 수 있다. 작업 대기열의 종류로 내보내기 대기열과 가져오기 대기열이 있다. 내보내기 대기열은 작업을 자

동으로 완료시키는 작업 대기열이다. 내보내기 대기열을 구성하여 지정한 속도로 작업을 처리할 수 있다. 가져오기 대기열은 작업을 작업 소비자에게 할당할 수 있는 작업 대기열이다. 작업 소비자는 가져오기 대기열 API를 사용하여 작업을 보존하고 작업 데이터를 가져온다.

- 할당량: 앱에서 하루 동안의 사용한 리소스가 표시된다.
- Blobstore: App Engine 애플리케이션에서 Blobstore API를 사용하여 데이터 개체를 저장하고 전달하는 도구인 blob을 업로드 할 수 있다. Blobstore는 이미지, 동영상, 큰 사이즈의 Binary 데이터를 저장하는데 주로 사용된다.
- Memcache: Memcache는 동적 데이터베이스 기반의 웹사이트의 속도를 높이기 위해 사용되는 것으로 Google App Engine에서는 이를 사용하여 datastore의 요청이 있을 경우 Memcache에서 메모리 캐시로부터 데이터를 읽어온다. 이에 대해 Memcache를 모니터링 하는 항목이다.

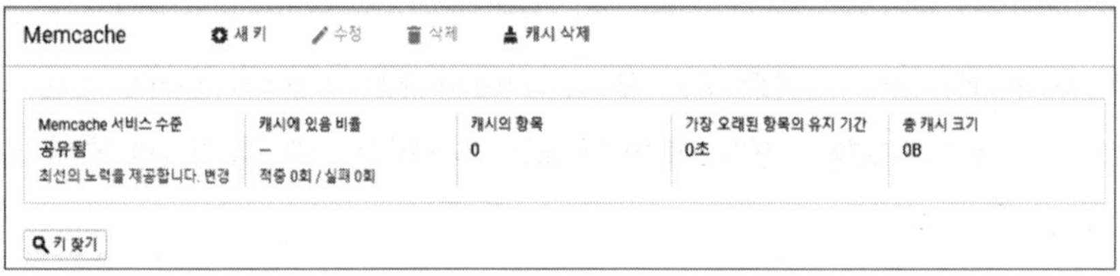

그림 11.12 | Google App Engine Memcache 모니터링 항목

- 보안 스캔: Cloud Security Scanner는 앱에서 보안 문제를 찾는 데 도움이 되므로 잠재적인 공격자를 막을 수 있다.

  ① 보안 스캔 생성하기: 보안 스캔을 사용하기 위해 다음 사진과 같이 URL과 인증 방식(Google 로그인)설정 여부와 스캔 주기, 사용자 에이전트, 스캔 속도 등을 설정해준다.

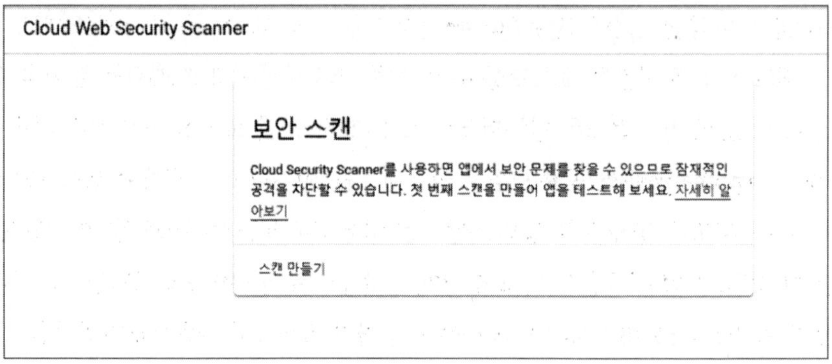

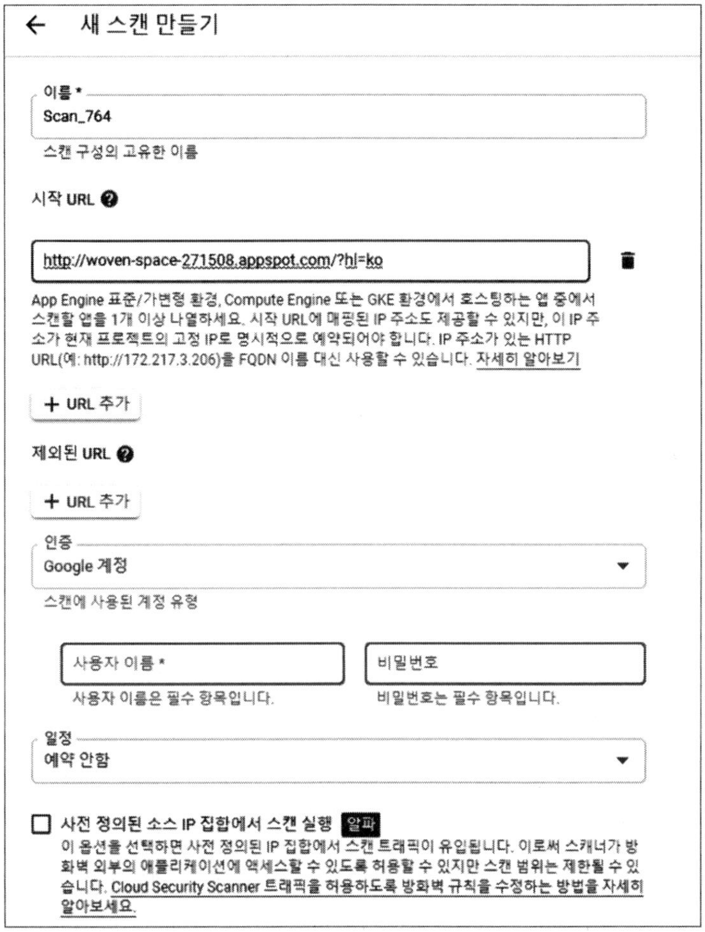

그림 11.13 ❙ Google App Engine 보안 스캔 인터페이스

② 생성된 보안 스캔 실행: 설정 후 다음과 같이 화면이 나타난다. 스캔 실행을 수행한다.

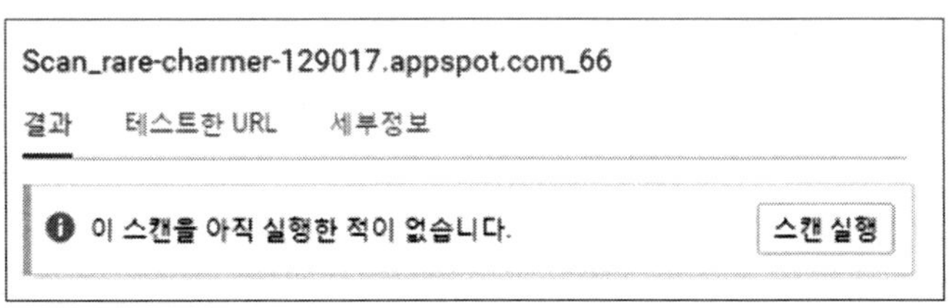

그림 11.14 ❙ Google App Engine 보안 스캔 실행 인터페이스

③ 스캔 결과 확인: 보안 스캔을 수행하게 되면 아래 사진과 같은 결과가 도출된다. 해당 보안 스캔을 통해 웹앱의 취약점을 찾을 수 있다.

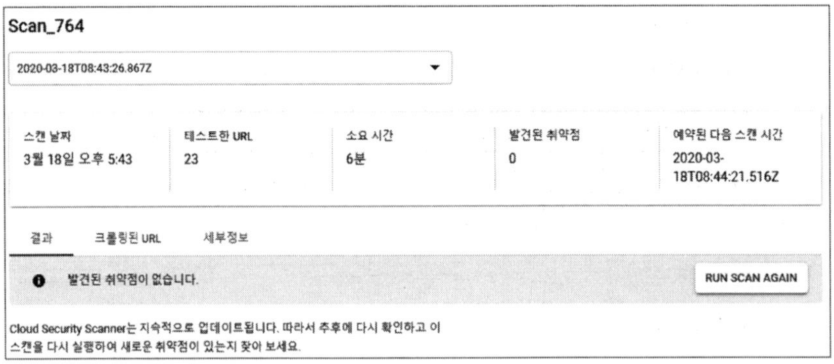

그림 11.13 ‖ Google App Engine 보안 스캔 결과 확인

본 장에서는 PaaS의 상용서비스인 Google App Engine에 대해 간단하게 설명하였고, Google App Engine의 지원 기능 및 비용에 대해 설명하였다. Google App Engine의 실습과정으로 Google App Engine에서 웹앱을 생성하고 Python 실습 예제 코드를 사용하여 Google App Engine에 게시하는 방법을 실습하였다. 또한 생성한 웹앱에 대하여 세팅 및 관리하는 방법에 대해 간단히 설명하였다. 이러한 Google App Engine를 구축함으로써, 기업 또는 개인이 웹앱을 구축하는데 있어 서비스 사용자에게 인프라의 관리와 유지에 대한 부담감을 감소시킬 수 있으며 Google App Engine에서 지원하는 다양한 기능들을 활용하여 효율적으로 웹앱을 구현할 수 있는 효과가 있다.

제12장

Microsoft Office 365

SaaS는 클라우드 환경에서 동작하는 응용프로그램을 사용자에게 제공하는 서비스를 말한다. 서비스 사용자는 인프라 및 플랫폼을 관리할 필요가 없으며 모든 인프라와 플랫폼은 서비스 제공자에 의해 관리 된다. SaaS의 대표적인 상용서비스로는 Microsoft office 365와 Google Apps 등이 있다. 서비스 사용자는 이러한 클라우드 기반의 응용프로그램을 사용하여 본인의 단말에 직접 소프트웨어를 설치하지 않고, 온라인을 통해서 작업을 할 수 있다는 장점이 있다. 본 장에서는 SaaS의 상용서비스인 Microsoft Office 365에 대하여 알아보고 Microsoft Office 365를 체험하는 것을 목표로 한다. Microsoft Office 365에 대한 소개와 지원기능 및 비용에 대한 내용이 있으며, 사용자는 실습과정을 통해 그림 12.1과 같이 Microsoft Office 365의 Word, Excel, Power Point 등을 활용하여 문서작성 및 공유, 환경 및 공유 설정 등의 과정을 실습 할 수 있다.

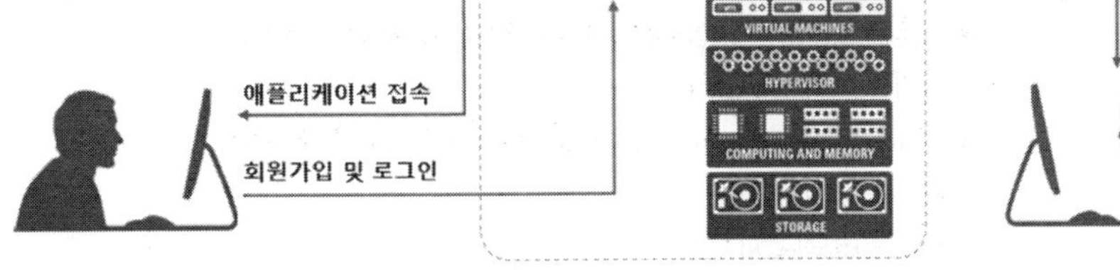

그림 12.1 | Microsoft Office 365 실습 큰그림

12.1 Microsoft Office 365 개요

Microsoft Office 365는 Microsoft의 SaaS로 Office 2016의 기능을 웹으로 수행할 수 있도록 한다. 또한 365를 통해 다른 사용자들에게 문서 공유를 수행할 수 있다. 공유에는 보기와 수정 옵션이 있으며, 보기 옵션의 경우 공유자들은 읽기전용으로 열람된다. 수정 옵션의 경우 공유자들은 해당 문서를 수정할 수 있다. Microsoft Office 365를 통해 작업된 문서는 One Drive에 저장된다.

12.2 Microsoft Office 365 비용

표 12.1 Microsoft Office 365 제품군 및 비용(1년 구동 비용)

제품	설명	비용
Office 365 Home	• 1년 구독 • PC 또는 Mac 6대, iPad나 Android 또는 Windows 태블릿 5대 + 스마트폰 5대에 설치 • Word, Excel, PowerPoint, Outlook, OneNote, Publisher, Access, OneDrive • 최대 5명까지 사용자당 1TB 클라우드 저장소 제공 • 한글 버전 지원 • 기술지원	₩119,000/년 또는 ₩11,900 /월
Office 365 Personal	• 1년 구독 • 1인용 기기 PC or Mac or Android or IOS 사용가능 • Word, Excel, PowerPoint, Outlook, OneNote, Publisher, Access, OneDrive • 1TB 클라우드 저장소 • 한글 버전 지원	₩89,000 /년 또는 ₩8,900 / 월
Office 365 University	• 4년 구독 • PC나 Mac 또는 태블릿(iPad, Android, Windows) 2대 + 스마트폰 2대에 설치 • Word, Excel, PowerPoint, Outlook, OneNote, Publisher, Access, OneDrive • 1TB 클라우드 저장소 • 한글 버전 지원	₩99,000

제품	설명	비용
Office Home & Student 2019	• PC or MAC 1대용 • Word, Excel, PowerPoint • 1회성 구독 • 한글 버전 지원	₩179,000
Office 365 Business	• Word, Excel, PowerPoint, Outlook, Publisher, Access, OneDrive • 최대 5대의 휴대폰과 5대의 태블릿에서 iOS, Android 디바이스용 Word, Excel, PowerPoint의 항상 최신 버전 • 연중무휴 전화 및 온라인 지원 • 최대 사용자 수 300명	₩9,100 /인,월
Office 365 Business Premium	• Word, Excel, PowerPoint, Outlook, Publisher, Access, OneDrive, Exchange, SharePoint, Teams, Bookings, Teams • 웹 버전의 Word, Excel 및 PowerPoint, Outlook • 최대 5대의 휴대폰과 5대의 태블릿에서 iOS, Android 디바이스용 Word, Excel, PowerPoint의 항상 최신 버전 • 연중무휴 전화 및 온라인 지원 • 최대 사용자 수 300명	₩14,000/인,월
Office 365 Business Essentials	• 웹 버전의 Word, Excel 및 PowerPoint • Exchange, OneDrive, SharePoint, Teams	₩5,600/인,월
Office Home & Business 2016	• PC or Mac 1대용 • Word, Excel, PowerPoint, Outlook, OneNote, Outlook, Publisher, Access, OneDrive • OneDrive로 클라우드에 파일 저장 • 한글 버전 지원	₩324,500 (일회성 구독)

12.3 Microsoft Office 365 사용하기

12.3.1 기본 문서 사용하기

Microsoft Office 365의 기능을 사용하기 위해 회원가입 및 로그인을 수행한다. Microsoft Office 365 University 버전은 Calendar, Delve, Dynamics365, Excel, Forms, Kaizala, OneDrivem OneNote, Outlook, People, Planner, Power Apps, Power Automate, PowerPoint, SharePoint,

Stream, Sway, Tasks, Teams, ToDo, Video, WhiteBoard, Word, Yammer 서비스가 제공된다. Office365 버전은 버전별로 제공되는 서비스가 다르므로, 자신이 원하는 서비스를 제공하는지 확인한 뒤 구매하는 것을 추천한다.

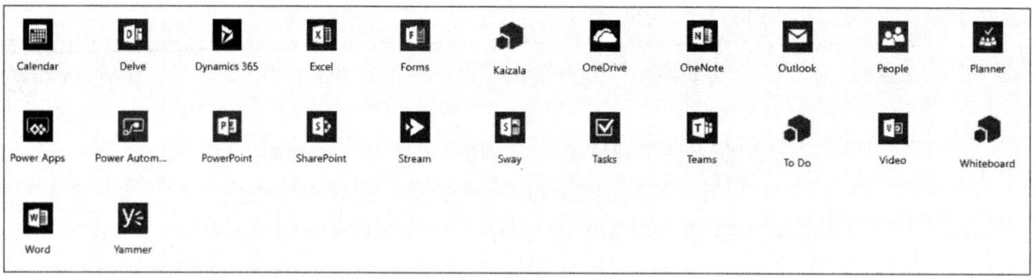

그림 12.2 ❙ Microsoft Office 365 University 서비스 앱 목록

Office를 실행시켰을 때 웹에 다음과 같은 화면이 나타난다. 일반적으로 사용하는 Office 2019 버전과 동일하게 문서 작업을 수행할 수 있다.

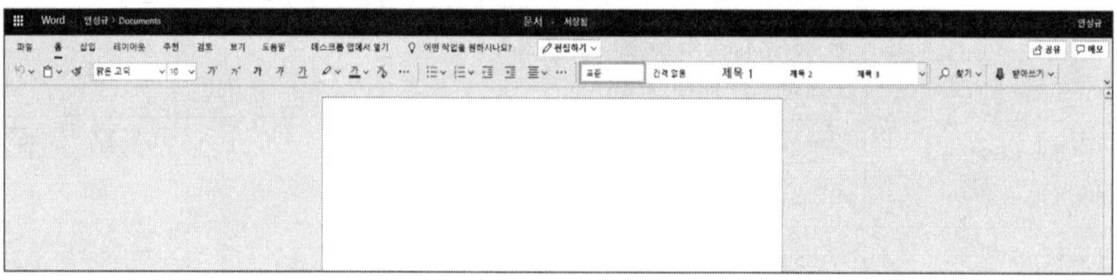

그림 12.2 ❙ Microsoft Office 365 Word(Web) 인터페이스

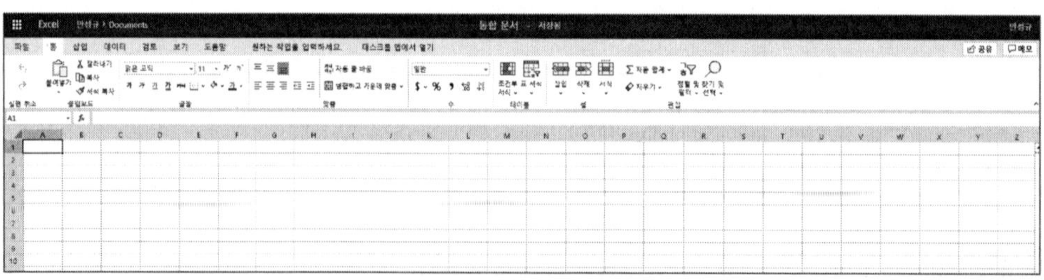

그림 12.3 ❙ Microsoft Office 365 Excel(Web) 인터페이스

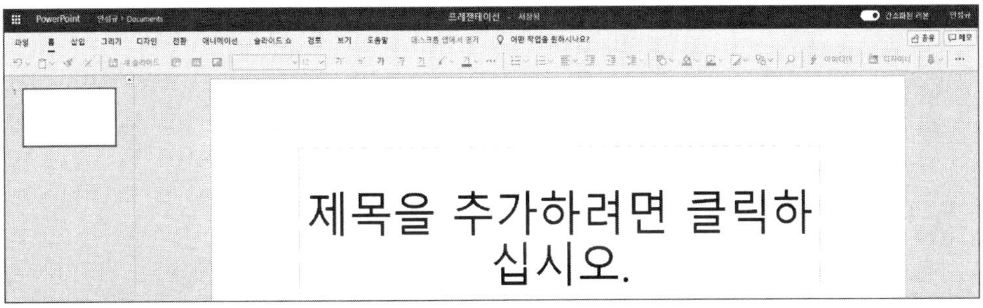

그림 12.4 ‖ Microsoft Office 365 PowerPoint(Web) 인터페이스

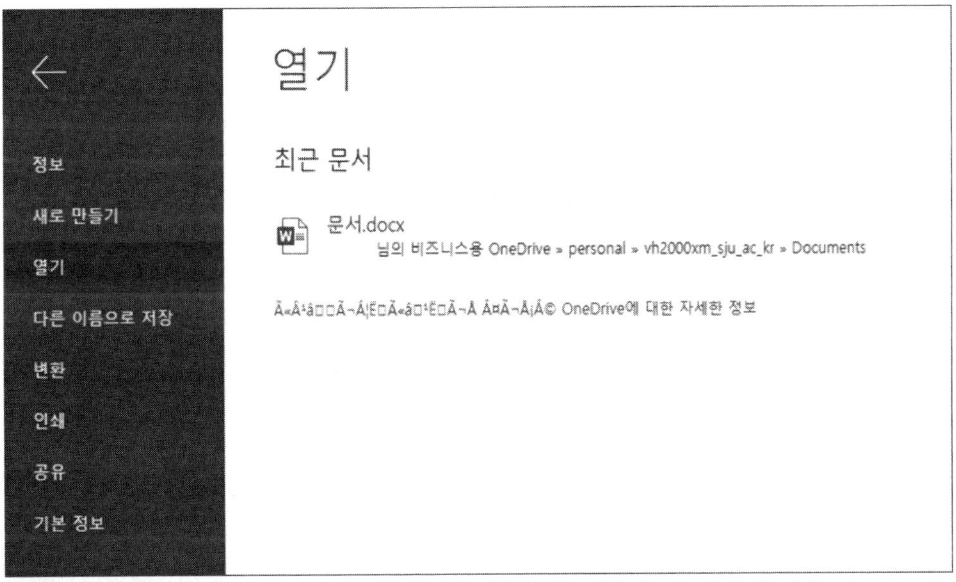

그림 12.5 ‖ Microsoft Office 365 문서 접근 인터페이스

열기를 통해 기존에 사용하고 있던 Office의 문서들을 웹에서 작업할 수 있다. 또한 Office 365의 장점으로 하나의 문서를 다른 사용자와 공유를 하여 문서 작업을 수행하도록 하는 기능이 제공된다.

12.3.2 문서 공유하기

아래 사진은 다른 사용자들과 공유할 수 있도록 하는 것으로 공유자의 이메일로 초대를 보내 해당 문서 작업을 요청하도록 한다. 공유에는 옵션이 두 가지가 있는데, 이는 편집 가능 옵션과 보기 가능 옵션이다. 편집 가능 옵션은 공유자가 해당 문서를 편집할 수 있는 것이고, 보기 가능은 공유자는 해당 문서 열람만 가능하도록 공유를 하는 것이다.

그림 12.7 ‖ Microsoft Office 365 워드 공유된 문서 초대 기능

문서 공유의 초대 이외에 링크를 통하여 문서 공유가 가능하다. 링크 방식의 문서 공유에는 옵션이 8가지가 있다.

표 12.3 문서 공유 옵션

옵션	설명
링크가 있는 모든 사용자	링크를 액세스 하는 모든 사용자가 해당 문서에 접근 할 수 있다.
링크가 있는 특정 조직 소속 사용자	특정 조직에 소속되어 있는 모든 사용자가 해당 문서에 접근 할 수 있다.
액세스 권한 보유 사용자	이미 액세스 권한을 가진 사람만이 해당 문서에 접근 가능하다
특정 사용자	설정된 특정 사용자들만이 문서에 접근할 수 있다.
기타설정(편집 허용)	공유 링크를 통해 접속한 이용자가 해당문서에 대한 편집 권한을 설정한다.
만료날짜 설정	공유 링크를 통해 접속 할 수 있는 최대 기한을 설정한다.
암호설정	공유 링크를 통해 접속 할 때 필요한 암호를 설정 할 수 있다.
다운로드 차단	'편집 비허용' 상태일 때, 문서를 다운로드 할 수 있는 기능을 비활성화 할 수 있다.

그림 12.8 ‖ Office365 작업파일의 OneDrive 동기화

Office365를 통하여 작업된 문서들은 자동으로 OneDrive에 저장되며, OneDrive에서 문서 관리를 수행할 수 있다.

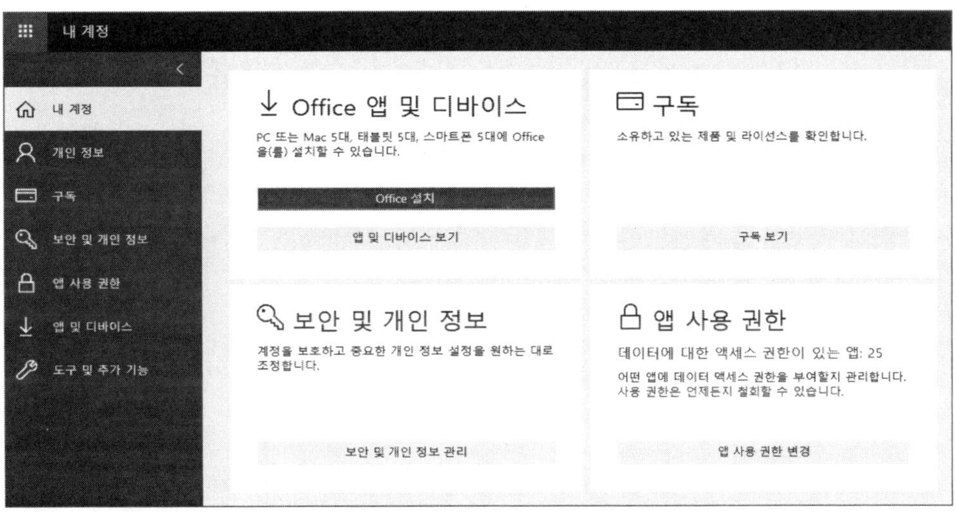

그림 12.9 ‖ Office365 계정 확인 및 설정 화면

Microsoft Office 365의 설정으로는 구독, 앱 사용 권한, 설치 상태, 설정 편집이 있다. 구독을 통해 현재 자신이 구매한 Office 365 제품 및 라이센스를 확인할 수 있다. 앱 사용 권한은 특정 앱에 데이터 엑세스 권한을 부여할 수 있도록 설정할 수 있다. 설치 상태는 해당 계정으로 접속되어 있는 기기를 확인하고 이를 관리할 수 있다.

그림 12.10 ▌ Office365 환경 설정 화면

설정 편집을 통해 웹의 UI를 변경하고 사용하는 언어를 변경할 수 있다.

본 장에서는 SaaS의 상용서비스인 Microsoft Office 365에 대해 간단하게 설명하였고, Microsoft Office 365의 지원 기능 및 비용에 대해 설명하였다. Microsoft Office 365의 기능으로 간략하게 문서 작업과 다른 사용자간의 공유 기능에 대해 실습해보았다. 또한 Microsoft Office 365의 관리 기능 또한 살펴보았다. 이러한 Microsoft Office 365를 사용해봄으로써, 기업 및 개인은 본인의 단말에 직접 Application을 설치하지 않고, 온라인을 통해서 작업을 할 수 있다는 장점이 있다.

용어정리

- BPaaS(Business Process as a Service): 비즈니스 프로세스를 클라우드 서비스로 제공.
- CSB(cloud service brokerage): 기존의 클라우드 제공자가 제공하는 클라우드 서비스를 제3자가 대리점 형태로 연결해 재임대 서비스하는 방식.
- DaaS(Desktop as a Service): 고객이 필요로 하는 데스크탑 컴퓨터를 클라우드의 가상 머신(VM) 형태로 제공.
- EBS(Elastic Block Store): Amazon의 기본 스토리지 서비스인 S3 보다 조금 더 효율적인 스토리지 서비스.
- EC2(Elastic Compute Cloud): Amazon의 대표적인 컴퓨팅 자원 임대 서비스.
- IaaS(Infrastructure as a Service): 고객에게 컴퓨트, 스토리지, 네트워크 등의 컴퓨팅 자원을 클라우드 서비스로 제공.
- IT 자원(IT resource): 가상 서버, 고객 소프트웨어 프로그램(응용 프로그램), 물리적 서버, 스토리지 장비, 네트워크 장비 등.
- N-스크린: 클라우드 소비자가 스마트폰, 태블릿 PC, 제로 클라이언트, 노트북, PC 모니터 등의 다양한 디스플레이를 사용하는 상황을 의미.
- PaaS(Platform as a Service): 응용 프로그램 개발 도구, 컴파일러 등을 클라우드 서비스로 제공.
- PUE(Power Usage Effectiveness): 데이터 센터의 에너지 효율을 나타내며 데이터 센터의 전체소비전력을 IT장비에 의해 소비된 전력으로 나눈 값.
- S3(Simple Storage Service): Amazon의 기본적인 스토리지 임대 서비스.
- SaaS(Software as a Service): 소프트웨어, 즉 응용 소프트웨어(application software)를 클라우드 서비스로 제공.
- SecaaS(Security as a Service): 보안 솔루션을 클라우드 서비스로 제공.
- SLA(service-level agreement): 클라우드 기반 서비스나 기타 제공 사항의 QoS(Quality of Service) 특징, 행위, 제약사항 등을 규정하는 서비스 제공자와 서비스 사용자 사이의 서비스 계약 문서.
- Tier 레벨(Tier level): 데이터 센터의 성능과 가용도를 표현하기 위한 지표로 4개 레벨로 구분.
- 가상 머신(VM: virtual machine): 가상화 환경에서는 하나의 물리적 서버 상에 하이퍼바이저를 이용하여 다수의 가상 머신(VM)을 생성할 수 있고, 각 가상 머신 상에 Windows나 Linux와 같은 OS를 독립적으로 탑재해 별도의 논리적 서버로 운영이 가능함.

- 가상화(virtualization): 하나의 물리적 서버 상에 하나 이상의 가상 머신을 생성하여 복수개의 논리적 서버를 운영하는 기술.
- 그리드 컴퓨팅(grid computing): 이질적이고 지리적으로 흩어진 컴퓨팅 자원을 하나 이상의 논리적 풀로 조직화해 수퍼 가상 컴퓨터 형태로 제공.
- 멀티-클라우드(multi-cloud): 인터-클라우드(inter-cloud) 또는 연합 클라우드(federated cloud). 기존의 클라우드 서비스를 대리점 형태로 연결해주는 CSB(cloud service brokerage) 방식의 클라우드 서비스를 의미.
- 멀티-테넌트(multi-tenant, 다중-임대): 하나의 프로그램 인스턴스가 여러 상이한 테넌트(임대자)에 의해 각각이 분리되어 사용될 수 있도록 해주는 소프트웨어 프로그램의 특성을 의미.
- 모바일 클라우드(mobile cloud): (1) 스마트폰과 같은 모바일 단말기 상에서 클라우드 서비스를 이용하는 방식, (2) 모바일 디바이스의 제한적 컴퓨팅 파워를 원격의 클라우드상에서 가상기계(VM) 형태로 보조적으로 지원하는 방식.
- 유틸리티 컴퓨팅(utility computing): 가정이나 직장에 컴퓨터를 두지 않고 통신회선을 통해 데이터센터에서 제공하는 인터넷 컴퓨터에 접속해 컴퓨팅 기능을 제공받는 방식.
- 커뮤니티 클라우드(community cloud): 클라우드 인프라가 다수의 기관에 의해 공유가 되고 공통의 관심사를 가진 특정 커뮤니티를 지원.
- 클라우드(cloud): 원격으로 IT 자원을 준비해 확장가능하고 측정가능한 방식으로 제공할 수 있도록 준비된 IT 환경.
- 클라우드 데이터 센터(CDC: cloud data center): 클라우드 컴퓨팅 서비스를 제공하기 위한 목적으로 특화된 데이터 센터.
- 클라우드 서비스(cloud service): 메시징 프로토콜 인터페이스를 통해 호출되는 기술적 인터페이스를 가진 단순한 웹-기반 소프트웨어 프로그램일 수도 있고 관리 도구, 더 큰 환경, 기타 IT 자원을 위한 원격 접근 지점일 수도 있음.
- 클러스터링(clustering): 독립적인 동종의 IT 자원들을 상호연결하여 하나의 단일 시스템으로 작동.
- 퍼블릭 클라우드(public cloud): 클라우드 인프라가 일반 대중이나 기업에게 제공이 되는 형태.
- 프라이빗 클라우드(private cloud): 클라우드 인프라가 특정 기관만을 위해서 운영이 되는 형태.
- 하이브리드 클라우드(hybrid cloud): 클라우드 인프라가 프라이빗, 커뮤니티, 퍼블릭 중 2개 이상을 혼합한 형태로 구성.
- 하이퍼바이저(hypervisor): 가상화 환경에서 하나의 물리적 서버 상에 여러 개의 가상 머신(VM: virtual machine)을 생성하고 관리하는 시스템 소프트웨어.

참고문헌

[1] 강원영, "최근 클라우드 컴퓨팅 서비스 동향", Internet & Security Focus, 2013.

[2] 나연묵, "클라우드 컴퓨팅 이슈 및 현황", PD이슈리포트, 산업기술평가관리원(KEIT), 2011년 11월.

[3] 나연묵·최재훈·이병화·김성운·김진택, "클라우드 컴퓨팅 기술 스택 및 산업 현황", PD이슈리포트, 산업기술평가관리원(KEIT), 2012년 11월.

[4] 박유미·문애경·유현경·정유철·김상기, "SOAP 기반 웹서비스와 RESTful 웹서비스 기술 비교", 전자통신동향분석 제25권 2호, 2010.

[5] 신영상, "클라우드 환경에서의 하이퍼바이저 기반 가상화 보안 기술 동향", Internet & Security Focus, 2014.

[6] 심영철, "클라우드 컴퓨팅의 기술 동향과 가상화 기반 관리 기술", http://www.knom.or.kr/knom-review/v12n1/3.pdf

[7] 오경, "클라우드 서비스와 가상화 기술", TTA 저널, 2009.

[8] 한국 IBM 전략컴퓨팅 사업본부, "가상화 기술 백서", http://www-07.ibm.com/solutions/kr/itsolutions/pdf/Virtualization.pdf

[9] IBM, "가상화 기술 백서", 2008.

[10] 한국클라우드컴퓨팅연구조합, "2015년 클라우드 컴퓨팅 기술 현황 보고서", 2015.

[11]CGI, "Cloud billing: The missing link for cloud providers", White paper, 2010.

[12] Chen, X. "Towards an Understanding of Anti-Virtualization and Anti-Debugging Behavior in Modern Malware", IEEE DSN, 2008.

[13] CSA, "Security Guidance for critical areas of focus in cloud computing v3.0", https://cloudsecurityalliance.org/guidance/csaguide.v3.0.pdf.

[14] CSA, "The Notorious Nine Cloud Computing Top Threats in 2013", 2013.

[15] CSCC, "Practical Guide to Cloud Service Agreements Version 2.0", http://www.cloudcouncil.org/deliverables/CSCC-Practical-Guide-to-Cloud-Service-Agreements.pdf.

[16] Diogo, F. "Security issue in Cloud Environments: A Survey", IJIS, 2013.

[17] Erl, T. Cloud Computing Concepts, Technology & Architecture, Prentice Hall, 2013.

[18] Erl, T. Z. Mahmood and R. Puttini, "Cloud Computing: Concepts, Technology & Architecture", Prentice Hall, 2015.

[19] EU Digital Single Market, "Cloud Service Level Agreement Standardisation Guidelines", https://ec.europa.eu/digital-single-market/en/news/cloud-service-level-agreementstandardisation-guidelines.

[20] FDIC, "Compliance Management System (CMS)", https://www.fdic.gov/regulations/resources/director/presentations/cms.pdf.

[21] ISO/IEC 30134-1, Information Technology - Data Centres - Key Performance Indicators - Part 1: Overview and general requirements, 2015.12.13.

[22] ISO/IEC 30134-2, Information Technology - Data Centres - Key Performance Indicators - Part 2: Power Usage Effectiveness (PUE), 2015.11.13.

[23] ISO/IEC CD 17789, Information technology - Distributed application platforms and services (DAPS) - Cloud Computing - Reference Architecture, ISO/IEC JTC 1/SC 38 N 893, 2013.5.13.

[24] New Work Item Proposal on Information Technology - Cloud Computing - Data Flow and their Flow Across Devices and Cloud Services, ISO/IEC JTC 1/SC 38/N 1070, 2014.5.12.

[25] NIST, "NIST Cloud Computing Reference Architecture", NIST Special Publication 500-292.

[26] NIST, "NIST Cloud Computing Security Reference Architecture", NIST Special Publication 500-299.

[27] NIST, "NIST Cloud Computing Standards Roadmap", NIST Special Publication 500-291.

[28] NIST Cloud Computing Standards Roadmap, Information Technology Laboratory, NIST, U.S. Department of Commerce, Special Publication 500-291, Version 2, July 2013.

[29] Office of the Privacy Commissioner of Canada, "Introduction to Cloud Computing", https://www.priv.gc.ca/resource/fs-fi/02_05_d_51_cc_e.pdf.

[30] Oracle, "Cloud Reference Architecture", White paper, 2012.

[31] Rafaels, R. "Cloud Computing: From Beginning to End", 2015.

[32] Rimal, B.P. "A Taxonomy and Survey of Cloud Computing Systems", Joint Conf. on INC, IMS and IDC, 2009.

[33] Tannenbaum, A. "Modern Operating System(4th edition)", Chapter 7, Virtualization and the cloud, 2015.

부록

1. 클라우드 컴퓨팅 기술 스택 [조합]
2. 클라우드 관련 표준안 (T.B)

찾아보기